Marguerite Yourcenar
Écriture, maternité, démiurgie

P.I.E.-Peter Lang

Bruxelles ● Bern ● Berlin ● Frankfurt/M ● New York ● Oxford ● Wien

Documents pour l'Histoire
des Francophonies

Les dernières décennies du XXe siècle ont été caractérisées par l'émergence et la reconnaissance en tant que telles des littératures francophones. Ce processus ouvre le devenir du français à une pluralité dont il s'agit de se donner, désormais, les moyens d'approche et de compréhension. Cela implique la prise en compte des historicités de ces différentes cultures et littératures.

Dans cette optique, la collection « Documents pour l'Histoire des Francophonies » entend mettre à la disposition du chercheur et du public, de façon critique ou avec un appareil critique, des textes oubliés, parfois inédits. Elle publie également des travaux qui touchent à la complexité comme aux enracinements historiques des francophonies et qui cherchent à tracer des pistes de réflexion transversales susceptibles de tirer de leur ghetto respectif les études francophones, voire d'avancer dans la problématique des rapports entre langue et littérature. Elle comporte une série consacrée à l'Europe, une autre à l'Afrique et une troisième aux problèmes théoriques des francophonies.

La collection est dirigée par Marc Quaghebeur et publiée avec l'aide des Archives & Musée de la Littérature qui bénéficient du soutien de la Communauté française de Belgique.

Archives & Musée de la Littérature
Boulevard de l'Empereur, 4
B– 1000 Bruxelles
Tél. +32 (0)2 413 21 19
Fax +32 (0)2 413 21 16
www.aml.cfwb.be
yves.debruyn@cfwb.be

Bérengère DEPREZ

Marguerite Yourcenar
Écriture, maternité, démiurgie

■ARCHIV
ES & MUS
EE DE LA LITT
ERATURE

Collection « Documents pour
l'Histoire des Francophonies / Europe »
n° 3

La collection « Documents pour l'Histoire des Francophonies »
bénéficie du soutien des Archives & Musée de la Littérature.

Illustration de couverture : © Christian Rolet, collection privée,
photographie Alice Piemme / AML

© P.I.E.-Peter Lang s.a.
PRESSES INTERUNIVERSITAIRES EUROPÉENNES
Bruxelles, 2003
1 avenue Maurice, 1050 Bruxelles, Belgique
www.peterlang.net ; info@peterlang.com

ISSN 1379-4108
ISBN 90-5201-220-2
D/2003/5678/38
Ouvrage imprimé en Belgique

Information bibliographique publiée par « Die Deutsche Bibliothek »

« Die Deutsche Bibliothek » répertorie cette publication dans la « Deutsche
Nationalbibliografie » ; les données bibliographiques détaillées sont disponibles
sur le site http://dnb.ddb.de.

Chaque lecteur enthousiaste est l'auteur d'un nouvel ouvrage,
aussi bon ou aussi nul qu'il l'est lui-même.

(« Borges ou le Voyant »)

Je remercie en particulier pour leur lecture et leurs conseils les P^rs Jean-Claude Polet, Ginette Michaux et surtout Maurice Delcroix ; pour son soutien le Pr Gabriel Ringlet. Mes amis et ma famille savent à quel point ce projet me tenait à cœur, et aussi que, sans eux, il n'aurait sans doute jamais vu le jour.

Ce travail est dédié à ma cousine Anne Croiselet, morte à 45 ans le 20 octobre 2002, sage femme, Anna, soror

Table des matières

Introduction

La parenté est une des choses au monde les mieux partagées, car il n'est si obscur orphelin qui n'en soit pourvu. Rares sont les œuvres littéraires qui n'en font pas un matériau, fût-il accessoire. Marguerite Yourcenar, malgré la condescendance qu'elle affecte le cas échéant à l'égard de la famille et des relations familiales, ne fait pas exception à la règle. Non seulement *Le Labyrinthe du monde* est tout entier explicitement placé sous le signe de la parenté, mais les autres œuvres, et même celles qui en semblent à première vue les plus éloignées, y font constamment référence. Une première lecture tant soit peu systématique de ce point de vue fait clairement apparaître l'omniprésence de la parenté dans l'œuvre yourcenarienne.

Mais ce n'est pas tout de pointer la présence d'un thème, il faut encore découvrir comment il émerge et structure l'œuvre et, au-delà de la tentative biographique – qui se poserait plutôt la question du pourquoi –, quel est son statut dans l'œuvre considérée ici comme système. Le premier paradoxe apparent, l'importance quantitative de la parenté contre le mépris affiché de la famille, qui m'a tant intriguée, est en fait le point de départ de ce travail, fondé sur une fréquentation de plus de vingt ans de l'œuvre yourcenarienne. Il m'a amenée à supposer que cette écrivaine se trouve, par son acte même d'écriture, au centre d'un conflit entre d'une part la lignée, entendue comme le destin – subi – de la filiation, et d'autre part la fraternité symbolique – librement choisie et assumée en tant que destinée personnelle. L'écriture yourcenarienne dirait – entre autres – la tentation et la tentative de se maintenir entre les deux.

Certes, d'autres auteurs ont fait des relations de parenté jusqu'au fondement de leur œuvre, constituant de la sorte des sagas familiales. L'intérêt de ce thème structurant est l'ampleur de fresque historique ou sociale qu'il peut conférer à une œuvre comme, parmi d'autres, *Les Rougon-Macquart* ou *Les Thibault*. Mais, à mon avis, l'auteure de *L'Œuvre au Noir*, si elle intègre cet intérêt stratégique de la fresque, va plus loin. Le but de cette étude est de démontrer qu'en utilisant les relations de parenté dans son œuvre, Marguerite Yourcenar poursuit précisément un objectif systématique, celui d'élaborer un univers autonome, construit plutôt que reçu. De cet univers, de ce cosmos yourcenarien, la parenté est la mythologie fondatrice, exactement au sens où la filiation des dieux, dans la mythologie grecque, structure, contient et explique l'univers entier[1]. Le pressentiment de cette structure justifie à mon sens l'emploi, dans cet exposé, de l'expression « symbolique de la parenté », annonciatrice d'un système de symboles, c'est-à-dire d'un ensemble intégré de représentations.

La comparaison qui fait des personnages en quelque sorte des enfants de leur auteur se rencontre assez fréquemment, et la première biographe de Marguerite Yourcenar, Josyane Savigneau, pointait déjà en 1990, à propos de certaines considérations de l'écrivaine sur la maturation de ses personnages, « la banalité de la métaphore des "enfants littéraires" que sont, pour un écrivain, ses créations »[2]. Mon objectif n'est donc pas de mettre en évidence l'originalité de cette comparaison, mais la singularité de sa mise en œuvre chez Marguerite Yourcenar – et qui plus est chez un écrivain femme dont la vie et l'œuvre semblent a priori peu ou pas concernées par la maternité.

En effet, j'ai la conviction que cette mise en œuvre est constitutive du projet littéraire de Marguerite Yourcenar, et ce dès la formation de sa pensée, dès ses premiers pas d'écrivaine, dès sa première œuvre publiée. Au sens esthétique, l'écrivaine en elle crée des personnages ; procréatrice, la femme en elle expérimente symboliquement la maternité ; au sens ontologique, la démiurge en elle fait advenir un univers qu'elle « alimente de [s]a substance » (*Souvenirs pieux*). Je pousserai jusqu'au bout mon intuition pour examiner en détail cette triple instance : que Marguerite Yourcenar soit la puissance créatrice par excellence de son univers littéraire, cela va de soi ; mais cette puissance créatrice incarnée dans son œuvre serait d'essence parentale et son exercice appuyé en tout et pour tout sur la parenté. C'est ce que ce livre a pour objectif de démontrer.

Si la parenté est présente dans nombre d'œuvres littéraires, c'est que les relations parentales font partie de n'importe quelle expérience

---

[1] Pour l'approche de la mythologie grecque en regard de l'œuvre yourcenarienne, et aussi pour le choix d'une version homogène des textes mythiques de référence, j'ai consulté Robert GRAVES, *Les Mythes grecs*, Paris, Fayard/Pluriel, 1967, 2 vol. La démarche de cet auteur, à rebours de la philosophie, de la théologie, de la littérature et – plus récemment, à partir de Freud – de la psychologie, s'attache à une clarification des mythes par l'histoire et l'anthropologie, c'est-à-dire prétend retourner aux sources mêmes du mythe, à sa raison d'être. Toutefois, Graves étant volontiers polémique et spéculatif, j'ai choisi de tempérer ses hypothèses par celles d'un érudit plus incontestable, Pierre GRIMAL, dont j'ai par conséquent consulté le *Dictionnaire de la mythologie grecque et romaine* (Paris, Presses universitaires de France, 2002, 574 p.)

[2] Josyane SAVIGNEAU, *Marguerite Yourcenar. L'invention d'une vie*, Paris, Gallimard, 1990, 542 p., p. 74.

humaine, tout en étant chacune originale et donc irréductible à une autre. Aristocrate parfaitement au fait de sa lignée mais ayant coupé les ponts avec sa famille au point de changer de nom, orpheline de mère à la naissance et sans descendance, auteure explicite de mémoires familiaux dans lesquels elle relate ces faits et leurs circonstances sans chercher à s'expliquer personnellement – surtout sur ses propres motivations –, Marguerite Yourcenar a produit une œuvre dont la dimension parentale ne pouvait manquer d'attirer l'attention d'une partie de la critique.

Aussi, deux approches également fécondes ont déjà nourri la part des études yourceniennes qui pourrait sembler par nature plus liée à l'étude des relations familiales : la biographie d'abord, particulièrement perspicace en la matière, et la psychanalyse ensuite, alertée à juste titre par l'abondance des dénégations de l'auteure à propos de la famille et des relations de parenté, soit qu'elle les dénigre de son propre chef, soit qu'elle prête cette attitude à ses personnages – entre mille, Hadrien parle du « peu de respect qu'[il a] personnellement pour l'institution de la famille » (OR, p. 316)[3].

Mais, pour mon entreprise, la biographie ne pouvait m'être de premier secours. Il est difficile de l'exclure totalement d'une analyse des relations familiales, et ce d'autant plus que Marguerite Yourcenar a fait elle-même de la vie de sa famille et de la sienne propre un matériau déclaré pour la création littéraire, de telle sorte qu'il reste malaisé de démêler la réalité de ce que l'auteure décrit comme telle. Je me suis donc obligée à considérer le texte de Marguerite Yourcenar comme le seul matériel a priori disponible et, le cas échéant, comme la référence prioritaire, sans méconnaître pour autant le discours biographique des études extérieures à l'œuvre.

Marguerite Yourcenar, quoiqu'ayant elle-même souvent pratiqué l'essai biographique[4], est avare de compliments à l'égard des biographes.

---

[3]   Dans ce livre, la plupart des références, pour les textes de Marguerite Yourcenar, renvoient aux deux volumes de la Bibliothèque de la Pléiade, *Œuvres romanesques*, Paris, Gallimard, 1982 (désigné par OR), et *Essais et Mémoires*, Paris, Gallimard, 1991 (désigné par EM). Les éditions du volume des *Œuvres romanesques* ayant successivement inclus, en supplément à la première édition de 1982, *La Nouvelle Eurydice* et les « Carnets de notes de *L'Œuvre au Noir* », la pagination de ce volume diffère selon l'édition. J'utilise l'édition portant le dépôt légal de janvier 1988, qui ne comporte encore aucun de ces textes. Je cite donc *La Nouvelle Eurydice* d'après l'édition originale (Paris, 1931, en abrégé NE) et les « Carnets de notes de *L'Œuvre au Noir* » (en abrégé CNON) d'après l'édition Folio de 1991 les incluant à la suite de *L'Œuvre au Noir*. On trouvera à la fin de l'ouvrage la liste des œuvres avec leurs abréviations.

[4]   À propos d'Oscar Wilde, de Piranèse, de Mishima, de Selma Lagerlöf, de Constantin Cavafy, etc., sans parler de la subversion biographique que constituent les mémoires imaginaires de l'empereur Hadrien et la pseudo-autobiographie du *Labyrinthe du monde*.

Elle leur a décerné quelques jugements lapidaires et acerbes, de nature à décourager par avance toute tentative extérieure d'écrire sa propre vie. Dans une lettre à son demi-neveu, Georges de Crayencour, le 21 septembre 1977, elle écrit :

> Je suis et serai la proie des biographes, et suis mieux placée que quiconque pour savoir que les biographes, même quand ils ne sont pas volontairement malveillants, se trompent presque toujours parce qu'ils n'ont sur les gens dont ils parlent que des informations superficielles. (L, p. 566)

En effet, l'immense intérêt du public pour l'œuvre et, partant, pour la vie de Marguerite Yourcenar a suscité autour d'elle une sorte d'effervescence biographique, concrétisée notamment par de très nombreux articles de presse, émissions audiovisuelles et livres d'entretiens.

Si ses trois biographes ont tenté de lire entre les lignes ou de refaire l'enquête qu'avait faite Marguerite Yourcenar elle-même, c'est pour une grande part soit à partir de ses livres, soit à partir des matériaux qu'avait déjà employés l'écrivaine, surtout pour la trilogie du *Labyrinthe du monde*, selon une méthode qui doit déjà beaucoup à la biographie. Des quelques témoins directs qu'il a été possible d'interroger, seuls l'un ou l'autre, ayant connu l'enfance de l'auteure ou des membres de sa famille, pouvaient donner un éclairage sur la dimension biographique liée à la parenté : c'est le cas d'Egon de Vietinghoff (le fils de Conrad, le modèle d'Egon de Reval dans *Le Labyrinthe du monde*) et de Georges de Crayencour.

Dès la première biographie, publiée en 1990, *Marguerite Yourcenar. L'invention d'une vie*, Josyane Savigneau, sur les traces de Marguerite Yourcenar et quoiqu'avec le regret, pour « les années d'enfance », de ne disposer que de « son propre témoignage » (p. 33) – elle s'en contente –, fait la part belle à l'image du père, Michel, tout en résistant par ailleurs aux analyses simplistes qui n'avaient pas manqué de se répandre dans la presse comme dans la critique, refusant de « surévaluer l'importance » de Michel de Crayencour (p. 34), de faire de lui un « "nouveau père" avant la lettre » (p. 35), et reconnaissant la difficulté de « se faire une idée claire de la relation entre ce père et sa fille » (p. 44).

Lorsqu'elle s'intéresse à Marguerite Yourcenar pour son étude biographique parue en 1995, Michèle Sarde[5] semble bien décidée à ne voir les choses que sous l'angle de la passion amoureuse : son livre, *Vous, Marguerite Yourcenar. La passion et ses masques*, décrit surtout la Marguerite de Crayencour des années 1930, au moment de sa passion pour André Fraigneau et de la mise en place des structures et des méca-

---

5   Michèle SARDE, *Vous, Marguerite Yourcenar. La passion et ses masques*, Paris, Laffont, 1995, 422 p.

nismes fondamentaux de son œuvre (le triangle amoureux par exemple),
avant le grand bouleversement de la guerre et le départ pour les États-
Unis. Michèle Sarde, avec une sensibilité différente il est vrai, accorde
elle aussi la plus grande importance au père, Michel. Institué « premier
personnage de [sa] vie », « Pygmalion », il fait à lui seul la matière de
toute la première partie du livre, au fil d'une approche qui doit beaucoup
à la psychanalyse.

Michèle Goslar[6], en publiant à son tour une biographie de Marguerite
Yourcenar, renouvelle en partie l'approche de la matière parentale. La
maturité et la vieillesse de l'écrivaine ont des sources : Michèle Goslar
retrouve l'enfant du Mont-Noir, recompose pour son lecteur l'univers
culturel et mental d'« une petite fille apprenant à vivre entre 1903 et 1912
sur une colline de la Flandre française » (EM, p. 953), nous représentant
par là même un enracinement local, domestique et familial d'autant plus
regrettablement négligé par les deux premières biographes que cette
première tranche de vie est à bien des égards le socle de l'existence et de
la pensée de l'écrivaine. Les hypothèses de Michèle Goslar à propos de
Jeanne, dans *La Nouvelle Eurydice* comme dans *Quoi ? L'Éternité*,
mettent en lumière le rôle maternel idéal qu'avait pressenti Michèle
Sarde. Par ailleurs, l'intérêt de Marguerite Yourcenar pour le trio de
Conrad, de Michel et de Jeanne – un trio parental – fonde pour Michèle
Goslar l'établissement du triangle amoureux mis sous le signe de l'ambiguïté sexuelle, structure capitale de la narrativité yourcenarienne, « sujet
d'écriture par excellence » (p. 107). Quant au « pessimisme à l'égard de
l'amour et de la constance des sentiments profonds » que décèle Michèle
Goslar chez l'écrivaine, elle l'explique par le fait que son père, avec ses
nombreuses liaisons féminines, « forge[] en elle, sans y prendre garde,
une médiocre image du couple » (p. 95).

*

Il est curieux de remarquer que si – même avec d'importantes nuances –
le rapport au père dessine une figure parentale marquante sinon dominante
dans les trois essais biographiques, dans l'ensemble de la critique analytique c'est le rapport à la mère qui retiendra la majorité des analyses.

Tout comme elle se méfiait des biographes, Marguerite Yourcenar
n'aimait guère les psychanalystes et encore moins ce qu'elle considérait
promptement comme de la psychologisation à outrance, « ce délire d'interprétation auquel l'époque post-freudienne nous a habitués » (EM,
p. 150). À vrai dire, lorsqu'on y regarde d'un peu plus près, non seulement Marguerite Yourcenar s'intéressa à la psychanalyse en général,

---

6   Michèle GOSLAR, *Yourcenar. Qu'il eût été fade d'être heureux*, Bruxelles, Racine,
    1998, 404 p.

mais aussi, dès les années 1930, elle rencontra et fréquenta de près le poète et psychanalyste grec Andreas Embiricos, qui lui inspira d'ailleurs peut-être l'idée d'écrire et de publier *Les Songes et les Sorts*, livre sur lequel je vais revenir à l'instant.

Il est piquant de constater, par ailleurs, qu'il lui arrive, malgré son dédain, d'utiliser des concepts psychanalytiques, ainsi lorsqu'elle caractérise Éric dans une lettre au cinéaste Volker Schlöndorff, qui avait porté *Le Coup de grâce* à l'écran : « Il y a chez Éric [...] ce que j'appellerais une *hétérosexualité refoulée* » (L, pp. 518-519, c'est l'auteure qui souligne). Toutefois, malgré ses lectures et son intérêt, il semble que Marguerite Yourcenar se faisait de la psychanalyse une idée assez arrêtée et plutôt restrictive. Mais, surtout, elle ne supportait pas qu'on tentât d'en appliquer les principes à une œuvre littéraire et en particulier à ses propres œuvres. Certains critiques ne s'en sont pourtant guère privés.

L'un des livres de Marguerite Yourcenar qui peuvent inviter le plus volontiers à la psychanalyse est sans doute *Les Songes et les Sorts*, suite de récits de rêves (1938), matière d'analyse par excellence depuis l'ouvrage de base que leur consacra Sigmund Freud lui-même. C'est précisément dans la préface et le « dossier » de ce livre que Marguerite Yourcenar expose quelques idées assez catégoriques sur la psychanalyse et sur l'interprétation des rêves.

Aussi Josette Pacaly[7], piquée au vif par le paradoxe, a-t-elle consacré à ce livre une communication remarquable lors d'un colloque à Paris en 1994. À ma connaissance, c'est la seule fois où – à la différence d'études plus partielles, voire ponctuelles, ou plus thématiques et transversales – une œuvre yourcenarienne prise comme corpus relativement isolé se voit parcourue en référence à la théorie analytique – ici, semble-t-il, selon les thèses lacaniennes –, sans oublier une discussion des commentaires de Marguerite Yourcenar sur la psychanalyse. En relation particulière avec cette étude, le rapport à la mère et le rapport au père sont repérés dans l'analyse des rêves intitulés « La Mare maudite » et « Le Suicide en masse ». C'est aussi dans cet article que sont réfutés en quelques exemples mordants des idées fausses et de coupables procès d'intention de l'auteure à la psychanalyse (pp. 33-34). Toujours à propos des commentaires yourceniens sur la psychanalyse, Carmen Ana Pont[8] a

---

[7] Josette PACALY, « *Les Songes et les Sorts*, préface et "dossier" », in *Marguerite Yourcenar aux frontières du texte*, actes du colloque de Paris (1994), Paris, Roman 20-50, 1995, pp. 31-42.

[8] Carmen Ana PONT, « Les pièges de l'écriture dans les rêves de Marguerite Yourcenar », in *Lectures transversales de Marguerite Yourcenar*, actes du colloque de Mendoza (1994), Tours, Société internationale d'études yourceniennes (SIEY), 1998, pp. 43-53.

pointé dans le « Dossier » des *Songes et des Sorts* ce qu'elle appelle le « piège de l'impartialité ». Elle montre que Marguerite Yourcenar, lorsqu'elle prétend présenter ses récits de rêves « sans référence aux théories psychologiques en vogue », non seulement prend parti contre Freud et les surréalistes mais encore, soutenue par ses discussions de l'époque avec Edmond Jaloux, se réfère aux travaux de Jung.

*

En 1986 déjà, Mieke Taat[9] osait prendre le contre-pied du discours généralisé – animé d'intentions plus ou moins louables – selon lequel Marguerite Yourcenar « écrivait comme un homme ». Soulignant la présence, dans le paratexte yourcenarien, des métaphores féminines de gestation et de fertilité associées par l'auteure à l'acte d'écrire (p. 61), elle s'appuie sur le texte et suggère, par exemple, que l'hydropisie du cœur dont meurt l'empereur, c'est-à-dire le fait que « son corps se gonfle de liquides », est la conséquence de sa tentative de reprise en main de soi par la Discipline Auguste, qui « fait peser sur l'élément féminin une interdiction rigoureuse de s'écouler librement » (p. 65). D'autres considérations sur le liquide et le féminin – notamment à propos de *L'Œuvre au Noir* – émaillent l'analyse. La même auteure[10], dépassant les sèches interdictions de lecture psychocritique énoncées par la romancière, et plaidant qu'une telle lecture « révèle [...] la variété et la complexité des affects et des fantasmes reliés aux figures parentales dans les textes de Marguerite Yourcenar » (p. 167), verra encore dans la méthode d'élaboration de ses romans historiques et dans le fameux « un pied dans l'érudition, l'autre dans la magie » (OR, p. 526) l'équivalent des règles « qui commandent et décrivent le processus psychanalytique », soit, en gros, l'écriture comme cure.

C'est le rapport à la mère qui retient l'attention de Carole Allamand[11], à propos de l'analyse d'*Alexis ou le Traité du vain combat*. Sur les traces de Julia Kristeva, Carole Allamand assimile la séparation d'avec la mère à un exil et fait de cette séparation le principe de l'écriture yourcenarienne : « La découverte de l'altérité du corps maternel, cette dysharmonie originelle [...], tel est le drame d'Alexis. [...] L'écriture yourcenarienne [...] n'est pas autre chose que la conjuration systématique de ce

---

[9]   Mieke TAAT, « La mer mêlée au soleil », in *Il confronto letterario*, Pavia, supplément au n° 5, 1986, pp. 59-67.

[10]   Mieke TAAT, « Lire et dé-lire : Marguerite Yourcenar », in *Marguerite Yourcenar. Une écriture de la mémoire*, Sud, hors série 1990, pp. 165-176.

[11]   Carole ALLAMAND, « La lettre de l'inversion », in *Marguerite Yourcenar, Écritures de l'exil*, actes du colloque de Canterbury (1997), Louvain-la-Neuve, Bruylant-Academia, 1998, pp. 43-51.

malheur » (pp. 47-48). Pour sa part, tout en pointant l'« interdit » et la « tentation » inhérents à ce désir, Judith Sarnecki[12] postule que, chez Marguerite Yourcenar plus que tout autre, l'écriture est « le moyen de retrouver le corps maternel perdu au moment de la naissance, le cordon ombilical qui ramènera l'enfant-auteur à sa mère » (p. 113). Elle repère des métaphores et des motifs généraux qui trahissent la conscience de cet interdit lié à l'écriture : l'abîme, le suicide, la mer, la nuit des temps, l'éternité – « espèce de fusion avec un corps maternel sexuel » (p. 120) –, etc., qui symboliseraient cette mère inaccessible et désirée. La même Judith Sarnecki, un an plus tôt[13], rejoignant en cela l'étude de Mieke Taat mentionnée plus haut, voulait voir, dans *L'Œuvre au Noir*, la femme et la sexualité féminine liées à l'eau, allant jusqu'à associer la pluie tombant à Innsbruck et les larmes d'Hilzonde (p. 162), développant la comparaison mère/mer sur la base des métaphores marines liées à « La mort à Münster » et, enfin, cherchant laborieusement jusque dans les prénoms ou les patronymes des personnages la justification de ces rapprochements (par exemple « onde » dans Hilzonde, p. 167).

*

D'une plus grande ampleur est l'ouvrage récemment paru de Pascale Doré[14], *Yourcenar ou le féminin insoutenable*, lui aussi tout entier fondé sur la hantise de la mère perdue et sur les tensions qui en résultent, dans l'écriture, entre l'idéalisation et la phobie du féminin, ces tensions entraînant la recherche d'une écriture maîtrisée prompte à dénier le chaos sur lequel elle repose. Les théories analytiques (avec abondance de recours à Freud et à Lacan) sont convoquées en permanence pour éclairer le texte yourcenarien, qui se trouve relu et traduit en refoulement, dénégation, sado-masochisme, fantasme lié à l'animal, image phobique, monstres (méduse, sirène, minotaure), amputation et division du moi, etc. Je l'ai dit d'emblée, je n'ai certes pas la prétention de juger du bien-fondé de l'application de ces théories. Mais je remarque que, malgré des intuitions remarquables, cette lecture forte et impérieuse de l'œuvre donne plus d'une fois le sentiment de tirer, pour l'y mieux ajuster, le texte à la théorie : c'est le cas, par exemple, du caractère de « mère mortifère » attribué à Hilzonde, dans *L'Œuvre au Noir*, dont la seule invitation à la

---

12   Judith SARNECKI, « Écriture et maternité : métaphores maternelles dans *Le Labyrinthe du monde* de Marguerite Yourcenar », in *Bulletin de la Société internationale d'études yourcenariennes (SIEY)*, n° 13, juin 1994, pp. 109-120.

13   Judith SARNECKI, « Le visage maternel de la mort dans *L'Œuvre au Noir* », in *Les visages de la mort dans l'œuvre de Marguerite Yourcenar*, actes du colloque de Morris (1988), Morris, University of Minnesota, 1993, pp. 161-167.

14   Pascale DORÉ, *Yourcenar ou le féminin insoutenable*, Genève, Droz, 1999, 336 p. (Histoire des idées et critique littéraire, vol. n° 379).

mort ferait de sa fille Martha une « assujettie à la mort » (p. 188), ce qui me paraît à tout le moins très insuffisamment fondé dans le texte. Elle pousse, surtout, à s'interroger sur le caractère d'oubli ou d'omission de certaines absences. Ainsi, le personnage de Jeanne – serait-ce parce qu'il pourrait gêner la démonstration ? – est largement gommé de l'analyse.

C'est entre autres ce qui m'amène à constater que, dans certaines études yourcenariennes faisant référence à la psychanalyse, celle-ci peut, le cas échéant, en venir à contaminer le discours critique plutôt qu'elle ne le sert et, malgré – répétons-le – l'intérêt stimulant de certaines positions, à prendre le pas sur le texte que l'on prétend étudier, produisant un « texte sur le texte » à tendance autonome, c'est-à-dire qu'il semble se suffire à lui-même et se passer de justification par la lettre du texte étudié. Plus le recours au texte diminue, moins il est question de l'œuvre étudiée et plus l'étude perd de sa pertinence. Ce truisme n'a pas fini de poser question dans une approche par ailleurs particulièrement féconde mais dont il convient de trier avec soin les productions. Quoi qu'il en soit, la majorité des études considérées s'attachent aux rapports à la mère et au père ainsi que, dans une moindre mesure, au statut du féminin et à la question de la différenciation sexuelle.

*

Venons-en au présent livre. La première partie de cette étude (« Les instances parentales ») dégage quelques grands motifs parentaux transversaux – la famille, le couple, la maternité, l'inceste – et parcourt l'œuvre en référence à ceux-ci. On y observe que la prise de conscience du poids de la lignée, appuyée sur une conception antiquisante des relations de parenté, débouche sur le désir quasi nietzschéen, incarné d'Hadrien à Nathanaël en passant par Zénon, de choisir en partie son destin, c'est-à-dire aussi les éléments parentaux de celui-ci. Cette opération se fait principalement par l'élection d'une famille imaginaire dont les ramifications – filiation et fraternité – finissent par constituer la charpente de l'œuvre. Elle n'ignore ni la négation d'une partie des relations familiales ni la mise en place de mécanismes de superlativisation ou de substitution. La méthode de cette élection est la fameuse recette yourcenarienne de l'envahissement des personnages par la substance de l'écrivain, au moyen de l'« érudition » et de la « magie ».

La deuxième partie (« Création et procréation littéraires »), revenant par un mouvement de focalisation à la micro-analyse du texte, s'attache à sept personnages yourceniens qui sont à la fois l'incarnation et le meilleur exemple de l'hypothèse à démontrer. Hadrien et Nathanaël, mais aussi la vieille Greete, pour ne citer qu'eux, sont des incarnations de la méthode yourcenarienne, espèces de *golems* faits – pour reprendre les deux ingrédients de la recette – à partir d'une poussière d'érudition animée par le souffle magique de l'écrivaine, et mettant à chaque fois en lumière un mécanisme lié à la symbolique de la parenté : la réparation d'une rupture, par exemple, ou la frustration liée à l'éloignement transcendental entre un créateur littéraire et sa créature.

Le résultat de cette création et de cette procréation littéraires est un cosmos, un univers autonome, structuré comme un système mythologique par la parenté et nourri en permanence de la substance même de sa créatrice. La troisième partie (« Écriture, maternité, démiurgie ») explore ce système, en dégage les lignes de force, analyse le problème de la présence du moi dans l'œuvre et les questions soulevées par le concept yourcenarien de « substance », enfin s'appuie sur la triple instance de création littéraire, maternelle et divine pour décrire, en conclusion, le statut ultime de l'écrivaine dans l'univers qu'elle a créé.

*

Pour terminer, un mot de la méthode. Bien que ce livre tire sa matière d'une thèse de doctorat, on n'y trouvera pas tous les détails du raisonnement ni toutes les notes et les références qui accompagnent habituellement une thèse. Mais le peu d'étendue de l'apparat critique, dans cette étude, a une autre raison bien plus importante. Mon intérêt est tout entier concentré sur l'œuvre elle-même. J'irai donc d'abord au texte, sans recourir à une théorie sociologique, linguistique ou littéraire en particulier, sans tâcher non plus d'expliquer l'œuvre par l'auteure – ou ce que nous croyons être l'auteure – et sa vie. Ainsi, lorsque je parlerai de procréation symbolique à propos du *Labyrinthe du monde*, je me situerai bien à l'intérieur d'un récit dans lequel la narratrice s'identifie à l'auteure et inversement, et dans lequel cette narratrice décrit et explique à la fois la mort de sa mère et son désir de la faire revivre dans un livre. Sauf exception dûment constatée, je ne quitterai pas le texte. Lorsque je ferai le lien avec la vie de l'auteure, je le ferai explicitement et sans m'autoriser le moins du monde à faire œuvre de biographe. De même, lorsque je parlerai de relations familiales, ce sera encore à l'intérieur du récit, qui demeurera mon seul univers. Il m'arrivera d'éclairer l'analyse du texte par une hypothèse extérieure ; je m'interdirai, au contraire, de réduire le texte à un exemple choisi pour illustrer une théorie. Cela ne m'empêchera du reste pas de manipuler des concepts qui sont passés dans le langage courant (« totem », par exemple), sans pour autant m'autoriser à faire œuvre de psychanalyste.

Dans ce travail, l'absence non seulement de grille théorique mais encore de référence à la théorie littéraire révèle de ma part une conception de la lecture que je qualifierais de luthérienne, dans le sens où le texte est la première référence et l'ultime autorité, quelle que soit l'interprétation des clercs. Dans le pire des cas, la théorie peut en arriver à produire un dogme détaché du texte qu'elle prétendait expliquer. Au contraire, je pense, à coup sûr avec une certaine fausse candeur, que le texte suffit, que tout y est, qu'il suffit de lire et de relire – et de relire encore. Au fil de mon travail, je me suis vue confortée dans ma démarche par la fermeté et l'importance de découvertes faites avec si peu d'instruments de départ, ainsi que par la constance avec laquelle le matériel étudié a répondu à l'analyse sans qu'il ait été besoin de l'y forcer, justifiant amplement le caractère minimaliste de mon choix méthodologique.

Il est, certes, illusoire et sans doute même peu souhaitable d'imaginer une lecture « neutre » ou « objective » d'un texte, quels que soient son contexte de production, sa longueur, sa forme ou son contenu. Je n'y prétends pas. Plutôt que de chercher à atteindre une objectivité qui me paraît chimérique, mon ambition est de cerner la subjectivité d'un auteur en me servant de la mienne, autant que possible sans la lui imposer.

PREMIÈRE PARTIE

LES LIENS DU SANG SONT BIEN FAIBLES
LES INSTANCES PARENTALES

Un carcan indispensable
et maudit

L'inventaire des œuvres de Marguerite Yourcenar fait apparaître des occurrences nombreuses et très diversifiées des relations de parenté ; c'est aussi bien la parenté du sang que la parenté d'alliance qui est concernée ; en outre, le vocabulaire lié à la parenté est très souvent utilisé à des fins métaphoriques ou symboliques, les relations considérées par cette contagion sémantique étant principalement la relation maternelle et la relation fraternelle.

Quelques constantes se dégagent, dont la première et la plus générale est sans aucun doute l'aspect conventionnel péjoratif des relations de parenté, avec leur caractère d'obligation à laquelle on ne peut se soustraire, d'irrémédiable donné. La deuxième découle de la première en la cristallisant : enraciné dans la lignée pour le meilleur et pour le pire, le héros yourcenarien, surtout masculin, est essentiellement un solitaire qui à la fois revendique et déteste, voire détourne ou transforme son destin, exalte ses origines et les fuit avec exaspération, dénigre toute postérité mais trahit sa fascination pour la continuité.

Rarement accordés, les membres de la parenté s'écartèlent entre toutes les dimensions de celle-ci : frères contre sœurs, parents contre enfants, maris contre femmes ou, pour reprendre les paroles d'Hadrien, « Maris contre femmes, pères contre enfants, collatéraux contre tout le monde » (OR, p. 316). Les sentiments qui entrent en jeu sont rarement positifs, que l'approche narrative choisie soit l'intériorisation psychodramatique manifestée par des états d'âme livrés pour ainsi dire en direct, à la première personne ou non (par exemple dans *Le Premier Soir* ou *Alexis*) ou la peinture extériorisée des attitudes (comme dans *L'Œuvre au Noir*). Dans les romans et les nouvelles de Marguerite Yourcenar, la parenté semble un carcan à la fois indispensable et maudit, scène fondamentale de toute intrigue, obstacle révéré à toute libération.

Je m'attacherai ici à systématiser les thèmes parentaux qui traversent l'œuvre de Marguerite Yourcenar. La tension entre la norme et la subversion ou la transgression, la tension entre la famille et la lignée, la parenté réelle et la parenté imaginaire, le statut de l'enfant retiendront tout d'abord mon attention, en tant que motifs de l'écriture yourcenarienne, présents dès les premiers personnages.

Je ferai aussi appel à un substrat antérieur et extérieur à l'œuvre yourcenarienne, mais qui y émerge de façon marquée et permet de comprendre une partie de ses mécanismes parentaux : les relations de parenté dans l'antiquité grecque et romaine. Pour ne pas déséquilibrer l'étude, je limiterai l'importance de ce recours en ne convoquant qu'un nombre restreint de sources.

Dans un essai remarquable, *Le sexe et l'effroi*[1], Pascal Quignard expose ce qu'il appelle « le transport de l'érotisme des Grecs dans la Rome impériale » (p. 11), c'est-à-dire l'articulation sexuelle de la société, fondée sur un substrat mythique, en une codification d'une importance capitale pour la filiation et la structuration familiale, utilisée à des fins de propagande politique, dynastique et personnelle par l'empereur Auguste. Parfois polémique, l'analyse que fait Pascal Quignard de la société d'Auguste est celle d'un homme de lettres et non d'un historien. Elle éclaire pourtant involontairement bien des aspects de la conception yourcenarienne des relations de parenté. J'y aurai donc recours pour ce chapitre, de même qu'à Paul Petit et à son *Histoire générale de l'Empire romain*[2]. Par ailleurs, une récente traduction du *Banquet* de Platon et l'introduction critique qu'en fait Luc Brisson[3] m'ont été très utiles pour aborder la psychologie de certains personnages yourceniens et le statut qu'ont chez cette auteure l'œuvre en général et l'œuvre littéraire en particulier. Enfin, de manière générale, je me référerai aussi à la thèse de Rémy Poignault, *L'Antiquité dans l'œuvre de Marguerite Yourcenar. Littérature, mythe et histoire*[4]. Ce travail constitue un précieux inventaire des sources, des traces et des réminiscences de textes antiques dans l'œuvre yourcenarienne.

*

Il est hors de question d'expliquer toute la vision des relations familiales de Marguerite Yourcenar par celle de l'antiquité. On peut tout au plus arguer que cette vision a influencé l'écrivaine qui aborda très tôt le latin et le grec via la lecture assidue des classiques. Encore l'« antiquité » est-elle une période très longue : il faudrait entrer dans le détail, ce

---

[1] Pascal QUIGNARD, *Le sexe et l'effroi*, Paris, Gallimard, 1994 (Folio).

[2] Paul PETIT, *Histoire générale de l'Empire romain, 1. Le Haut-Empire*, Paris, Seuil, 1974, (Points/Histoire, n° 35).

[3] PLATON, *Banquet*, trad. et introduction Luc Brisson, Paris, GF Flammarion, 1998, 262 p.

[4] Bruxelles, *Revue d'études latines*, 1995, 2 vol. (Latomus, vol. 228).

qui n'est absolument pas mon propos. Je m'en tiendrai donc d'une part à Platon, dont l'influente présence dans l'œuvre yourcenarienne sera démontrée, et d'autre part au moment où s'opère le transfert gréco-latin observé par Pascal Quignard – la fondation politique et sociale de l'Empire romain étant elle aussi un moment culturel important dans l'œuvre de Marguerite Yourcenar –, sans perdre de vue que l'antiquité n'est qu'une des sources de la formation d'une pensée et d'un univers littéraire, particulièrement à l'égard des relations de parenté qui seules, en définitive, m'occupent ici.

Famille, couple, société, mythe, pouvoir : une conception antiquisante des relations de parenté

Famille, patrie, primauté du masculin

Sous Auguste, au tournant de notre ère, la société romaine passe progressivement d'une mentalité républicaine à une mentalité impériale. Chef politique, magistrat suprême, général d'armée, Père de la Patrie, détenteur des plus hautes dignités religieuses, l'empereur se pose en héros, puis sera considéré comme un dieu, d'abord après sa mort puis, à partir de Trajan, de son vivant même. L'autorité, dans la société romaine, s'exprime par une série de métaphores patriarcales et familiales qui vont du cercle le plus étroit (le couple et la famille gouvernés par le *pater familias*), où elles trouvent leur origine conceptuelle, au cercle le plus large (l'Univers entier gouverné par Jupiter), en passant par la *gens*, par la Cité, par l'armée, par l'État. À partir d'Auguste, dont le principat exceptionnellement long (plus de quarante ans) lui donne l'occasion de bien mettre en place sa politique impériale, l'empereur dispose en fait d'une autorité absolue ; sous les Antonins, on commencera à lui vouer un culte de son vivant.

En ce qui concerne la morale sexuelle, les mœurs romaines[1] distribuent à chaque membre de la famille ou de la société un rôle relativement figé. Ce ne sont pas tant le masculin et le féminin qui établissent une différenciation que l'activité et la passivité : on a d'un côté et de

---

[1] À la suite des mœurs grecques, dont on a une claire présentation en termes de rapports de force dans l'introduction de Luc Brisson à sa traduction du *Banquet* (*op. cit.*) : « En Grèce ancienne, [...] l'acte sexuel se trouve polarisé par la distinction entre celui qui pénètre et celui qui est pénétré, entre celui qui tient un rôle actif et celui qui a un rôle passif. À leur tour, ces rôles se trouvent associés à un statut social supérieur ou inférieur en fonction des oppositions suivantes : masculin/féminin, adulte/adolescent. La pénétration phallique manifeste la supériorité de l'homme sur la femme, de l'adulte sur l'adolescent ou de l'homme sur un autre homme, supériorité généralement associée à une domination économique, sociale et politique » (p. 56).

l'autre les dominants et les dominés, les prédateurs et les proies, dans une société où commande l'« effroi statutaire »[2]. Enfants, esclaves et femmes sont incapables socialement, politiquement et sexuellement. Les sentiments personnels n'entrent guère en jeu dans le mariage, les alliances étant dictées essentiellement par des considérations de patrimoine ou par la raison d'État. L'objectif du mariage – la femme n'a aucun avis à donner quant au choix de son futur époux – n'est pas davantage la consécration d'une inclination mutuelle mais la perpétuation de la lignée sans qu'aucun soupçon d'infidélité (une infidélité que Rome pouvait punir de mort) puisse peser sur l'épouse, considérée pour ce qui est de la procréation comme le simple réceptacle de la semence de l'époux, seul garant de la lignée et seul détenteur de droits sur sa progéniture. L'organisation sociale est familiale : elle définit la famille elle-même et l'État selon un axe patrilinéaire. Sous l'époque d'Auguste, parallèlement à la mentalité officielle, espèce de chape morale, subsiste une fronde en matière de mœurs, dont le poète Ovide, auteur notamment de l'*Art d'aimer*, fut le défenseur emblématique. Il paya d'un exil à vie sa subversion, qui consistait à admettre et même à défendre « l'idée de réciprocité, l'idée de mélanger fidélité et plaisir, matronat et éros, généalogie et sensualité »[3]. Pour le reste, Ovide, en bon Romain, élève la prédation au rang de code amoureux : « Ainsi l'homme poursuit la femme. Ainsi le dieu poursuit la nymphe. Ainsi apercevant le lièvre à découvert dans la campagne, le chien des Gaules court après sa proie »[4].

*

On peut retrouver les éléments essentiels de cette conception antique dans l'œuvre de Marguerite Yourcenar. Tout d'abord, les relations familiales y sont souvent régies par un code strict qui fait passer le statut social avant la personne – un fonctionnalisme familial que les personnages yourceniens entretiennent même lorsqu'ils souhaitent, sourdement ou violemment, y échapper. Alexis déclare, mélancolique :

> Notre rôle, dans la vie de famille, est fixé une fois pour toutes, par rapport à celui des autres. On est le fils, le frère, le mari, que sais-je ? Ce rôle nous est particulier comme notre nom, l'état de santé qu'on nous suppose, et les égards qu'on doit ou ne doit pas nous montrer. Le reste n'a pas d'importance ; le reste, c'est notre vie. (OR, p. 35)

Dans *Archives du Nord*, le jeune Michel Charles n'est à vingt ans qu'un produit de sa lignée : « Ce jeune homme a un de ces visages qui semblent appartenir, moins à l'individu […] qu'à la race, comme si, sous

---

2 C'est l'expression qu'emploie Pascal QUIGNARD, *Le sexe et l'effroi, op. cit.*, p. 21.

3 Pascal QUIGNARD, *Le sexe et l'effroi, op. cit.*, p. 177.

4 OVIDE, *Métamorphoses*, I, 533, cité par Pascal QUIGNARD, *Le sexe et l'effroi, op. cit.*, p. 211.

le sien, d'autres figures distraitement aperçues sur les murs de la maison familiale de Bailleul affleuraient à la surface, puis s'effaçaient » (EM, p. 1009) ». Dans *Qui n'a pas son Minotaure ?*, Thésée porte comme un fardeau un nom qu'il a « traîné hors des langes, puis hors de l'école et des livres, enfin hors de [s]a vie telle que [s]on père [la lui] a faite » (Th. II, p. 189). Il n'est pas encore devenu un héros (« Mon nom, en ce moment, est encore mon anonymat », Th. II, p. 190) et fait plus loin encore un pire aveu d'insignifiance : « De mon père à mon fils, je ne me sens plus qu'un vain chaînon » (Th. II, p. 192). Ce qui motive cette amertume, c'est le poids de la lignée : « Tout est choisi pour moi d'avance... » (Th. II, p. 192) qui le fige dans son rôle, lui impose ce métier d'ambassadeur contraint : « Je suis lié, moi, par mes serments de prince héritier [...]... Mon père a accepté de payer ce tribut, d'offrir ces victimes à la mort » (Th. II, p. 190). Thésée en conçoit une rancœur qu'une fois seulement il nuance, d'ailleurs parce qu'il s'identifie un instant à ce père à la fois craint, méprisé et haï : « On est toujours injuste envers son père, on ne l'a jamais connu que vieux. [...] C'est hors de lui que je suis parti... Qui pourrait supporter de se voir d'avance à soixante ans ? » (Th. II, p. 192).

Michel Charles, Thésée, Alexis, Hadrien, Éric et même Nathanaël sont ainsi partagés entre, d'une part, leur sentiment d'appartenir à un groupe familial et l'envie – ou la faiblesse – de s'y (laisser) insérer par le mariage ou la procréation et, d'autre part, leur individualisme qui leur fait craindre de s'y aliéner. Une tension sans aucun doute vécue par l'auteure, qui le confie à Jean Montalberti en 1977 :

> La famille, telle que je la voyais dans mon enfance, c'était d'abord le poids de la coutume : on se sentait aplati dans le rôle du cousin ou de la cousine, de la tante ou de l'oncle, sans jamais être la personne elle-même. Or très tôt il y a eu avec intensité « moi » au milieu des autres personnes, c'est-à-dire quelqu'un qui allait être quelque chose, qui allait exister séparément. (PV, p. 189)

Cet individualisme est surtout le fait des hommes, mais notons qu'il est présent chez quelques personnages féminins. Ainsi Martha Adriansen, qui rêve d'absolu religieux, ne se résout que de guerre lasse au mariage que provoque la mort de sa cousine Bénédicte, la laissant seule héritière de son oncle Martin Fugger. Engluée dans un destin d'épouse et de mère, elle garde toute sa vie le secret de sa lâcheté, et c'est par vengeance contre elle-même autant que contre sa lignée qu'elle n'interviendra pas pour sauver du bûcher son frère Zénon, cet autre individualiste. Individualiste elle aussi, Angiola Fidès ne se marie que par opportunisme et fuit la maternité en avortant ; Marcella divorce et refuse la maternité pour accomplir un autre destin ; quant à la dame de Frösö, veuve, elle ne cherche à se remarier qu'« afin d'éviter que le domaine ne retomb[e] sous la tutelle de ses frères aînés » (OR, p. 696), c'est-à-dire qu'elle semble choisir le moindre de deux maux… familiaux. Mais la plupart des autres personnages féminins, même avec appréhension ou états d'âme (Fernande), se laissent agir par leur destin, qui coïncide souvent avec un mariage arrangé, même sans contrainte, et des grossesses jamais désirées au sens fort du mot – sauf dans le cas de Monique, on le verra plus loin : Anna, Marie, Thérèse, Mathilde, Reine, Noémi, Martha, etc. Quant à Sophie, elle n'a guère l'occasion de réaliser son rêve de contes de fées, le prince charmant se révélant nettement moins charmant qu'espéré.

*

Dans ce fonctionnalisme familial yourcenarien, la puissance maritale et paternelle est clairement du type augustéen : c'est celle du *pater familias* titulaire du *mancipium,* droit de propriété, voire de vie et de mort. Dans *Anna, soror…*, par exemple, don Alvare exerce une autorité absolue sur sa femme et ses enfants, disposant de leur existence, provoquant à son gré leur confinement – il impose à sa femme « une existence quasi claustrale » (OR, p. 853) – ou leur déplacement – qui aboutira d'ailleurs à la mort de Valentine, gagnée par la fièvre qui sévit dans les marais où son mari l'envoie. Pour sa part, Georges, l'époux blasé du *Premier Soir,* qui assimile très clairement la première « étreinte » de ses noces à un « meurtre » (S, p. 26), se donne lui aussi, fût-ce symboliquement, le droit de « détruire » (S, p. 26) sa jeune épouse. Publié presque au même moment qu'*Alexis*, le récit se fonde sur le même désenchantement du mariage et sur le même dénigrement des liens parentaux, avec pour thème et pour enjeu fondamental la liberté de l'homme (par opposition à la femme). Là où Alexis se focalise sur le demi-aveu d'une différence que finit par assumer un homme jusque-là englué dans la lignée, le mariage et la procréation, Le *Premier Soir* raconte la vision d'enfermement matrimonial et familial d'un homme qui, ce jour-là et malgré sa révolte, sacrifie provisoirement sa liberté selon les clichés les plus plats pour accepter de devenir « banal » (l'adjectif revient fréquemment dans le récit). La description du mariage y laisse peu d'espoir : aliénant pour le mari, il est, par ricochet, à considérer comme une totale déchéance pour l'épouse, qui joint à ce morne destin la circonstance aggravante de n'être même pas consciente de celui-ci. S'ajoute ainsi subversivement, au triste constat sur la famille et sur le mariage, une sorte de réquisitoire contre la féminité « ordinaire ».

Dans « Clytemnestre ou le Crime », la prédestination de la jeune femme à son mari est quasi génétique : « Mes parents me l'ont choisi : et même enlevée par lui à l'insu de ma famille, j'eusse encore obéi au vœu de mes père et mère, puisque nos goûts viennent d'eux, et que l'homme que nous aimons est toujours celui qu'ont rêvé nos aïeules »

(OR, p. 1120). Cette soumission aux géniteurs se transporte entièrement sur l'époux. Elle ira jusqu'à l'inconcevable : « Je l'ai laissé sacrifier l'avenir de nos enfants à ses ambitions d'homme : je n'ai même pas pleuré quand ma fille en est morte » (OR, p. 1120). L'avènement de l'époux par le mariage inaugure un âge d'or qui consiste essentiellement en une sorte de repos du guerrier avant la guerre. L'attention de l'épouse tout entière tournée vers l'époux ne peut concevoir la maternité que comme une offrande de plus, au même titre que le verre d'eau ou le repas qu'elle apprête : « Il m'était doux, alourdie par le poids de la semence humaine, de poser les mains sur mon ventre épais où levaient mes enfants » (OR, p. 1120), des enfants dont Clytemnestre acceptera si facilement de voir l'avenir ou même la vie sacrifiés – tout comme elle reconnaîtra à son mari le droit de vie et de mort sur elle, espérant même être tuée de sa main (OR, pp. 1122-1123).

Dans « Comment Wang-Fô fut sauvé » (*Nouvelles orientales*), la femme de Ling n'est mentionnée qu'en référence à son époux ; comme la mère d'Hadrien, comme la mère de Nathanaël ou encore celle d'Alexis, elle n'a même pas de nom. Dans son essai sur Pindare, Marguerite Yourcenar relève significativement que, chez ce poète, les femmes « n'apparaissent que dans les récits mythologiques » (EM, p. 1472), c'est-à-dire comme véhicules de la fondation du monde cosmique et du monde primitif : « Toujours au second plan, elles n'apparaissent au cours des odes que dans leur rôle maternel » (EM, p. 1479). Concède-t-elle que les archontes de Corinthe sont « bons époux, bons pères », c'est pour ajouter qu'ils « veill[e]nt sévèrement sur la vertu de leurs femmes et de leurs filles » (EM, p. 1504). Concède-t-elle que les femmes spartiates pouvaient pratiquer la gymnastique, c'est pour insister aussitôt sur la finalité de ce laxisme apparent : « non dans l'intérêt de l'art, mais dans celui des enfants à naître. Sparte voulait que les mères de ses hoplites fussent robustes » (EM, p. 1473). La description de la vie familiale de Pindare et de son épouse, entièrement imaginée par l'auteure faute de sources, est un morceau de bravoure : « Filer la laine, tisser, surveiller les enfants et les servantes, [...] attendre, comme la Déjanire de Sophocle, le retour du mari presque toujours absent : l'existence se passait ainsi, toujours pareille, occupée de menus faits, emplie de sentiments simples » (EM, pp. 1497-1498). Ce sera à peu de choses près la vie de Mathilde, dans *Souvenirs pieux*.

Dans *Denier du rêve*, Ruggero di Credo est un père jaloux, abusif, dont le regard quasi incestueux fige la petite Angiola « à l'heure du bain dans la citerne romaine » – avant que Clément Roux réponde à l'exhibitionnisme de la fillette par un voyeurisme qui frise la prédation sexuelle – et dont l'autre fille, Rosalia, se verra elle aussi figée dans un rôle de

vestale (vierge, vouée au foyer, morte de son échec à le maintenir, etc.).
Dans la même œuvre, la puissance divine et paternelle du dictateur, caractéristiquement appelé César, rejaillit grotesquement sur l'insignifiant
ouvrier Oreste Marinunzi : « Oreste leva son verre à la santé du chef de
l'État [...]. Maintenant, en sa qualité de père de famille, Oreste Marinunzi
en tenait pour le parti de l'ordre : il savait honorer comme il convient un
vrai grand homme [...]. Des enfants, il en fallait pour faire un grand
peuple » (OR, p. 281). Dans *Le Labyrinthe du monde*, la délégation
augustéenne de la puissance divine en la personne du père de famille ne
fait aucun doute : si la progéniture est une fille, le père peut « la donner
en grande pompe à un étranger avec qui elle ira coucher » (EM, p. 716) ;
on va jusqu'à redéfinir Dieu comme « ce Bon Dieu composé de souvenirs
de la chambre d'enfant et de traces de la famille primitive, où le vieux de
la Tribu a droit de vie et de mort sur ses fils (EM, p. 784) ». Dans *Électre
ou la Chute des masques*, son père est pour Oreste « le seul dieu que les
enfants comprennent, le dieu à l'image duquel ils imaginent Dieu »
(Th. II, p. 51). La puissance éventuelle des femmes reste confinée
au domaine domestique, comme dans *Mémoires d'Hadrien* – si l'on
excepte la discrète stature intellectuelle de Plotine –, dans *Souvenirs
pieux*, dans *Archives du Nord* ou dans *L'Œuvre au Noir* – si l'on excepte
les échappées mystiques d'Hilzonde ou de Martha, cette dernière finissant
pourtant, si l'on ose dire, confite en domesticité. Même la dame de Frösö
n'est libre qu'entre le veuvage et le remariage et, lorsqu'elle prépare le
bain de Zénon, n'est caractéristiquement « d'une dignité de reine » que
« dans ces prévenances de servante » (OR, p. 779). Même Sophie, dans
Le Coup de grâce, est aux petits soins domestiques pour Éric, quitte à
aider « la servante dans les travaux de la cuisine et de la basse-cour » (OR,
p. 98). Même Saraï, la trompeuse et fuyante épouse de Nathanaël, tient un
moment son ménage et – une fois clos l'épisode du musico – reste limitée au domaine de la maisonnée, celle-ci fût-elle l'aimable bordel familial
de Mevrouw Loubah. Quant au Michel-Ange de « Sixtine », on voit
clairement ce qu'il attend d'une femme : qu'elle soit « aussi belle que
[s]es figures de pierre », qu'elle puisse « rester des heures immobile, sans
parler, comme une *chose* nécessaire qui n'a pas besoin d'agir pour être »,
« une femme qui se laisse regarder sans sourire », une femme-chose
« chaste », « fidèle » (EM, pp. 281-282, c'est moi qui souligne). En
somme, une seule prescription : sois belle et tais-toi.

*

Deux exceptions confirment cette règle de l'union entre une femme
effacée, passive ou insignifiante et un homme distrait, infidèle ou indifférent. L'union parfaite de Jeanne et d'Egon, tout d'abord, exprime la
plénitude de l'amour partagé et la reformation du couple androgyne dans

la pure tradition du *Banquet* platonicien. Dans le train qui l'emmène à Bruxelles au mariage de son amie Fernande, Jeanne a la nostalgie d'Egon comme d'une moitié d'elle-même, comme d'elle-même ; leur ressemblance physique, fantasmée par la jeune femme, évoque une gémellité mythique et renforce leur union : « Elle n'imaginait pas Egon [...]. Elle était lui. Elle était ses mains sur ce cahier ou sur ce livre. Elle s'étonnait, en percevant son reflet dans la vitre, de n'avoir pas les cheveux blonds » (EM, p. 1264). L'image du baiser à travers la voilette veut nous persuader que leurs sensations sont pareilles : « Tous deux [...] s'étaient embrassés à travers la voilette de la voyageuse [...]. Tous deux gardaient aux lèvres cette même sensation d'un contact à travers la dentelle » (EM, p. 1265), leurs lèvres jointes rappelant la superposition de leurs mains jointes lors de leur première union (« leurs épousailles furent d'abord ce glissement et cette jonction de deux mains », EM, p. 1263). La fusion est d'ailleurs revendiquée en toutes lettres : « ce don qui ne lui semblait pas dû, et qu'elle définissait tantôt comme un miracle, tantôt comme le passage d'un seuil, tantôt comme une fusion en un tout androgyne » (EM, p. 1265)[5]. De son côté, Egon

> s'émerveille d'avoir en face de lui [...] cette belle jeune femme qui l'écoute comme pourrait le faire une sœur ou un ami. Parmi les visages féminins insipides ou aguichants dont il a détourné les yeux, il n'avait pas prévu cette seule femme au monde... Pour elle, le cœur, les sens et l'âme sont entrés en jeu ensemble. (EM, p. 1255)

Comblés par un amour attentif et réciproque qui « fournit à leurs vies un sens et un centre » (EM, p. 1255), Jeanne et Egon accomplissent l'androgyne comme Anna et Miguel, cet autre couple yourcenarien exceptionnel – il est vrai non marié mais lié par une parenté plus forte que celle du mariage. Le couple de Jeanne et d'Egon est pourtant plus proche encore de la perfection ; il est hors de toute malédiction, puisque même les préférences homosexuelles d'Egon n'empêcheront pas leur amour ni leur postérité : deux enfants, deux *fils*, bien entendu.

Dans l'œuvre yourcenarienne en effet, la primauté du masculin sur le féminin dans la conception ne fait aucun doute, et il est évident que l'enfant, lorsqu'il lui arrive d'être désiré, ne peut et ne doit être qu'un garçon : pour Hadrien (OR, p. 483), pour Georges (S, pp. 27-28), pour Alexis et Monique (OR, p. 68), pour Michel Charles (EM, p. 1139), etc. Zénon, lorsqu'il envisage un instant sa paternité, parle de « ce jet de semence, traversant la nuit, [...] prolongeant et peut-être multipliant sa substance » (OR, p. 796). Il n'est ici question que de lui, de sa semence et de sa substance. Éric songe un instant avec un certain regret : « mon

---

5   Une pensée déjà présente en 1931 dans la suite mentionnée plus haut, « Sixtine » : « Les êtres imparfaits s'agitent et s'accouplent pour se compléter » (EM, p. 282).

père ne m'a[] pas *donné* de sœur » (OR, p. 96, c'est moi qui souligne). Monique, dans *Alexis ou le Traité du vain combat*, souhaite accoucher à Woroïno pour donner « plus complètement [s]on fils » au père et à ses ancêtres. Et, lorsqu'Alexis songe : « Je me disais qu'il serait vôtre, votre enfant, beaucoup plus que le mien », c'est pour relativiser aussitôt : « Et cependant, je me disais qu'il était un Géra » (OR, p. 71), insistant ensuite lourdement sur une hérédité qui semble dénier à Monique tout apport génétique personnel – ce qui suggère que l'adjectif « vôtre » équivaut ici plutôt à « à vous, avec vous » qu'à « de vous ». Michel-Ange, dans « Sixtine », constate que dans ses statues de femmes « il n'y a pas de fissure par où puisse s'introduire en elles […] le *germe* de l'enfant » (EM, p. 282, c'est moi qui souligne) : le mot de germe semble vouer la femme au seul rôle de réceptacle, de terre fécondée. Hadrien, devant les urnes de ses ancêtres, rêve « à ces *hommes* dont je ne savais presque rien, mais *dont j'étais sorti*, et dont la race s'arrêtait à moi » (OR, pp. 461-462, c'est moi qui souligne), comme si les hommes s'engendraient les uns les autres sans avoir recours aux femmes, ou plutôt comme si le rôle de celles-ci dans la filiation et dans la lignée était insignifiant.

∗

Il n'y a pas lieu de limiter ce type de propos aux personnages de Marguerite Yourcenar ni – du moins pour les œuvres se rapportant à l'« Antiquité » – à l'exigence d'une quelconque vérité « historique » ou « psychologique », tant on trouve aussi des déclarations explicitement assumées par l'écrivaine dans ses œuvres : outre le fameux « portant dans ses couilles sa lignée » (EM, p. 1017), appliqué à son grand-père Michel Charles s'extrayant d'un train en flammes, le discours yourcenarien fourmille d'assertions qui, en matière de génération humaine, donnent la priorité voire l'exclusivité à l'apport masculin : « ce n'est pas seulement le sang et le sperme qui nous font ce que nous sommes » (EM, p. 739), assimilant un être humain descendant d'un autre à « un de ces germes dont des milliards se perdent sans fructifier dans les cavernes du corps ou entre les draps des époux » (EM, p. 974), germes qui désignent clairement les seuls spermatozoïdes, passant sous silence l'apport du patrimoine génétique féminin. On pourrait objecter que, dans *Archives du Nord*, précisément consacré à son ascendance paternelle, Marguerite Yourcenar semble s'insurger contre la patrilinéarité :

> Du fait de nos conventions familiales basées sur un nom transmis de père en fils, nous nous sentons à tort reliés au passé par une mince tige, sur laquelle se greffent à chaque génération des noms d'épouses, toujours considérés comme d'intérêt secondaire […]. En France surtout, lieu d'élection de la loi salique, « descendre de quelqu'un par les femmes », fait presque l'effet d'une plaisanterie. Qui – sauf exception – sait le nom de l'aïeul maternel de sa bisaïeule paternelle ? (EM, p. 973)

Mais c'est pour écrire aussitôt : « *L'homme* qui l'a porté compte autant, néanmoins, dans l'amalgame dont nous sommes faits, que l'ancêtre du même degré dont nous héritons le nom » (EM, p. 973, c'est moi qui souligne). Pourquoi s'en tenir à l'« homme », au moment même où il est question de l'ascendance maternelle et alors que l'épouse de l'aïeul maternel en question, l'aïeule maternelle, compte tout autant dans cet « amalgame » ? Si ce n'est parce que Marguerite Yourcenar a intégré l'idée antique selon laquelle la femme n'est que le réceptacle de la semence masculine, qui seule détermine la filiation[6]. Du reste, ce n'est pas le seul lapsus que cette citation contient car, « du fait de nos conventions familiales », le père donne son nom non seulement au fils, mais encore à la fille et même à l'épouse. Pourquoi s'en tenir aux seuls pères et fils ? Et, de fait, l'idée moderne d'un patrimoine génétique partagé ne se fera jour qu'exceptionnellement, dans *Souvenirs pieux* devant les tombes des ancêtres maternels : « La moitié de l'amalgame dont je consiste était là » (EM, p. 739), pour être d'ailleurs aussitôt nuancée : « La moitié ? Après ce rebrassage qui fait de chacun de nous une créature unique, comment conjecturer le pourcentage de particularités morales ou physiques qui subsistaient d'eux ? [...] Tout calcul de ce genre était faux au départ » (EM, p. 739). Enfin, la seule fois où Marguerite Yourcenar analyse dans le détail les attentes d'une femme par rapport à sa progéniture (il s'agit des pensées de Fernande dans le chapitre « L'accouchement » de *Souvenirs pieux*, EM, pp. 717-719), la notion de prolongement, de transmission, de continuation n'apparaît en aucun cas[7]. À nouveau, le critère de « vérité psychologique » n'explique pas tout : lorsque l'auteure se penche sur le cas de sa grand-mère Mathilde, c'est pour la décrire (du point de vue de la fécondité) en des termes caractéristiquement antiquisants, voire mythisants, comme une sorte de réceptacle « au service des divinités génitrices », qui se demande « si oui ou non elle était "prise" » et dont « la force qui crée les mondes a pris possession » (EM, p. 786). Autre exemple : dans *Anna, soror...*, la détermination du milieu familial d'Anna

---

[6] « Eschyle dans *Les Euménides* dit aux vers 606-657 que les mères n'enfantent pas. Apollon affirme que les mères ne sont que les nourrices d'un germe que la mentula des Patres devenue fascinus dépose au fond de leur matrice. Pour ce qui concerne la sexualité, les femmes sont donc étrangères aux enfants auxquels elles ne font qu'apporter la maison de leur ventre » (Pascal QUIGNARD, *Le sexe et l'effroi, op. cit.*, pp. 172-173). Selon Robert GRAVES, dans *Les Mythes grecs (op. cit.)* ce dogme est un renversement complet de la croyance antérieure, au cours des premiers âges de l'humanité, où « le premier mystère était celui de la mère » (p. 20) : « Dès le moment où il fut officiellement reconnu que c'est à la suite d'un coït que la femme donne naissance à un enfant, [...] les conceptions religieuses de l'homme firent peu à peu des progrès et on cessa d'attribuer aux vents et aux fleuves le pouvoir de féconder les femmes » (p. 21).

[7] Ce qui ne veut pas dire qu'une transmission ne finisse pas par se faire, malgré tous et malgré tout. Il en sera reparlé lors de l'analyse du personnage de Fernande.

se fait par la présentation des géniteurs : le père, Don Alvare, dont personne ne conteste « la noblesse de son sang » (OR, p. 853), la mère, Valentine, « dernière fleur où une race douée entre toutes avait *épuisé sa sève* » (OR, p. 853, c'est moi qui souligne). On comprendrait mal que Valentine, mère de deux enfants dont un fils, soit le terme d'une lignée, si l'épuisement de la lignée en question ne concernait les seuls descendants du sexe masculin. Or, Valentine n'est qu'une femme, ce qui scelle le sort de la lignée. Au-delà de la métaphore végétale qui le rapproche du mot « fleur », le mot « sève » se propose donc aussi comme métaphore – classique, du reste – du liquide séminal.

*

Même dans des domaines où la génération n'est a priori pas en cause, le thème de la matière organisée par l'esprit et, singulièrement, de la matière-femme organisée par l'esprit-homme est on ne peut plus clair chez Marguerite Yourcenar. Ainsi lorsqu'elle parle des « dieux » gaulois dans *Archives du Nord*, la plupart féminins et maternels, mais sans visage, « informes », car « participant au chaos confus de la terre informe » (EM, p. 964). Ainsi lorsqu'elle parle de Rubens :

> C'est par la boulimie de la matière que Rubens échappe à la rhétorique creuse des peintres de cours. [...] Tout n'est que volumes qui bougent et matière qui bout : le même sang rosit le corps des femmes et injecte l'œil des alezans des rois mages [...]. En présence de ce puissant magma organique, l'emphase et les vulgarités, les astuces du décorateur dans la grande manière n'importent plus. La grosse Marie de Médicis a une plénitude de reine abeille. [...] Comme un amant dans un lit, comme un Triton dans l'eau, il s'ébat dans cette mer de formes. (EM, p. 998)

Toujours dans *Archives du Nord*, Michel Charles à vingt ans n'existe que par sa lignée, une lignée absolument masculine : « il tient de son père cette recette qu'il passera à son fils : pour se monter au niveau d'une fête [...], rien de tel que de boire à petites gorgées une bouteille entière d'un champagne de bonne marque » (EM, p. 1010). Les rapports du jeune homme avec son père sont régis par la primauté du masculin qui fait figure de privilège tranquille, presque inconscient : « Les deux Charles ont eu ce jour-là une de ces conversations qui établissent entre père et fils la franc-maçonnerie masculine, loin des oreilles des mères, des épouses, des filles et des sœurs » (EM, p. 1010). Le témoin passera ensuite au petit-fils, Michel, notamment lors de leurs deux escapades (à Ostende et à Londres), sur fond de complicité quant à l'usage des plaisirs que le grand-père conseillait au père (le sexe et l'argent, privilèges masculins, bien entendu).

Dans *Qui n'a pas son Minotaure ?*, l'ambiguïté la plus spectaculaire de la pièce porte sur l'identification et la différenciation dans la filiation, elle aussi exclusivement masculine. Thésée ne deviendra vraiment lui-même qu'en provoquant la mort de son père, Égée – parce qu'il omet de donner les instructions pour qu'une voile blanche soit déployée à son retour –, et en provoquant celle de son fils, Hippolyte – parce qu'il croit Phèdre qui lui dit, pour se venger du jeune homme, que ce dernier l'a séduite. Thésée vit d'avance ces deux meurtres dans le labyrinthe, alors qu'il est à la recherche du Minotaure. Et, dans l'un et l'autre cas, il s'identifie à sa victime : « Mon fils mort... C'est comme si je m'étais tué moi-même » (Th. II, p. 213) ; et, au moment de frapper son père : « Ah, misère ! Il me semble que c'est moi qui meurs » (Th. II, p. 214). Ainsi, Thésée est à la fois lui-même, son père et son fils : tout se passe exclusivement entre les trois hommes.

Une seule exception flagrante à cette règle est, dans « Achille ou le Mensonge », la prédominance de la lignée féminine et divine de Thétis dans la génétique immortelle d'Achille. C'est le père qui se voit ravalé au rang de véhicule de la procréation, fournissant la seule matière brute de la chair fécondée ensuite par la divinité de la mère : « On retrouvait en lui les traits de ce père grossier revêtus d'une beauté qu'il ne tenait que d'elle » (OR, p. 1064). Mais il s'agit ici, justement, d'une lignée divine, dans un récit qui a pour enjeu une extrême distorsion des caractéristiques sexuelles.

La procréation exprime la force, la virilité du héros masculin yourcenarien (c'est encore une idée antiquisante), même lorsqu'il n'a cure d'engendrer. Pour les femmes, au contraire (mais ceci n'est pas une idée proprement antique), la procréation n'est qu'une épreuve, pas même toujours une justification. Le fils envisagé de l'insipide épouse du *Premier Soir* ne peut que l'« enlaidi[r] et lui donn[er] des nausées » (S, p. 27) ; la grossesse d'Hilzonde, celle de Fernande, celle d'Idelette, celle d'Aphrodissia (dont on étouffe l'enfant comme un « chaton nouveau-né », OR, p. 1201), celles d'Anna, celle de la bourgeoise adultère de Pont-Saint-Esprit, celle de Monique les mettent en état d'infériorité, de faiblesse, les animalisent ; elles n'établissent guère de relation avec un enfant que tout les invite à considérer comme un « fardeau » dont elles se soucient surtout d'être délestées – parfois avant qu'on découvre leur grossesse, comme Idelette ou la femme adultère de Pont-Saint-Esprit (ces deux dernières dans *L'Œuvre au Noir*), Aphrodissia des *Nouvelles orientales* ou encore Kristin, la petite paysanne que, dans *Le Labyrinthe du monde*, Egon mène chez l'avorteuse (EM, pp. 1260-1261). Des grossesses de Jeanne il n'est soigneusement pas question dans l'œuvre, sauf pour mentionner le fait que la jeune femme et son amie Fernande sont enceintes au même moment, ce qui détermine leur pacte de mutuelle assistance (EM, p. 1236).

On peut s'attendre à ce que la mentalité antiquisante soit plus présente encore dans *Mémoires d'Hadrien*. C'est le cas. À sa femme qui lui reproche ses absences, Lucius « répond[] avec une politesse glacée qu'on se marie pour sa famille, et non pour soi-même, et qu'un contrat si grave s'accommode mal des jeux insouciants de l'amour » (OR, pp. 486-487). Pour Hadrien, Sabine n'est d'abord qu'un trophée (lorsqu'il réussit à forcer le consentement de Trajan hostile à ce mariage, OR, pp. 331-332), avant de devenir l'équivalent d'« un profil d'impératrice [...] sur les monnaies romaines, avec, au revers, une inscription, tantôt à la Pudeur, tantôt à la Tranquillité » (OR, p. 418). À la suite d'Auguste, Hadrien s'identifie parfaitement à son statut de père, d'époux et d'amant superlatifs : « J'acceptais d'être l'image terrestre de ce Jupiter d'autant plus dieu qu'il est homme, soutien du monde, justice incarnée, ordre des choses, amant des Ganymèdes et des Europes, époux négligent d'une Junon amère » (OR, p. 417). Lorsqu'il cherche à se détacher de sa passion pour Antinoüs, il fait appel instinctivement à la morale romaine : « Plus sensible que je ne croyais l'être aux préjugés de Rome, je me rappelais que ceux-ci font sa part au plaisir mais voient dans l'amour une manie honteuse » (OR, p. 424). Et bien sûr, lorsqu'il envisage sa paternité, il s'agit exclusivement d'« un fils, qui m'eût continué » (OR, p. 483). La seule fois qu'il est question de filles dans le long passage sur la postérité des empereurs, il s'agit en fait des victoires d'Épaminondas…

*

J'ai dit plus haut que l'archétype du couple masculin yourcenarien était celui d'Hadrien et d'Antinoüs[8]. Hadrien participe au code ovidien : Ovide « et sa mollesse de chair » (OR, p. 311) est un de ses poètes préférés. Passionné de chasse (au point qu'il se fait réprimander par Trajan), il exprime également ses besoins de conquête amoureuse par des métaphores cygénétiques ou par le vocabulaire de la prédation. Lorsqu'il exprime la satiété : « Le reste de la beauté humaine passait au rang de spectacle, cessait d'être ce gibier dont j'avais été le chasseur » (OR, p. 406). Lorsqu'il exprime le manque : « Mon secrétaire Onésime me servait de *pourvoyeur*. Il savait quand il fallait éviter certaines ressemblances, ou au contraire les rechercher [...]. Je me contentais d'ordinaire d'apaiser ou de tromper ma faim » (OR, p. 463, c'est moi qui souligne).

---

8   « La pédérastie d'Hadrien a un vocabulaire et des rites ; elle est installée dans une tradition de culture : débauche avouée du monde romain, bien que blâmée comme toute débauche par les moralistes ; lyrisme des poètes latins et des poètes grecs ; enfin tradition philosophique purement hellénique (et nullement romaine) vers laquelle Hadrien le Philhellène remonte très consciemment », écrit Marguerite Yourcenar (CNON, p. 472). Et elle ajoute quelques lignes plus loin : « Antinoüs est auprès d'Hadrien un *éromène* attitré, qui a pour ainsi dire une position sociale » (c'est l'auteure qui souligne).

En effet, « de pareilles vues sur l'amour pourraient mener à une carrière de séducteur » (OR, p. 297). Et même s'il estime que telle n'a pas été sa vie, c'est bien ainsi qu'il définirait cette carrière : « Ces *pièges* dressés, toujours les mêmes, cette routine bornée à de perpétuelles approches, limitées par la *conquête* même » (OR, p. 463, c'est moi qui souligne). C'est également un certain voyeurisme de chasseur qui règle son approche des femmes : « dissimulé derrière un rideau, […] j'épiais avec curiosité les rumeurs d'un intérieur inconnu, le son particulier des bavardages de femme, l'éclat d'une colère ou d'un rire, les murmures d'une intimité, tout ce qui cessait dès qu'on me savait là » (OR, p. 334) ; et même de celle qu'il a « délicieusement aimée », il conserve surtout la scène où, comme un chasseur qui vient d'appâter une proie, il la regarde à son insu compter des pièces d'or qu'il vient de lui prêter (OR, p. 336). Il n'est jusqu'au jeune homme aimé par Hadrien, aux armées, alors qu'il sait que Trajan l'a remarqué lui aussi, qui n'évoque la proie que se disputeraient deux prédateurs dont l'un tenterait de contester la suprématie de l'autre : « Je m'attachai passionnément à un jeune homme que l'empereur aussi avait remarqué. L'aventure était dangereuse, et goûtée comme telle » (OR, p. 325).

L'éraste et l'éromène : un couple remodelé

Le monde masculin yourcenarien se divise donc, avec des nuances, bien entendu, en hommes actifs et virils, les érastes prédateurs – de proies masculines ou féminines –, et en hommes passifs et féminisés, les éromènes animalisés, réifiés, voire consommés. Même les héros le plus souvent analysés comme des héros homosexuels typiquement yourcenariens, Alexis, Emmanuel et Egon, dont les deux premiers sont d'ailleurs à bien des égards des préfigurations du troisième, sont des époux et des pères, dont il n'est dit nulle part qu'ils soient efféminés ; Egon en particulier maîtrise un bélier (EM, p. 1257), corrige un jeune délinquant (EM, p. 1258) et se conduit en homme courageux dans « un monde viril de contact humain » (EM, p. 1409) lors de son retour au pays dans le dernier chapitre de *Quoi ? L'Éternité*. Mais, puisant dans la culture grecque et particulièrement chez les Platoniciens une représentation classique du couple d'hommes antique, couple qu'elle se refuse avec raison à qualifier d'homosexuel[9], Marguerite Yourcenar superpose à l'éraste et à l'éromène de nouveaux attributs, issus de ses propres conceptions, littéraires ou non. L'éraste reste un initiateur sexuel et culturel (on

---

9   À propos de Pindare, elle faisait observer à un correspondant en 1970 : « Le fait que la pédérastie était de son temps universellement pratiquée en fait un sentiment courant, et en quelque sorte conventionnalisé lui aussi, à propos duquel il est anachro-

se souvient de la comparaison des vases communicants dans le *Banquet*, qui, par le biais de l'eau, tend à assimiler le fluide séminal à la connaissance[10]), mais il devient sceptique et désabusé. Hadrien, Zénon, Emmanuel, Éric, le Michel-Ange de « Sixtine », Egon, Alexis ne croient plus guère en la capacité de transmission culturelle ou sociale de leurs relations, même quand ils l'espèrent. Ainsi Zénon : « Le désir d'une jeune chair, il ne l'avait *que trop souvent chimériquement* associé au *vain projet de se former un jour le parfait disciple* » (OR, p. 695, c'est moi qui souligne). Egon, quant à lui, s'intéresse à ses élèves « comme à autant d'instruments, bons, médiocres ou mauvais, qu'il entendait pour la première fois » (EM, p. 1405 ; le contexte est le même pour Alexis, OR, p. 48) ; dans le même passage, ces élèves voisinent avec des partenaires sexuels « qu'il ne cherchait pas spécialement à retrouver » (EM, p. 1406).

L'éromène, quant à lui, reste beau et muet, mais il devient celui qui disparaît ou qui se sacrifie, alors que dans la Grèce antique il était plutôt celui des deux qui finissait par émerger du couple, suite à l'initiation sexuelle et sociale qu'il recevait de son aîné. Il est dès lors significatif que Marguerite Yourcenar inverse la relation d'Achille et de Patrocle, celui-ci devenu, dans *Feux* et dans *Mémoires d'Hadrien*, l'éromène d'Achille alors qu'il est l'éraste dans l'*Iliade*. Dans le récit d'Homère, c'est par une piété quasi filiale qu'Achille venge son aîné tué au combat, ce qu'admire si fort le Phèdre du *Banquet*. En inversant les rôles à la suite d'Eschyle, Marguerite Yourcenar introduit de plus un aspect sacrificiel dans la mort du plus jeune des amants, situation déjà perceptible dans *Feux* ou même dans *Le Coup de grâce* et qui sera emblématisée par

---

nique de parler d'"homosexualité" au sens d'aujourd'hui » (L, p. 365). De même, dans *Les Yeux ouverts* : « Un type humain purement homosexuel existe très peu dans l'Antiquité ; c'est même une chose tellement rare que je ne pourrais pas en fournir un exemple, en tout cas pas dans le monde grec ; le latin peut-être, vers l'époque de la décadence. Tous ces gens-là se marient, tous ces gens-là ont des maîtresses ; ils ont le sentiment de la liberté de choix et ce n'est pas du tout le fait de l'obsession ou d'une compulsion, comme c'est le cas de nos jours » (p. 182), ou « Pas plus qu'Hadrien, pour qui le problème ne se posait pas, Zénon n'est ce qu'on appelle aujourd'hui un homosexuel, c'est un homme qui a des aventures masculines de temps en temps » (p. 180). Notons tout de même que Zénon n'est pas vraiment « un homme qui a des aventures masculines de temps en temps » ; il revendique – peut-être anachroniquement – une nette préférence pour les hommes (OR, p 649). L'emploi naturel du mot « homosexualité », sans qu'il soit aussitôt contesté, est très rare chez Marguerite Yourcenar : on le trouve pourtant au moins une fois, dans la « Présentation critique de Constantin Cavafy » (*Sous bénéfice d'inventaire*, EM, p. 149).

10 « Ce serait une aubaine, Agathon, si le savoir était de nature à couler du plus plein vers le plus vide, pour peu que nous nous touchions les uns les autres, comme c'est le cas de l'eau qui, par l'intermédiaire d'un brin de laine, coule de la coupe la plus pleine vers la plus vide », déclare Socrate dans le *Banquet*, trad. Luc Brisson, *op. cit.*, p. 92.

la mort d'Antinoüs dans *Mémoires d'Hadrien*. Hadrien y compare longuement son propre couple à celui d'Achille et de Patrocle ; cette comparaison trouve un écho dans la lettre d'Arrien, pour qui l'aînesse d'Achille ne fait pas non plus de doute (OR, p. 500).

Conrad, Stanislas, Antinoüs, Gerhardt, Aleï, Ling, Massimo, Oreste sont des êtres faibles même lorsqu'ils se débattent (par exemple Massimo) ; infantilisés, ils n'ont pas de voix (*infans*) et, même lorsqu'ils parlent, ne sont pas écoutés ; ils suivent leurs maîtres comme des chiens (Aleï, Antinoüs, Ling) et ils finissent dans l'ombre, infantilisés par la mort (Conrad, OR, p. 147) ou sacrifiés[11]. Nathanaël est quelque peu différent : son statut vis-à-vis du cuisinier noir et de ses brèves rencontres de rue est clairement celui de l'éromène, de la proie convoitée, mais il ne disparaît ni ne meurt à cause de ses amants, et qui plus est, bisexuel comme tous les grands personnages masculins de Marguerite Yourcenar – si l'on excepte Henri-Maximilien et Michel –, il est le premier à préférer explicitement les femmes aux hommes (OR, p. 939).

*

Du côté des femmes justement, on constate avec quelque surprise qu'il semble exister des prédatrices dans *L'Œuvre au Noir*. Prédatrice la Jeannette Fauconnier qui appâte Zénon et « se glissa chez lui par une nuit de lune, monta sans bruit l'escalier grinçant et se coula dans son lit » (OR, pp. 578-579). Prédatrice la servante Catherine qui agit à peu près de la même façon : « Jamais il n'avait éprouvé à ce point la puissance brute de la chair elle-même » (OR, pp. 675-676). Même la dame de Frösö prend elle aussi l'initiative : « elle l'avait rejoint dans le grand lit de la chambre haute avec une sereine impudeur d'épouse » (OR, p. 696). Mais à y regarder de plus près, cette communauté d'approche, qui semble attester de l'activité sexuelle de certaines femmes yourcenariennes, est dans l'œuvre une anomalie due au désir de l'auteure de garder Zénon pur de toute préférence pour des femmes et donc ne faisant jamais le premier pas vers elles. Ainsi la captive espagnole qu'il achète pour la sauver des pirates, la captive hongroise qui lui échoit comme

---

[11] Antinoüs, pour ne considérer que lui, est tour à tour un beau lévrier (OR, p. 405 et 439), un faon (OR, p. 424), un chevreau fasciné comme par un reptile (OR, p. 425), un enfant et une victime dont le suicide sacrificiel est, par substitution, annoncé par de successifs sacrifices animaliers : le lièvre apprivoisé déchiré par les chiens (OR, p. 408), les moineaux aux ailes rognées qu'il distribue au dieu Python (OR, p. 423), le taureau de Mithra (OR, p. 425), le faon sur le mont Cassius (OR, p. 429), le lion tué en Afrique (OR, pp. 431-432) et, surtout, le faucon apprivoisé noyé dans l'eau du Nil (OR, p. 437). Joan HOWARD a remarquablement analysé le sacrifice d'Antinoüs et, de manière plus générale, le statut et l'importance du sacrifice chez Marguerite Yourcenar : *From violence to vision. Sacrifice in the works of Marguerite Yourcenar*, Carbondale and Edwardsville, 1992, Southern Illinois University Press, 324 p.

butin de guerre se donnent à lui de leur plein gré alors que lui-même n'y pense guère et, même s'il les possède, ne leur voue en gros qu'indifférence[12]. Mieux, alors qu'il ne se comporte pas en prédateur, ce sont elles qui l'y poussent : « Il n'eût pas songé à *abuser du droit de la guerre* si elle n'avait été aussi avide de jouer son rôle de *proie* » (OR, p. 696, c'est moi qui souligne).

*

C'est ici, sans doute, qu'il convient de justifier ce traitement assez long du couple pédérastique antique, dont Marguerite Yourcenar, en l'établissant largement dans son œuvre, détourne cependant légèrement le statut et les attributs. Le lecteur pourrait trouver étonnant que je m'attarde à ce sujet dans le cadre d'une étude qui a pour thème les relations de parenté alors qu'une telle relation met en présence des êtres de même sexe, généralement non apparentés et sans capacité de descendance commune. C'est que l'initiation sexuelle, culturelle et sociale dont il vient d'être question est à la fois une forme de la paternité et une forme de la procréation. En cela, Marguerite Yourcenar, une fois de plus, ne fait que suivre des idées exprimées dans le *Banquet*[13], cette fois par la voix de Diotime :

> Ceux qui sont féconds selon le corps se tournent de préférence vers les femmes ; et leur façon d'être amoureux, c'est de chercher, en engendrant des enfants, à s'assurer, s'imaginent-ils, l'immortalité. [...] Il y a encore ceux qui [...] sont plus féconds dans leur âme que dans leur corps, cherchant à s'assurer ce dont la gestation et l'accouchement reviennent à l'âme. [...] Dans cette classe, il faut ranger tous les poètes qui sont des procréateurs et tous les artisans que l'on qualifie d'inventeurs. [...] Quand, par ailleurs, parmi ces hommes, il s'en trouve un qui est fécond selon l'âme [...] et que, l'âge venu,

---

12   « En matière féminine, Zénon presque toujours plus séduit que séducteur. [...] Quand elles ne se mettent pas d'elles-mêmes dans son lit, il les laisse passer », note Marguerite Yourcenar dans les « Carnets de notes de *L'Œuvre au Noir* » (CNON, p. 466).

13   Marguerite Yourcenar semble évidemment s'être imprégnée de ce livre : dans un court texte daté de 1934, revu en 1970, « À quelqu'un qui me demandait si la pensée grecque vaut encore pour nous », après avoir parlé de l'influence des écoles grecques sur d'autres courants de pensée, elle avoue : « Il en va de même dans nos vies individuelles. Il se produira sans doute qu'un homme ou qu'une femme demande des leçons de courage à la sagesse stoïque, compare ses notions sur l'amour à celles de Platon » (EM, p. 432). Un des indices qui m'amènent à penser qu'il s'agit là d'un aveu personnel d'influence est que le mot « femme » s'est glissé dans la phrase, dans un contexte où, la plupart du temps, Marguerite Yourcenar se contente du terme réputé générique d'« homme ». Toutefois, elle nuance son admiration à l'une ou l'autre occasion. Ainsi dans « Sur quelques thèmes érotiques et mystiques de la Gita-Govinda » : « Le *Banquet*, le plus noble exposé de l'érotique hellénique, est aussi le chant du cygne de la volupté pure : les sens y sont déjà les serviteurs qui tournent la meule de l'âme » (EM, p. 348).

il sent alors le désir d'engendrer et de procréer, [...] s'il tombe sur une âme qui est belle, noble et bien née, il s'attache très fortement à l'une et l'autre de ces beautés, [...] et il entreprend de faire l'éducation du jeune homme. C'est que, j'imagine, en contact avec le bel objet et dans une présence assidue auprès de lui, il enfante et il procrée ce qu'il portait en lui depuis longtemps [...]. Ainsi une communion bien plus intime que celle qui consiste à avoir ensemble des enfants, une affection bien plus solide, s'établissent entre de tels hommes ; plus beaux en effet et plus assurés de l'immortalité sont les enfants qu'ils ont en commun.[14]

Dans la suite intitulée « Sixtine », en 1931, la procréation et l'immortalité via l'œuvre sont déjà bien attestées. Michel-Ange n'a pas d'enfant, mais Gherardo et ses compagnons, qu'il immortalise sur les voûtes de la Sixtine, lui en tiennent lieu. Il pose explicitement cette équation œuvre = enfant : « Si j'avais un fils, il ne ressemblerait pas à l'image que je m'en serais formée, avant qu'il existât. Ainsi, les statues que je fais sont différentes de celles que j'avais d'abord rêvées » (EM, p. 282). Par contre, en l'être aimé, le créateur, par son art, et seulement par lui, possède à la fois l'amant et le fils : « L'art étant la seule *possession* véritable, il s'agit moins de s'emparer d'un être que de le *recréer* » (EM, p. 283, c'est moi qui souligne). Au détour d'un texte sur Chenonceaux daté de 1956 (revu en 1960), Marguerite Yourcenar, après avoir relaté sans états d'âme l'abandon de son enfant naturel par Jean-Jacques Rousseau, poursuit : « Il a mieux pourvu sa progéniture selon l'esprit », une progéniture qui survit aujourd'hui, écrit-elle, « dans presque tous les sujets qui nous touchent » (EM, p. 70). Dans *L'Œuvre au Noir*, Zénon s'imaginant père estime que, « si cela était, il avait partie liée » ; mais il pense aussitôt : « comme il l'avait d'ailleurs déjà par ses écrits et par ses actes » (OR, p. 796). Dans l'essai sur Pindare, le poète, qui traite son bien-aimé Thrasybule « avec une affectueuse supériorité d'aîné » (EM, p. 1459), exalte en lui, *in fine*, son propre orgueil de poète, mais c'est à partir de la beauté, de la jeunesse et de la victoire à la course de chars remportée par le jeune Grec que Pindare enfante une de ses plus belles odes, immortelle de surcroît : « Il promettait au fils de Xénocrate un monument que les pluies hivernales, l'armée des nuages et les rafales grondantes pourraient battre sans le précipiter à la mer [...]. Nous voyons qu'il tient parole » (EM, p. 1459). Le lecteur ne peut manquer de comprendre, ajoute Marguerite Yourcenar, « à propos d'un poète et d'un aurige du cinquième siècle avant notre ère, ce qu'il y a dans tout sentiment particulier de général, de durable [...], d'immortel » (EM, p. 1460). Il n'est, dans *Souvenirs pieux*, jusqu'au « pâle » oncle Octave qui ne joue sur cet « éternel chan-

---

[14] *Banquet*, trad. Luc Brisson, *op. cit.*, pp. 154-155.

tage des poètes » (EM, p. 837). La relation d'Octave vieillissant et du jeune José, assez terne décalque de celle qui unissait – et parfois séparait – les deux frères Octave et Rémo, s'en distingue par son caractère déclaré d'« idylle grecque » (EM, p. 836) qui, même si elle est déclarée « chaste », fait des deux hommes un couple dont l'aîné est ouvertement comparé à Théognis et à Shakespeare, faisant à l'aimé, à l'instar de Pindare, une promesse d'immortalité (EM, p. 837).

La relation d'Hadrien et d'Antinoüs, elle aussi, illustre de la même façon et au plus haut point ce désir d'immortalité et de procréation symbolique. Hadrien façonne le jeune homme : « En vérité, ce visage changeait comme si nuit et jour je l'avais sculpté » (OR, p. 406). C'est lors de la dédicace du temple de Vénus et de Rome (« Roma, Amor », OR, p. 415), au cours d'« une de ces heures où tout converge », qu'il voit en Antinoüs ce « jeune Grec en qui j'avais *incarné* ma fortune » (OR, p. 417, c'est moi qui souligne ; remarquer la proximité sémantique avec la citation du *Banquet* ci-dessus) ; l'expression revient de manière encore plus explicite quelques lignes plus loin, évoquant la procréation de manière tout à fait claire, lorsqu'Hadrien revêt Antinoüs de la pourpre pour « obliger [s]on bonheur, [s]a fortune, ces entités incertaines et vagues, à s'incarner dans cette forme si terrestre, à acquérir la chaleur et le poids rassurant de la chair » (OR, p. 418). Mieux, Antinoüs lui-même, « entrant de plus en plus dans ce rôle », devient le « jeune homme nu qui symbolise le génie de l'empereur » (OR, p. 423) – génie étant ici, bien sûr, au sens latin, un esprit tutélaire lié, comme le lare, à la famille, à la tribu. Hadrien cherche avec Antinoüs à « inventer une intimité nouvelle où le compagnon de plaisir ne cesserait pas d'être le bien-aimé et l'ami » (OR, pp. 423-424). C'est pour cette raison qu'il accepte l'initiation d'Antinoüs au culte de Mithra qui – par un rite au terme duquel on sort, un peu comme un nouveau-né, d'un passage étroit, et couvert de sang – crée « entre les affiliés des liens à la vie à la mort » (OR, p. 326) et encourage même l'identification fusionnelle à l'adversaire voire au dieu lui-même (OR, p. 327). Enfin, Hadrien définit l'« étonnant prodige » de l'amour comme un « envahissement de la chair par l'esprit » (OR, p. 297), une image singulièrement proche de la plaidoirie de Diotime dans le *Banquet*. De cette tentative cruellement désavouée par le suicide du bien-aimé, il reste l'obstination d'Hadrien à perpétuer le corps et le souvenir d'Antinoüs par l'embaumement (OR, pp. 440-441, 450), la statuaire (OR, pp. 463-464), les monnaies (OR, p. 508), l'instauration d'un culte (OR, p. 441), la fondation d'une ville (OR, p. 441), la dénomination d'une étoile (OR, p. 446). Jamais, du reste, il n'avoue mieux son but qu'en déclarant après tous ces efforts : « Tout ce que j'ai essayé d'implanter dans l'imagination humaine y a pris racine », particulièrement le culte d'Antinoüs, devenu logiquement

« le consolateur des enfants morts » : « le profil du garçon de quinze ans [...] pend au cou des nouveau-nés en guise d'amulette » (OR, p. 508). Et c'est ainsi qu'Antinoüs, fragile enfant des œuvres d'Hadrien, finit par gagner une espèce de survie : « J'ai compensé comme je l'ai pu cette mort précoce ; une image, un reflet, un faible écho surnagera au moins pendant quelques siècles. On ne fait guère mieux en matière d'immortalité » (OR, p. 509).

Mais il n'est pas que des enfants à engendrer. Ainsi la description de la mort de Socrate l'apparente de manière frappante à Hadrien : cette « mort banale et lente que lui préparaient au-dedans ses artères » et qu'il échange contre une autre, « plus utile, plus juste », Hadrien lui aussi l'accepte : « Je ne refuse plus [...] cette fin lentement élaborée au fond de mes artères » (OR, p. 505), car lui aussi l'engendre à sa manière : « née de mon tempérament, préparée peu à peu par chacun de mes actes » (OR, p. 505). Il n'est jusqu'aux scènes mêmes de la mort des deux personnages qui ne se ressemblent, et dans *Feux* le bel esclave Phédon pleurant au chevet de Socrate (OR, p. 1115) est le jumeau symbolique de celui qui, dans *Mémoires d'Hadrien*, porte le prénom très socratique de Diotime[15], de même que les deux mourants leur font également l'aumône d'une ultime caresse, « jusqu'au bout [...] humainement aimé[s] » (OR, p. 505) car « que serait Socrate sans le sourire d'Alcibiade et les cheveux de Phédon » (OR, p. 1115) ? Et Hadrien, qui reconnaît que ses vues sur l'amour auraient pu le « mener à une carrière de séducteur » (OR, p. 297) dit aussi : « Le plus grand séducteur après tout n'est pas Alcibiade, c'est Socrate » (OR, p. 311). Bien entendu, l'idée que la mort même devient une œuvre qui participe de la postérité, donc de l'immortalité d'un être sans descendance, est à la fois l'acceptation suprême et la négation totale de la mort. Dans « Le Cerveau noir de Piranèse », la matière humaine – exclusivement masculine, en vertu de la noblesse de la transmission – n'est plus que le véhicule de la génération suprême : « Ainsi les rêves des hommes s'engendrent les uns les autres » (EM, p. 108).

La prédation, norme des rapports amoureux

Quant aux personnages masculins hétérosexuels, ils n'en sont pas moins souvent, eux aussi, des prédateurs qui considèrent les relations amoureuses sous l'angle de la chasse (ou de la guerre, dont la chasse, comme le sport, est une forme atténuée ou un substitut avoué dès l'anti-

---

15 Le Phédon de la légende aurait fondé après la mort de son maître une école de philosophie à Élis, tout comme le rêve du Diotime de *Mémoires d'Hadrien* est de retourner dans son pays « y ouvrir avec un ami une école d'éloquence » (OR, p. 515).

quité[16]). Dans *Les Yeux ouverts*, Marguerite Yourcenar évoque en ces termes le mariage chez les Grecs :

> Ils ont eu très fort le respect du mariage. En pratique, qu'est-ce que cela donnait ? Il faut toujours songer, d'abord, que le mariage grec – je vais dire quelque chose d'apparemment scandaleux – c'est presque de la pédérastie. La fille a quatorze ans, le mari en a trente, il y a là une différence de presque une génération, qui rend tout de même l'homme dominateur, dans le domaine sensuel et dans tous les autres ; ce n'est pas une question d'inférorité féminine, c'est une question d'âge, comme dans toutes les formes que l'amour a prises chez les Grecs. (YO, p. 77)

Ces vues sont donc revendiquées par l'auteure au nom de la vérité historique, mais elles ne se limitent pas, dans l'œuvre, au monde antique. La prédation semble y être la règle en matière de rapports hétérosexuels, dans le mariage ou hors mariage. Même si elle est dépourvue de violence physique, la relation de pouvoir subsiste et le vocabulaire utilisé situe clairement l'initiative et l'activité du côté masculin (« L'eussé-je prise », dit Éric, OR, p. 119 ; même le doux Nathanaël « avait ardemment possédé certaines femmes », OR, pp. 1007-1008), la passivité du côté féminin (ainsi de Mathilde vis-à-vis d'Arthur : « L'a-t-elle reçu avec ardeur, […] avec résignation […] ? »[17], etc. Au « viol de fer » de Penthésilée par Achille dans *Feux* (OR, p. 1076) répond – à peine plus galamment – Henri-Maximilien avec « ces grands corps si plaisamment différents du nôtre où l'on entre comme des conquérants pénétrant dans une ville en joie fleurie et pavoisée pour eux » (OR, p. 648). Ce désir de conquête va, chez Henri-Maximilien, jusqu'à celui de la défloration : « J'ai beaucoup joui : je remercie l'Éternel que chaque année amène son contingent de filles nubiles » (OR, p. 652). Au Georges du *Premier Soir*, sa jeune épouse sautant légèrement sur le quai rappelle « l'Andromède d'un bas-relief de Rome ». Au statut de proie par excellence que cette comparaison confère[18] s'ajoute le commentaire on ne

---

16 L'institution des Jeux olympiques substituait à la guerre d'hégémonie entre les cités grecques une compétition non sanglante mais hautement symbolique de la suprématie de l'une d'elles. Marguerite Yourcenar expose cette vue, classique, dans l'essai sur Pindare, poète olympique par excellence (EM, pp. 1465-1467 et p. 1473 ; elle y revient p. 1496). Pour sa part, Pascal Quignard va jusqu'à inverser les termes en écrivant « La guerre n'était pour les anciens Romains qu'une chasse particulière » (*Le sexe et l'effroi, op. cit.*, p. 205).

17 Je ne discute évidemment pas ici si cette vision des choses est politiquement correcte, dépassée ou originale. Peut-être est-elle tout simplement réaliste et est-il vain d'accuser à bon compte Marguerite Yourcenar d'antiféminisme ou de misogynie.

18 Andromède, fille du roi Céphée, avait été condamnée par Poséidon à être enchaînée nue sur un rocher, parée de ses seuls bijoux. Persée la vit, en tomba amoureux, la délivra et l'épousa (Robert GRAVES, *Les Mythes grecs, op. cit.*, vol. I, pp. 258-259 ; Pierre

peut plus explicite : « Il en fut flatté : elle était déjà sa chose » (S, p. 39) ; quelques lignes plus loin, c'est encore un prédateur qui parle : « Il aurait presque souhaité qu'elle ne l'aimât point, pour avoir le plaisir de la gagner ou de la vaincre » (S, p. 41). Pour Éric, dans *Le Coup de grâce*, Sophie est « cette femme, pareille à un grand pays conquis où je ne suis pas entré » (OR, p. 121). Dans *Denier du rêve*, don Ruggero, le tyran-nique *pater familias*, est aussi un prédateur : « les filles du village [...] s'aventuraient parfois sous les branches jusqu'à cet homme qui tenait du nécromant et du satyre, et don Ruggero lâchait l'ombre des déesses de marbre pour la proie chaude de ces statues de chair » (OR, p. 192). Alessandro Sarte, quant à lui, collectionne les femmes comme les voi-tures de course (OR, p. 218). Michel, pourtant, qui lui aussi collectionne les conquêtes (et les voitures de course), y met des formes tout aristo-cratiques. Ainsi, ni sa première aventure à Ostende, ni ses conquêtes d'étudiant, ni sa nuit avec la sous-maîtresse de maison close, ni le récit de ses relations avec Maud, Berthe, Fernande, Jeanne, etc., ne portent la marque de la chasse ; cet homme qui – comme son père Michel Charles – n'est pas chasseur ne semble guère souscrire au code ovidien. Mais, lors-qu'il envisage un instant l'éventualité d'avoir un jour des relations homosexuelles, il ne voit pas les choses autrement que sous l'angle de la prédation : « si [...] je n'apercevais pas une femme passable, je ferais sans doute de mon mieux pour *m'emparer* d'un beau garçon de l'équi-page » (EM, p. 1284 ; c'est moi qui souligne).

*

Une conception antiquisante, fonctionnaliste et globalement traditio-naliste des relations de parenté – et particulièrement des relations conju-gales – sous-tend donc leur description non seulement dans les œuvres qui se rapportent directement à l'antiquité, mais encore dans la plupart des œuvres. Cette conception permet de cadrer les relations de parenté comme une toile de fond dont l'auteure s'extraira peu à peu, peut-être vers l'époque de *Mémoires d'Hadrien*, époque où, de son propre aveu, elle passera de l'« archéologie à la géologie »[19], pour en venir d'une vision simplement négative ou subversive des relations familiales à la formulation positive d'une parenté universelle. Zénon puis, surtout, Nathanaël et Lazare en seront les porte-étendard.

GRIMAL, *Dictionnaire de la mythologie grecque et romaine, op. cit.*, p. 36). Loin d'être un « trait d'érudition inutile » comme le suppose Simone Proust dans *L'Autobiographie dans* Le Labyrinthe du monde *de Marguerite Yourcenar* (Paris, L'Harmattan, 1997, p. 42), cette allusion peut jouer pleinement son rôle suggestif.

19 Ou de la généalogie à la géologie...

La parenté

La parenté réelle : l'insoutenable poids de la lignée

Dans *Denier du rêve*, Ruggero di Credo est, comme Alexis, comme Éric, un homme de lignage ; on pourrait même dire qu'il ne vaut que par son lignage. « De même qu'une série de maîtres des lieux avaient remodelé Gemara [...], cette maison décrépite avait formé à son image le dernier fils de la famille, ce Ruggero di Credo qui n'était qu'un héritier » (OR, p. 191), et même « qui ne valait que comme aboutissement d'un passé » (OR, p. 191). Il est le dernier fils de ce lignage, qu'un autre Ruggero di Credo a instauré il y a six siècles, « comme s'il n'était lui-même qu'un miroir fêlé où se reflétaient vaguement les revenants de la race » (OR, p. 191). Il n'a « pas d'avenir » ; pas non plus de passé, « mais le passé d'une vingtaine d'hommes échelonnés derrière lui dans la mort » (OR, p. 191). La seule chose qui l'intéresse est cette lignée : il « parlait généalogie avec autorité [...] ; il devenait éloquent quand il s'agissait de Gemara » (OR, p. 194). Même lorsqu'il perd sa terre, il se raccroche à « la Maison cimentée par le sang, que constitu[e] pour lui sa famille » (OR, p. 198).

Dans *Mémoires d'Hadrien*, Marullinus, le grand-père paternel d'Hadrien, est lui aussi la clef de voûte de sa lignée : « Il descendait d'une longue série d'ancêtres établis en Espagne depuis l'époque des Scipions. Il était de rang sénatorial, le troisième du nom ; notre famille jusque-là avait été d'ordre équestre » (OR, p. 307). Il est aussi à la fois le symbole et l'exercice de la paternité, l'éducateur, le vrai géniteur d'Hadrien. Les signes de cette relation, de cette transmission sont nombreux. Marullinus parle latin « avec un rauque accent espagnol qu'il me passa et qui fit rire plus tard » (OR, p. 307), marche toujours nu-tête, comme l'empereur se « fait critiquer pour le faire » (OR, pp. 307-308). Il lègue aussi à Hadrien son goût pour l'astronomie, qui à l'époque ne se distingue pas de l'astrologie. Lorsqu'Hadrien indique comme à regret que son grand-père ne savait pas le grec, c'est pour rectifier aussitôt : « Son esprit n'était pourtant pas tout à fait inculte ; on a retrouvé chez lui, après sa mort, une malle pleine d'instruments de mathématiques et de livres qu'il n'avait pas touchés depuis vingt ans » (OR, p. 307). Digne grand-père d'un homme qui se méfiera bientôt des livres.

La puissance de Marullinus tient moins à ce qu'il est qu'à ce qu'il incarne, mais c'est un motif que nous commençons à reconnaître chez Marguerite Yourcenar : « La dureté presque impénétrable de Marullinus remontait plus loin, à des époques plus antiques. C'était l'homme de la tribu, l'incarnation d'un monde sacré et presque effrayant dont j'ai parfois retrouvé des vestiges chez nos nécromanciens étrusques » (OR, p. 307). Nous retrouvons la figure du *pater familias* archaïque. Jusque-là, on assiste à la peinture d'une fresque de quelques siècles, et il n'est rien de plus normal chez un Romain, après avoir établi solidement une lignée remontant jusqu'aux Scipions au moins (le texte n'invitant à comprendre qu'un établissement en Espagne à l'époque des Scipions, et non une fondation de la lignée elle-même), que de pousser ensuite jusqu'à se réclamer des Étrusques. Comme Énée débarqua en Italie, l'ancêtre fondateur de la lignée d'Hadrien débarquera à son tour en Espagne. Hadrien redécouvrira leur point de départ :

> Sur le bord de l'Adriatique, dans la petite ville d'Hadria, d'où mes ancêtres, voici près de quatre siècles, avaient émigré pour l'Espagne, je fus honoré des plus hautes fonctions municipales ; près de cette mer orageuse dont je porte le nom, je retrouvai des urnes familiales dans un colombarium en ruine. J'y rêvai à ces hommes dont je ne savais presque rien, mais dont j'étais sorti, et dont la race s'arrêtait à moi. (OR, pp. 461-462)

Ce sens et même ce goût de la continuité se marquent non seulement chez l'homme mais encore chez l'empereur commandant à son secrétaire la composition d'« une série de chroniques qui continueraient les Helléniques de Xénophon et finiraient à [s]on règne : plan audacieux, en ce qu'il faisait de l'immense histoire de Rome une simple suite de celle de la Grèce » (OR, pp. 453-454). Les dynasties de la civilisation égyptienne, qu'Hadrien semble admirer plus qu'aimer véritablement, retiennent peu son attention. Pour anciennes qu'elles soient, elles lui semblent dépourvues de sens parce que vides d'humanité et de toute sensualité :

> J'étais excédé par ces figures colossales de rois tous pareils [...], par ces blocs inertes où rien n'est présent de ce qui pour nous constitue la vie [...]. On savait vaguement que chacun de ces monarques avait hérité d'un royaume, gouverné ses peuples, procréé son successeur : rien d'autre ne restait. Ces dynasties obscures remontaient plus loin que Rome, plus loin qu'Athènes, plus loin que le jour où Achille mourut sous les murs de Troie, plus loin que le cycle astronomique de cinq mille années calculé par Ménon pour Jules César. (OR, p. 444)

Il est vrai qu'alors la mort toute récente d'Antinoüs le fait douter de tout. Mais cet empereur si attentif à camper son ascendance jusque dans la légende affectera par ailleurs « le peu de respect [qu'il a] personnellement pour l'institution de la famille » (OR, p. 316). C'est que la famille n'est peut-être, dans *Mémoires d'Hadrien* comme ailleurs dans l'œuvre de Marguerite Yourcenar, qu'un sous-état de la lignée. En témoigne le ton ou le contexte généralement dépréciateurs qui, dans *Mémoires d'Hadrien*, accompagne le mot. Dans *Le Labyrinthe du monde*, l'écrivaine préfère souvent le mot plus noble de lignée dans les grandes occasions, à tel point que l'usage de l'un ou de l'autre mot peut devenir un indice pour l'interprétation du passage étudié. Par exemple, lorsqu'il est question de l'oncle Octave, un des fils de Mathilde, « pâle décalque de son oncle et homonyme Octave Pirmez », l'attention condescendante qu'accorde Marguerite Yourcenar au personnage rejaillit sur les quelques faits et gestes qu'elle lui prête dans le milieu par ailleurs présenté comme étroit et mesquin de la famille maternelle de l'auteure. En visite, il se borne à « comment[er] les nouvelles de la famille », laissant à la romancière le soin d'imaginer tout ce qu'il ne dit pas (EM, pp. 804-805). Lorsqu'il est retrouvé errant dans les rues, l'auteure exécute un peu vite par personnage interposé ce milieu qu'elle n'aime guère : « On lui demanda s'il avait de la famille : il répondit que non ; tous ces gens-là étaient morts. Ils l'étaient évidemment pour lui » (EM, p. 805). Mais toute l'œuvre est visée par cette tension. Ainsi, par exemple, dans l'essai sur Pindare, trouve-t-on cette phrase à propos de la mesquine alliance d'un oncle et d'un neveu contre le poète : « Les liens de famille seraient peu de chose, si l'intérêt n'était là pour les resserrer à l'occasion » (EM, p. 1502).

*

Revenons à Marullinus : « Ses vêtements des jours ordinaires se distinguaient à peine de ceux des vieux mendiants, des graves métayers accroupis au soleil. On le disait sorcier, et les villageois tâchaient d'éviter son coup d'œil » (OR, p. 308). Voilà qui n'est pas sans faire penser au vieux Ruggero di Credo « assis sur un tas de pierres [...], mangeant sa soupe à la façon des ouvriers de ferme » (OR, p. 193), et qui « avait dans la région une renommée de jeteur de sorts » (OR, p. 195). Marguerite Yourcenar semble se faire la main de livre en livre ; quant à l'image-source, l'image primitive, fondatrice, elle est peut-être, justement, latine, et peut-être, justement, paternelle : « Ce souvenir d'une excursion aux environs de Rome [...] : dans ses vêtements de lainage grisâtre, Michel a l'air d'un vieux mendiant au soleil » (EM, p. 1073). Michel dont par ailleurs les yeux sont dits « un rien sorciers » (EM, p. 921), un trait qu'il tient lui-même de son père Michel Charles à l'œil « narquois, quasi sorcier » (EM, p. 1095).

Marullinus éduque Hadrien en l'emmenant faire des courses dans les collines ; il essaie de lui enseigner son art de la divination : Hadrien en gardera « le goût de certaines expériences dangereuses » (OR, p. 308). Enfin et surtout, Marullinus prophétise à l'enfant son avènement à l'empire :

> Une nuit, il vint à moi, me secoua pour me réveiller, et m'annonça l'empire du monde [...]. Puis, saisi de méfiance, il alla chercher un brandon [...], l'approcha de ma main, et lut dans ma paume [...] je ne sais quelle confirmation des lignes écrites au ciel. Le monde était pour lui d'un seul bloc ; une main confirmait les astres. (OR, p. 308)

En ce sens, ce n'est pas Attianus, mais Marullinus qui est « le premier à [l]e saluer du titre d'empereur » (OR, p. 356). Le véritable géniteur d'Hadrien est donc son grand-père Marullinus bien plus que son père, de même que, selon la succession par l'adoption, le véritable fils d'Hadrien n'est pas Antonin mais Marc-Aurèle. Hadrien prolonge ainsi en aval la filiation élective établie en amont.

Le père d'Hadrien, au contraire, lui sert plutôt de repoussoir : « Mon père, Ælius Afer Hadrianus, était un homme accablé de vertus » (OR, p. 309), dit Hadrien avant de répondre en écho à quelques lignes de là : « De tant de vertus, *si ce sont bien là des vertus*, j'aurai été le dissipateur » (OR, p. 310, c'est moi qui souligne), comme s'il s'agissait de dilapider un héritage. Mais, justement, quelles vertus ? En ce qui concerne le père, des vertus négatives : « sans gloire », « sa voix n'avait jamais compté », « sans ambition », « sans joie » (OR, p. 309). En ce qui concerne la famille, des vertus dont la juxtaposition devient péjorative : « se bornait », « dédain des modes », « économie », « rusticité », « solennité presque pompeuse », « grave, silencieuse, renfrognée », « probité rigoureuse, mais [...] dur[eté] avec les esclaves », « on n'était curieux de rien » (OR, p. 310).

D'autres personnages de *Mémoires d'Hadrien* sont pris dans la lignée. Antinoüs est « Grec » : Hadrien remonte « dans les souvenirs de cette famille ancienne et obscure jusqu'à l'époque des premiers colons arcadiens sur les bords de la Propontide » (OR, p. 405). Marc-Aurèle est d'une vieille famille espagnole, les Vérus. Lucius est le fils de « Céionius Commodus, patricien richissime, sorti d'une vieille famille étrusque de sang presque royal » (OR, p. 369). Arrien, « adopté par une des grandes familles sacerdotales du territoire attique, celle des Kérykès », finit par y prendre épouse (OR, p. 453).

Le poids étouffant de la lignée est tel qu'il réduit à néant la personnalité du rejeton, qu'on soit Géra, von Lhomond, di Credo ou Hadrianus. Même Thésée ne se sent qu'un « vain chaînon » (Th. II, p. 192). « L'orgueil familial était si fort qu'on n'eût pas convenu que j'y pusse ajouter quelque chose » (OR, p. 309), dit Hadrien, frère lointain de cet Alexis qui de son côté constate avec soumission : « Il y aurait eu, à vouloir égaler ces gens célèbres, je ne sais quoi d'inconvenant comme une sorte d'ambition déplacée » (OR, p. 13). Lorsqu'Hadrien déclare : « On vivait sur le souvenir d'un certain Fabius Hadrianus, brûlé vif par les Carthaginois au siège d'Utique, d'un second Fabius, soldat malchanceux qui poursuivit Mithridate sur les routes d'Asie mineure, obscurs héros d'archives privées de fastes » (OR, p. 309), Alexis répond : « Ce que l'on estimait en nous, c'était un certain feld-maréchal qui vécut à une époque fort lointaine, dont personne, à un siècle près, ne se rappelait la date » (OR, p. 13). L'angoisse d'être en bout de chaîne est ainsi tempérée par le sentiment fataliste qu'on ne peut rien ajouter par soi-même à la lignée. Même le Michel-Ange de « Sixtine » reconnaît cette vanité (au sens de l'*Ecclésiaste*) : « J'ai vu bien des morts. Mon père, rentré dans sa race, n'était plus qu'un Buonarroti anonyme [...] ; il s'effaçait [...] jusqu'à n'être qu'un nom dans une longue série d'hommes ; sa lignée n'aboutissait plus à lui, mais à moi, son successeur » (EM, p. 287). Mais ce sentiment somme toute rassurant que l'individu compte moins que la lignée ne tarde pas à se doubler d'angoisse, « car les morts ne sont que les termes d'un problème que pose, tour à tour, chacun de leurs continuateurs vivants » (EM, p. 287). Tel Éric à la main « encombrée d'une lourde bague armoriée » (OR, p. 86), le survivant se trouve donc devant ce que les systémistes appellent une injonction paradoxale : obligé d'ajouter quelque chose à la lignée, tout en sachant qu'il est au même instant empêché de le faire, car son entreprise est frappée d'avance de vanité, voire de néant. Lorsqu'Alexis imagine que son fils Daniel héritera de Monique sa fortune, qui « ne donne pas le bonheur, mais le permet souvent » (OR, p. 71) et ses « beaux gestes calmes », son « intelligence », son « clair sourire » (OR, p. 71), il fait aussitôt cette restriction : « sa vie [...] courait quelque risque de n'être pas heureuse, puisqu'il était mon fils ». S'il a donné à Daniel « une admirable mère », cependant, l'enfant est « un Géra », ce qui pour Alexis, on l'a vu, présage apparemment d'un lourd avenir. Daniel né, Alexis peut disparaître :

> La volonté qu'exprimaient ces figures d'ancêtres s'était réalisée : notre mariage avait abouti à l'enfant. Par lui, cette vieille race se prolongerait dans l'avenir, il importait peu, maintenant, que mon existence continuât : je n'intéressais plus les morts, et je pouvais disparaître à mon tour, mourir, ou bien recommencer à vivre. (OR, p. 71)

Dans *Anna, soror...*, lorsque Miguel, jusqu'alors si soumis à son terrible père, force littéralement sa porte, émancipé par son amour tragique, pour lui annoncer sa décision de partir, ce départ volontaire est pour don

Alvare l'équivalent d'un arrêt de mort : « Songez, Monsieur, que je n'ai plus d'autre héritier » (OR, p. 882). Le fils n'existe pour le père qu'en tant que rejeton :

> Son premier fils, encore enfant, avait été emporté par une pestilence [...], quelques années avant la naissance de Miguel. Ce [...] deuil avait porté don Alvare à contracter une nouvelle union, mais celle-ci à son tour s'était avérée pire que vaine. (OR, p. 886)

Le poids de la lignée étouffe les réelles relations d'amour filial ou paternel. Lorsqu'il apprendra la mort de Miguel, c'est cela qui le consternera :

> Autant que Miguel disparu, il déplorait ses inanes efforts pour agrandir et consolider l'édifice de sa fortune qui, encore inachevée, serait bientôt sans possesseur. Son sang et son nom ne lui survivraient pas. (OR, p. 886)

Lors des funérailles, « il regardait ces blasons, vanité des lignages, qui ne servent après tout qu'à rappeler à chaque famille le nombre de ses morts » (OR, p. 887). Mais, curieusement, c'est à ce moment-là qu'il se met à aimer Miguel, comme si la mort seule lui permettait enfin de penser au jeune homme comme à un être humain auquel on puisse se comparer ou s'attacher, et non seulement comme à un vecteur de la filiation :

> À ce fils, qu'il avait peu aimé, il se sentait maintenant rattaché par une parenté plus intime et plus mystérieuse : celle qu'établissent entre les hommes, à travers la lugubre diversité des fautes, les mêmes angoisses, les même luttes, les mêmes remords, la même poussière. (OR, p. 887)

C'est ce même sentiment de parenté qui le rattachera plus tard à don Ambrosio Caraffa, le parrain de Miguel issu de la branche italienne de sa famille, dont il a pourtant fait exécuter le frère Liberio, c'est-à-dire son propre parent. Lorsqu'ayant épuisé la vanité de l'ambition, de la lignée et de la chair (OR, p. 894), il entrera au cloître de Saint-Martin dont don Ambrosio est à présent le prieur, il formulera ainsi cette parenté, de réelle devenue symbolique, emblème et enjeu du pardon des offenses : « Mon père, [...] je vous demande de m'accueillir comme le plus humble et le plus obéissant de vos frères » (OR, p. 896).

*

Sur le plan de la lignée, les personnages de *L'Œuvre au Noir* se répondent eux aussi. À tout seigneur, tout honneur : « Zénon était venu au monde à Bruges, dans la maison d'Henri-Juste. Sa mère se nommait Hilzonde, et son père, Alberico de'Numi, était un jeune prélat issu d'une antique lignée florentine » (OR, p. 566). « Antique lignée » : n'avons-nous pas déjà appris à reconnaître, dans la nébuleuse yourcenarienne, cette configuration des astres ? Mais, sur Zénon, ce n'est pas la lignée qui pèsera, c'est au contraire l'obscurité de sa naissance. En abandonnant la mère de Zénon alors qu'il ne sait même pas encore qu'elle est enceinte, Alberico de'Numi casse la fatalité d'un nom à finir pape ou poignardé dans un jardin de Rome. Pourtant, ici encore, bon sang ne saurait mentir, et Zénon ressemble à son père par plus d'un trait. Il hérite de lui sa beauté (OR, p. 589) et sa séduction irrésistible – « ses yeux de feu qui troublaient les femmes » (OR, p. 594) –, mais ce n'est pas là le seul patrimoine génétique accordé malgré lui et à défaut du reste par ce père mythique et absent. Le goût de l'étude, essentiel dans la vie de Zénon, est très clairement attesté chez son père, qui fréquente les monastères italiens et néerlandais pour y rechercher des manuscrits antiques et y préparer une traduction latine (OR, pp. 566-567). L'intérêt pour les machines de guerre, dont Alberico parle avec Léonard de Vinci lui-même (OR, p. 566), habitera un Zénon qui, dans son adolescence, construit des métiers à tisser (OR, pp. 575-576), à qui l'on prête « une nouvelle recette de feu grégeois » (OR, p. 600) et qui avoue à Henri-Maximilien sa passion pour la mécanique et les sciences de l'ingénieur : « Il suffirait de s'appliquer pour déduire de quelques principes simples toute une série d'ingénieuses machines [...] : des engins qui par le mouvement produiraient la chaleur, des conduits qui propageraient le feu comme d'autres propagent l'eau » (OR, p. 654 ; Zénon y repensera dans sa prison, OR, p. 793). Le père de Zénon partage encore avec son fils l'amour et le talent de l'éloquence :

> À peine arrivé, il prit dans les discussions une autorité qui l'emportait sur celle du légat lui-même. [...] Ce fut lui, au cours d'une controverse passionnée, mettant sa parole cicéronienne au service d'une étonnante fougue de conviction, qui emporta l'adhésion des ambassadeurs de Maximilien. (OR, p. 567)

De son côté, et dans les mêmes termes à peu près,

> Zénon s'inscrivit à Louvain, à l'École de théologie. Sa fougue étonna ; le nouvel arrivant, capable de soutenir sur-le-champ quelque thèse que ce fût, acquit parmi ses condisciples un prestige extraordinaire. (OR, p. 577)

Ce n'est pas tout : Alberico jeune s'est peut-être adonné aux amours interdites pour lesquelles son fils avouera sans complexes à son cousin sa préférence (OR, p. 649) : « dans le sombre éclat de ses vingt-deux ans, il fut du petit nombre de jeunes gentilshommes que l'amitié passionnée de Michel-Ange honorait comme un titre » (OR, p. 566). Et, pour couronner le tout, « il eut des aventures qui se concluaient au poignard » (OR, p. 566), avant que son fils Zénon se débarrasse de l'apprenti Perrotin qui s'« était [...] beaucoup vanté de son habileté à jouer du couteau » (OR, p. 595 ; on aura le détail de ce presque-meurtre à la page 685).

Même absent, même mort, même réduit dans l'œuvre à quelques lignes, le père fait donc peser la lignée sur le héros yourcenarien, le plus souvent décrit ou se vivant comme le point d'aboutissement de sa race (Alexis, Hadrien, donna Valentine, Zénon, don Ruggero), même lorsque paradoxalement il procrée lui-même ou a des frères ou sœurs féconds car, nous allons le voir, cette descendance peut être évacuée, l'auteure elle-même en montrant l'exemple. Le premier à tenter, lui, de s'affranchir de la lignée sera Nathanaël, lui aussi héritier de toute une généalogie your-cenarienne, celle des Adriansen, qui plus est « fils d'Adrian »… Mais il est vrai que c'est pour une autre famille, d'adoption celle-là : l'univers entier, puisque que vis-à-vis des bêtes et des plantes, il se sent « frère des unes et lointain cousin des autres » (OR, p. 1007), au point qu'il se soucie d'« assurer [le] sort » d'un chien trouvé (OR, p. 991), mais si peu de celui de son propre fils. Et c'est celui-ci, Lazare, qui pourra enfin déclarer : « Je crois que j'ai pas de père » (OR, p. 1025), au moment même où il s'apprête à assumer toutes les possibilités de l'existence.

*

La Marguerite du *Labyrinthe du monde* est, elle aussi, la dernière de sa lignée. Ou presque : elle ne peut hélas pas être le seul enfant de Michel, puisque ce dernier a eu d'un premier mariage un fils (qui plus est), Michel Joseph. Envers cet encombrant demi-frère, l'attitude de Marguerite Yourcenar est d'une prodigieuse ambivalence. Tantôt elle laisse éclater sa jalousie par des phrases qui en disent long : « Je ne me propose pas d'évoquer souvent ce demi-frère […], mais ne puis sans amputer mon récit l'en éliminer tout à fait » (EM, p. 1130). Tantôt elle se reconnaît avec lui des ressemblances :

> J'avais senti chez cet homme des instincts de liberté pas si différents des miens, tout comme son goût pour la généalogie équilibrait mon intérêt pour l'histoire. Nous ne nous ressemblions pas seulement par la forme de l'arcade sourcilière et la couleur des yeux. (EM, p. 1139)

Tantôt elle s'indigne de son manque de cœur à la mort de sa mère (EM, p. 926) – on a pu reprocher à la romancière une semblable indifférence –, tantôt elle lui reconnaît, au contraire, une certaine géné-rosité envers une parente déshéritée qu'il est le seul à défendre (EM, p. 1135). Le portrait qu'elle « essaie de peindre d'un seul coup » (EM, p. 1133) de son demi-frère, comme pour s'en débarrasser au plus vite, consiste surtout à montrer (EM, p. 1132) en quoi (nationalité, fécondité, conformisme, attitude envers l'argent, culture, etc.) il est l'antithèse de son propre père, Michel, dont il porte pourtant le prénom, au point que c'est par lapsus ou parce qu'elle est sûre qu'il ne peut être confondu avec lui que Marguerite Yourcenar appelle le fils, une seule fois, simplement Michel (EM, p. 1133). En filigrane se dessine un tout autre enjeu, celui

62

Il s'agit au contraire d'une prodigieuse amplification de soi, même – et surtout – si elle passera aussi par la dissolution/recomposition, dans *L'Œuvre au Noir*, mais aussi dans *Un homme obscur* et surtout dans *Une belle matinée*, ce texte yourcenarien méconnu et capital. L'auteure auto-engendrée par le nouveau nom de famille qu'elle se donne et par son récit réapproprié du « premier soir » et de l'accouchement, la famille recomposée, ressuscitée par l'écriture, la famille imaginaire créée et mêlée aux membres élus de la famille réelle concordent ainsi dans la manifestation d'un geste créateur d'une ampleur et d'une autorité excep-tionnelles. Si l'auteure tout d'abord s'appuie sur sa lignée, ensuite, « par un effort d'imagination », elle renonce à se « soutenir dans le passé grâce à cette corde raide qu'est l'histoire d'une famille » (EM, p. 953) pour plonger dans un univers qu'elle structurera comme elle l'entend.

La parenté imaginaire : filiation et fraternité

La famille élective

Broder sur la toile d'araignée du réel

Marguerite Yourcenar l'avoue elle-même dans *Archives du Nord* :

> J'aimerais avoir pour aïeul l'imaginaire Simon Adriansen de *L'Œuvre au Noir*. [...] En fait, le premier de mes ancêtres Adriansen dont je trouve trace se situe près de trois quarts de siècle après ce juste au grand cœur [...]. Le nom, qui signifie fils d'Adrian, se rencontre assez souvent aux Pays-Bas. Parmi tous ceux qui l'ont porté, aucun parchemin ne me permet de prétendre à une parenté quelconque avec le frère Cornélius Adriansen, cordelier, qui vécut vers le milieu du XVIᵉ siècle et se fit chasser de Bruges pour avoir trop tendrement donné la discipline à d'aimables pénitentes. Il m'est pourtant arrivé de penser à son petit groupe de flagellées fort consentantes, quand je plaçais dans la même atmosphère à la fois dangereuse et douillette un autre groupe secret, celui des Anges, qui amena la catastrophe de Zénon. (EM, p. 992)

À ce moment, Marguerite Yourcenar établit dans son œuvre même une jonction capitale, ou plutôt un faisceau de jonctions, entre le réseau de sa généalogie personnelle, celui de *L'Œuvre au Noir* et celui d'Hadrien. Elle s'appuie pour le faire sur des éléments qui pourraient paraître à première vue impondérables, voire friser le ridicule – « Fils d'Adrian », ou « Jacques van der Walle, [...] issu d'une vaste gens dont le nom en français se traduit De Gaulle » (EM, p. 969). Mais, si l'on prend ces lignes pour argent comptant, Marguerite Yourcenar s'inscrit dans une filiation imaginaire vertigineuse. La romancière commence par regretter explicitement de n'avoir pas pour aïeul un de ses propres per-sonnages, Simon Adriansen. Ensuite, descendant elle-même d'ancêtres réellement appelés Adriansen, elle colmate une rupture constatée de la chaîne généalogique en se rattachant à un Adriansen authentique, mais qui n'est pas son aïeul, par un lien établi entre la réalité et la fiction qu'elle a produite, la fiction elle-même postulant déjà des liens généalogiques entre diverses œuvres (*L'Œuvre au Noir, Un homme obscur* et *Une belle matinée*[5]). Par-delà ce premier tour de force, l'auteure

---

5   Si les Adriansen d'*Un homme obscur* sont bien les descendants de Simon et de ses trois fils. Or sur le plan de la parenté réelle, *Un homme obscur* est sans doute à rattacher à d'autres œuvres. Dans *L'Œuvre au Noir*, à la veille de sa mort, Simon Adriansen a une pensée pour « ses trois fils, établis, qui à Lisbonne, qui à Londres, qui à la tête d'une imprimerie d'Amsterdam » (OR, p. 619). L'imprimeur Élie Adriansen d'*Un homme obscur* pourrait-il être ce dernier fils ? Johan, le père de Nathanaël, travaille à Greenwich, toute proche de la capitale anglaise – au point qu'on pourrait aisément concevoir l'amalgame. Serait-il ce deuxième fils ? Du premier fils mentionné, celui de Lisbonne, il ne semble plus être question dans le reste de l'œuvre. Simon Adriansen est Hollandais (de Zélande), comme les parents de Nathanaël (OR, p. 917) ; qui plus est, Élie est l'oncle du jeune homme, c'est-à-dire par exemple le frère de son père – mais on appelle aussi couramment « oncle » le cousin du père. Le nom et les situations coïncident donc, mais pas la succession des époques : l'action d'*Un homme obscur* se situe dans les années 1630 ; or Simon meurt en 1536 (prise de Münster) et ses trois fils (peut-être de deux épouses différentes) doivent être nés depuis longtemps puisqu'au moment de son mariage avec Hilzonde, c'est-à-dire vers 1515, ils ont déjà « fait fortune » (OR, p. 571). Si donc les Adriansen d'*Un homme obscur* et d'*Une belle matinée* sont les descendants de Simon et de deux de ses fils établis à Londres et à Amsterdam, ce ne peut être qu'à condition de postuler au moins deux générations intermédiaires : l'une née vers 1515 et la deuxième vers 1545, la troisième, née vers 1575, étant celle d'Élie et de Johan, Nathanaël lui-même né vers 1613 et son fils Lazare vers 1635. Or aucune référence croisée ne nous guide : on ne trouve pas de mention de la filiation ascendante de Johan ni d'Élie Adriansen dans *Un homme obscur* ni dans *Une belle matinée*. Toutefois, un lien généalogique est très probable si l'on considère que le grand roman des origines, *Remous*, devait être « une ample fresque romanesque s'étalant sur plusieurs siècles et sur plusieurs groupes humains reliés entre eux soit par les liens du sang, soit par ceux de l'esprit » (OR, p. 837). Dans « Un entretien inédit de Marguerite Yourcenar », *Bulletin de la Société internationale d'études yourcenariennes* (SIEY), n° 19, décembre 1998, pp. 17-48, Marguerite Yourcenar explique : « À l'âge de vingt ans, j'avais rêvé d'un immense ouvrage [...] et je m'étais dit que je pourrais écrire une sorte de grande chronique, peut-être pas tellement d'une famille que d'un groupe [...]. J'avais pris une immense feuille de papier, j'avais collé les unes à côté des autres plusieurs feuilles de papier, et j'avais inventé une généalogie, dans laquelle il y avait beaucoup de noms, que j'avais empruntés à la partie flamande de ma famille » (p. 19). On sait que parmi ces noms celui d'Adriansen figure plusieurs fois représenté. Par ailleurs, Zénon et Nathanaël étaient au départ, dans les projets littéraires de Marguerite Yourcenar, deux personnages en quelque sorte jumeaux : « L'idée première du personnage de Nathanaël est à peu près contemporaine de celle du personnage de Zénon : de très bonne heure, et avec une précocité qui m'étonne moi-même, j'avais rêvé deux hommes, que j'imaginais vaguement se profilant sur le fond des anciens Pays-Bas » (OR, p. 1037). Remarquons enfin que la dispersion géographique de la famille correspond à un instinct du voyage exprimé par une phrase fataliste, d'une formulation typiquement génétique, de la mère de Nathanaël : « Les Adriansen avaient ça dans le sang » (OR, p. 935).

suggère ensuite (« fils d'Adrian ») un nouveau lien entre ces ancêtres (les authentiques et les imaginaires) et un empereur romain du IIe siècle dont elle a également fait un personnage de fiction : Hadrien.

Mais les choses ne s'arrêtent pas là, car ce personnage à son tour fait de même :

> J'avais poussé Phlégon à composer, sous le nom d'Olympiades, une série de chroniques qui continueraient les Helléniques de Xénophon et finiraient à mon règne : plan audacieux, en ce qu'il faisait de l'immense histoire de Rome une simple suite de celle de la Grèce. (OR, pp. 453-454)

À ce point de l'analyse, on constate ni plus ni moins qu'un autre « plan audacieux », celui de Marguerite Yourcenar, fait de l'immense histoire du *Labyrinthe du monde* une « simple suite » de celle de Rome, de la Grèce et – tout le début d'*Archives du Nord* en marque l'ambition – de l'humanité, voire de l'univers. Un autre indice me pousse à proposer cette analyse. En effet, au début d'*Archives du Nord*, Marguerite Yourcenar envisage une filiation intellectuelle et sacrée avec, si l'on ose dire, ses ancêtres les Gaulois :

> Tout comme les révérends pères et les abbés de mon ascendance paternelle iront un jour compléter leurs études à Louvain, à Paris, voire à Rome, de jeunes Ménapiens peu tentés par la vie violente des hommes de leur clan ont dû parfois se rendre, selon l'usage des Celtes continentaux, dans un séminaire druidique de l'île de Bretagne. (EM, pp. 964-965)

Il est significatif que les « études » de ces ancêtres soient « les vastes poèmes cosmogoniques et généalogiques, réservoirs des sciences de la race » : ne pourrait-on ainsi définir, précisément, *Archives du Nord* ? De même, si « on leur a révélé les modalités de la métempsycose, […] qui constitue la plus belle métaphore de nos rapports avec tout » (EM, p. 965), quelque chose de ce savoir cosmogonique et généalogique a pu passer à leur lointaine descendante, qui ajoute ainsi son chapitre à la saga déjà commencée par les Gaulois, sous le signe d'une filiation rétablie. Cette entreprise acquiert le caractère épique des Olympiades rêvées par Hadrien[6].

---

6   L'entreprise yourcenarienne d'évocation des mânes de ses ancêtres, dans *Le Labyrinthe du monde*, trouve d'ailleurs un écho chez le même Hadrien méditant sur la tombe de ses aïeux en des termes presque identiques à ceux de *Souvenirs pieux* ou d'*Archives du Nord* : « Sur le bord de l'Adriatique, dans la petite ville d'Hadria, d'où mes ancêtres, voici près de quatre siècles, avaient émigré pour l'Espagne, je fus honoré des plus hautes fonctions municipales ; près de cette mer orageuse dont je porte le nom, je retrouvai des urnes familiales dans un colombarium en ruine. J'y rêvai à ces hommes dont je ne savais presque rien, mais dont j'étais sorti, et dont la race s'arrêtait à moi » (OR, pp. 461-462).

En témoigne également, dans *Souvenirs pieux*, l'intrusion du vétéran de Tongres. Rêvant à une gravure qui représente le château de Flémalle de ses ancêtres maternels, Marguerite Yourcenar pointe, à côté du château, le village « coiffé de chaume » de Flémalle-Grande et lui consent aussitôt des lettres de noblesse : « Il existait déjà […] au début du second siècle d'une ère qui ne se savait pas encore l'ère chrétienne, quand un vétéran, dont le congé gravé sur bronze est ressorti plus tard de la Meuse, y revint finir ses jours » (EM, p. 757). Le personnage ainsi introduit est du village, c'est donc un de ces ancêtres, imaginaires ou non, « de toute une province, de tout un monde » : « Ce légionnaire de race tongre avait servi dans une des garnisons de l'île qui devint ensuite l'Angleterre ; son congé date des premiers mois du règne de Trajan » (EM, p. 757). La description qui suit tient du rêve éveillé cher à Marguerite Yourcenar… ou de l'*hubris* :

> J'aime à croire que son contingent rentré d'outre-mer débarqua à Cologne, centre des troupes de la Germanie Inférieure, vers l'époque où le général reçut la nouvelle de son accession à l'Empire, apportée bride abattue par son neveu Publius Ælius Hadrianus, jeune officier promis à un brillant avenir. On imagine, assis sur la berge, au milieu d'enfants nus vautrés dans les hautes herbes, le vieil homme ressassant la scène, les ovations des troupes échauffées comme il convient par des distributions de bière et d'argent, l'officier encore grisé de vitesse racontant le guet-apens que lui avaient tendu des ennemis apostés près de Trèves, au bord de la Moselle, et qu'il avait déjoué avec son alacrité et sa vigueur de vingt ans… À en croire les voyageurs faisant de temps à autre un détour sur la route de Cologne, ce jeune homme était maintenant l'empereur, *etc.* (EM, p. 757)

« Je digresse moins qu'on ne pourrait le croire », se défend notre auteure (EM, p. 758), qui vient pourtant de sortir absolument de son sujet pendant une page entière. Mais il s'agit de tisser des liens encore plus abondants et encore plus complexes que les liens réels d'une généalogie ordinaire, fût-elle connue jusqu'au XVIᵉ siècle. Il s'agit surtout de mettre en avant l'ascendance qu'on préfère. Dans *Archives du Nord*, l'obscure Françoise Leroux, nom pêché dans une liste d'ascendants de la détestable Noémi, devient une intime, une sœur, presque un double :

> Essayons pourtant, à force de sympathie imaginative, de nous rapprocher un peu d'une de ces personnes, prise au hasard. […] Hé, Françoise Leroux ! Hé ! Elle ne m'entend pas. En m'appliquant beaucoup, je parviens pourtant à la voir dans sa maison au sol de terre battue (j'en ai vu de pareils, enfant, aux environs du Mont-Noir), abreuvée de bière, nourrie de pain bis et de fromage blanc, portant tablier sur sa jupe de laine. Le besoin de simplifier la vie, d'une part, le hasard des circonstances, de l'autre, me rapprochent davantage d'elle que des aïeules en falbalas. (EM, p. 1050)

Suit une énumération des rapprochements (« les mêmes mains gon-flées », etc.) qui frise l'imposture (« Je pétris le pain ; je balaie le seuil », etc.) ; enfin la comparaison entre Marguerite Yourcenar et cette lointaine ancêtre imaginée, pour ne pas dire imaginaire, débouche sur un élargis-sement de la perspective qui englobe le lecteur et même l'humanité dans la démarche de l'auteure : « Elle est comme nous tous dans l'inextricable et l'inéluctable » (EM, p. 1051).

D'autres ancêtres, mieux attestés, ont croisé des personnages histo-riques ; ces épisodes de l'histoire de sa famille retiennent particulière-ment l'attention de l'auteure. En voici un premier exemple : lorsqu'elle évoque François Adriansen, « ancêtre, lui, incontestable » (EM, p. 994), c'est pour ne s'intéresser qu'à son mariage avec Claire Fourment, « qui nous mène à l'orée du monde mythologique de Rubens » (EM, p. 993). La filiation fabuleuse[7] évoquée par le terme « mythologique » prend le pas sur un ancêtre « incontestable », au profit d'une évocation du peintre qui fait constamment et précisément référence aux relations de parenté, mêlant de surcroît le mythe et la parenté en « train-train domestique qui donne de plain-pied sur la Fable par l'atelier peuplé de dieux » (EM, p. 995) et en « ardeurs quasi mythologiques du lit conjugal » (EM, p. 995). Deuxième exemple : la filiation totalement imaginaire avec Rembrandt, à partir d'une aïeule déjà hypothétique, trouve sa raison dans l'élargissement de la filiation à l'universel :

> J'aurais préféré pour arrière-grand-tante Hendrickje Stoffels, servante, modèle et concubine du vieux Rembrandt, qui adoucit de son mieux les der-nières années du malheureux grand peintre […]. On aimerait se rattacher si peu que ce soit à cet homme auquel nul de nos maux ni de nos lueurs ne fut étranger. (EM, p. 997)

Troisième exemple : lorsqu'une de ses arrières-grandes-tantes Drion (Irénée sans doute) assiste, petite fille, au dîner que donne un membre de la famille au maréchal Ney la veille de la bataille de Waterloo, Marguerite Yourcenar, à la suite d'une de ces histoires familiales à propos desquelles elle ironise habituellement avec dédain, va jusqu'à évoquer l'effet du vin sur le maréchal et sur la bataille (EM, p. 779)… Quatrième exemple : lorsqu'Anne-Marie de Philippart, sa trisaïeule, est

---

7   D'ailleurs contestée par son demi-neveu Georges de CRAYENCOUR qui, dans une polémique « Lettre ouverte aux lecteurs du Bulletin de la Société internationale d'études yourcenariennes. *Archives du Nord* : le brouillard se lève » (*Bulletin de la Société internationale d'études yourcenariennes*, n° 8, juin 1991, pp. 23-38), nie « quelque consanguinité que ce soit » entre la famille de Crayencour et Rubens. Cette filiation avait aussi été mise en doute par André MAINDRON, « "Rubens, fleu-ve d'oubli" dans *Archives du Nord* », in *Marguerite Yourcenar et l'Art – L'Art de Marguerite Yourcenar*, Tours, Société internationale d'études yourcenariennes, 1990, pp. 159-166.

forcée en 1792 d'accueillir et d'héberger au château de Marchienne le révolutionnaire Saint-Just, alors commissaire aux armées du Nord, Marguerite Yourcenar s'empare de ce mince fait pour disserter assez longuement sur les mérites comparés de Saint-Just, Robespierre, Napoléon et quelques autres hommes d'État de l'époque. Elle ajoute : « À l'âge où l'on est romanesque, il ne m'eût pas déplu d'imaginer un sentiment tendre entre le beau Saint-Just et Anne-Marie » (EM, p. 772). Entretemps, elle a vieilli et Saint-Just ne lui inspire plus le « culte » qu'elle eut pour lui « toute jeune ». Elle semble se garder de l'*hubris* pointée plus haut à propos du vétéran de Flémalle, voire de Rubens. Pourtant, elle n'hésite pas à ranger le sanglant révolutionnaire dans sa famille d'élection : « Saint-Just est plus proche de moi à Marchienne que mes vagues progéniteurs et progénitrices » (EM, p. 772).

Marguerite Yourcenar établit d'autres jonctions entre sa fiction et la réalité. Ainsi entre son oncle Octave Pirmez, elle-même et son personnage Zénon, lors de la promenade sur la plage de Heyst :

> Les lignes qui s'intersectent entre cet homme nu et ce monsieur en complet blanc sont plus compliquées que celles d'un fuseau horaire. Zénon se trouve sur ce point du monde trois siècles, douze ans et un mois, presque jour pour jour, avant Octave, mais je ne le créerai que quelque quarante ans plus tard, et l'épisode du bain sur la plage de Heyst ne se présentera à mon esprit qu'en 1965. Le seul lien entre ces deux hommes, l'invisible, qui n'est pas encore, mais traîne avec lui ses vêtements et ses accessoires du XVIᵉ siècle, et le dandy de 1880, qui dans trois ans sera fantôme, est le fait qu'une petite fille à laquelle Octave aime à raconter des histoires porte suspendue en soi, infiniment virtuelle, une partie de ce que je serai un jour. Quant à Rémo, il est quelque part dans cette scène, fibrille de la conscience de son mélancolique aîné. Huit ans plus tôt, il a connu, plus brève il est vrai, une agonie sanglante comparable à celle de l'homme de 1568, mais le récit ne m'en parviendra qu'en 1971. (EM, p. 880)

Au prix de la complexité de ce long passage, dont la phrase qui suit – « Le temps et les dates ricochent comme le soleil sur les flaques et sur les grains de sable »[8] – fournit presque une excuse, Marguerite Yourcenar veut nous convaincre de l'évidence de sa filiation imaginaire ou peut-être, davantage, de la primauté de l'affectif dans l'établissement des rapports humains : « Mes rapports avec ces trois hommes sont bien simples. J'ai pour Rémo une brûlante estime. "L'oncle Octave" tantôt

---

[8] L'écriture de la scène de Zénon date de 1965 ; la promenade de Pirmez date de 1879 ; le bain de Zénon est placé en 1567 ; la rédaction de la scène qui les réunit dans *Souvenirs pieux* a lieu vers 1971. Pour Colette GAUDIN (*Marguerite Yourcenar à la surface du temps*, Amsterdam, Rodopi, 1994), la chronologie est « un outil poétique irremplaçable en tant que source des rencontres où l'imagination se délecte. C'est toujours avec un immense plaisir que Yourcenar en fait la matrice du jeu inépuisable qui permet d'enrichir le passé par des réseaux d'analogies, d'associations, et de remémorations » (p. 64).

m'émeut et tantôt m'irrite. *Mais* j'aime Zénon comme un frère » (EM, p. 880, c'est moi qui souligne).

Les « lignes qui s'intersectent » sont une image que nous rencontrons pour la troisième fois à propos de la généalogie, après « Arthur et Mathilde étaient au second entrecroisement des fils qui me rattachent à tout », dans *Souvenirs pieux* (EM, pp. 739-740) et « un même nœud à l'entrecroisement de plusieurs fils » dans *Archives du Nord* (EM, p. 973). Cette image n'est pas particulièrement originale mais elle renvoie à la toile d'araignée, au « réseau » (titre d'un chapitre d'*Archives du Nord*). Elle sera reprise explicitement à la fin de l'accident de Versailles où Michel Charles manque perdre la vie :

> Les fils de la toile d'araignée où nous sommes tous pris sont bien minces : ce dimanche de mai, Michel Charles faillit perdre, ou se voir épargner, les quarante-quatre ans qui lui restaient à vivre. En même temps, ses trois enfants, et leurs descendants, dont je suis, coururent de fort près la chance qui consiste à ne pas être. (EM, p. 1017)

Cette toile d'araignée, Marguerite Yourcenar en reprendra le dessin en l'amplifiant considérablement. En brodant ainsi sur la toile d'araignée du réel, elle s'attribue, comme dans *Souvenirs pieux* à son père Michel, le « privilège du romancier authentique, qui est d'inventer en s'appuyant seulement çà et là sur son expérience » (EM, p. 933), allant jusqu'à établir – lorsque la toile d'araignée s'estompe – des liens parentaux imaginaires au nom de dénominateurs communs impalpables comme l'air ou le vent :

> Si toutes ces personnes ont appartenu à ce que j'appelle le même réseau, les fils qui les rejoignaient sont devenus invisibles. Mais toutes ont respiré le même air, mangé le même pain, reçu en plein visage la même pluie et le même vent de mer que mes Adriansen authentiques. Ils sont mes parents du fait d'avoir existé. (EM, p. 992)

Remarquons – on vient de le voir également avec Françoise Leroux – à quel point la rhétorique du doute mise en œuvre sur la tombe des grands-parents maternels, réels ceux-là, à Suarlée – « je n'arrivais pas à établir un rapport entre ces gens étendus là et moi » (EM, p. 739), a fait place à une rhétorique de la foi à propos de parents imaginaires. Mais Marguerite Yourcenar, dans *Archives du Nord*, s'attribue un autre « privilège ». Elle s'institue ni plus ni moins légataire universelle de l'Histoire :

> C'est bien de toute une province que nous héritons, de tout un monde. L'angle à la pointe duquel nous nous trouvons bée derrière nous à l'infini. [...] Je ne parle ici que selon la chair. S'il est question de tout un ensemble de transmissions plus inanalysables, c'est de la terre entière que nous sommes les légataires universels. (EM, pp. 973-974)

Dans ce travail de remaillage incessant auquel se livre l'auteure, les relations sont parfois très complexes, comme en témoigne la longue citation ci-dessus relative à Octave et Zénon sur la plage de Heyst. Elles n'en permettent pas moins de tisser un réseau qui, de simple prétexte apparent, devient la trame de l'œuvre, parfois l'œuvre elle-même, dont les livres ou les chapitres portent alors des titres significatifs : *Le Labyrinthe du monde* ou « Le Réseau »…

D'autres recoupements se feront encore. Dans *L'Œuvre au Noir*, la véritable famille d'Henri-Maximilien, jetant au vent « son droit d'aînesse en échange du plat de lentilles du soldat » (OR, p. 660), ce sont ses « frères d'armes » (OR, p. 663). Cette famille symbolique ne se limite pas là, elle se double d'une famille imaginaire. Il est tentant de croiser les voix. Ce n'est pas Henri-Maximilien, ce n'est pas Michel, c'est Hadrien qui parle :

> L'armée est mon plus ancien métier […]. J'étais redevenu cet homme vêtu de cuir et de fer, mettant de côté tout ce qui n'est pas l'immédiat, soutenu par les simples routines d'une vie dure […], entouré comme toujours par les troupes […] d'un dévouement à la fois idolâtre et *fraternel*. (OR, p. 470, c'est moi qui souligne)

C'est donc selon une logique très yourcenarienne que, dans *L'Œuvre au Noir*, le fils du banquier, soldat amoureux de l'Italie, s'unira en pensée à un autre soldat, mais le plus grand, qui devient le père spirituel de ses « frères d'armes », un peu comme le frère le plus digne d'un couvent est appelé le « père » – le Père de la Fratrie en quelque sorte :

> Jadis, pris de malaria, […] à deux pas du Panthéon, il s'était consolé d'avoir à crever dans ce pays de fièvres, en songeant qu'après tout les morts y sont en meilleure compagnie qu'ailleurs ; ces retombées de voûtes aperçus par sa lucarne, il les avait peuplées d'aigles, de faisceaux renversés, de vétérans en larmes, de torches éclairant les funérailles d'un empereur qui n'était pas lui-même, mais une sorte de *grand homme éternel* auquel il participait. […] Ces morts, ces obsèques imaginaires furent sa vraie mort, son enterrement véritable. (OR, p. 664, c'est moi qui souligne)

Ce passage où la primauté du rêve sur le réel est explicitement revendiquée rapproche, toutes proportions gardées il est vrai, Henri-Maximilien d'Hadrien, comme on vient de le voir avec le vétéran de Tongres parachuté dans *Souvenirs pieux*. Ce n'est pas la seule chose qu'ils aient en commun. Quelques pages plus tôt, à Innsbruck, Henri-Maximilien confiait à Zénon : « Il m'arrive de regretter de n'avoir pas engendré d'enfants légitimes, mais je ne voudrais pas de mes neveux pour fils » (OR, p. 652). C'est presque textuellement le bizarre non-regret d'Hadrien : « Je n'ai pas d'enfants, et je ne le regrette pas […]. Je me suis parfois reproché de n'avoir pas pris la peine d'engendrer un fils, qui m'eût continué » (OR, p. 483).

*

Le commun des mortels ne choisit pas sa famille ; il peut du moins ne retenir qu'une partie de ses membres, voire se créer de nouveaux liens de type familial. L'écrivain dispose à cet égard d'une possibilité supplémentaire, celle de créer des personnages à qui, s'il lui plaît, il peut donner des caractéristiques familiales ou qu'il peut croiser avec des personnage ayant réellement existé. Il est somme toute assez banal que Marguerite Yourcenar ait puisé dans sa généalogie pour alimenter sa fiction :

> Des descendants du Nicolas initial épousèrent, qui un Pierre de Vicq, écuyer, qui une Catherine Damman, d'une vieille famille de magistrats, qui un Jacques Van der Walle [...] ; qui un Philippe de Bourgogne, écuyer, un Jacques de Bavelaere de Bierenhof, « noble homme », ou encore une Jeannette Fauconnier, un Jean Van Belle, un Pradelles Van Palmaert dont j'ai distribué librement les noms à des comparses de *L'Œuvre au Noir*. (EM, p. 969)[9]

Ce qui l'est moins, c'est que cette alchimie a également pour résultat le mouvement inverse, celui de faire de ses propres créatures la nouvelle famille de l'écrivaine, voire la « vraie », voire même la seule. S'il est en effet évident que pour l'immense majorité des lecteurs, Fernande de Cartier de Marchienne est le personnage de Marguerite Yourcenar et non pas la personne ayant réellement existé sous ce nom et morte à trente et un ans de fièvre puerpérale le 18 juin 1903, il pourrait en aller de même pour l'auteure elle-même. Fernande n'est pas le seul personnage réel englobé dans la fiction yourcenarienne. Un traitement analogue échoit au père, Michel, et à d'autres membres de sa famille : son demi-frère Michel Joseph, son grand-père Michel Charles, sa grand-tante Marie par exemple – et en particulier son grand-oncle Octave Pirmez dont la reconstitution, pour soigneuse ou émouvante qu'elle puisse paraître, demeure suspecte à quelques égards sur le plan strictement historique.

---

9 Certains viennent également de l'ascendance maternelle de Marguerite Yourcenar : ainsi, dans *Souvenirs pieux*, les Baillencourt, alliés vers 1700 aux Cartier (et qui leur apporteront le château de Marchienne, dont le nom s'ajoutera à celui de Cartier) sont « seigneurs de Landas », un nom qui apparaîtra dans *L'Œuvre au Noir* (OR, p. 801). D'autres noms du même roman sont pris à l'extérieur de la généalogie de l'auteur : Matthieu Aerts, un des comparses de Cyprien dans l'affaire des Anges, a le même patronyme que la bien-aimée gouvernante Barbe ; le geôlier de Zénon et sa femme s'appellent Rombaut, du nom d'un couple d'hôteliers à l'origine d'une perte financière pour la jeune Marguerite de Crayencour : « leur nom m'est revenu en tête trente-cinq ans plus tard quand il s'est agi de baptiser un couple brugeois de *L'Œuvre au Noir* : on a les bénéfices qu'on peut » (EM, p. 1137).

La figure du Christ, entre filiation et fraternité

Marguerite Yourcenar a plusieurs fois attiré l'attention sur ce point : les rites religieux et la religiosité firent partie de l'éducation et de la culture de l'auteure dès son plus jeune âge. Ainsi, par exemple, la petite fille avait été vouée par sa mère à la Sainte Vierge durant les sept premières années de son existence, ce qui signifie entre autres qu'elle était habillée de bleu et de blanc (EM, p. 1332). Cette vie religieuse du début du XXᵉ siècle, dans une famille aristocratique du Nord de la France, consistait en rites parmi lesquels la « grand-messe du dimanche » (EM, p. 1331), les prières – l'*Ave Maria* avant d'aller se coucher (EM, p. 1331) –, le catéchisme et la première communion (EM, p. 1332), les processions (EM, p. 1334) et les diverses observances, notamment alimentaires, liées aux moments de l'année liturgique (Avent, Carême, Semaine Sainte, etc.). Il s'y ajoute des superstitions religieuses (EM, pp. 1336-1337). L'auteure affirme avoir très tôt dégagé de ces rites – auxquels elle demeurera cependant très attachée – l'essentiel de ce qui constitue la relation à la transcendance :

> L'énorme différence entre ceux qui prêtent foi à un créateur qui protège et châtie et ceux qui reconnaissent quelque chose qu'on peut aussi bien nommer divin en tout et en eux-mêmes se marque de bonne heure. […] De même s'établit vite la distinction entre ceux pour qui Dieu est l'Un tout court, et ceux pour lesquels l'Un n'est qu'une manifestation comme une autre entre le Rien et le Tout. (EM, p. 1333)

Dans ce contexte, la figure du Christ prend toute son importance pour l'enfant, avant de devenir pour l'écrivaine une figure qui, jouant sur l'articulation de la croix – sur la réalité intériorisée par l'auteure de la mort sacrificielle accomplie par amour –, établit une fraternité humaine universelle par sa filiation divine universelle. Mais le Christ, pour l'enfant du Mont-Noir, est d'abord une image de douleur et de mort :

> Tout s'effaçait devant l'effigie, aperçue çà et là dans des églises de Flandre, du Jésus couché, raidi, tout blanc, quasi nu, tragiquement mort et seul. […] Je crois bien que c'est devant l'une de ces images que j'ai ressenti pour la première fois le curieux mélange de la sensualité qui s'ignore, de la pitié, du sens du sacré. (EM, p. 1335)

Il est remarquable que ce mélange de sentiments – sensualité, pitié, sens du sacré – constitue le moteur de la compassion yourcenarienne. Les amants maudits d'*Anna, soror...*, récit rédigé en 1925, le savent bien : c'est l'union d'Anna et de Miguel que préfigure la scène où Anna fait ses dévotions au Christ crucifié, dans la chapelle du Saint-Sépulcre tendue de violet « en l'honneur de ce deuil qui passe tous les deuils » (OR, p. 878), scène qui annonce, d'une part, cet amour pour son frère qu'elle exprimera

– on comprend mieux l'expression si l'on fait ce parallèle – « avec une compassion désolée » (OR, p. 883) et, d'autre part, après la mort de Miguel, la dévotion auprès de son cercueil (OR, p. 886). Miguel, quant à lui, est jaloux même de l'amour que sa sœur pourrait porter au Christ, dont le jeune homme se rend compte qu'il est son seul rival potentiel. Il interrompt ses dévotions, lui interdit d'entrer au couvent : « Et vous y vivriez, trempée de larmes, à vous consumer d'amour pour une figure de cire ? [...] Et je vous permettrais un amant parce qu'il est crucifié ? [...] Croyez-vous que je veuille vous céder à Dieu ? » (OR, p. 880). La super-position du corps de Miguel et du corps du Christ se manifestera même au moment de la messe de mariage d'Anna, qui s'évanouit à l'offertoire. Elle reparaîtra au moment de sa mort :

> Le prêtre, quoiqu'elle n'y vît plus, continuait à lui présenter un crucifix. À la fin, le visage ravagé d'Anna se détendit ; elle abaissa lentement les pau-pières. Ils l'entendirent murmurer :
> « Mi amado... »
> Ils pensèrent qu'elle parlait à Dieu. Elle parlait peut-être à Dieu. (OR, p. 901)

Le Christ d'*Anna, soror...*, malgré le caractère éventuellement sacrilège de la nouvelle, se propose donc toujours comme lieu et enjeu suprême de toute douleur et de tout amour, de sorte que c'est presque sans surprise que le lecteur découvrira, dans *Mémoires d'Hadrien*, l'em-pereur amoureux « cloué au corps aimé comme un crucifié à sa croix » (OR, p. 296)[10]. Mais revenons à *Anna, soror...* Marguerite Yourcenar admet dans la postface :

> Il m'était aisé d'assumer la ferveur religieuse de ces deux enfants de la Contre-Réforme. Petite fille, j'avais baisé les pieds des christs de plâtre colo-ré dans les églises de village [...]. La scène où le frère et la sœur, tout près de s'unir, contemplent [...] le ciel « resplendissant de plaies » de la nuit du Vendredi Saint [...] montre à quel point l'émotion chrétienne persistait en moi, et cela bien que je fusse alors [...] en pleine réaction à l'égard des dogmes et des interdits chrétiens (OR, p. 909).

Lorsqu'Anna entend dire que se répand « l'idée que Jésus avait char-nellement connu Madeleine et saint Jean » (OR, p. 857)[11], elle lutte

---

[10] Je ne prétends évidemment pas le moins du monde qu'Hadrien incline ici vers le christianisme ni même y fasse la plus petite allusion – la crucifixion n'ayant par ailleurs, dans le monde antique, jamais été réservée aux chrétiens – mais plutôt que c'est l'auteure qui trahit son christianisme revisité par l'emploi de cette comparaison.

[11] C'est-à-dire des êtres humains des deux sexes, ce qui bisexualise, donc – selon une logique typiquement yourcenarienne – humanise, donc universalise encore la per-sonne du Christ. Cette idée est aussi présente dans « Marie-Madeleine ou le Salut » (*Feux*).

contre un désir interdit qui préfigure l'inceste qui va suivre : « Devant l'image de Madeleine défaillant aux pieds du Christ, elle songeait qu'il devait être doux de serrer dans ses bras ce qu'on aime, et que la sainte brûlait sans doute d'être relevée par Jésus » (OR, p. 858).

Et c'est sans aucun doute dans le récit consacré à cette héroïne de la mythologie chrétienne, récit intitulé « Marie-Madeleine ou le Salut », dans *Feux* (1936), que se manifeste le plus à la fois cette universalité de la souffrance humaine assumée par le Christ et le pouvoir de l'amour qu'il inspire. Cette fois, l'être à qui est comparé le Christ est une femme, Marie(-Madeleine), qui forme au départ un couple avec Jean. Cette invention par rapport à la lettre évangélique a pour conséquence de mettre en place une figure coutumière chez Marguerite Yourcenar : un couple à trois au sein duquel une femme se voit préférer un homme par l'homme qu'elle aime, le troisième protagoniste étant réduit au rang de voyeur exclu.

Il est remarquable que pas une fois dans ce récit le nom de Christ ou de Jésus ne soit donné à l'objet d'amour de Marie-Madeleine, qui est, tout simplement, « Dieu », ce qui s'accorde avec le ton général d'amour idolâtre du recueil. Ce Dieu abolit les repères de la famille réelle, puisqu'il sépare Marie-Madeleine et Jean, « mettant la brouille dans les familles, excusant la femme adultère, exerçant partout son scandaleux métier de Messie » (OR, p. 1098). Il abolit même les frontières des sexes :

> L'impossibilité où [Jean] était de m'aimer créait entre nous une similitude plus forte que ces contrastes du sexe qui servent entre deux êtres humains à détruire la confiance, à justifier l'amour : tous deux, nous désirions céder à une volonté plus forte que la nôtre, nous donner, être pris : nous allions au-devant de toutes les douleurs pour l'enfantement d'une nouvelle vie. (OR, p. 1097)

Il n'en est pas moins celui par qui advient une parenté nouvelle, même si elle reste placée sous le signe de la morbidité : lorsqu'il ressuscite Lazare, le frère aîné de Marie-Madeleine, « ce mort emmailloté de bandelettes […] était presque notre enfant » (OR, p. 1100).

Toujours dans *Feux*, un *leitmotiv* fait d'Antigone une autre figure, féminine, du Christ[12] : elle « marche sur les morts comme Jésus sur la

---

12 Il existe encore une figure féminine du Christ sacrifié, qui contribue d'un autre côté à la bisexualisation donc à l'humanité universelle du Christ (voir note précédente) : c'est Amande dans *Maléfice*. La scène où Amande doit plonger un couteau dans une marmite avec l'effet d'y tuer l'image de son envoûteuse – et donc aussi celle-ci – est une sorte de messe (elle y est comparée p. 71). Amande mourra de son refus de tuer, assimilée en une image sanglante au lapin qu'enfant déjà elle avait refusé de tuer (M, p. 76). Il est

mer » (OR, p. 1080), « se courbe sur [Polynice] comme le ciel sur la terre » (OR, p. 1081) ; elle « porte son crucifié comme elle porterait une croix » (OR, p. 1081), « part à la recherche de son étoile située aux antipodes de la raison humaine, et qu'elle ne peut rejoindre qu'en passant par la tombe » (OR, p. 1082), c'est-à-dire qu'elle fait passer à la femme le privilège de la mort sacrificielle accomplie par amour. Polynice mort participe de cette vision ; une métaphore de la gémellité le rapproche à la fois du Christ et de sa sœur : « Ils ont en commun l'affreuse virginité qui consiste à n'être pas de ce monde ; leurs deux solitudes se rejoignent exactement comme deux bouches dans le baiser » (OR, p. 1081 ; remarquer l'allusion à la phrase évangélique : « Mon royaume n'est pas de ce monde »). Un dernier rapprochement passant par le Christ permet de voir en Hémon « converti au malheur » (OR, p. 1082) un parfait disciple. En somme, Antigone, comme le Christ, choisit d'aimer l'humanité même à contre-courant, sous ses instances les plus horrifiantes ou les plus méprisées, et toujours sous le signe de la parenté, réelle ou symbolique. En 1930, dans « La Symphonie héroïque », un texte antérieur à la rédaction de *Feux* et même à la passion amoureuse dont ce dernier recueil est dit inspiré par l'auteure, Marguerite Yourcenar remarquait déjà à propos d'Antigone :

> Seule, Antigone avant de sombrer [...], comme entraînée par la solidarité du malheur, trouve, pour expliquer son acte, des paroles qui le dépassent en même temps qu'elles le grandissent. [...] Les quelques phrases que prononce cette jeune fille étendent cette charité par-delà les limites du clan, de la patrie, de l'humanité même. [...] La charité du genre humain commence au cœur d'Antigone. (EM, pp. 1162-1663)

Le moteur de la compassion est l'imagination : « La connaissance parfaite précède la pitié comme elle devrait engendrer l'amour », déclare la jeune écrivaine dans « Essai de généalogie du saint ». Le

---

remarquable que son corps soit exactement son prénom : « mince, blanc, lisse comme un noyau que l'écorce et la pulpe auraient cessé de cacher » (M, p. 80). Plus encore que ce corps-amande en tous points comparable à une hostie soit en outre décrit comme semblant « à la fois contenir et exposer la mort à la façon d'un ostensoir » (M, p. 80). Mais cette hostie est bien une hostie de mort et non le « pain de la vie » qu'elle est pour les fidèles. Marguerite Yourcenar suit ici l'imagerie de la magie classique, qui se veut comme l'envers des rituels et des sacrement chrétiens. Maurice Delcroix, qui a remarqué cette proximité métonymique du corps et du prénom d'Amande, rapproche celle-ci d'Hilzonde offrant à Alberico de Numi « son corps propre et blanc comme une amande mondée » (Maurice DELCROIX, « Corps et décor : la Méditerranée profonde », in *Marguerite Yourcenar et la Méditerranée*, Clermont-Ferrand, Association des publications de la Faculté des lettres et sciences humaines de l'Université de Clermont-Ferrand, 1995, p. 39). Il faut noter enfin que, de l'italien *mandorla* (amande), on a fait en français, dans les arts décoratifs religieux, la mandorle, motif elliptique dans lequel s'inscrit le Christ en majesté... ou la Vierge à l'enfant.

Christ se trouve ainsi pointé comme référence suprême de la rédemption, pour autant que sa souffrance sacrificielle soit perceptible aux destinataires du sacrifice : « Pour qu'un chrétien s'émeuve des gouttes de sang qu'a versées pour lui son Sauveur, il faut qu'il sache, ou du moins qu'il conçoive ce que signifie "saigner" » (EM, p. 1679). C'est ce que comprendra Simon Adriansen, comme on le verra plus loin.

*

Quasi absent de certaines des premières œuvres (*Alexis, La Nouvelle Eurydice, Denier du rêve, Le Coup de grâce*), peut-être en vertu d'une réaction contre le christianisme, le Christ n'en est donc pas moins significativement présent dans d'autres : *Feux*, « D'après Gréco », « D'après Rembrandt ». Dans *Un homme obscur*, réécriture tardive de ce dernier récit de 1934, le jeune jésuite auquel Nathanaël porte secours pourrait être un frère en Jésus-Christ, mais Nathanaël se déprend, on le verra, du christianisme, même s'il est difficile de ne pas évoquer ici le Bon Samaritain ou l'exigence christique d'aimer son prochain comme soi-même. Voilà en tout cas qui renforce l'idée de la fraternité dans la semblance, c'est-à-dire au sens très large d'humanité, et pas nécessairement (ou justement pas) pour établir un lien particulier entre deux personnes. Dans l'île frisonne, Nathanaël se rend compte que « le jeune Jésuite lui avait paru un frère » (OR 1008), un semblable ; un frère parce qu'un être humain comme lui[13]. Les circonstances de la mort du jeune prêtre ont d'ailleurs été à l'origine d'un rêve récurrent chez Nathanaël : « Cet incident lui revint plusieurs fois en rêve par la suite, mais la personne à laquelle il apportait de l'eau changea souvent au cours des années. Certaines nuits, il lui semblait que celui qu'il essayait de secourir ainsi n'était autre que lui-même » (OR, pp. 925-926). Le Jésuite devient alors, par assimilation, un véritable double.

Nathanaël doit son prénom à un disciple de Jésus (mentionné en Jean, 21 et identifié à Barthélémy ou Bartholomée, un des douze apôtres). Or, si le Nathanaël d'*Un homme obscur* n'est pas confit en dévotion comme sa mère, il s'attarde un instant à ce Jésus dont il fait siennes les *Béatitudes* : « Oui, il aurait aimé ce jeune agitateur vivant parmi les pauvres, et contre lequel s'étaient acharnés Rome avec ses soldats, les docteurs avec leur Loi, la populace avec ses cris » (OR, p. 942). Il doute cependant aussitôt « qu'on n'[aille] au ciel que par lui » (OR, p. 942). Cette méditation a lieu après la rencontre avec un jeune

---

13 Mais Nathanaël élargit la fraternité christique : « Il ne se sentait pas, comme tant de gens, homme par opposition aux bêtes et aux arbres ; plutôt frère des unes et lointain cousin des autres » (OR, p. 1007). Il en arrive à une eucharistie universelle, sorte de nouvelle Nouvelle Alliance : « Tous communiaient dans l'infortune et la douceur d'exister » (OR, p. 1008).

prédicant qu'il surprend en pleine interrogation après la messe, et qu'il aimerait aborder, « comme naguère le Jésuite mourant » (OR, p. 942). Il s'établit entre les trois personnages, par l'entremise du Christ, une relation de fraternité. Marguerite Yourcenar remarquait à propos de la première histoire de Nathanaël :

> Dès mon ébauche de la vingtième année, j'avais fait de Nathanaël le fils d'un charpentier, un peu par allusion à celui qui se proclamait le Fils de l'Homme. Cette notion ne se retrouve plus dans *Un homme obscur*, ou seulement de façon très diffuse, et dans le sens quasi conventionnel où tout homme est un Christ. (OR, p. 1038)

Cette dernière formulation est presque mot pour mot celle qui, dans *L'Œuvre au Noir*, vient à Simon Adriansen devant Hans supplicié à Münster : « Hans pour Simon restait un Christ, au sens où chaque homme pourrait être un Christ » (OR, p. 617). Simon expérimente concrètement cette compassion :

> Soudain, l'idée que la chair du Nouveau Christ était chaque matin en proie aux pinces et au fer rouge de la question extraordinaire s'empara de lui, révulsant ses entrailles ; enchaîné au risible Homme des Douleurs, il retombait dans cet enfer des corps voués à si peu de joie et à tant de maux ; il souffrait avec Hans comme Hilzonde avait joui avec lui. (OR, p. 617)

On retrouve ponctuellement les trois ingrédients de la compassion yourcenarienne : sensualité, pitié, sens du sacré. Dans *L'Œuvre au Noir*, Simon Adriansen voit dans Zénon une sorte de Messie : « L'enfant d'Hilzonde, conçu hors des lois de l'Église, et contre elles, lui semblait plus désigné que tout autre pour recevoir et transmettre un jour la bonne nouvelle des simples et des saints » (OR, p. 572). Si cela avait été, Zénon, annonçant la « bonne nouvelle », se serait perdu dans le désastre de Münster : « tous les pauvres du monde se rallieraient autour de leurs frères ; des bandes iraient de ville en ville pillant les honteux trésors des églises et renversant les idoles » (OR, p. 604).

Plus tard, Thierry Loon tentera, également en vain, de faire de Zénon un Messie plus politique. Au jeune clerc qui rejette à présent Colas Gheel, son « frère selon saint Jean » : « Et j'aimais cet homme… race de Simon-Pierre ! », Thierry Loon chuchote : « Nos gens te suivraient comme le fil suit la navette […]. Ils sont pauvres, ignorants, stupides, mais nombreux […]. On commence par faire flamber une maison de plaisance : on finit par occuper des villes » (OR, pp. 594-595). Mais l'étudiant en théologie l'envoie paître : quoi qu'on en écrive pour nous le rendre sympathique, Zénon n'est nullement « du côté des pauvres » (OR, p. 586). Et ce n'est guère en lui qu'il faut chercher une extrapolation de la fraternité à toute l'humanité. Pourtant, lorsque Zénon résolu à quitter Bruges rencontre

Wivine juste avant son départ, celle-ci « le trouv[e] beau comme le sombre Christ de bois peint gisant près d'eux sous une arche et elle s'empress[e] autour de lui à la façon d'une petite Madeleine innocente » (OR, p. 597).

Auprès du prieur, et même dès leur première rencontre, Zénon fait coup sur coup, comme Simon à Münster, deux expériences de la sympathie qui sont autant d'exceptions à la froideur d'un homme que nous avons vu jusqu'ici, malgré son métier de médecin, peu torturé par le sort de l'humanité. Lorsqu'il voyage avec le prieur, il est saisi à l'égard de la femme du tailleur Adrian[14], condamnée à être enterrée vive, d'une sympathie qui va jusqu'à lui faire éprouver en imagination ses souffrances. C'est parce qu'il soupçonne le même mouvement chez le prieur trouvant « le châtiment un peu rude » (OR, p. 673) que Zénon éprouve pour lui un « élan presque excessif de sympathie » (OR, p. 673). Il se morigène ensuite, songeant « qu'un quart d'heure avait passé, et que cette créature dont il souffrait les angoisses avait déjà elle-même cessé de les éprouver » (OR, p. 673). Remarquons que c'est à peu près dans les mêmes termes qu'il essaiera plus tard de calmer le prieur aux prises avec la même angoisse de sympathie pour un serviteur torturé : « Ce misérable a souffert trois heures, mais pendant combien de jours et combien de nuits Votre Révérence revivra-t-elle cette fin ? Vous vous tourmentez plus que les bourreaux cet infortuné » (OR, p. 724).

Lors de l'épisode des Anges, Zénon est englué dans une complicité qui grandit d'une part avec son propre et encourageant silence, d'autre part avec de troublantes réminiscences charnelles (OR, p. 738), celles-ci étant probablement la cause de celui-là. C'est cette complicité qui lui fait éprouver pour la troisième fois de la sympathie et même de la compassion, remodelant de manière surprenante (et peu vraisemblable) la parole du Christ sur l'amour du prochain : « on supporte moins facilement pour autrui ce qu'on accepte assez convenablement pour soi-même » (OR, p. 739). C'est toujours à l'aune du Christ que le prieur se mesure : « Le pire coquin ou le plus pernicieux hérétique ne sera jamais plus inférieur à moi que je ne le suis à Jésus-Christ » (OR, p. 727). Comme il mesure finalement toute chose, au point de chercher un parallèle entre la foi catholique et l'alchimie : « On assure que vos alchimistes font de Jésus-Christ la pierre philosophale, et du sacrifice de la messe l'équivalent du Grand Œuvre » (OR, p. 727). Enfin, la théologie du prieur repose tout entière sur cette pensée que le Christ est tout homme et que tout homme est un Christ :

---

[14] Nous avons vu qu'Adriansen, patronyme des ancêtres de Marguerite Yourcenar abondamment utilisé dans *L'Œuvre au Noir*, signifie « fils d'Adrian », mais la note qui suit *L'Œuvre au Noir* (OR, p. 846) tire ce personnage des *Tragiques* d'Agrippa d'Aubigné. La romancière le mentionne en effet (EM, p. 30) dans l'essai qu'elle consacre à ce poète et qui est daté de 1960, soit quelques années avant la parution de *L'Œuvre au Noir*.

Sur cette terre où Il a marché, comment L'avons-nous vu, si ce n'est comme un innocent sur la paille, tout pareil aux nourrissons gisant sur la neige dans nos villages de la Campine dévastés par les troupes du roi, comme un vagabond n'ayant pas une pierre où reposer sa tête, comme un supplicié pendu à un carrefour et se demandant lui aussi pourquoi Dieu l'a abandonné ? Chacun de nous est bien faible, mais c'est une consolation de penser qu'Il est plus impuissant et plus découragé encore, et que c'est à nous de L'engendrer et de Le sauver dans les créatures... (OR, p. 728)[15]

Quittant l'œuvre narrative, on trouve dans les essais un certain nombre d'assertions relatives au Christ. Les plus éclairantes se trouvent dans les deux textes intitulés « Glose de Noël » et « Séquence de Pâques, l'une des plus belles histoires du monde » (dans *Le Temps, ce grand sculpteur*). La tentative de « retrouver l'essentiel sous ce qu'on pourrait appeler les accessoires du passé » (EM, p. 363) tend à présenter l'histoire du Christ comme extensible au genre humain dans son ensemble. Le fait pour le Christ d'assumer la condition humaine est évidemment une pierre de touche du christianisme. C'est pourtant presqu'exclusivement l'« Homme des Douleurs » (la même expression se trouve, on vient de le voir, dans *L'Œuvre au Noir*) qui est concerné par cette universalisation. Dans *Quoi ? L'Éternité*, Jeanne, « gênée pourtant par ce terme qui paraîtrait sacrilège à ses amis catholiques », ira jusqu'à qualifier ainsi Egon qui dort « les bras en croix » (EM, p. 1309). C'est, une fois de plus, la pitié, la sensualité et le sens du sacré qui permettent de comparer Egon au Christ et instaurent entre eux une fraternité, une ressemblance. Dès l'origine et jusqu'à la fin, malgré l'évolution religieuse de Marguerite Yourcenar, le Christ apparaît donc comme une figure de traduction universelle de la compassion, cette vertu cardinale yourcenarienne qui permet à l'écrivaine de s'unir en pensée chaque jour au monde entier et de vibrer fraternellement avec ses personnages.

Maternité substitutive

Barbara et les autres

La maternité substitutive fournit de nouvelles occurrences, elles aussi très importantes, de la parenté imaginaire. Tout d'abord, sur un plan tout anecdotique, il est piquant de ranger au nombre des instances ascendantes de Marguerite la complaisante baronne V***, qui provoque la rencontre de Michel et de Fernande en les invitant ensemble

---

[15] Voir Maurice DELCROIX et Marie-Jeanne PIOZZA DONATI, « Histoire et roman : la théologie du prieur », in *Le sacré dans l'œuvre de Marguerite Yourcenar*, actes du colloque de Bruxelles (1992), Tours, Société internationale d'études yourcenariennes (SIEY), 1993, pp. 219-243.

à Ostende : « cette initiale est de fantaisie, le nom de cette personne, que je suis en droit d'appeler l'auteur de mes jours, m'ayant échappé » (EM, p. 920)[16].

Sans en tirer des conclusions qui appartiendraient plutôt au biographe ou au psychologue, on peut constater que la maternité substitutive a un point de départ dans l'œuvre, même s'il n'en respecte pas strictement la chronologie. Dans *Souvenirs pieux*, à peine achevés le récit de sa naissance et celui de la mort de sa mère, Marguerite Yourcenar s'engage dans une longue réflexion sur l'amour maternel et sur l'amour filial, sur ce qui aurait été si sa mère avait vécu, sur ce que représente la perte d'une mère : « Je m'inscris en faux contre l'assertion, souvent entendue, que la perte prématurée d'une mère est toujours un désastre, ou qu'un enfant privé de la sienne éprouve toute sa vie le sentiment d'un manque et la nostalgie de l'absente » (EM, p. 744). Cette phrase a choqué des lecteurs – sentimentaux –, quand elle ne suscitait pas chez d'autres l'interprétation condescendante d'une dénégation censée révéler surtout, en bonne psychologie, exactement le contraire de ce qu'elle affirmait. Pour moi, qui me limite le plus strictement possible, dans cette étude, à l'examen du texte, j'étudierai en quoi les « mères de substitution » immédiatement recensées après cette affirmation fonctionnent en effet comme telles.

*

Passons brièvement sur les femmes de Michel, traitées collectivement, si l'on ose dire : « Les maîtresses ou les quasi-maîtresses de mon père, et plus tard la troisième femme de celui-ci, m'assurèrent amplement ma part des rapports de fille à mère : joie d'être choyée ou chagrin de ne pas l'être, besoin vague encore de rendre tendresse pour tendresse, admiration pour la jolie dame, dans une occasion au moins amour et respect, dans une autre, cette bienveillance un peu agacée qu'on a pour une bonne personne pas très douée pour la réflexion » (EM, p. 744). La dernière occasion vise sans aucun doute la troisième femme de Michel de Crayencour, Christina Howelt, qui fera son apparition lors de l'exil en Angleterre en 1914 (EM, p. 1381) et sera toujours traitée par l'auteure avec le même ton condescendant. L'avant-dernière occasion me paraît une allusion à Jeanne, dont il sera parlé plus loin.

Venons-en à Barbara, la bonne de Marguerite Yourcenar. C'est dès les premières pages de *Souvenirs pieux*, lors de l'accouchement proprement dit, qu'entre en scène Barbara, la femme de chambre, âgée de vingt ans au moment de la naissance, et qui, suite à la mort de Fernande, jouera un

---

16　On remarquera l'analogie avec la rencontre d'Alexis et de Monique, grâce à l'entremise de la princesse Catherine (OR, pp. 55-56).

rôle maternel explicitement reconnu et même revendiqué par Marguerite Yourcenar. Barbara assiste « aux péripéties de l'accouchement » (EM, p. 721), mais pas à la délivrance proprement dite (« On n'avait pour l'instant pas besoin de Barbara », EM, p. 721), puisqu'elle ne pénétrera à nouveau dans la chambre de l'accouchée qu'après la naissance, le docteur ayant « décidé de se servir des fers » (EM, p. 721). Par contre, c'est elle qui lave la nouveau-née, mais on ne l'apprendra que dans *Quoi ? L'Éternité.* « Barbara ne fit pas que remplacer pour moi la mère jusqu'à l'âge de sept ans ; elle fut la mère, et l'on verra plus tard que mon premier déchirement ne fut pas la mort de Fernande, mais le départ de ma bonne » (EM, p. 744), écrit Marguerite Yourcenar avec une certaine duplicité dans la mesure où l'énonciatrice parle de ce premier déchirement avec des mots et un recul d'adulte. Or nous sommes en présence d'un personnage à deux moments de sa vie : d'abord la fillette « vieille d'une heure », « déjà prise, comme dans un filet, dans les réalités de la souffrance animale et de la peine humaine » (EM, p. 723), qui n'a pas de mots et n'aura bientôt plus de mémoire pour décrire un éventuel déchirement[17], puis celle, âgée d'environ sept ans, qu'on sépare d'une femme qu'elle s'est habituée à fréquenter en permanence et à laquelle elle s'est attachée sincèrement au point d'éclater en larmes lorsqu'elle se rend compte que cette femme est partie (« Il me dit aussi de ne pas pleurer si haut », EM, p. 1344). Mais cette fillette n'a pas plus de mots que la précédente : c'est l'écrivaine de soixante-huit ans qui – après avoir tenu à distance ce bébé et cette fillette qui sont elle –, énonce, décrit, affirme, dénie, prétend tout savoir de ces personnages qu'elle identifie, quoique souvent comme à contrecœur, à elle-même.

Un examen plus approfondi du texte concernant Barbara (ou Barbe) révèle tout d'abord la fixation d'une affection qui n'est pas sans évoquer ce que les analystes du comportement animal comme Conrad Lorenz appellent l'empreinte. Tout se passe en effet comme si, en l'absence de la mère biologique, l'enfant, qui vient d'exprimer « l'horreur d'avoir été expulsée du lieu maternel » (EM, p. 723) reportait son affection, avec cette « vitalité presque terrible qui emplit chaque être, même le moucheron » (EM, p. 722) sur le premier objet d'amour passant à sa portée. Or, Barbe est toute désignée pour jouer ce rôle :

> Elle m'avait, disait-on, donné mon premier bain ; en tout cas, elle continuait chaque jour à me laver, à m'essuyer, à me poudrer de talc, à me passer mes

---

17   Ce que Marguerite Yourcenar reconnaît pourtant spontanément : « de confuses bribes de souvenirs, abolis chez l'adulte, ni plus ni moins que ceux de la gestation et de la naissance, flottent peut-être sous ce petit crâne encore mal suturé. Nous ne savons rien de tout cela : les portes de la vie et de la mort sont opaques, et elles sont vite et bien refermées » (EM, p. 723).

robes, à m'emmener à la promenade, quand nous étions en ville, dans mes très jeunes années, en me tenant à la laisse comme un petit chien, grâce à une courroie passée à mon bras. (EM, p. 1341)

L'image de la laisse et surtout du chien, qui confirme l'intuition de l'« empreinte » animale, n'est pas innocente : elle renvoie directement à Trier, basset de Fernande devenu chien de compagnie de la fillette. On a montré à quel point la figure du chien était chez Marguerite Yourcenar positive, chargée d'affects puissants et même constitutive du lien familial[18]. Cette affection est réciproque :

18 Si la petite accepte la « laisse » de l'affection, elle refuse le « collier » du projet social (le couvent, le mariage) : « De quoi se mêlaient tous ces gens-là ? J'avais l'imperceptible recul du chien qui détourne le cou quand on lui présente un collier » (EM, p. 735). Dans *Archives du Nord*, Marguerite Yourcenar n'hésite pas à mettre à peu près sur le même pied la mort de la chienne de son grand-père Michel Charles, Misca, et celle de la petite Gabrielle, sa propre fille, quelques années plus tard. Une phrase de ce livre daté de 1977, « La petite chienne est devenue le modèle des perfections canines : il sait que tous les chiens qu'il aura par la suite lui seront impitoyablement comparés, et que, si aimés qu'ils soient, son ombre bondissante et jappante gardera l'avantage » (EM, p. 1044), est sans nul doute à rapprocher d'un essai de 1927, « Suite d'estampes pour Kou-Kou-Haï », republié vers 1980 dans le recueil *En pèlerin et en étranger*, accompagné de cette phrase : « Le pékinois a été suivi par un berger irlandais, plusieurs setters, plusieurs épagneuls, mais le petit chien aux beaux yeux ronds n'est pas oublié » (EM, p. 480). Dans *Archives du Nord*, il n'en faut pas plus à Marguerite pour conclure à propos de Michel Charles : « Il est décidément mon grand-père » (EM, p. 1044). La filiation passe bien entendu par Michel, qu'on voit dans *Souvenirs pieux* se promener avec le basset Trier : « Les becs de gaz allumés voient passer ce couple amical et cynique au vrai sens du mot, ces deux personnes franchement liées l'une à l'autre, chacune avec son champ d'action plus ou moins restreint, ses goûts ancestraux et ses expériences personnelles, ses lubies, ses envies de grogner et quelquefois de mordre : un homme et son chien » (EM, p. 941). Nous retrouverons Michel un peu plus loin, bouleversé par la mort de son chien Red : « C'était ce que Michel avait ramené de plus précieux de ses années d'Angleterre [...] : c'était le camarade animal avec qui il avait conclu un pacte, surtout depuis le jour où celui-ci l'avait jusqu'à l'épuisement cherché et finalement retrouvé ; c'était aussi la victime d'un crime que nous avons tous commis, l'être innocent qui nous faisait confiance, et que nous n'avons pas su défendre et sauver » (EM, p. 1130). Marguerite Yourcenar semble ici parler pour elle-même : enfant, elle n'entendit même pas le coup de feu qui tua le basset Trier, auquel elle s'était pourtant attachée (EM, p. 1345). Mais cet incident la rapproche à nouveau de Michel, qui, dans *Quoi ? L'Éternité*, cesse d'avoir de la sympathie pour le baron de L*** à partir du moment où celui-ci, malade, réveillé par les aboiements d'un chien à la chaîne, lui tire dessus de sa chambre sans même l'achever, « content peut-être d'entendre agoniser cette bête qui l'avait souvent empêché de dormir » (EM, p. 1211). Notons en passant que Trier, « relique de Fernande » (EM, p. 1177), est à sa manière un « souvenir pieux ». Pour Pascale DORÉ, *Yourcenar ou le féminin insoutenable, op. cit.*, pp. 59 *sq.*, le chien est au principe même de l'écriture yourcenarienne, puisque c'est la mort du basset Trier qui déclenche l'écriture d'une carte postale que l'auteur appellera sa « première composition littéraire » (EM, p. 1345). Dans toute l'œuvre, la présence d'un chien bien

Durant ma toute petite enfance, elle avait eu pour moi cette passion inconsciemment sensuelle que tant de femmes éprouvent pour de très jeunes
enfants. Vers deux ou trois ans, je me souviens d'avoir été soulevée de mon
petit lit-cage, et mon corps tout entier couvert de chauds baisers qui en des-
sinaient les contours à moi-même inconnus, me donnant pour ainsi dire une
forme. (EM, p. 1341)

Dans *Quoi ? L'Éternité*, ce tableau idyllique d'un bébé « désiré »,
d'une véritable relation fusionnelle, avec une allusion à la (pro)création
dans le choix des termes, qui est loin d'être innocent (« me donnant pour
ainsi dire une forme »), vient à quelques centaines de pages confirmer
l'affirmation audacieuse de *Souvenirs pieux* : « Barbara ne fit pas que
remplacer pour moi la mère [...] ; elle fut la mère » (EM, p. 744)[19]. Il
n'est pas sans rappeler la manière dont Marguerite Yourcenar parle de
l'amour maternel à propos de Mathilde :

Il est sûr que, comme presque toutes les femmes, elle aime les enfants, et que
les siens, les premiers surtout, lui auront procuré ces joies souvent plus déli-
cieuses pour son sexe que la volupté elle-même, plaisir de laver, de peigner,
d'embrasser ces petits corps qui contentent ses besoins de tendresse et ses
notions de la beauté. (EM, pp. 788-789)

Mais il y a plus. L'image de Barbara, le ton de respect avec lequel
l'auteure parle d'elle la mettent bien au-dessus des autres domestiques,
femmes ou hommes, dont il est parlé par exemple aux pages 1339-1340
de *Quoi ? L'Éternité*. « Je l'aimais beaucoup » (EM, p. 1341), dit l'auteure ; en retour, l'affection de Barbe se manifeste par des gestes et des
baisers, ces derniers fournissant même l'occasion d'une comparaison
entre trois personnages importants :

Les baisers affectueux n'étaient pas rares ; c'était à peu près les seuls que je
reçusse, sauf de Jeanne, qui n'était pas souvent là, et sauf le baiser très
aimant, mais aussi assez routinier du père français qu'était Michel, se penchant sur la petite fille pour l'embrassade du soir. (EM, p. 1341)

Il existe entre Barbe et l'enfant une confiance et une complicité qui
vont jusqu'à leur faire dissimuler de concert des faits au propre père de

---

traité ou aimé est l'indice d'un personnage important pour l'auteur : c'est le cas de
Nathanaël et de Madeleine d'Ailly, que rapproche le chien Sauvé dans *Un homme
obscur* (OR, pp. 990-991), et de Lazare dans *Une belle matinée* (OR, p. 1032). À l'inverse, par exemple, Noémi renforce son caractère négatif en refusant à Trier l'accès
au Mont-Noir, « de peur que ses pieds tors salissent le parquet » (EM, p. 1345). Et le
détesté demi-frère « n'a jamais donné à un chien un os à ronger » (EM, p. 1194).

19 Simone PROUST (*L'Autobiographie dans* Le Labyrinthe du monde *de Marguerite
Yourcenar, op. cit.*, p. 233) situe le personnage de Barbe dans un contexte d'abandon
général de Marguerite par sa mère morte, son père absent et sa grand-mère hostile.
À nouveau, cela renforce l'idée de l'empreinte.

Marguerite, Michel (EM, p. 1342) ; enfin, Barbe « n'était pas sans charme » (EM, p. 1341), elle « s'habillait bien » ; elle plaît aux hommes et, de ce point de vue, elle fournit clairement un premier modèle féminin à sa protégée.

En effet, on peut remarquer que bien avant l'apparition de Jeanne, la scène d'initiation sexuelle avec la cousine Yolande ou les attouchements du cousin X, Barbe est le premier modèle sexué qui se propose à Marguerite, ce qui entre évidemment aussi dans les prérogatives habituelles de la mère :

> Elle sortait nue du cabinet de toilette [...], traversait la grande chambre un bougeoir à la main, accompagnée par son ombre, géante sur le mur blanc [...]. L'ombre nette et noire, aux grands seins, au ventre un peu tombant, était majestueusement belle. (EM, p. 1344)

Le compliment est sensible de la part d'une auteure qui clame quelques pages plus loin, à propos du fameux cousin pédophile : « la volupté [...] était déjà pour moi indissolublement liée à l'idée de beauté [...]. Le cousin X n'était pas beau » (EM, pp. 1377-1378). Il semble bien y avoir là constitution d'une véritable image maternelle, puisqu'on en retrouvera des reflets dans les recoins les plus inattendus de l'œuvre, par exemple dans un essai sur Rembrandt : « ces deux ménagères assises auprès d'un berceau dont l'une projette sur le mur son ombre de Parque » (EM, pp. 567-568). Remarquons enfin que le fait d'emmener la petite fille dans des maisons closes ne suscite aucune désapprobation chez l'écrivaine devenue adulte[20], alors que c'est bien entendu ce qui va provoquer le renvoi de la bonne. Là aussi, Marguerite semble savoir gré à Barbe de sa liberté d'allure – une liberté d'allure qui préfigure celle de Jeanne.

Mais Barbe est une servante, même si Marguerite Yourcenar va jusqu'à l'anoblir, en quelque sorte, lorsqu'elle s'interroge sur la nature de ses rapports avec son père : « Barbe n'étant pas sans charme, il se peut qu'il y ait eu entre elle et Michel quelques contacts charnels durant les premiers temps de solitude qui suivirent le veuvage, malgré le dédain de celui-ci pour les amours subalternes » (EM, p. 1341). On pourrait dire que, si le maître a fait un pas vers le bas, la servante y répond par un pas vers le haut : « elle était trop sensée pour rêver au rôle de maîtresse » (EM, p. 1341). Mais, quoi qu'écrive notre auteure sur son accessibilité et sa simplicité vis-à-vis des domestiques, un modèle ne peut pas déroger sur ce plan-là, et Marguerite tient bien de son père. La mère selon le cœur, l'esprit et le rang social, ce sera Jeanne.

---

[20] Qui, dans ses essais comme dans ses romans ou la pseudo-autobiographie, reviendra souvent, avec une certaine complaisance ou indulgence, sur le thème de la prostitution (voir page 210, note 2).

Jeanne

La mise en place du personnage de Jeanne connaît quelques tâtonnements, puisque la Jeanne van T*** d'*Archives du Nord* s'appelle d'abord Monique G*** dans *Souvenirs pieux* et s'appellera ensuite Jeanne de Reval dans *Quoi ? L'Éternité*[21]. Dans *Souvenirs pieux*, pourtant, un lapsus annonce l'importance du personnage : malgré le travestissement de Jeanne en Monique dans le livre, un des prénoms attribués à la petite fille qui vient de naître sera précisément Jeanne, « à cause d'une amie de Fernande qui portait ce prénom, parmi d'autres, et était destinée à jouer un assez grand rôle dans ma vie » (EM, p. 729), trahissant, en quelque sorte, le vrai nom de la mère idéale au moment du baptême. Jeanne est une figure idéale d'abord en ce qu'elle aime et est aimée de tous. Maîtresse de Michel de Crayencour, elle a d'abord été l'amie de cœur et peut-être même l'amante de Fernande au couvent du Sacré-Cœur, à Bruxelles, ce qui l'associe le plus étroitement du monde aux deux vrais géniteurs de Marguerite. Elle épouse l'homme qu'elle aime et dont elle est aimée, et a de lui deux enfants, même si Egon préfère les hommes. Jeanne aime aussi Dieu, même d'ailleurs quand elle danse, et à Michel qui lui demande ironiquement si elle pense à Dieu même à ces moments-là, elle répond : « On peut toujours penser à Dieu » (EM, p. 1277)[22]. Enfin et surtout, Jeanne aime Marguerite, presque à l'égal de ses propres enfants (EM, p. 1295). C'est elle qui a pris l'initiative de la rencontre avec Michel. Remarquons que c'est précisément Marguerite, que le

---

[21] Ce qui permet d'établir un rapprochement entre elle et la femme d'Alexis Géra dans *Alexis ou le Traité du vain combat*. Par ailleurs, dans *La Nouvelle Euridyce*, la scène où Stanislas rencontre Thérèse, vêtue d'« une robe presque rose » et d'« un large chapeau de velours noir » (NE, pp. 12-13), racontée en 1931, évoque évidemment celle, racontée pour la première fois dans *Souvenirs pieux* en 1974, où le propre père de Marguerite Yourcenar rencontre, le jour de son mariage avec Fernande, le 8 novembre 1900, la demoiselle d'honneur de celle-ci, Monique G., « la belle Hollandaise [...], vêtue de velours rose, un grand feutre rose sur ses cheveux sombres » (EM, pp. 930-931), qui porte ici le prénom de la femme d'Alexis et s'appellera Jeanne de Reval (comme la Sophie du *Coup de grâce*) lors de l'évocation de la même scène dans *Quoi ? L'Éternité* (EM, p. 1237), puis Jeanne van T. trente pages plus loin dans le même livre, toujours vêtue d'un « long tailleur de velours rose » et d'un « grand chapeau de feutre rose couvrant à demi la nuit des cheveux et les tranquilles yeux sombres » (EM, p. 1266). « Près de vingt ans plus tard », soit vers 1920 (puisque Michel et Fernande se marient en 1900), l'« éblouissement » de Michel est « encore visible » (EM, p. 1266). Celui de Marguerite Yourcenar, en 1931 (elle a alors vingt-huit ans) l'est encore également. Sur le rapprochement de Thérèse et de Jeanne, voir en particulier Michèle SARDE, *Vous, Marguerite Yourcenar. La passion et ses masques, op. cit.*, pp. 90-91. Sur *La Nouvelle Euridyce* comme échec de la tentative de « présenter une intrigue réaliste sous le couvert d'un mythe », voir Colette GAUDIN, *Marguerite Yourcenar à la surface du temps, op. cit.*, pp. 81-82.

[22] « Tout ce qui est beau s'éclaire de Dieu », dira dans *Anna, soror...* (OR, p. 855) donna Valentine, qui n'est pas sans faire penser à Jeanne.

contexte invitait pourtant jusqu'ici à considérer comme un poids pour le père survivant, qui va permettre à Jeanne et à Michel de se revoir. Si Marguerite n'avait pas existé, Jeanne n'aurait en effet eu aucune raison d'inviter Michel à Scheveningue ; tout au plus lui aurait-elle écrit un billet de condoléances ; Jeanne ne fait sa proposition qu'après avoir appris « les circonstances de la mort de Fernande, et *le fait qu'elle vous a laissé une petite fille* » (EM, p. 1236, c'est moi qui souligne). Bien plus, c'est au nom d'une sorte de pacte maternel entre les deux femmes que Jeanne écrit :

> Quand Fernande m'a écrit pour m'apprendre qu'elle était enceinte, je l'étais moi-même. Nous nous sommes promis réciproquement, au cas où un accident nous arriverait, de veiller sur nos enfants. Il serait vain et prétentieux de me proposer pour tenir auprès de la petite la place d'une mère [...]. Mais je puis peut-être vous aider un peu, quand vous le voudrez, dans cette tâche, si lourde pour un veuf, d'élever un enfant. (EM, p. 1236)

Mais Jeanne aime aussi la petite Marguerite pour elle-même :

> Quand Jeanne a dit la joie qu'elle ressent à s'occuper momentanément de la fille de Fernande, [Michel] lui a rappelé qu'il se peut qu'elle ait un jour une fillette à elle ; la jeune femme secoue la tête ; il leur suffit de deux enfants. (EM, p. 1275)

Il ne s'agit donc pas pour elle de contenter ce besoin de tendresse sensuelle ou animale dont l'auteure parlait à propos de Barbe ou de Mathilde : le texte parle d'ailleurs de « joie » là où il parlait de « plaisir » ou de « passion sensuelle ».

On peut considérer qu'il y a un passage de Barbe à Jeanne dans la fameuse scène de la plage de Scheveningue. Les conditions de l'« espèce d'adoption » dont parle Marguerite Yourcenar sont d'abord induites par le rapprochement fait par un interlocuteur non identifié dans le *Labyrinthe du monde*[23] : Walter, qui demande à l'auteure, de manière assez incongrue, si Clément, le fils aîné de Jeanne et d'Egon, ne serait pas son frère, suggérant de la sorte qu'il serait le fils adultérin de Jeanne et de Michel de Crayencour. L'auteure écarte cette possibilité, qu'elle a pourtant elle-même introduite dans le récit de la manière apparemment la plus gratuite qui soit, et commente :

> Ainsi, nous-mêmes ou des amis très proches, nous nous efforçons aujourd'hui de donner un sens à ce qui n'en a pas, d'expliquer, s'il se peut, ce lien très mince et pourtant magique entre deux êtres qui n'ont fait que se frôler au commencement de la vie. (EM, p. 1273)

---

[23] Selon Michèle GOSLAR, il s'agit de Walter Kaizer, ami de Marguerite Yourcenar (*Yourcenar. Qu'il eût été fade d'être heureux, op. cit.*, p. 86).

Avant la scène de l'adoption proprement dite, Marguerite Yourcenar s'accorde donc un prologue qui fait intervenir, dans un rôle qui fait vaguement songer à celui du chœur antique, un ami « très proche » suggérant une filiation qui ferait d'elle la sœur du fils de sa mère d'élection… mais elle n'ose pas poursuivre dans ce sens, en arguant que « les dates sont contre »[24], c'est-à-dire que la chose serait impossible – on ne voit pas pourquoi – sur le plan chronologique. Remarquons qu'Egon lui-même prend çà et là une figure paternelle pour la petite. Lorsqu'elle retrouve Jeanne à Bruxelles, elle pense également à Egon : « J'eusse par exception souhaité babiller sur ce jeune homme, son mari, qui m'avait souvent aidée à construire des châteaux de sable vite emportés par la mer » (EM, p. 1367). Cet élan affiliatif est contrarié : « On m'éloigna » (EM, p. 1367). À Scheveningue, « Clément et Axel veulent grimper sur le corps du jeune homme étendu dans le hamac ; Marguerite s'efforce de faire de même » (EM, p. 1279). Ici aussi, la conséquence d'un élan d'affection de nature à situer Marguerite sur le plan de la filiation vis-à-vis d'Egon et de Jeanne – et de la fratrie vis-à-vis de leurs enfants – est l'éloignement : « Michel ordonne à Barbe toujours présente d'emmener la petite qui se débat avec des cris » (EM, p. 1279).

Le lien magique, c'est Jeanne elle-même qui le crée en prenant les deux « aînés » par la main (comme si elle les déclarait frère et sœur) et en s'avançant avec eux vers la mer. Il s'agit d'une sorte de baptême, de bain lustral qui n'est pas sans évoquer la plage de Heyst et le bain de Zénon dans *L'Œuvre au Noir* (ainsi que la rencontre imaginaire de Zénon et de l'oncle Octave dans *Souvenirs pieux*). L'apparition de Jeanne relègue Barbe au second plan : sa voix est dite « plus douce que celle de Barbe » (EM, p. 1273).

Après les vacances à Scheveningue, Marguerite et Jeanne ne se voient plus, Jeanne et Michel ayant rompu leurs relations. C'est vers l'âge de neuf ans que la petite retrouvera Jeanne à Bruxelles au cours d'une visite de famille chez la tante Jeanne, la sœur de Fernande :

> Elle me tendit les bras. Je m'y jetai avec joie. Son baiser, venu à la fois de l'âme, du cœur et du corps, me rendit aussitôt l'intimité facile d'autrefois, bien que ces récentes quatre années d'absence représentassent à mon âge presque la moitié de ma vie. […] La sonnette de la rue tintait ; d'autres

---

[24] Du côté de la biographie, cette formulation a donné à penser à Michèle GOSLAR, *Yourcenar. Qu'il eût été fade d'être heureux*, op. cit., pp. 86-88, qui pense que le fils plus jeune, et non le fils aîné de Jeanne (dont les modèles réels portent d'ailleurs des prénoms différents de ceux du roman), pourrait fort bien être le fils de Michel et donc le (demi-)frère de Marguerite. Mais le texte de *Quoi ? L'Éternité* semble démentir sobrement le doute introduit par l'auteure elle-même deux pages plus tôt : « les deux fils d'Egon lui ressemblent » (EM, p. 1275).

dames arrivèrent ; on m'éloigna. Je n'étais pas même triste. Il suffisait de savoir qu'elle était belle et toute bonne. (EM, p. 1367)

Le tableau que peint l'écrivaine de Jeanne est, en effet, proche de la perfection[25]. On pourrait commencer par dire que Jeanne vit avec sa propre mère, Madame van T***, une relation parentale largement positive, une entente faite de confiance, de compréhension mutuelle. L'autorité parentale sagement exercée n'y fait pas défaut : lorsque « les demandes en mariage affluent », « c'est sa mère qui décide pour elle : Mme van T*** ne veut pas marier sa fille avant la vingtième année » (EM, p. 1240). La confiance filiale, elle aussi, s'exerce dans des limites raisonnables : si Jeanne – qui a donc moins de vingt ans à ce moment – a eu des relations sexuelles avec son fiancé, « un tabou de langage, plus fort même que les impératifs moraux, empêche qu'on ne parle de ces choses à une mère », même si elle sent que « Mme Van T*** comprendrait peut-être, peut-être même approuverait-elle » (EM, p. 1245). Lorsque ledit fiancé de Jeanne est reconnu fou par leur entourage, sa mère, malgré le scandale feutré, n'empêche pas Jeanne de s'installer à proximité du « pavillon où est séquestré celui qui fut son ami », ni de rendre visite au dément (EM, p. 1248). Lorsque celui-ci devient dangereux pour la jeune fille, sa mère l'emmène sagement en voyage « pour laisser s'amortir les bruits qui avaient couru sur Johann-Karl et sur Jeanne […] mais surtout pour donner à sa fille ce changement de décor et de pensée dont elle avait besoin » (EM, p. 1250). Enfin, elle approuve le mariage de Jeanne et d'Egon bien que le jeune homme soit plutôt pauvre (EM, p. 1263). La relation de Jeanne et de Mme van T*** est la seule relation mère/fille positive dans l'œuvre yourcenarienne – si l'on excepte la relation d'Anna et de Valentine, mais, dans *Anna, soror...*, tout se passe la plupart du temps entre la mère et les deux enfants considérés ensemble.

*

Pas une seule fois dans *Le Labyrinthe du monde* Marguerite Yourcenar ne reconnaît explicitement à Jeanne le moindre défaut. Comparée à Fernande et surtout à Michel, ses mère et père, Jeanne est un parangon de vertu. Elle est belle : le récit de l'effet qu'elle produit sur le père de Marguerite, qui la rencontre à son mariage avec Fernande, est raconté à trois reprises dans *Le Labyrinthe du monde* (voir note 21). Elle ne ment pas : ce trait fournit l'occasion d'une séance de pédagogie à

---

[25] Sur le personnage de Jeanne et ses multiples avatars dans l'œuvre yourcenarienne, voir l'étude de Manuela LEDESMA, « L'Autre et le Même : Jeanne de Vietinghoff », in *Marguerite Yourcenar. Écritures de l'Autre*, actes du colloque de Montréal (1996), Montréal, XYZ Éditeur, 1997, pp. 153-161.

distance, lorsque Michel, qui fait lui-même de Jeanne un modèle maternel, réprimande Marguerite pour avoir menti : « Voilà un mensonge que Jeanne de Reval n'aurait jamais fait. [...] Jeanne savait que la vérité seule est belle [...]. Tâche de t'en souvenir » (EM, p. 1365).

Dans un essai intitulé « En mémoire de Diotime : Jeanne de Vietinghoff » (EM, pp. 408-414), Marguerite Yourcenar évoque Jeanne, qui lui servit de modèle dans plusieurs de ses livres, d'*Alexis* à *Quoi ? L'Éternité*, sous l'angle de la Diotime du *Banquet* platonicien. C'est un des indices qui permettent de la rapprocher de donna Valentine. Ce texte daté de 1929, c'est-à-dire exactement contemporain d'*Alexis*, est également une peinture de la perfection : « Sa vie, bien plus que son œuvre, me donne l'impression du parfait » (EM, p. 413). Dans *Le Labyrinthe du monde*, la première évocation de Jeanne parle d'« amour et [de] respect » (EM, p. 744). Ce sont exactement ces termes qui définissent par excellence la naissance « d'un enfant attendu avec amour et respect, portant en soi l'espérance du monde » (EM, p. 357). Dans l'essai mentionné plus haut, Jeanne de Vietinghoff exprime ce souhait sous une forme légèrement différente dans la mesure où elle attend beaucoup de la génération suivante, ce qui inspire à Marguerite Yourcenar ce commentaire : « Ces espérances *excessives* me paraissent une forme de l'amour maternel » (EM, p. 412, c'est moi qui souligne). À partir de là, l'essai porte une sorte de double aveu : « Jeanne de Vietinghoff crut en la jeunesse et en l'avenir du monde, parce qu'elle avait deux fils. Peut-être est-ce justement ce qui m'émeut dans ce beau livre : *j'aime encore mieux, chez elle, la femme aimante que la sybille* » (EM, p. 412, c'est moi qui souligne). Si l'on inverse la première proposition – c'est le premier aveu – il serait difficile à Marguerite Yourcenar, sans enfants, de croire en la jeunesse et en l'avenir du monde[26]. Le second aveu porte sur la projection d'un désir d'être aimée autant que d'aimer, qui fait à Marguerite Yourcenar mettre de côté la personnalité de prêtresse ou de prophétesse assurée jusque-là par Jeanne dans l'essai – en parfaite conformité du reste avec la Diotime du *Banquet* –, pour concentrer l'éclairage sur « la femme aimante »[27].

L'amour maternel de Jeanne est serein. Au cœur des moments difficiles, elle se soucie d'aller acheter des jouets « pour que Clément et

---

[26] Sauf à la fin de son œuvre, on le verra avec l'étude du personnage de Lazare. Reste que si mon intuition est juste, le refus d'« encombrer le monde », qui aboutira au discours sur la surpopulation et à la dévalorisation de l'enfant (voir plus loin), est déjà patent dès 1929.

[27] Il reste que, comme l'a bien vu Anne-Yvonne Julien dans son analyse de *La Nouvelle Eurydice*, Marguerite Yourcenar a multiplié les facettes de la personnalité de Jeanne comme pour reprendre et retoucher la peinture de Monique, qui ressemblait trop au type de « l'épouse de convention délaissée » (Anne-Yvonne JULIEN, *Marguerite Yourcenar ou la signature de l'arbre, op. cit.*, p. 48).

Axel ne se sentent pas oubliés » (EM, p. 1320). Même lorsqu'Egon les quitte pour un voyage risqué, elle répond : « Les enfants s'ennuieront de vous, mais ils ont et auront leur vie à eux » (EM, p. 1409). Pour la première fois, pour reprendre au compte de Jeanne une phrase extraite d'un essai de Marguerite Yourcenar sur Poussin, « Nous n'avons pas affaire ici […], tantôt à une princesse de rêve, tantôt à une nourrice plantureuse, mais dans toute la résonance un peu sévère du mot, à une mère » (EM, p. 469). Une mère qui allaite elle-même ses enfants ? Le texte ne précise rien à ce sujet pour Jeanne, mais il est tentant de le croire. On ne voit pas de nourrice dans l'entourage de la famille de Reval. Il n'est par ailleurs, je l'ai dit, rien décrit des accouchements de Jeanne[28], ni de la toute première enfance de ses deux fils. Peut-être faut-il y voir une réserve de l'auteure, que celle-ci soit dictée par la pudeur de la vénération ou par une instinctive jalousie à l'égard des deux vrais enfants de la mère idéale.

Dans tout *Le Labyrinthe du monde*, c'est seulement quand Jeanne intervient que le prénom de Marguerite est utilisé (y compris la toute première fois, dans *Souvenirs pieux*, le jour du baptême, lors de l'explication du choix du prénom de Jeanne parmi ceux de la nouveau-née) ; jamais quand c'est le père[29], même au moment d'évoquer l'enfance au Mont-Noir, même au moment de l'intimité parisienne et de la découverte des musées, du latin et du grec, de la lecture, de la musique, du choix du pseudonyme, etc. C'est donc pour Jeanne seule que la petite fille est Marguerite, de même que par le baptême, on l'a vu, Marguerite est aussi Jeanne. La fillette devenue écrivaine reconnaît explicitement le rôle d'éducatrice de Jeanne, qui lui donne une forme intellectuelle et spirituelle comme Barbe lui a donné une forme physique en révélant au bébé les contours inconnus de son corps :

> Ces exemples, qui auraient pu me faire haïr cette femme trop parfaite, m'exaltèrent. […] Il y avait en moi, venu de je ne sais où, un besoin inné, non seulement de m'instruire, mais de m'améliorer, un souci passionné d'être chaque jour un peu meilleure qu'hier. Ces quelques phrases de Jeanne […] me montraient le chemin. D'autres encore, et d'autres exemples plus émouvants que tous les conseils, me parvinrent plus tard. Je serais sans doute très différente de ce que je suis, si Jeanne à distance ne m'avait *formée*. (EM, pp. 1365-1366, c'est moi qui souligne)

---

28 À moins qu'on prenne pour une description d'un accouchement de Jeanne celui de Monique dans *Alexis ou le Traité du vain combat* : « vous étiez heureuse, mais d'un bonheur physique, fait surtout de fatigue et de libération » (OR, p. 70).

29 Michel, dans *Souvenirs pieux*, n'utilise ce prénom que pour désigner Fernande par détour : « la mère de Marguerite » (EM, p. 743).

On l'a vu au début de ce chapitre, la procréation n'inspire en général aux mères yourcenariennes qu'impuissance et appréhension ; la notion de filiation, de transmission, de continuation y est le plus souvent absente. Exceptionnelle une fois de plus, Jeanne inspire à sa fille adoptive une revendication explicite de filiation sur le mode de la trans-mission, de l'éducation. Dans *Quoi ? L'Éternité*, Marguerite Yourcenar devenue adulte fait le point sur cette filiation d'une adolescente de tout juste quatorze ans, de retour avec son père à Paris à la fin de la première guerre mondiale. Revenant sur un incident raconté deux cents pages plus tôt (EM, pp. 1233-1234), elle se demande de qui elle est réel-lement la fille :

> Je n'étais pas la fille de Marie ; je n'étais pas non plus la fille de Fernande ; elle était trop lointaine, trop fragile, trop dissipée dans l'oubli. J'étais *davan-tage* la fille de Jeanne, de celle qui s'était promis de veiller sur moi dès ma naissance, et que Michel, en dépit de toutes ses rancœurs, n'avait cessé de me proposer comme une image parfaite de la femme. (EM, p. 1402, c'est moi qui souligne)

Pourtant, elle ajoute aussitôt :

> Mais cinq ans s'étaient écoulés depuis que je l'avais revue pour la dernière fois. Me reconnaîtrait-elle ? Elle ne songeait sans doute plus à moi ; elle avait deux fils. (EM, p. 1402)

Entre une dénégation tombant sous l'évidence (pas la fille de Marie), une autre plus difficile à faire passer (pas la fille de Fernande) et une affirmation qui soutient à grand-peine une maternité somme toute aussi peu présente que celle de sa mère morte à sa naissance (on remarquera par ailleurs que Barbara a disparu de la liste), force est de conclure que la recherche d'une mère de substitution se solde par un échec : Jeanne est devenue inaccessible au point que l'auteure doute si sa mère idéale la « reconnaîtrait ». Un mot étant rarement employé par hasard dans l'éco-nomie du texte yourcenarien, ce verbe reconnaître donne à penser sur le sort de l'« espèce d'adoption » de Scheveningue…

Marguerite Yourcenar tentera une autre fois de reformer cette relation maternelle, au fil de l'histoire de Jeanne et d'Egon. Changeant de point de vue, elle use de son statut d'écrivaine pour voir le même univers, la même histoire avec les yeux de Jeanne. Or, si Jeanne a bel et bien une attitude maternelle vis-à-vis de Marguerite, c'est en effet celle d'une mère d'adoption plutôt que celle d'une véritable mère. Si les élans de Barbe, on l'a vu, sont d'une affection presque animale, ceux de Jeanne sont toujours maîtrisés et semblent inspirés autant par le devoir que par l'affection : « L'avenir, c'est d'aller demain au Corso acheter des jouets pour que Clément et Axel ne se sentent pas oubliés, et peut-être aussi une poupée italienne pour Marguerite, qu'il ne faut pas avoir l'air d'oublier non plus » (EM, p. 1320). Son baiser vient « à la fois de l'âme, du cœur et du corps » (EM, p. 1367)[30] ; elle aime la fillette en vertu d'un calcul fort noble il est vrai, mais qui tient plutôt d'une idée religieuse de s'acquérir des mérites : « elle s'en voudrait de faire une différence entre les fils de sa chair et la fille d'une amie morte » (EM, p. 1295)[31]. Lorsque Michel lui propose de vivre avec lui et de se ruiner pour elle, sa sollicitude, encore une fois, s'exerce autour d'une idée de justesse, de mesure, d'équité : « Ni le fils de Michel, qu'elle ne connaissait pas, ni Marguerite n'hériteraient sans doute rien des biens paternels. En ce moment, il les oubliait » (EM, p. 1324). Toujours raisonnable, Jeanne tente d'équilibrer les dépenses de Michel, en faisant même appel au souvenir de Fernande :

> Jeanne, qui n'a jamais rien reproché à Egon, se risque à critiquer à mots couverts les dépenses désordonnées de Michel, cette villa incommode et pompeuse où il vit comme un étranger dans une tente, ce train de maison auquel manque souvent l'essentiel. Elle lui rappelle affectueusement que, du temps de Fernande, il a passé trois ans sans baccara et sans roulette. (EM, p. 1301)

Les critiques de Jeanne, même « affectueuses », visent des aspects matériels et englobent indirectement la manière dont Michel traite Marguerite : un train de maison « auquel manque souvent l'essentiel » suggère que l'on ne prend pas toutes les dispositions adaptées à l'enfant. L'ironie amère perce sous la mention que Jeanne reproche à Michel ce qu'elle n'a jamais reproché à Egon et suggère cette fois un amour plus proche de la passion pour Egon, plus proche de la raison pour Michel – et donc pour Marguerite. Un tel amour semble trop parfait pour être humain, et l'on sent percer une pointe d'incompréhension, voire de frustration lorsque Marguerite devenue une jeune adulte voit, à quelques mois d'intervalle, Jeanne pleurer au seul nom de son père puis celui-ci « éclater en sanglots à la vue d'une corbeille de fleurs qu'on lui envoyait en mémoire de Jeanne » (EM, p. 1269). En témoigne encore le « souvenir pieux » de l'amour de Michel et de Jeanne : les quelques vers que Michel a écrits à Scheveningue au cours de cet été 1904, et le commen-

---

[30] Une formulation qui rappelle celle que Marguerite Yourcenar utilisera lorsque, se glissant dans la peau d'Egon, elle envisagera la fascination du jeune musicien pour Jeanne : « Pour elle, le cœur, les sens et l'âme sont entrés en jeu ensemble » (EM, p. 1255). Avec une constance à la fois timide et obstinée, le regard narratif tourne autour de Jeanne.

[31] Il convient pourtant de placer ici un point d'interrogation. Et si cette distance supposée chez Jeanne était une sorte de précaution que s'impose la petite Marguerite, projetant chez l'autre un raidissement qui n'est que dans son chef ? Il faudrait alors ranger cette réserve au même titre que celle exprimée, dans *Souvenirs pieux*, par la scène chez l'antiquaire, peu après les funérailles de Fernande, où Marguerite Yourcenar fait dire par son propre père qu'il est « dommage » qu'elle survive à sa mère (EM, p. 744).

taire qui réunit « celui qui les écrivit et […] celle pour qui ils furent faits » (EM, p. 1268). En témoigne l'humble aveu de la primauté de la parenté réelle, évoquée plus haut : « Elle avait deux fils » (EM, p. 1402). En témoigne enfin la brève réminiscence, pudiquement désespérée, des longues balades dans l'arrière-pays du Midi, encastrée entre les séances au casino et les critiques de Jeanne :

> [Michel] propose des excursions sur la côte ou dans l'arrière-pays, où l'on va au pas lent des chevaux dans des paysages provençaux encore purs ou à peine défigurés. L'enfant de temps en temps les accompagne. Cette calme cadence, ces beaux lieux qui défilent sans hâte à gauche et à droite, resteront longtemps une de mes *nostalgies*. (EM, p. 1301, c'est moi qui souligne)

Entre les lignes de la relation de la perfection de Jeanne et de son amour tout aussi parfait qu'elle-même se glissent ainsi des reproches légers qui, loin du calme rayonnement et de la satisfaction de l'amour – « Il me suffisait de savoir qu'elle était belle et toute bonne »[32] – indiquent au contraire la frustration d'un manque renouvelé.

Lorsque Jeanne écrit à Michel pour lui proposer de le rencontrer, elle reconnaît d'emblée : « Il serait vain et prétentieux de me proposer pour tenir auprès de la petite la place d'une mère » (EM, p. 1236). Si la place en question équivaut aussi à celle d'épouse de Michel, ce qui, à pareille époque, ne manque pas d'être à la limite des convenances épistolaires de la part d'une femme mariée[33], cette restriction prêtée à Jeanne par l'auteure du *Labyrinthe du monde* ressemble à une dénégation visant à rendre vain d'avance l'espoir d'adoption exprimé plus loin par Marguerite… c'est-à-dire par cette même auteure. Pourtant la petite, on l'a vu, l'intronise presque en toutes lettres : « J'étais […] la fille de Jeanne, de celle *qui s'était promis de veiller sur moi dès ma naissance* » (EM, p. 1402, c'est moi qui souligne), au détriment de Fernande qui n'a pu remplir ce devoir de mère par excellence.

---

[32] Ces épithètes platoniciennes par excellence renvoient directement au « Tombeau de Jeanne de Vietinghoff », aussi intitulé « En mémoire de Diotime » (EM, pp. 408-414). C'est l'occasion d'affirmer à nouveau à quel point le *Banquet* est un véritable hypotexte pour l'analyse de l'œuvre yourcenarienne : Diotime y fait d'ailleurs figure, pour Socrate lui-même, d'éducatrice éminemment maternelle, tant pour le fond que pour la forme de son enseignement. Mais l'étude comparée du *Banquet*, de certaines pages du *Labyrinthe du monde*, d'*Anna, soror…* et du « Tombeau de Jeanne de Vietinghoff » nous mènerait trop loin.

[33] Qui, par-dessus le marché, s'empresse d'ajouter que son mari sera souvent absent ! Marguerite Yourcenar ne dit formellement nulle part que le texte de cette lettre est inventé par elle, mais c'est éminemment probable. Et si c'est le cas, le lapsus est formidable de la part d'un auteur si désireux de jeter Michel et Jeanne dans les bras l'un de l'autre, pour faire de Jeanne sa véritable mère. Michèle GOSLAR conteste l'authenticité de la lettre sur la base de sérieux indices (*Yourcenar. Qu'il eût été fade d'être heureux*, op. cit., p. 85).

En vérité, il n'aura justement manqué à cette mère idéale que d'avoir enfanté la petite[34]. Dans cette optique, la scène de l'apparition de Jeanne au mariage de Michel et de Fernande, scène racontée quatre fois comme on vient de le lire, finit par hanter l'auteure à l'instar d'une véritable scène primitive manquée. Et l'on peut interpréter que le regret de Michel de n'avoir pas rencontré plus tôt Jeanne – ou plutôt Jeanne que Fernande – est largement partagé par sa fille Marguerite. Fernande morte, Barbara cruellement arrachée, Jeanne parfaite à distance composent ainsi une seule et même instance, celle de la mère inaccessible. Comme une huître sécrète, autour de la blessure d'un grain de sable, une perle trop belle pour ne pas intriguer, voire fasciner le plongeur, l'œuvre littéraire en général, et singulièrement celle de Marguerite Yourcenar, ne témoigne jamais mieux de ce manque maternel que lorsqu'elle semble le minimiser ou l'enrober dans un discours cicatrisant.

La vache, totem maternel

Si, on vient de le voir à propos de Barbara, on a justement souligné l'importance du chien dans l'œuvre yourcenarienne, celle de la vache ne semble pas avoir été remarquée jusqu'ici. Or, le rôle médiateur de la vache, le plus souvent évoquée dans l'ombre de la maternité, qu'elle soit biologique, substitutive ou encore totalement imaginaire, nous requiert de considérer cet animal comme une des instances possibles de la mère.

Des mentions de la vache sont précoces dans l'œuvre : ainsi, dans un court texte daté de 1934 et intitulé « La dernière olympique », la vache participe au statut de la déesse Héra, dont le mariage avec Zeus fait la mère des dieux et des hommes. Certes, il est banal d'appeler Héra « Héra aux yeux bovins » : c'est son épithète homérique. Mais notre auteure lui adjoint aussitôt deux épithètes yourcenariennes : « éternelle comme l'herbe, paisible comme les bêtes des champs » (EM, p. 429), ce qui triple l'allusion à la vache. Quelques mots plus loin, une nouvelle image, maternelle, celle-là, montre l'importance du personnage évoqué : « nous sommes ici sur les genoux d'une femme divine » (EM, p. 429). Enfin, présent cosmique de cette déesse bovine, « le lait d'Héra coule dans la Voie lactée, jailli d'une morsure au sein bleu » (EM, p. 430). À la même époque, dans le curieux « Poème du Joug », daté de 1936, le lait est précisément qualifié d'« âme maternelle des vaches » (CA, p. 46).

La vache reparaît anonymement dès le premier chapitre de *Souvenirs pieux*, dans une de ces fausses digressions dont Marguerite Yourcenar a

---

[34] Jeanne « a tout pour remplacer Fernande, et la remplacer comme un manque de plus », écrit Maurice DELCROIX, « Aux sources de labyrinthe », in *Marguerite Yourcenar, retour aux sources*, actes du colloque de Cluj-Napoca (1993), Bucarest, 1998, Libra, p. 35.

le secret. Anonymement, car le nom même de l'animal n'est en effet pas une fois mentionné dans ce long passage. On serait donc tenté de voir dans la vache un totem dont le nom, dans certaines circonstances émotionnelles ou sacrées, fait l'objet d'un tabou. Qui plus est, ce totem intervient au moment de la naissance et c'est le père qui l'assigne à la petite fille, car « Il n'est pas question que Fernande se déforme les seins ; l'enfant sera donc nourrie au biberon » (EM, p. 724). Substitut ainsi – prémonitoirement – désigné de la mère, la vache, par son lait, prodigue à l'enfant vie, paix et plaisir[35] : « Le lait apaise les cris de la petite fille [...] ; la sensation du bon liquide coulant en elle est sans doute son premier plaisir » (EM, p. 724).

Comme la plupart des femmes yourcenariennes, et particulièrement comme la mère admirable du « Lait de la mort », dans *Nouvelles orientales*, la vache est destinée aux seules joies et surtout aux seules souffrances de l'abnégation :

> Le riche aliment sort d'une bête nourricière, symbole animal de la terre féconde, qui donne aux hommes non seulement son lait, mais plus tard, quand ses pis se seront définitivement épuisés, sa maigre chair, et finalement son cuir, ses tendons et ses os dont on fera de la colle et du noir animal. (EM, pp. 724-725)

Le vocabulaire quasi mythique renvoie à un autre « symbole de la terre féconde », la femme elle-même, comme je l'ai déjà pointé notamment dans *Le Coup de grâce* ou *La Nouvelle Eurydice*. Mais l'abnégation de la vache doit encore aller jusqu'au sacrifice total, même celui de l'amour, puisqu'on ne lui saura nul gré de son inévitable immolation :

> Elle mourra d'une mort presque toujours atroce [...], souvent meurtrie, privée d'eau, effrayée en tout cas [...]. Ou bien, elle sera poussée en plein soleil, le long d'une route, par des hommes qui la piquent de leurs longs aiguillons [...] ; elle arrivera pantelante au lieu de l'exécution, la corde au cou, parfois l'œil crevé, remise entre les mains de tueurs [...] qui commenceront peut-être à la dépecer pas tout à fait morte. (EM, p. 725)

Dans « Faust 1936 » – c'est-à-dire à une époque où ses biographes nous apprennent que Marguerite de Crayencour, en pleine passion amoureuse désespérée, se décrit sous les traits de femmes sacrifiées, de Sophie à Léna en passant par Marcella et Marie-Madeleine –, l'identification de l'auteure à la femme sacrifiée et à la vache se fait quasi au nez et à la barbe du lecteur, dans le chef du personnage faustien de... Marguerite :

---

[35] C'est-à-dire qu'elle l'« alimente de [s]a substance » (EM, p. 745), celle-ci étant son « âme maternelle » (CA, p. 46). Avec Marguerite Yourcenar – et selon sa propre expression –, « on ne se livrera jamais assez au travail passionnant qui consiste à rapprocher les textes » (OR, p. 532).

Nous entendons, comme Goethe l'a voulu, les cris du bel animal humain broyé par le destin, de la jeune génisse frappée à mort, nous voyons l'innocente criminelle couchée dans la paille, et préparant son cou à la hache du bourreau. (EM, p. 515)

Dans *Souvenirs pieux*, le comble du dénigrement venant des hommes sera atteint par le déni de dignité et même l'occultation du nom qui, cette fois, répond à une tout autre motivation : « Son nom même, qui devrait être sacré aux hommes qu'elle nourrit, est ridicule en français » (EM, p. 725). Si donc, à la fin du long passage des pages 724-725 où la vache n'est pas nommée, on en découvre une éventuelle raison stratégique de l'auteure – éviter que le lecteur trouve cela d'avance ridicule –, on perçoit clairement au premier plan un sentiment de sacré qui, s'il doit sans doute quelque chose à l'orientalisme yourcenarien, s'enracine bien plus tôt, dans l'enfance, et même dans la filiation.

Dans l'enfance : on vient de le voir, puisque le lait est source de vie, d'apaisement et de plaisir, et la vache une des puissances tutélaires qui sont convoquées au berceau de la petite Marguerite. Mais ce n'est pas tout. Lorsque l'auteure évoque pour la première fois véritablement son enfance au Mont-Noir, dans *Quoi ? L'Éternité*, la vache reparaît aussitôt sous la forme d'un jouet qui se voit élevé explicitement au rang de totem : « *Animal* encore, et en même temps récipient *sacré, ustensile magique* » (EM, p. 1328, c'est moi qui souligne). Sa rémanence et sa prédominance dans la mémoire sont marquées :

> Le premier jouet dont je me souviens : une vache en fer-blanc ou en tôle, entièrement tendue d'une vraie peau de vache, et dont la tête tournait de droite à gauche en faisant meuh. On dévissait cette tête pour verser dans le ventre de métal un peu de lait qui gouttait par les trous imperceptibles des pis couverts de peau rose. (EM, p. 1328)

Cette fois encore, le totem est confirmé par le père, qui, au cours de ses promenades avec l'enfant dans la campagne, reconnaît aux vaches intelligence et patience dans un petit apologue :

> Tu vois, petite, me disait Michel, tout est affaire de patience et de savoir-faire. On croit les vaches moins intelligentes que les chevaux. Il se peut. Mais, quand une vache par hasard se prend la tête dans les barbelés, elle la retire doucement, tournant le cou d'un côté, puis de l'autre. Un cheval de ferme s'en tire parfois aussi. Mais un pur-sang se met en pièces. (EM, p. 1329)

Significativement, Marguerite reconnaît son totem : elle prend à son compte le message sur la vache, ce qu'elle indique par ellipse en écrivant immédiatement ensuite que « Michel lui-même était de la race des pur-sang » (EM, p. 1329). La différenciation sexuelle féminin/masculin, articulée sur le couple vache/cheval, peut paraître banale, mais pas chez Marguerite Yourcenar : nous verrons la romancière si attentive à gommer les différences d'âge et de sexe entre son père et elle que la différenciation semble prendre un relief particulier si elle passe de plus, comme c'est le cas ici, par la représentation de la vache. En outre, l'apologue est rare chez Michel, de même que le ton paternellement pédagogique (« Tu vois, petite »). Le seul autre exemple qu'on puisse en trouver est la petite leçon de morale à propos du mensonge, qui fait précisément l'apologie d'une autre instance yourcenarienne de la mère, Jeanne (EM, p. 1365). Nul doute, donc, que ce passage ne soit pas innocent.

*

La vache s'inscrit désormais dans la lignée yourcenarienne, dans la famille élective de l'auteure. Comme le chien, cet autre totem yourcenarien, elle accompagnera donc volontiers les personnages aimés. Dans le passage qui suit, le mot « vache » est à nouveau absent. C'est pourtant l'animal qui établit ou rétablit la filiation entre la petite fille du Mont-Noir et sa grand-mère Mathilde :

> Le bétail qui donne son nom au petit château de la Boverie paît ou dort dans l'herbage, séparé d'elle par une simple haie. La Belle Vaque, comme l'appelle le fermier, la meilleure laitière du troupeau, se frotte doucement contre la clôture d'épines ; il y a huit jours à peine, elle a meuglé désespérément quand la charrette du boucher est venue prendre son petit veau ; mais elle a oublié ; elle mastique de nouveau avec contentement la bonne herbe. Mathilde retrouve pour la flatter les gestes et les intonations des Isabelle Maître-Pierre, des Jeanne Masure et des Barbe Le Verger, ses lointaines aïeules. (EM, p. 797)

Remarquons que parmi les prénoms d'aïeules qui lui viennent à l'esprit figurent en bonne place ceux de Jeanne et de Barbe, dont on vient de voir le rôle maternel substitutif. Le caractère totémique de la vache est attesté par le fait que le bétail donne son nom à la maison des ancêtres (la Boverie) ; ainsi la vache que Mathilde caresse l'établit elle-même dans sa filiation avec ses aïeules. C'est une vache superlative : la plus belle, « la meilleure laitière », une sorte d'idée platonicienne de la vache – comme Jeanne, « belle et toute bonne » (EM, p. 1367), est une idée platonicienne de la mère. C'est une vache sage : si elle a souffert d'être séparée de son enfant promis à la mort, elle a su faire son deuil. Une leçon liée elle aussi à la filiation, qui concerne particulièrement Mathilde, mère de dix enfants mais victime de quelques fausses couches et qui vient, en passant par le cimetière, de « donne[r] un regard à l'enclos où sont ses deux chers petits » (EM, p. 796), morts en bas âge. Rien ne manque, pas même le rituel de la caresse, d'ailleurs immémorial, retrouvé d'instinct.

Le thème de l'amitié entre la vache et la fermière – même devenue châtelaine – reparaît dans l'essai sur Selma Lagerlöf : « La vieille vache laitière bonne pour le banc du boucher depuis la mort de la vieille fermière qui lui confiait ses peines, appuyée à son flanc à l'heure de la traite » (EM, p. 121). Il apparaît aussi dans une mercuriale yourcena-rienne, « Qui sait si l'âme des bêtes va en bas ? », tout entière consacrée à la souffrance infligée par l'homme à l'animal et dans laquelle la vache fait figure emblématique : « Pour plus d'une fermière, la vache contre laquelle elle s'appuyait pour traire a été une sorte de muette amie » (EM, p. 372). Plus bref et vibrant encore, le court texte intitulé « Une civilisa-tion à cloisons étanches », dont la rédaction – en 1971 – est exactement contemporaine de celle de *Souvenirs pieux*, va jusqu'à mettre sur le même pied les bœufs emmenés à l'abattoir et les juifs emmenés dans les camps de concentration[36]. Le propos de ces textes est d'associer étroite-ment ou plutôt même d'identifier absolument la souffrance animale et la souffrance humaine. Mais cet élargissement de la perspective repose sur la sacralisation particulière de la vache. Dans ces conditions, le tabou suprême porte évidemment sur la consommation du totem. À Matthieu Galey, qui lui demande pourquoi elle ne mange « jamais de bœuf, bien entendu », elle répond : « Parce que j'ai un profond sentiment d'attache-ment et de respect pour l'animal dont la femelle nous donne le lait et représente la fertilité de la terre » (YO, p. 307), résumant une fois de plus deux essentielles qualités maternelles.

*

On trouve encore quelques mentions intéressantes de la vache asso-ciée à des personnages aimés, dans un contexte qui évoque presque tou-jours l'identité des souffrances animale et humaine et la maternité. Dans *L'Œuvre au Noir*, Zénon retrouve une ferme qui lui rappelle un moment de son enfance. Une vieille fermière lui donne du lait :

> Elle s'excusa de la qualité du lait, qui était mince et bleuâtre. « La vieille vache est quasi sèche, dit-elle. Elle est comme fatiguée de donner. Quand on la mène au taureau, elle n'en veut plus. On sera bientôt forcé de la manger ». (OR, p. 770)

Ce constat accompagne le récit des propres souffrances de la fermière et de la mort de presque tous ses enfants (ainsi qu'une scène de tendresse avec son petit-fils), comme si la vieille femme, qui résumera son récit par l'expression « Toute cette peine pour rien » (OR, p. 771),

---

[36] Pour choquante que puisse paraître cette comparaison entre la souffrance animale et la souffrance humaine, on la trouve déjà dans l'Ancien Testament : « Maltraité, injurié, il n'ouvrait pas la bouche ; pareil à l'agneau qu'on mène à la boucherie, à la brebis silencieuse devant ceux qui la tondent, il n'ouvrait pas la bouche » (Isaïe 53, 7, *La Bible* traduite par le Rabbinat français, Paris, Colbo, 1994).

était elle aussi « fatiguée de donner ». Dans *Un homme obscur*, c'est Nathanaël qui joue les fermières. Encore une fois, l'association de la bonté et de la souffrance reparaît :

> Quand la fille quinquagénaire était dans ses mauvais jours, il trayait la vache. Il aimait cette tâche, qui ne lui était pas échue depuis l'Île Perdue. Le flanc de la bête était chaud et rugueux, roux comme au soleil une pente de montagne. Pour ces femmes [...], l'asile signifierait un manger à heures fixes, un poêle qui tirerait bien l'hiver [...]. Pour la vache qui n'abondait plus en lait, ce changement au contraire ne signifiait que le banc du boucher (OR, p. 1001).

Même aux dernières lignes d'*Une belle matinée*, il faut absolument que la vache apparaisse, fût-ce fugitivement, comme un ultime signe positif au petit Lazare qui quitte enfin Amsterdam pour aller vers la vie, l'amour et la gloire : « On apercevait des champs et des prairies avec des vaches, ce qui fit plaisir à Lazare, l'enfant ayant jusqu'ici peu quitté la ville » (OR, p. 1035). Mais la plus spectaculaire des évocations est, dans *Quoi ? L'Éternité*, celle du vêlage auquel assistent Egon et Jeanne en promenade. Le contexte est résolument mythique. Les héros sont isolés dans leur amour et leur bonheur : Jeanne est pour Egon « cette belle jeune femme qui l'écoute comme pourrait le faire une sœur », comme Anna pour Miguel, « ou un ami » (EM, p. 1255), comme Conrad pour Éric ou Antinoüs pour Hadrien. Un frisson paradisiaque qui court dans toute l'œuvre yourcenarienne nous plonge dans une symphonie pastorale évoquant à la fois la chambre dorée de Naples (*Anna, soror...*), l'âge d'or arcadien de « Saeculum aureum » (*Mémoires d'Hadrien*) et le « grand paradis calme » de Kratovicé (*Le Coup de grâce*). C'est au cours d'une de ces promenades qu'Egon maîtrise un bélier, ce qui inspire à Jeanne « une peur quasi sacrée, venue du fond des temps où hommes et bêtes étaient dieux » (EM, p. 1257). Ils rencontrent un jeune homme « si beau que sa vue coupe le souffle », un « jeune dieu » (EM, p. 1257). Dans cet éden mythologique, c'est à nouveau la vache tutélaire qui leur donne une leçon de vie :

> Dans un sentier longeant un pâturage, ils s'arrêtent au petit matin [...] ; ils assistent à la facile délivrance d'une vache et aux premiers essais de mouvement du petit veau dont les jambes tremblent. Tous deux acceptent comme une leçon de sagesse la sérénité de la grosse bête maternelle, en marche vers le tronc d'arbre qui sert d'abreuvoir, suivie de près par le petit chancelant. Un peu de placenta pend encore. Le nouveau-venu a fait de vains efforts pour trouver les pis nourriciers, la mère s'est remise à brouter l'herbe. Le lendemain, à la même heure, ils reviennent au même endroit, et trouvent la mère qui rumine, et le petit tirant maladroitement sur la chaude mamelle. Tout prend pour eux une qualité de fraîcheur et de simplicité magique, comme à l'aube des temps. (EM, p. 1256)

Dans la leçon de sagesse dispensée par la vache à Egon et Jeanne – une vache dont la « délivrance » est dite « facile »… –, résonne l'écho de la leçon donnée par Michel à Marguerite, au Mont-Noir, à propos de la patience et de l'intelligence des vaches ; il y a aussi la « sérénité » de la Belle Vaque que caressait Mathilde dans *Souvenirs pieux*. L'expression « grosse bête maternelle », dans la citation ci-dessus, est par ailleurs mot pour mot celle qui qualifie, dans le rêve intitulé « La Maison brûlée » du recueil *Les Songes et les Sorts*, les vaches qui « passent prudemment la tête entre les barrières en fil de laiton, m'enveloppent de leur haleine rassurante, me regardent de leurs grands yeux vagues pleins de calme et d'Asie » (EM, p. 1596). Il s'agit d'un indice supplémentaire de la maternité : c'est d'Asie qu'est venu le culte de la déesse-mère, ce dont témoignent l'essai sur Pindare (EM, p. 1445) et *Mémoires d'Hadrien* (OR, p. 371). Dans *Quoi ? L'Éternité*, la petite Marguerite « pouvai[t] tout au plus passer le bras à travers les barbelés pour leur offrir une poignée d'herbe ou une pomme » (EM, p. 1329). La maison brûlée est identifiée par la rêveuse comme étant précisément le Mont-Noir. À la fin du rêve, « les deux enfants que nous sommes, […] joignant enfin leurs mains nues, regardent silencieusement devant eux l'espace vide, émerveillés et consolés par l'immensité » (EM, p. 1597). Egon et Jeanne, au cours de leurs promenades, passent une journée entière à se taire ensemble, au bout de laquelle « fidèles à leur pacte, ils se relèvent sans parler, la main dans la main » (EM, p. 1258). On n'en finirait pas de suivre les textes d'écho en écho. Dans ce paradigme du paradis perdu et retrouvé, des relations de parenté idéales – conjugalité, maternité, paternité –, la vache est un discret et serein point de repère. C'est sur cette étonnante figure animalière que s'achève l'analyse de la maternité substitutive.

La parenté superlative : l'inceste

Parmi les formes d'union qui expriment une parenté symbolique, l'inceste mérite assurément plus qu'une mention chez Marguerite Yourcenar. Thème apparu comme tel très tôt dans l'œuvre, avec la nouvelle « D'après Gréco », en 1934, qui deviendra *Anna, soror...* en 1981, l'inceste se profile aussi, mais de manière beaucoup plus allusive, dans la première œuvre publiée, *Alexis ou le Traité du vain combat*, en 1929. Comme l'auteure le signale, en ce qui concerne la passion d'Anna et de Miguel, on constate très peu de modifications entre la version de 1934 et celle de 1981, ce qui fait d'*Anna, soror...* mais aussi d'*Alexis*, également republié presque sans changements, des exceptions dans l'œuvre yourcenarienne, si l'on sait que toutes les autres œuvres de jeunesse ont été retouchées voire récrites plusieurs fois, quand elles n'ont pas été, comme

La Nouvelle Eurydice ou *Les Songes et les Sorts*, longtemps écartées de toute republication. L'inceste alexien est tourné vers la mère, alors que la passion d'Anna et de Miguel est un inceste entre frère et sœur. Marguerite Yourcenar elle-même a attiré l'attention sur cette distinction fondamentale : « L'inceste entre père et fille ou mère et fils est rarement présenté comme volontaire, au moins des deux parts. [...] Il semble bien que la notion d'abus d'autorité, de coercition physique ou morale soit pour beaucoup dans la gêne en présence de cet aspect du sujet » (OR, p. 912, note 1). Toutefois, il me semble possible de voir dans les deux récits une dimension subversive commune. C'est la raison pour laquelle ils sont abordés l'un à la suite de l'autre dans ce chapitre.

Alexis : *l'inceste manqué*

Dans sa longue lettre argumentative, la prévention des objections est un exercice qu'Alexis affectionne. Ainsi lorsqu'il tente assez laborieusement d'exprimer l'impossibilité de tomber amoureux « normalement », on peut en venir à se dire qu'il doit y avoir aussi des filles qui ne sont pas ses sœurs dans son entourage si féminin. C'est le cas, concède-t-il aussitôt, mais pour entrer tout aussi rapidement dans une nouvelle démonstration laborieuse :

> Mes sœurs, je le sais bien, avaient aussi des compagnes, qui vivaient familièrement avec nous, et dont je finissais par me croire presque le frère. Pourtant, rien ne semblait empêcher que j'aimasse l'une de ces jeunes filles et peut-être, vous-même, vous trouvez singulier que je ne l'aie pas fait. Justement, c'était impossible. Une intimité si familiale, si tranquille, écartait jusqu'aux curiosités, jusqu'aux inquiétudes du désir, à supposer que j'en eusse été capable près d'elles [...]. On ne s'éprend pas de ce que l'on respecte, ni peut-être de ce que l'on aime ; on ne s'éprend pas surtout de ce à quoi on ressemble ; et ce dont je différais le plus, ce n'était pas des femmes. (OR, p. 22)

Ce qui est frappant ici, c'est l'effet de miroir entre le jeune garçon et les jeunes filles, un effet invoqué pour nier la possibilité de l'amour du même, alors que c'est précisément d'homosexualité qu'il est question. Alexis ne se dit femme que pour aimer les hommes... Mais il y a mieux : le tour de force qui consiste pour Alexis à convaincre Monique de l'impossibilité pour lui de tomber amoureux d'une femme parce que toutes celles qu'il connaît sont assimilées à des sœurs, donc de l'interdiction pour lui d'aimer une femme sous peine d'inceste, en quelque sorte, me paraît un très bel exemple d'exploitation symbolique – une exploitation subversive – de la parenté. Le procédé sera repris plus loin lorsqu'à Vienne Alexis évoque sa voisine Marie, qui finira par se lasser de son peu d'intérêt, et donne d'emblée l'explication de cette indifférence pour elle : « Je n'ose dire que Marie me rappelait mes sœurs ; pourtant, je retrouvais là ces doux gestes de femme, qu'enfant j'avais aimés » (OR, p. 43).

Les velléités incestueuses d'Alexis avec sa mère peuvent peut-être se déduire de son refus des autres femmes et plus probablement encore du silence dans lequel il se cloître, restant *infans* sur le plan de la parole alors même qu'il devient adulte dans l'exercice puis l'affirmation de sa sexualité. Ces velléités ont été étudiées dans le détail[37]. J'y ajouterai deux échos, la relation avec la princesse Catherine et la relation avec Monique.

*

Lorsqu'Alexis apprend la mort de sa mère, la tristesse causée par la nouvelle est curieusement tempérée par la colère d'avoir été mis au courant si tard, par le bonheur d'être seul, quoique malade, et surtout par l'attention passionnée qu'Alexis porte alors à son corps qui, dit-il, veut vivre. Or, à peine la mère d'Alexis est-elle morte qu'une occasion de substitution parentale se présente. La princesse Catherine de Mainau, qu'Alexis fréquente à Vienne, est un de ces « parents assez vagues » dont il parlait avec lassitude quelques pages plus tôt. Mais le convalescent la décrit avec une sorte de bienveillance agitée, bien plus longuement qu'il n'avait présenté dans le récit sa propre mère, dont on n'apprend même pas le nom. D'emblée, le lien de parenté réelle est évoqué : « Nous étions un peu parents par les femmes » (OR, p. 52), et une telle manière de le formuler est à la fois imprécise sur le plan généalogique et parfaitement significative sur le plan symbolique. C'est d'ailleurs sur ce dernier plan que la parenté réelle va s'affirmer rapidement : « La princesse, comme ma mère, employait ce doux français fluide du siècle de Versailles, qui donne aux moindres mots la grâce attardée d'une langue morte. Je retrouvais chez elle, comme plus tard chez vous, un peu de mon parler natal » (OR, p. 53) – remarquons l'assimilation de la langue maternelle à une langue morte. Cette longue paraphrase de la langue maternelle n'a d'autre objectif que d'affiner le parallèle avec la mère avant d'introduire le personnage de Monique. Mais le narrateur prend soin de la compléter par deux autres allusions. Tout d'abord, on retrouve dans l'affec-

---

[37] Carole ALLAMAND (« La lettre de l'inversion », in *Marguerite Yourcenar, Écritures de l'exil, op. cit.*) a bien vu que l'inceste avec la mère, lui, ne semblait pas effrayer Alexis, à propos de qui elle fait observer qu'avouer son homosexualité, « c'est déjà perdre la mère, au double sens du terme : c'est la souiller non seulement d'un désir incestueux (puisqu'être homosexuel, dans la définition même du narrateur, revient à ne pas aimer d'autre femme qu'elle), mais aussi et surtout se voir à jamais chassé de son sein, attendu qu'il n'y a de parole que greffée sur l'absence de la mère » (p. 48). Le personnage lui-même ne fera pas mystère par la suite de ce qu'il cherche avant tout et même exclusivement auprès d'une femme (OR, p. 63).

tion de la princesse Catherine – caractérisée comme maternelle, fût-ce spéculairement – jusqu'à l'incompréhension légère de la mère d'Alexis : « Elle me trouvait timide et plus jeune que mon âge ; je lui savais gré de me juger ainsi. Il y a quelque chose de rassurant, lorsqu'on est malheureux et qu'on se croit très coupable, à être traité comme un enfant sans importance » (OR, p. 53), à comparer avec « l'idée très pure, très douce, et un peu fade » que se fait d'Alexis, selon ce dernier, sa propre mère (OR, p. 35). Ensuite, la princesse Catherine emmène Alexis à Wand, après sa maladie, exactement comme la mère d'Alexis l'avait ramené à Woroïno en le sortant du collège, après sa maladie... Ce parallèle est renforcé par le rapprochement des deux domaines : « Je ne puis dire que Wand me rappelait Woroïno ; pourtant, c'était la même impression de vieillesse et de durée tranquille », même s'il est mitigé dans le premier cas (« Je ne puis dire ») et contradictoire dans le second : « La richesse paraissait installée, dans cette maison, depuis des temps très anciens, comme chez nous la pauvreté » (OR, pp. 54-55).

*

Sur fond de maternité abusive – dans les deux sens du mot : fausse par essence, puisque la princesse n'est pas la mère d'Alexis, et exerçant un pouvoir illégitime, puisqu'elle prétend marier Alexis, c'est-à-dire faire son bonheur à sa place –, la famille et ses jeux de rôles étouffants, même lorsqu'ils sont bien intentionnés, réapparaissent ponctuellement lorsqu'il est question de mariage entre Alexis et Monique : « [la princesse Catherine] se croyait tenue, en quelque sorte, de remplacer votre mère et la mienne. Et puis, elle était ma parente ; elle voulait aussi faire plaisir aux miens » (OR, p. 56). Monique, dont l'enfance est présentée par Alexis de façon légèrement dénigrante, oscille entre le rôle de sœur et celui de mère[38] ; ainsi cloisonnée, elle ne prendra jamais figure d'amante, à peine d'épouse, et encore seulement dans la mesure où elle finit par enfanter, c'est-à-dire trouver une place dans le lignage des Géra.

Monique, en effet, n'échappe pas à cette sorte de « syndrome de l'inceste ». Comme, une nouvelle fois, Alexis retrouve auprès de Monique cette douceur et ce calme qu'il a toujours goûtés auprès des femmes, il ne peut faire autrement que de l'assimiler à une sœur : « Il m'arrivait de songer que j'eusse été heureux d'être vôtre : je veux dire d'être votre frère » (OR, p. 58), ou « Vous aviez vingt-quatre ans. C'était, à peu près, l'âge de mes sœurs aînées » (OR, p. 64). Cette parenté symbolique use même d'un petit rituel qui peut faire penser à un échange de sang :

---

[38] Pour Anne-Yvonne JULIEN, « La figure de Monique [...] est [...] étrangement clivée, entre le personnage de l'épouse trop parfaite et trop sereine [...] et [...] celui d'une confidente intelligente et attentive » (*Marguerite Yourcenar ou la signature de l'arbre, op. cit.*, p. 22).

> Nous en étions venus à échanger nos souvenirs d'enfance ; j'en connus d'heureux grâce à vous ; par moi vous en connûtes de tristes ; ce fut comme si nous avions dédoublé notre passé. Chaque heure ajoutait quelque chose à cette intimité timidement fraternelle. (OR, p. 59)

Sur fond d'« admirables exemples de tendresse féminine », les « idées religieuses » d'Alexis l'amènent à voir dans le mariage « le seul idéal innocent et permis » (OR, p. 60). Le mariage ne sera pourtant pas pour Alexis une aventure fraternelle, mais bien maternelle. Lorsqu'au terme de quelques jours d'évitement – un évitement dicté par la « répugnance » du jeune marié – « il fallut bien » (OR, p. 63) consommer ce mariage, suivant l'expression consacrée, Alexis ne peut plus voir en Monique qu'une mère :

> Il me semble que ce fut un don maternel. J'ai vu plus tard votre enfant se blottir contre vous, et j'ai pensé que tout homme, sans le savoir, cherche surtout dans la femme le souvenir du temps où sa mère l'accueillait. Du moins, cela est vrai, quand il s'agit de moi. Je me souviens, avec une infinie pitié, de vos efforts un peu inquiets pour me rassurer, me consoler, m'égayer peut-être ; et je crois presque avoir été moi-même votre premier enfant. (OR, p. 63)

C'est ici qu'il convient de parler du « deuxième » enfant, Daniel, le fils d'Alexis et de Monique : « Je n'ai pas encore dit combien vous désiriez un fils. Je le désirais passionnément aussi. Pourtant, lorsque je sus qu'un enfant nous viendrait, je n'en ressentis que peu de joie » (OR, p. 68), écrit Alexis ; dans le contexte maternel qui vient d'être décrit, on peut se demander si ce peu de joie n'est pas également dû à ce que cet enfant suscite aussi chez lui la crainte de n'être plus aimé et donc une jalousie typique de « frère aîné » – plus que de mari détrôné. Au passage, Alexis égratigne d'ailleurs avec quelque dépit « le seul idéal innocent et permis » dont il parlait quelques pages plus tôt : « le mariage sans l'enfant n'est qu'une débauche permise ; si l'amour de la femme est digne d'un respect que ne mérite pas l'autre, c'est uniquement peut-être parce qu'il contient l'avenir » (OR, p. 68). Là aussi, c'est une sorte de jalousie qui s'exprime, vis-à-vis de ceux dont il parlait quelques lignes plus tôt :

> Ils se croyaient normaux, peut-être parce que leurs vices étaient très ordinaires ; et, cependant, pouvais-je les juger bien supérieurs à moi, dans leur recherche d'un plaisir qui n'aboutit qu'à lui-même, et qui, le plus souvent, ne souhaite pas l'enfant ? (OR, p. 68)

Mais la naissance elle-même a pour conséquence le retour à une relation plus supportable pour Alexis : « Je goûtais la douceur de cette intimité, redevenue fraternelle, où la passion n'avait plus à entrer. Il me semblait presque que vous étiez ma sœur, ou quelque proche parente que l'on m'avait confiée » (OR, p. 69). Ensuite, on oscille entre les relations fraternelle et maternelle ; c'est Monique elle-même, tenant à ce que Daniel naisse à Woroïno, qui suggère un rapprochement avec la mère d'Alexis :

> [Mon frère et sa femme] vous offrirent, pour vous faire honneur, la grande chambre où ma mère était morte et où nous étions nés. Vos mains, posées sur la blancheur des draps, ressemblaient presque aux siennes ; chaque matin, comme au temps où j'entrais chez ma mère, j'attendais que ces longs doigts fragiles se posassent sur ma tête, afin de me bénir. (OR, p. 69)

Par ailleurs, à peine Daniel né, Alexis et sa femme font chambre à part, ce qui met fin à une attitude typiquement filiale d'Alexis : « Nous n'avions pas repris notre existence commune ; j'avais cessé de me blottir contre vous, le soir, comme un enfant qui a peur des ténèbres » (OR, p. 72). Alexis, retrouvant sa chambre d'adolescent, régresse alors vers une image on ne peut plus narcissique : « Dans ce lit, où je retrouvais, avec mes rêves d'autrefois, le creux que jadis avait formé mon corps, j'avais la sensation de m'unir à moi-même » (OR, p. 72). La naissance de Daniel, dont ils espéraient tous deux « vaguement que tout s'arrangerait lorsqu'il serait là » (OR, p. 68), va au contraire les séparer.

*

Paradoxalement, Alexis n'endosse sa paternité, qu'il définit comme le fait, « par un sentiment aveugle du devoir », de s'être « rendu responsable de [l]a vie » de son fils, il ne constate avec quelque satisfaction cette intronisation familiale que pour mieux pouvoir se libérer de l'enfant par la suite : « je pouvais disparaître à mon tour, mourir, ou bien recommencer à vivre » (OR, pp. 71-72). C'est dans cette acceptation de son homosexualité et dans ce choix de se libérer en quittant Monique et l'enfant qui vient de naître qu'Alexis livre encore, au moment de prendre congé, une nouvelle preuve de ce qu'il cherche réellement : « Je pense, avec une infinie douceur, à votre bonté féminine, ou plutôt maternelle ; je vous quitte à regret, mais j'envie votre enfant » (OR, p. 76).

La nostalgie maternelle reparaîtra dans *La Nouvelle Eurydice*, lorsque Stanislas trouvera l'occasion d'un premier tête-à-tête avec Thérèse ; il se comparera à un enfant « qui se berce[] en se racontant des histoires » (NE, p. 17) et ne s'irritera pas de l'attitude maternelle de Thérèse à son égard :

> À la sollicitude qu'elle montrait pour mes études, mon avenir, ma santé même, je crus, avec un peu d'amertume, qu'elle ne voyait en moi qu'un enfant sans importance, mais loin que mon orgueil en souffrît, je sus gré à cette jeune femme aisément maternelle de me donner ainsi une part stable de son cœur. (NE, p. 20)

Cette nostalgie, Thérèse la renforce sans le vouloir en exprimant à Stanislas ses sentiments à propos d'Emmanuel « si hésitant, si désemparé » : « Je me dis que, sans doute, une femme éprouve une sensation de ce genre, lorsqu'elle devient mère. Il me semble souvent que moi aussi j'ai un enfant » (NE, p. 43). Stanislas reprendra cette idée à son compte quelques pages plus loin, évoquant « la beauté, mais aussi la douceur de ce dévouement maternel » (NE, p. 90). On retrouvera dans *Quoi ? L'Éternité* la même indulgence maternelle de Jeanne à l'égard d'Egon tout aussi désemparé et anxieux. Et dans *Denier du rêve*, la relation de Marcella et de Massimo ne manque pas elle non plus de filialité. Massimo est traité comme un enfant par Marcella. Lui-même a l'air de le reconnaître : « Un enfant, murmura-t-il comme à contrecœur. Un enfant qui a connu la faim, la guerre, la fuite, l'arrêt aux frontières… Un enfant qui a tout vu, mais n'a pas souffert. Pour un enfant, c'est un jeu… » (OR, p. 232). Lorsqu'il revendique une certaine maturité suite à sa rencontre avec Marcella, celle-ci la dénie (OR, p. 232) ; lorsqu'il prend la parole pour sortir de sa condition infantile, Marcella ne l'écoute pas : « Tu es comme un enfant, dit-elle doucement sans prétendre l'avoir écouté ou entendu. Si je te fais confiance, c'est parce que tu as l'air d'un enfant » (OR, p. 233) ; lorsqu'il propose d'aller tuer le dictateur à la place de Marcella, elle répond seulement : « Mon pauvre petit ! » (OR, p. 234). Lorsqu'ils s'embrassent, la filialité de leur relation est évoquée en même temps que son caractère incestueux, supposant donc que leur attirance physique, plusieurs fois attestée au cours de la scène, n'est pas légitime et repose sur un substrat plutôt filial qu'amoureux :

> Ce baiser presque filial pour lui, presque incestueux pour elle, ne les unit qu'un instant dans une communion désolée. […] Amèrement, l'agonisante se rappela une fois de plus qu'elle était de dix ans son aînée. (OR, p. 236)

Pour revenir à Alexis, il faut pourtant remarquer que la relation avec Monique et les rapprochements maternels et fraternels incessants dès qu'il est question des femmes ne permettent pas de parler d'un inceste consommé mais seulement de velléités d'inceste. Il ne peut au sens propre y avoir d'inceste, puisqu'il n'y a tout simplement pas de désir : en dehors de toute tension amoureuse, l'auteure se contente ici de jouer avec le concept de l'inceste, en introduisant des intentions souvent contradictoires dans le récit. On pourrait même dire que le fait d'aimer Monique comme une mère est le contraire de l'inceste, puisqu'il aboutit à la quitter. À aucun moment l'insuffisance de la relation charnelle entre Monique et Alexis ne prend cet aspect de désir coupable – et goûté ou du moins assumé comme tel – qui s'exprimera si clairement dans *Anna, soror…*

Anna, soror… *ou la perfection de l'inceste*

Anna, soror… va porter à la perfection les faibles ou sournoises vel-léités incestueuses d'Alexis. La tension amoureuse croissante est le nerf de ce récit et l'inceste y est amené par de très progressives étapes.

C'est dans le contexte quelque peu répugnant de l'abondance des produits de la terre et des enfants des intendants, au domaine d'Acropoli, qu'intervient la première allusion, extrêmement ténue, à une disposition autre que strictement fraternelle entre Miguel et Anna :

> Les chambres du frère et de la sœur se faisaient face ; par les croisées étroites comme des meurtrières, il lui arrivait d'entrevoir l'ombre d'Anna allant et venant à la lueur d'une petite lampe. Elle se décoiffait, épingle par épingle, puis tendait le pied à une servante pour qu'on lui enlevât sa chaussure. Don Miguel par décence tirait les rideaux. (OR, p. 856)

Ce mouvement alterné de voyeurisme et d'aveuglement, de désir et de répression, est pour Miguel le premier d'une longue série.

Commence une durée dont chaque journée, « longue comme tout un été », est le contrepoint de l'âge d'or qui vient de s'achever : l'enfance des deux jeunes gens dans « la petite pièce dorée comme l'intérieur d'un coffre » (EM, p. 855) où donna Valentine leur dispense une éducation curieusement libérale[39]. La fièvre physique qui sévit dans le pays est doublée d'une autre, morale et religieuse, qui gagne les esprits comme la malaria gagne les corps ; cette fièvre qui atteint aussi les hommes de Dieu est de nature païenne : « Les [moines les] plus lettrés […] pensaient au temps où ce pays était terre grecque, plein de marbre, de dieux, de belles femmes nues » (OR, p. 857). Bien que donna Valentine – qui leur a pourtant dispensé cette culture païenne – coupe court aux rumeurs colportées, le frère et la sœur en entendent assez :

---

[39] Il est toujours intéressant de croiser les textes yourcenariens. Dans un très court essai daté de 1928, revu en 1971, « À un ami argentin qui me demandait mon opinion sur l'œuvre d'Enrique Larreta » (EM, pp. 465-467), Marguerite Yourcenar évoque un roman de cet auteur, *La Gloire de don Ramire*, lu à quatorze ans. Alors qu'elle ne fait elle-même aucun lien explicite entre ce roman et *Anna, soror*…, on ne peut qu'être frappé par des similitudes : l'époque, le milieu aristocratique espagnol, le confinement de l'intrigue « à l'intérieur d'un cadre d'or » (EM, p. 465), l'amour interdit (même s'il ne s'agit pas d'inceste dans le roman de Larreta), l'influence violente de la religion, le sentiment que le jeune héros, s'embarquant sur un bateau, doive mourir très rapidement, la part de sang africain qui coule dans ses veines, etc. Ces similitudes sont renforcées par la lecture de la postface d'*Anna, soror*…, alors que le roman argentin n'est toujours pas mentionné parmi la litanie de références bibliographiques citées par l'écrivain. N'y figure pas non plus, fût-ce pour le titre, un des *Contes français* de Julie Lavergne (Tours, Mame et fils, 1885), que ses bonnes auront peut-être lus à la petite Marguerite. Cette édifiante et assez plate histoire de dévouement religieux d'une sœur à son frère s'intitule *Anna soror*. Ignorance ? Réminiscence ? Oubli ? Omission ?

> Une bande de moines avait enlevé et séquestré dans le couvent une partie de la jeunesse d'un village, et l'endoctrinait de l'idée que Jésus avait charnellement connu Madeleine et saint Jean. [...] Miguel y repensait souvent malgré soi [...], troublé [...] à l'idée de ces hommes que leur désir emportait assez loin pour qu'ils osassent tout. Anna avait horreur du Mal, mais parfois [...], devant l'image de Madeleine défaillant aux pieds du Christ, elle songeait qu'il devait être doux de serrer dans ces bras ce qu'on aime, et que la sainte brûlait sans doute d'être relevée par Jésus. (OR, pp. 857-858)

Après la préfiguration païenne de leur amour que Valentine, dans la forteresse, leur donne à voir sur les intailles grecques, Anna et Miguel transposent pour l'éloigner leur attirance naissante dans une vision toute chrétienne mais déjà subversive.

Lorsque Valentine monte se coucher, « Anna et Miguel resté seuls se regard[]ent en silence » (OR, p. 857), transformant en face à face comme pris de conscience la simple et innocente intimité des enfants qui, auparavant, écoutaient leur mère en la regardant ensemble ; et Miguel, pensant à son départ pour l'Espagne, « bien qu'il souffrît de quitter Anna et leur mère, sentait avec soulagement que l'approche de ce voyage éloignait déjà ces deux femmes de lui » (OR, p. 857). Ces sentiments contradictoires constituent encore un indice d'une prise de conscience, du moins chez Miguel.

C'est indirectement la transgression de l'ordre de Valentine (qui, à cause des troubles, a ordonné à son fils de ne pas s'écarter du château) qui provoque chez Miguel une nouvelle formulation à demi consciente de l'interdit, à la fois chrétienne et païenne celle-là. Ayant chevauché jusqu'à un site de ruines antiques, Miguel se met à errer parmi les colonnes : « Il savait vaguement qu'il était dans une de ces villes où avaient vécu les sages et les poètes dont leur parlait donna Valentine » (OR, p. 858). L'influence positive de la mère, fût-elle distante, demeure, renforcée par la pensée que « ces gens avaient vécu sans l'angoisse de l'enfer béant sous les pas » (OR, p. 858). Mais ceux qui ne croient pas à l'enfer « avaient pourtant eu des lois » ; comme ceux qui n'y croient pas, ils punissent sévèrement les « unions qui avaient dû paraître légitimes aux rejetons d'Adam et d'Ève, au début des jours » (OR, p. 858). Cette première manière dans le récit de formuler l'inceste – et non plus seulement les rapports sexuels, et qui plus est en le qualifiant de « légitime » – implique pourtant, d'une part, qu'on se situe avant les lois (païennes ou chrétiennes) dont il vient d'être question, d'autre part, que cette légitimité n'est dictée que par la nécessité, les seuls couples formables parmi les enfants du premier couple humain ne l'étant évidemment qu'à partir de frères et de sœurs. Il s'agit d'une formulation très timide. On ne s'étonnera donc pas que l'histoire, biblique et innocente, se double immédiatement – et comme si la deuxième venait sanctionner l'évocation de la première – du parallèle avec l'histoire, païenne et coupable, de Caunus et de Byblis[40]. L'inceste est ainsi interdit sans recours par l'une et l'autre cultures. Remarquons que l'histoire de Caunus et de Byblis éloigne chez Miguel la pensée insoutenable et tentante de l'inceste en en reportant l'initiative sur la sœur !

La rencontre au milieu des ruines avec la jeune fille sauvage a ceci de frappant que Miguel l'appelle « ma sœur » et qu'elle appelle en sifflant une vipère que Miguel découvre à ses pieds, puis écrase. Au même instant, est-il tentant de croire, Anna restée au château pousse un cri en découvrant dans la paille une vipère, qui sera écrasée elle aussi (OR, p. 859). Le rapprochement plutôt banal du serpent tué et du sexe masculin dont on fait taire le désir se double ici de la tentation édénique qui apparaît simultanément aux deux jeunes gens, rappelant les unions légitimes des rejetons d'Adam et Ève. Notons toutefois qu'Anna est en retard de conscience sur son frère.

Le rêve qui suit la rencontre clarifie encore le désir de Miguel : à nouveau aux prises avec des bêtes rampantes, il rêve de la jeune fille qu'il a appelée sa sœur. En se penchant pour lui embrasser les pieds, il reconnaît soudain ceux d'Anna et passe d'un désir licite à une presque faute. Le lendemain, pris entre le refoulement et l'obsession, il essaie de ne pas regarder ce qu'il finit par entrevoir : le pied nu de sa sœur. Miguel balance encore : « Comme sa conscience était mal à l'aise, il s'étonnait de n'avoir à se reprocher aucune faute » (OR, p. 861). Une deuxième rencontre avec la fille aux serpents est plus tentatrice encore. Miguel exprime de plus en plus clairement son désir (« J'ai soif », OR, p. 861), la fille lui indique de plus en plus clairement la manière de l'assouvir : « Votre sœur vous attend près d'ici avec une coupe d'eau pleine d'eau pure. Vous boirez ensemble » (OR, p. 861). Cette fois la coupe d'eau pure est une métaphore presque naïve du sexe féminin et de la virginité – dans *L'Œuvre au Noir*, Alberico de Numi « b[oi]t à la fontaine scellée », qui est d'ailleurs celle du *Cantique des Cantiques* (4,12). Et le Bien-Aimé du Cantique appelle la Bien-Aimée « ma sœur, ma compagne » ou « ma sœur, ma fiancée »…

Miguel retiré dans sa chambre ose penser, fût-ce par ellipse, que sa sœur lui plaît davantage que la fille aux serpents : « Cette fille l'avait peut-être ensorcelé. Elle ne lui plaisait pas. Anna, par exemple, était infi-

---

40 OVIDE, *Métamorphoses*, livre IX, vers 439 à 516. Byblis, amoureuse de son frère Caunus, revendique explicitement en tant que mortelle une possibilité réservée aux seuls dieux. Le jeune homme repousse avec horreur l'offre d'amour de Byblis et la fuit. Les dieux, pris de pitié devant le désespoir de la jeune fille, la transforment en fontaine. Il s'agit donc d'un inceste non consommé et pas vraiment puni.

niment plus blanche » (OR, p. 862). Cette blancheur désirable aux connotations de virginité et de noblesse, surenchérissant sur la pureté tout aussi désirable de la coupe d'eau, se renforce encore d'une nouvelle expression de leur gémellité : « Ce visage effarouché parut à don Miguel si semblable au sien qu'il crut voir son propre reflet au fond d'un miroir » (OR, p. 863), et le désir mal formulé et refoulé aussitôt reparaît quelques instants plus tard à la messe : « Les lèvres d'Anna se tendirent pour recevoir l'hostie ; Miguel songea que ce mouvement leur donnait la forme du baiser, puis repoussa cette idée comme sacrilège » (OR, p. 863).

*

La mort de donna Valentine introduit une rupture dramatique dans la progression du thème incestueux. Elle est pour Anna l'occasion de prendre conscience qu'elle ne souhaite pas se marier (« l'idée lui fit soudain horreur », OR, p. 865), c'est-à-dire qu'elle souhaite rester vierge, et disponible ainsi, inconsciemment, au désir de son frère. La mourante semble prévoir à la fois l'avenir et le danger qu'il recèle lorsqu'elle les exhorte : « Quoi qu'il arrive, n'en venez jamais à vous haïr », et à Anna qui dit, toujours innocemment : « Nous nous aimons », elle répond à la fois : « Je sais cela » et : « Ne vous inquiétez pas. Tout est bien », complétant ainsi son étrange éducation sexuelle par une espèce d'absolution anticipée (OR, p. 866). Lors du retour du frère et de la sœur à Naples, Miguel, obligé en l'absence des servantes de ranimer sa sœur évanouie, est troublé au plus haut point par le contact du corps de celle-ci. Des deux gestes thérapeutiques qu'il s'autorise, le premier ne touche que l'habit, mais déshabille, délie les liens : « il la délaça » ; le second touche, cherche un contact plus profond, lié à la vie, aux lieux communs de l'amour : « il cherchait anxieusement la place du cœur ; les pulsations reprirent sous ses doigts » (OR, p. 868).

Pour combattre son malaise, il essaie donc d'anticiper son départ. Mais le père, exerçant ici encore (sans le savoir, pour la dernière fois) sa puissance sur son fils, refuse le départ immédiat, précipitant Miguel vers son destin. Le frère et la sœur s'installent alors dans une relation faite de frustrations successives, se jalousant, s'épiant, se faisant souffrir, aussi incapables de se passer l'un de l'autre que de céder à leur désir – un désir que Miguel est le seul à avoir appréhendé jusqu'ici. Les tourments réciproques qu'ils s'infligent, leur jalousie et jusqu'à leur réserve ne sont d'ailleurs pas sans évoquer la relation d'Éric et de Sophie dans *Le Coup de grâce*. Miguel, ouvrant au hasard une Bible, « comme on le fait pour tirer des sorts », tombe sur un récit biblique d'inceste, celui d'Ammon et de Thamar : « Une possibilité qu'il n'avait jamais osé regarder en face lui apparut. Elle lui fit horreur » (OR,

p. 870)[41]. Cette horreur édifiante est sa dernière tentative de refouler son désir, alors qu'il a, cette fois, provoqué lui-même son destin en demandant à la Bible un oracle.

C'est encore par l'entremise du père que le destin se manifeste à nouveau. L'annulation du départ pour l'Espagne autorise en quelque sorte l'inceste : « Il fut pris d'un étourdissement de bonheur. [...] Et, comme si le changement involontaire de sa fortune, en le déchargeant de toute responsabilité, l'avait justifié d'avance, il éprouvait, avec une sorte d'ivresse, une subite facilité à se précipiter sur sa pente » (OR, p. 873). Furieusement jaloux de l'écuyer qu'il a lui-même engagé, il finit par se rendre compte que celui-ci l'épie pour le compte d'Anna, dont la jalousie réciproque le comble de joie. Donna Valentine mourante excusait tout d'avance par la pureté, l'amour et la transparence ; c'est le père, cette fois, qui bien involontairement, et au contraire en tous points par la débauche, l'indifférence et le secret, fournit une nouvelle absolution anticipée à l'amour interdit :

> La fenêtre de sa chambre donnait sur les contreforts [...]. Don Alvare, dans ces cellules abandonnées, passait pour faire venir [...] des femmes perdues [...], et ces choses, qui répugnaient à Miguel, achevaient d'abolir ses scrupules en lui prouvant l'universel pouvoir de la chair. (OR, p. 877)

La tension culmine le jour du Jeudi saint, où Miguel surprend sa sœur en train de baiser dévotement les plaies du Christ dans une église et arrête son geste par jalousie. Lorsqu'Anna, plutôt que d'accepter un mariage proposé par son père, parle d'entrer au couvent, il ose lui dire : « Et je vous permettrais un amant parce qu'il est crucifié ? [...] Croyez-vous que je veuille vous céder à Dieu ? », avant de s'écrier : « Ammon, Ammon, frère de Thamar ! » (OR, p. 880). Cette déclaration explicite plonge brutalement Anna dans l'évidence : « stupéfaite de s'être menti si longtemps, elle écoutait bondir son cœur » (OR, p. 880). L'inceste sera consommé la nuit même du vendredi saint, le 4 avril 1596. Miguel n'en éprouvera aucun remords ; il a offert à Dieu le sacrifice de sa vie en choisissant de s'embarquer pour une expédition militaire risquée : « La mort [...] le dispensait du pardon » (OR, p. 884). Anna pas davantage. Bien plus, étant donné ce qui a été constaté à propos de la figure de fraternité universelle du Christ des Douleurs, on peut inférer que sa dévotion morbide et passionnée au Christ, allant au-devant de l'intention qu'elle a perçue sans la formuler sous la jalousie sacrilège de Miguel, n'est pour

---

41 « Le passage des Rois où il est question de la violence faite par Ammon à sa sœur Thamar » se trouve aujourd'hui en 2 Samuel 13, mais les deux livres de Samuel ont longtemps été les troisième et quatrième livres des Rois, et c'est évidemment cette dénomination seule que peuvent historiquement utiliser Miguel et Anna.

Anna qu'une manière désespérée d'exprimer son amour pour son frère. Entre ces deux êtres comme entre tous les êtres, le Christ – on l'a vu – est un prisme de la passion et de la compassion. C'est bien « avec une compassion désolée » qu'elle l'étreint pour la première fois (OR, p. 883).

Anna, soror... est un récit unique dans l'univers yourcenarien. Il n'est pas sans présenter avec *Denier du rêve* la ressemblance d'une intrigue unique, concentrée, d'une tension vers un seul but, et d'un confinement analogues avec les grandes tragédies raciniennes si tôt lues et tant admirées par l'écrivaine. Mais le sommet en est une relation amoureuse et non un attentat. Sanctionné par la mort, l'inceste n'est cependant jugé en aucune façon : on peut interpréter que ce n'est pas la nature incestueuse de cette passion qui la condamne, mais précisément son caractère absolu, réciproque et comblé. Après un tel paroxysme, seule une chute est possible. Il est difficile d'inférer de ce seul récit que l'inceste entre frère et sœur est une des formes parfaites de la relation amoureuse yourcenarienne mais des éléments permettent pourtant d'avancer dans ce sens[42].

Parfaitement hétérosexuelle, la relation d'Anna et de Miguel n'en est pas moins hautement subversive. La gémellité des héros, que seul leur sexe distingue, tend à combler ce fossé des sexes et permet à Miguel et Anna de reformer naturellement l'androgyne, ce que Zénon rate laborieusement lors de ses quelques relations avec des femmes, dictées par l'obscure tentation d'« essayer l'effet des enseignements hermétiques sur le couple parfait qui reforme en soi l'antique androgyne » (OR, p. 695), ce qu'Éric n'arrive pas à résoudre en un couple (il en reste au trio avec le frère et la sœur) et ce qu'Hadrien, enfin, n'atteint que très partiellement en refaçonnant Antinoüs par la sculpture. Remarquons que le texte donne l'un ou l'autre indice complémentaire à ce sujet : la fusion androgyne ne saurait être en contradiction avec l'enseignement de donna Valentine dont une des lectures préférées est le *Banquet*[43]. On a comme une représentation d'*Anna, soror...* dans quelques lignes d'un article contemporain de la rédaction du récit, « La Symphonie héroïque », à propos de Tristan et d'Iseut :

> L'amour vraiment fatal des deux prédestinés d'Irlande [...] tend à la mort, mais comme à son achèvement et à son intégration. Il n'y a, dans cette passion, aucune des phases banales par où nous sommes habitués de faire

---

42 De même que, du seul exemple de Jeanne et d'Egon, on peut déduire une autre forme parfaite, celle du couple hétérosexuel dont la femme réussit à se faire aimer durablement d'un homme homosexuel. Dans le cas d'Alexis et de Monique, dans le cas d'Emmanuel et de Thérèse, dans le cas d'Éric et de Sophie, la tentative échoue.

43 « C'est donc d'une époque aussi lointaine que date l'implantation dans les êtres humains de cet amour, celui qui rassemble les parties de notre antique nature, celui qui de deux êtres tente de n'en faire qu'un seul pour ainsi guérir la nature humaine » (*Banquet, op. cit.*, p. 117).

passer l'amour : ni hésitation, ni scrupule, ni triomphe, ni remords. Cet amour se suffit, parce qu'il existe, et tend au néant, parce qu'il est d'avance accompli. [...] Iseut et Tristan [...] ne sont pas couplés, ils sont doubles. [...] Ils atteignent à la majesté de duades primitives où l'unité du monde s'est de nouveau réalisée, à moins qu'elle ne soit pas encore dissoute. (EM, p. 1665)

L'inceste parfait de Miguel et d'Anna résout aussi l'insoutenable poids de la lignée, puisqu'il s'agit d'une relation sexuelle entre individus partageant le même patrimoine génétique. Cette tension résolue entre l'individu et le groupe n'exclut même pas l'éventualité de la procréation : Anna souhaitera « ardemment » être enceinte de Miguel (OR, p. 889) – ce désir d'enfant si rare chez une personnage féminin ajoute à la subversion du récit. Dans son essai sur Thomas Mann, Marguerite Yourcenar donne de l'inceste une définition significative : « L'inceste [...] tout ensemble représente le repliement de l'homme sur soi et sur le milieu familial, scellant en quelque sorte leur singularité, et la plus scandaleuse rupture avec les coutumes de ce même milieu », définition qu'elle prétend partagée par l'écrivain allemand : « ce qui intéresse Mann semble avant tout l'*isolement* parfait du couple identique, fleur raffinée et luxueuse d'une civilisation et d'une race qui se referment jalousement sur elles-mêmes » (EM, p. 184, c'est l'auteure qui souligne) ; remarquons l'apparentement de la formulation avec la fermeture de la lignée de Valentine, « dernière fleur où une race douée entre toutes avait épuisé sa sève » (OR, p. 853) ; ses enfants pousseront à bout cette fermeture. Par ailleurs, dans la citation sur Mann, on voit, à l'emploi du mot « identique », que la gémellité antique et médiévale des héros ne quitte pas la définition yourcenarienne de l'inceste.

Il convient d'insister, à propos de la citation qui précède, sur le fait que l'emploi du mot « race » chez Marguerite Yourcenar est obstinément anachronique, avec une ombre de provocation. Même s'il y a repli au sein de la lignée, il ne s'agit pas ici d'obsession d'une quelconque « pureté de la race ». Par exemple, à deux reprises, dans *Anna, soror...* Marguerite Yourcenar suggère que Miguel, l'héritier de la fine fleur de la noblesse chrétienne et l'un même des deux membres du « couple identique » avec Anna, a du « sang more » dans les veines (OR, p. 860 et p. 884). Et à propos du repli sur soi, elle déclare dans *Les Yeux ouverts* :

> Je lutte contre la notion de famille considérée comme un milieu clos. Aucune ne l'est. Une famille royale, comme la Maison de France, qui pour les royalistes a signifié la France, est toute pétrie de sang étranger : Louis XIV était à moitié espagnol, un quart italien ; Louis XVI est à moitié allemand, un quart polonais. (YO, p. 218)

Loin de la diminuer, le métissage contribue à la noblesse de la race : ainsi, si Jeanne est de noble lignée, « un peu d'Insulinde donne à Jeanne ce teint doré et ce rien d'indolence créole qui est l'un de ses charmes, mais dont elle eût rougi si elle s'en fût aperçue » (EM, p. 1243). Dans *Mémoires d'Hadrien*, de son côté,

> Antinoüs était Grec [, d'une] famille ancienne et obscure [qui remontait] jus-
> qu'à l'époque des premiers colons arcadiens sur les bords de la Propontide.
> Mais l'Asie avait produit sur ce sang un peu âcre l'effet de la goutte de miel
> qui trouble et parfume un vin pur. (OR, p. 405)

L'inceste entre frère et sœur est un mythe fondateur puissant. Le récit d'*Anna, soror...* fait allusion aux « rejetons d'Adam et Ève », dont la logique, on l'a vu, incite à penser que, faute d'autres humains à la surface de la terre, ils ont dû s'accoupler entre frères et sœurs. Il renvoie aussi à l'inceste d'Ammon et de Thamar, à celui non consommé de Caunus et Byblis. Mais, pour la même raison que celle de la Genèse, toutes les cosmogonies sont bien forcées de comporter des incestes fraternels entre les dieux fondateurs. Isis et Osiris sont les plus célèbres ; dans la mythologie grecque, Cronos épouse sa sœur Rhéa et Zeus épouse sa sœur jumelle Héra. Sans descendance, Anna et Miguel ne peuvent apparaître comme un couple ou des personnages fondateurs dans la mythologie yourcenarienne – comme Dida, Simon Adriansen ou Charles Augustin et Reine, ou Arthur et Mathilde « au service des divi-nités génitrices », par exemple (EM, p. 786) –, mais le statut mythique de leur couple n'en est pas moins fort.

Statut parental des sexes

Mari et femme : un fonctionnalisme à l'antique

En principe, la relation conjugale ne se fonde pas sur une parenté préexistante, qu'à l'origine elle a, au contraire, en partie pour objectif d'élargir, par l'échange de personnes entre des clans familiaux. Il demeure que la conjugalité est en quelque sorte une sous-parenté, ce qu'exprimait Marguerite Yourcenar à propos d'Antigone en reprenant à son compte l'expression entendue chez « trop de fermières flamandes ou de couturières grecques » : « " Un mari, ça se retrouve, mais un père, ou une mère, ou un frère, ça ne se refait pas ! " […], ce qui signifie […] que la famille compte plus que tout » (L, p. 342). J'examinerai ici quelques exemples de la relation conjugale dans l'œuvre yourcenarienne, en commençant par une union fabriquée de toutes pièces, déjà rapidement évoquée plus haut.

Dans *L'Œuvre au Noir*, les brèves amours de Zénon et de la dame de Frösö ne sont bien sûr pas un mariage réel, mais leur relation entre dans la catégorie de la parenté symbolique par la comparaison qui veut que la dame rejoigne Zénon au lit « avec une sereine impudeur d'épouse » (OR, p. 696) et par le fait qu'au moment où Zénon croise sa route, elle cherche précisément à se « choisir pour mari […] un fermier libre du voisinage ». Il paraît d'autant moins probable alors que cette veuve, ne souhaitant apparemment se remarier que pour « éviter que le domaine ne retombât sous la tutelle de ses frères aînés », ait pris le risque de compromettre une telle alliance en menant à son terme une éventuelle grossesse des œuvres de Zénon – surtout une fois celui-ci reparti. Pourtant, le récit insiste, allant jusqu'à manquer tout à fait de vraisemblance. On lit aux pages 795-796 : « la dame de Frösö s'était montrée différente : elle l'avait assez aimé pour souhaiter lui offrir un durable asile » – encore un bon moyen d'éviter que son domaine retombe sous la tutelle de ses frères aînés – ; « elle avait voulu de lui un enfant », alors que cent pages plus tôt le récit précise que le séjour de Zénon n'a duré que huit ou dix jours (OR, p. 697) ! C'est peu pour vouloir un enfant du premier venu...

d'autant plus qu'à ce moment du récit la chronologie n'est nullement contraignante et que le texte aurait aussi bien pu parler de huit ou dix mois que de huit ou dix jours – ce qui eût été plus vraisemblable. Mais, au stade où en est Zénon, dans sa prison, quelques jours avant de mourir, ne s'agit-il pas seulement d'épuiser, fût-ce sur le plan symbolique, tous les possibles de la parenté ? Et de conforter l'expérience universalisante de Zénon, afin que rien n'y manque, pas même le mariage... tout en préservant son indépendance absolue, particulièrement vis-à-vis des femmes. Huit ou dix jours donc, pas un de plus, pour expérimenter la vie de couple et la tentation de la procréation.

Ce n'est pas au hasard que j'ai commencé ce chapitre par la dame de Frösö. En effet, s'il n'est pas bien difficile de montrer que la relation dont on vient de parler n'est, en gros, qu'un fantasme, l'approche de la relation conjugale, dans l'œuvre de Marguerite Yourcenar, est presque toujours sujette à ce type de présupposé, au sentiment que quelque chose est à prouver. Ainsi, dans *L'Œuvre au Noir*, par exemple, Henri-Juste et Jacqueline portent le conformisme du couple jusqu'à la caricature : rien n'y manque, même l'enfant né sur le tard qu'ils aiment « exhiber », même la menace de ne pas payer la dot, même les « agaceries d'honnête femme » de Jacqueline vis-à-vis de Zénon, qui finissent par irriter le banquier, même la scène d'allaitement en public ou les bagarres de l'épouse et de la belle-sœur, ou les « entrailles paternelles » d'Henri-Juste congédiant tout de même joyeusement son bon à rien de fils à qui maman glisse « en cachette » – pourquoi en cachette ? C'est encore un lieu commun de l'indulgence maternelle face à la sévérité du père – l'argent du voyage. Encore sent-on qu'Henri-Juste et sa femme sont un ménage uni : il faudra attendre les minces révélations de Greete, à la fin du livre, pour apprendre d'inévitables « privautés obtenues de gré ou de force avec des servantes » (OR, p. 778). Du côté de Martha et Philibert, dans le chapitre ironiquement intitulé « Une belle demeure », la caricature est cette fois celle d'un couple « bourgeois » avant la lettre, préoccupé surtout du qu'en-dira-t-on et jouant, dans l'intimité, sur une hypocrisie générale qui seule leur permet de maintenir des rapports à peu près supportables et même une certaine estime mutuelle, malgré de petites mesquineries – Philibert cachant son Rabelais sous sa couverture (OR, p. 808) – ou des allusions perfides – à l'exécution d'Hilzonde (OR, p. 809) ou à l'enfant bâtard de Philibert (OR, p. 811). D'amour, d'élection, point.

C'est qu'en effet les époux yourcenariens sont rarement fidèles : outre ceux de *L'Œuvre au Noir* dont on vient de parler, dans *Souvenirs pieux*, Arthur trompe Mathilde avec la « dame de Namur », Louis-Joseph de C., délaissant de temps à autre sa femme Marguerite-Pétronille, « baise une jolie fille » (EM, p. 759) ; dans *Archives du Nord*, Michel

Charles s'autorise une grisette à Ostende (EM, p. 1080), en pleine complicité avec son fils – qui ne tardera pas à vivre dans cette même ville, et avec la même complicité en retour, son initiation sexuelle ; dans *Anna, soror...*, don Alvare, l'époux de la parfaite donna Valentine, fait amener des courtisanes dans une tour éloignée de la forteresse ; Egmont de Wirquin, quant à lui, prend des maîtresses, ce dont Anna lui sait d'ailleurs gré car elles la débarrassent de sa présence. Dans *Mémoires d'Hadrien*, il va sans dire – la notion de fidélité dans l'antiquité n'étant du reste pas la nôtre – que ni Hadrien, ni Trajan, ni Attianus (dont l'épouse pourtant « lui [est] chère », OR, p. 364), ni Lucius ne sont des foudres de fidélité. N'y a-t-il donc aucune épouse yourcenarienne pour oser tromper son mari ? Pas vraiment. Pour les petites patriciennes adultères de *Mémoires d'Hadrien*, sitôt Hadrien sorti, « le mari même, si raillé, dev[ien]t essentiel, peut-être aimé » (OR, p. 335). Dans *Feux*, Clytemnestre prend Égisthe pour amant, mais « l'adultère n'est souvent qu'une forme désespérée de la fidélité. Si j'ai trompé quelqu'un, c'est sûrement ce pauvre Égisthe » (OR, p. 1121). Une exception cependant : ici encore il s'agit de Jeanne, qui trompe Egon avec Michel. Il est vrai qu'elle a des circonstances atténuantes et qu'Egon, qui vit de son côté des aventures avec des hommes (et impose même à Jeanne, durant des mois, la présence de son amant Franz), ne s'estime même pas trompé, voulant la laisser « libre » (EM, p. 1275)[44]. Bien entendu, j'emploie le mot tromper dans un sens « ignoblement étroit » qui, pour Marguerite Yourcenar, ne saurait s'appliquer aux lumineuses exceptions de Jeanne et Egon. Tout autre est l'acception de la chose pour Noémi, à qui elle convient parfaitement :

> Elle est vertueuse, au sens ignoblement étroit qu'on donne à ce mot, à l'époque, quand on l'emploie au féminin, comme si la vertu pour la femme ne concernait qu'une fente du corps. Monsieur de C. ne sera pas un mari trompé. (EM, p. 1061)

Dans « Sixtine », il est d'autant plus piquant que Michel-Ange ne reconnaisse la chasteté et « surtout » la fidélité qu'aux « femmes de pierre » – celles-là mêmes qui n'ont « pas de fissure par où puisse s'introduire en elles le plaisir, la mort, ou le germe de l'enfant » (EM, p. 282).

Dans *Mémoires d'Hadrien*, on peut se demander pourquoi Hadrien ne met pas fin à son mariage avec Sabine, si peu gratifiant. L'empereur s'en explique :

---

[44] Comptons aussi que la donna Rachele de *Denier du rêve* trompe « abondamment » son mari, don Ruggero, qui le lui rend bien (OR, p. 193), et que Saraï trompera tout aussi abondamment Nathanaël dans *Un homme obscur*. Ces deux femmes sont juives. Faut-il y voir un relent d'antisémitisme, de ces « préjugés qui […] remontent à la bouche comme une bile amère » (EM, p. 1326) ?

> J'aurais pu me débarrasser par le divorce de cette femme point aimée ; homme privé, je n'eusse pas hésité à le faire. Mais elle me gênait fort peu, et rien dans sa conduite ne justifiait une insulte si publique. (OR, p. 417)

C'est la raison pour laquelle, lorsqu'on soupçonne Hadrien d'avoir fait empoisonner sa femme, il n'a qu'un haussement d'épaules : « Il va sans dire qu'un crime si superflu ne m'avait jamais tenté » (OR, p. 488). Mais il y a pour l'empereur une autre raison de ne pas divorcer, c'est le poids des conventions sociales – celles-là mêmes pour lesquelles Éric s'identifie soudain « à tous ceux de [s]a race qui s'étaient jusqu'ici cherché des fiancées » (OR, p. 127). Un empereur se doit de prêcher d'exemple, fût-ce seulement sur le chapitre des apparences, comme on va le voir. Lors de l'inauguration du Panthéon, Hadrien considère la cour impériale réunie autour de lui et y distingue Sabine, mais son épouse n'est pas pour lui une personne : elle est un rôle, une fonction sociale, une incarnation de Junon, uniquement d'ailleurs pour mieux mettre en valeur le Jupiter auquel s'identifie Hadrien :

> Ma femme, présente elle aussi, venait de recevoir le titre d'impératrice. Depuis longtemps déjà, je préférais les fables concernant les amours et les querelles des dieux aux commentaires maladroits des philosophes sur la nature divine ; j'acceptais d'être l'image terrestre de ce Jupiter d'autant plus dieu qu'il est homme, soutien du monde, justice incarnée, ordre des choses, amant des Ganymèdes et des Europes, époux négligent d'une Junon amère. Mon esprit, disposé à tout mettre ce jour-là dans une lumière sans ombre, comparait l'impératrice à cette déesse. (OR, p. 417)

Enfin, achevant de passer en revue des conventions qui le servent davantage encore que son épouse :

> Je savais gré à sa froideur de n'avoir pas pris d'amant ; il me plaisait qu'elle sût porter avec dignité ses voiles de matrone qui étaient presque des voiles de veuve. J'aimais assez qu'un profil d'impératrice figurât sur les monnaies romaines, avec, au revers, une inscription, tantôt à la Pudeur, tantôt à la Tranquillité. Il m'arrivait de penser à ce mariage fictif qui, le soir des fêtes d'Éleusis, a lieu entre la grande prêtresse et l'Hiérophante, mariage qui n'est pas une union, ni même un contact, mais qui est un rite, et sacré comme tel. (OR, pp. 417-418)

Ce dernier paragraphe, qui prend le ton positif du monarque de droit divin (« Je savais gré », « il me plaisait », « J'aimais assez »), pousse logiquement à bout le fonctionnalisme qui est la vision sociale du monde d'Hadrien : une épouse délaissée, en quelque sorte déjà veuve, un mariage tout entier dans le rite.

Sur cette pente facile et avec un tel idéal, *Le Labyrinthe du monde* accélère le mouvement sur le thème de la finalité « naturelle » du mariage : l'établissement du nom par la filiation et par l'accumulation des richesses, dans une perspective purement fonctionnaliste et le plus souvent sans que l'inclination entre les futurs époux constitue le facteur dominant de leur union.

Souvent, avec les apparences de l'objectivité historico-sociologique, le discours yourcenarien semble seulement constater cette finalité. Dans *Souvenirs pieux*, elle remarque : « Ces gens font dans leur caste de prudents mariages dont la dot consiste à n'en pas douter en bonnes terres » (EM, p. 750). Elle y revient avec plus d'insistance dans *Archives du Nord* :

> J'indique ces quelques faits pour montrer dès le début le réseau compliqué de noms, de sangs, et de biens fonciers, tissu par trois douzaines de familles sans cesse intermariées au cours de trois siècles. (EM, p. 969)

Avec moins d'objectivité, certes, le vocabulaire en témoigne, Marguerite Yourcenar s'attarde quelques dizaines de pages plus loin à la branche bourgeoise de son ascendance, celle qui se greffe sur la lignée paternelle par l'entremise de sa grand-mère, Noémi Dufresne, qu'elle déteste, comme on sait :

> Si je n'ai pas mentionné ces rustiques au moment où je tentais d'établir le réseau de « mes familles », c'est d'abord qu'ils ne s'y raccordent, de par le mariage de Michel Charles, qu'au beau milieu du XIXe siècle [...]. Ces personnes ont beau avoir subi les mêmes vicissitudes historiques, les mêmes guerres, les mêmes changements de suzerainetés et de régimes, elles font l'effet d'être, non seulement d'un autre milieu social, mais d'une autre race. (EM, p. 1049)

Le mariage de Michel Charles et de Noémi paraît à bien des égards (classe, culture, langue, personnalité, etc.) une mésalliance. Mais il poursuit bien le même but de perpétuation du nom par l'accumulation des richesses. La mère de Michel Charles veille donc tout ensemble aux capacités de reproduction et aux avoirs financiers :

> Cette mère réaliste sait la distance qui sépare, par le temps qui court, une belle fortune d'une grande fortune. Mademoiselle Dufresne, fille d'un juge au Tribunal de Lille, pèse exactement dans ses balances le poids qu'il faut. [...] Sa chevelure abondante, ses bras et ses épaules potelées attestent sa santé florissante : point essentiel. Son père [...] possède deux ou trois des plus beaux immeubles de Lille et parle de donner l'un d'eux en dot à sa fille. Il a acquis dans la région plusieurs fermes, et une partie de son portefeuille passe pour être en charbonnages. (EM, p. 1046)

Mais, parfois, le regard narratif se focalise sur la relation conjugale elle-même. Sa nature est exposée à plusieurs reprises à peu près de la même façon, qu'il s'agisse de Michel Charles et de Noémi, de Charles

Augustin et de Reine, d'Arthur et de Mathilde, etc. Unis dans l'intérêt des familles, immédiatement attelés à la perpétuation du nom, soigneusement comptables de leurs avoirs et soucieux de les augmenter, qu'ils soient d'extraction noble ou bourgeoise, attachés à leurs terres et à leurs maisons, bientôt à leurs industries, comme à des boulets, c'est toute une classe sociale d'Europe du Nord que Marguerite Yourcenar veut nous dépeindre, sans jamais prononcer le mot de sociologie, à peine celui d'histoire. Dans un tel contexte et malgré une aisance financière dont ils profitent largement, Michel et Fernande prennent en effet figure de « demi-rebelles » (EM, p. 841) – et le fils de Michel s'empressera de rétablir les bons usages dès la génération suivante.

*

Une fois de plus, le cas de Jeanne et d'Egon fait exception. Ils se choisissent, se marient par amour ; l'importance de la lignée (d'Egon) et de la fortune (de Jeanne) sont secondaires – ou plutôt préexistent, mais vont tellement de soi qu'on n'en parle pas. Ils aiment leurs deux fils, Clément et Axel : malgré son désir d'aventure, Egon hésite à partir (« Il m'est dur de vous laisser tous trois », EM, p. 1409). Ils les élèvent ensemble (malgré les nombreuses absences d'Egon), allant même jusqu'à jouer tendrement avec eux à Scheveningue (EM, pp. 1273 et 1279 ; voir aussi « les jeux avec les enfants », EM, p. 1320). Ces scènes de vie familiale tendre et tranquille sont très rares dans l'univers de l'écrivaine : on pense plutôt aux longues séances immobiles des enfants de Suarlée (EM, p. 884), à Michel et Gabrielle privés de leur gouvernante anglaise (EM, pp. 1073-1074), à Michel Joseph relégué en pension ou aux paires de claques distribuées par la mère Dida dans *Denier du rêve* (OR, p. 252) ou par le père de Nathanaël dans *Un homme obscur* (OR, p. 1007). Rien de tel ici. Comme souvent lorsque Marguerite Yourcenar affectionne un personnage, le mythe n'est pas loin :

> Egon quitte silencieusement son fauteuil de rotin, et rejoint Jeanne au bord de la mer, portant sur l'épaule Axel comme l'Hermès des musées porte l'enfant Bacchus. Avant de le voir, Jeanne devine son approche à ce frémissement délicieux que trois ans de vie commune ne lui ont pas encore fait perdre. Ce jeune homme qui n'est pas tout à fait un père, ni tout à fait un mari, ni tout à fait un maître de maison, est resté un dieu. (EM, p. 1273)

Une des qualités reconnues par Michel à Jeanne est sa « franchise » à propos de la limitation des naissances (EM, p. 1275). Le *leitmotiv* de la description yourcenarienne des relations conjugales est en effet la critique de leur obligatoire finalité procréatrice. Lorsque Marguerite Yourcenar s'attarde à évoquer la vie de ses aïeux, et singulièrement ceux à qui elle ne porte pas d'affection particulière (dans *Archives du Nord*, le « lit conjugal » de Rubens, par exemple, est traité tout différemment), c'est en effet en appuyant la description sur le lieu où s'exercent la relation conjugale et ses effets : « La chambre à coucher du XIXᵉ siècle est l'antre aux mystères » (EM, p. 787), écrit Marguerite Yourcenar dans *Souvenirs pieux*, établissant ainsi un pont entre les siècles. Mystère de l'initiation sexuelle des épouses, de la vie des accouchements, de la mort d'ailleurs souvent liée à la mise au monde :

> Les vrais dieux sont […] le roide Priape, dieu secret des épousées, légitimement dressé dans l'exercice de ses fonctions, la bonne Lucine qui règne sur les chambres d'accouchées, et enfin, repoussée le plus loin possible, mais sans cesse présente dans les deuils de famille et les dévolutions d'héritage, Libitine, qui ferme la marche, déesse des enterrements. (EM, p. 786)

Trop de naissances, trop de descendance. Pour Marguerite Yourcenar, il convient sans aucun doute de limiter fortement cette parenté surabondante. On le verra dans un des points suivants, consacrés à la dévalorisation de la procréation et de l'enfant.

Androgynie, antagonisme et syncrétisme sexuel

En dehors du modèle fonctionnaliste qui vient d'être évoqué, c'est-à-dire hors mariage, le statut sexuel des personnages est beaucoup plus flou et le rapport à la postérité beaucoup plus ambigu. Sous le regard du narrateur ou du protagoniste yourcenarien (Éric, Hadrien, Zénon, etc.), et parfois même dans son propre chef – ainsi Alexis dit de lui-même que ce dont il « différai[t] le plus, ce n'était pas des femmes » (OR, p. 22) –, l'objet aimé ou considéré comme un partenaire sexuel potentiel, homme ou femme, se pare d'attributs de l'autre sexe. Dans les œuvres mineures, Achille et Misandre, Achille et Penthésilée, Clytemnestre, Ariane et Thésée, Ling et sa femme, Marie-Madeleine et Jean, pour ne citer qu'eux, acquièrent ou échangent des caractéristiques liées à l'autre sexe.

*

Je commencerai par m'attarder à deux récits complémentaires du début des années 1930. Dans *Feux*, « Achille ou le Mensonge » et « Patrocle ou le Destin » sont comme un diptyque qui offre des images à la fois banales et insistantes de la féminité et de la masculinité, présentées à la fois comme antagonistes, irréductibles et pourtant perpétuellement mêlées. Dans « Achille ou le Mensonge », l'enfant de Thétis est étroitement associé à la faute, « la seule faute de sa jeunesse divine : elle avait couché près d'un homme sans prendre la précaution banale de le transformer en dieu » (OR, p. 1063). Cette logique avilit la traditionnelle lignée masculine et anoblit du même coup la lignée féminine, l'élevant pour cette fois au rang du tragique.

Cette situation contre nature en appelle une autre. Puisque la bâtardise d'Achille fait peser sur lui la mortalité, Thétis use d'un subterfuge radical pour le protéger : « comme les paysannes mettent des robes de fille à leurs garçons malades pour dépister la fièvre », elle le revêt « de ses tuniques de déesse » (OR, p. 1063). Ce basculement de polarité entre le masculin et le féminin répond au basculement de polarité de l'immortel vers le mortel qui a présidé à la naissance d'Achille : Thétis use de tout son pouvoir pour ramener son fils dans le champ de la lignée féminine et divine.

Mais il s'agit bien de polarité : loin de se transformer en fille, Achille est obligé par sa mère (« par son ordre », OR, p. 1064), comme il l'était à vivre en dieu dans une écorce d'humain, à *vivre en femme dans un corps d'homme*. Le passage incessant d'un sexe à l'autre se fait le plus souvent de manière nuancée : « transfuge du camp des mâles », Achille est « cette fille trop pareille à l'image idéale qu'un homme se fait des femmes » ; parfois de manière plus claire : il est « le dur contraire d'une fille ». Il y a même, avec l'apparition de sa rivale Misandre – dont le nom signifie en grec « qui n'aime pas l'homme » –, une tentative de synthèse des deux mouvements contraires à l'intérieur de la polarité : « Cette ennemie musclée devenait pour Achille l'équivalent d'un frère ; ce rival délicieux attendrissait Misandre comme une espèce de sœur » (OR, p. 1064).

Achille est claustré dans un univers exclusivement féminin, comme Alexis, comme – dans une moindre mesure – le Miguel d'*Anna, soror...* L'emprise du féminin est telle que, lorsque les soldats surgissent dans l'île et se présentent devant les femmes, les armes qu'ils amènent avec eux – et sur lesquelles ils comptent pour qu'Achille à leur vue se révèle et reprenne à leurs côtés sa condition de frère d'armes, de mâle mortel – se féminisent : « les casques maniés par les six mains fardées rappelaient ceux dont se servent les coiffeurs ; les ceinturons amollis se changeaient en ceintures ; dans les bras de Déidamie, un bouclier rond avait l'air d'un berceau » (OR, p. 1065).

L'amour qui sera le plus fort, c'est l'amour du Même, Patrocle, en qui toute la condition de mâle et de mortel semble rassemblée dans l'image phallique par excellence : « Patrocle seul résistait au charme, le rompait comme une épée nue. [...] Achille [...] bondit vers cette vivante épée, prit entre ses mains la dure tête ciselée comme le pommeau d'un glaive » (OR, p. 1065). Que Patrocle le rejette, lui qui n'a pas su reconnaître le Même sous ses vêtements de fille, contredit toutefois l'image qui précède et prouve que le charme agit malgré tout sur lui. De même, Achille, près de rompre à son tour le charme en retrouvant sa masculinité mortelle, reste prisonnier de son image de femme et manifeste clairement son impuissance (dans tous les sens du terme) en recourant infructueusement à l'instrument phallique de tout à l'heure : « Achille se saisit maladroitement d'un glaive qu'il lâcha sur-le-champ » (OR, p. 1066). Il est incapable de se réapproprier la virilité.

C'est la mort de Déidamie qui rompt véritablement le charme : elle rejette Achille dans le camp des mâles guerriers et mortels. En témoigne la menace qui surgit à ce moment : « stupéfait, il entendit Misandre lui proposer de fuir avant que n'éclatât sur lui la colère de ce père tout-puissant », ce même père jusqu'ici abusé par le charme au point de « pouss[er] l'aberration jusqu'à aimer en lui la vierge qu'il n'était pas » (OR, p. 1064) ! La fuite d'Achille, favorisée par Misandre, lui permet de rejoindre les hommes mortels, mais la vigilance de Thétis n'est pas éteinte, et c'est sous la forme – divinisée mais d'abord et finalement féminine – de la Victoire qu'Achille se présente à eux, qui ne le reconnaissent pas : « Un bond hissa sur l'arrière du vaisseau de haut bord cette fille échevelée en qui naissait un dieu […] Personne ne se doutait que cette déesse n'était pas femme » (OR, p. 1068). Le texte, finissant sur ce point d'orgue qui assimile à sa mère divine Achille, hybride du divin et de l'humain, du féminin et du masculin, semble hésiter à clore l'ambiguïté qui le sous-tend tout entier.

« Patrocle ou le Destin » constitue en quelque sorte la suite d'« Achille ou le Mensonge » et reprend à son compte sa puissante symbolique.

Si « toute sa vie, les femmes avaient représenté pour Achille la part instinctive du malheur », c'est dans l'hybridité même de sa naissance qu'il reconnaît d'abord ce malheur : « Il reprochait à sa mère d'avoir fait de lui un métis à mi-chemin entre le dieu et l'homme, lui ôtant ainsi la moitié du mérite qu'ont les hommes à se faire dieu » (OR, p. 1075), avant d'énumérer d'autres reproches aux femmes. Celle par qui le malheur arrive, la mère d'abord, la femme ensuite, lui fournira pourtant l'occasion d'expérimenter à nouveau cette autre hybridité, déjà éprouvée dans « Achille ou le mensonge » : la polarité du féminin et du masculin.

Achille a vécu avec son « compagnon » une union assez forte pour le qualifier d'« ami qui tout à la fois avait rempli le monde et l'avait remplacé » (OR, p. 1074). Il a assez aimé Patrocle pour que « la haine inavouée qui dort au fond de l'amour » le fasse considérer son « compagnon » comme quelqu'un « qui méritait d'être un ennemi » et surtout lui fasse avoir souhaité paradoxalement sa destruction, une destruction qui prend ici des allures de dévoilement brutal et, par là, de viol : « il enviait Hector [meurtrier de Patrocle] d'avoir achevé ce chef-d'œuvre ; lui seul aurait dû arracher les derniers voiles que la pensée, le geste, le fait même d'être en vie interposaient entre eux, pour découvrir Patrocle dans sa sublime nudité de mort » (OR, p. 1074). S'il refuse de combattre, enfin, c'est parce que ce « veuf » ne veut pas « susciter à Patrocle des rivaux d'outre-tombe » (OR, p. 1074).

C'est pourtant exactement ce qu'il va faire, et l'affrontement avec Penthésilée vient répondre point par point au deuil de Patrocle. Il s'agit tout d'abord d'un affrontement mais aussi, en quelque sorte, d'un accouplement, et d'un accouplement ritualisé, presque d'un mariage : « les soldats firent la haie, muant le champ de bataille en champ clos, poussant Achille au centre d'un cercle » (OR, p. 1075) ; « le corps à corps devenait tournoi, puis ballet russe » (OR, p. 1076). Il s'agit ensuite d'une mise à mort réelle, répondant à celle fantasmée de Patrocle – qui, pour finalement mort qu'il soit, n'a pas été tué par les mains d'Achille –, et prenant elle aussi les allures d'un viol. Comme Patrocle, Penthésilée se trouve « renoncer à la ruse d'être sans voiles » (OR, p. 1075). Ses « voiles » sont une cuirasse d'or que les soldats, parachevant le viol d'Achille, écorcheront ensuite (OR, p. 1076) comme il avait rêvé d'arracher les voiles lui cachant la « sublime nudité de mort » de son ami. On voit qu'Achille a retrouvé toute sa puissance virile, perdue dans le récit précédent : l'image phallique de l'épée reparaît, sans déficience cette fois de la part de celui qui la manie : « De toute sa force, il lança son glaive, comme pour rompre un charme, creva la mince cuirasse […]. Penthésilée tomba comme on cède, incapable de résister à ce viol de fer » (OR, p. 1076). Cette fois, l'expression « viol de fer » invite explicitement à lire ce meurtre d'une femme par un homme comme un substitut monstrueux du coït. Il n'est jusqu'à la mince cuirasse de Penthésilée, assimilée à « on ne sait quel pur soldat » (OR, p. 1076), qui ne puisse symboliser l'hymen de la virginité. Il s'agit enfin d'une substitution, puisque cette ennemie qui devient une épouse ressemble à l'époux mort : « C'était le seul être au monde qui ressemblait à Patrocle » (OR, p. 1076). Penthésilée est cette rivale d'outre-tombe qu'Achille suscite presque malgré lui à Patrocle : un nouveau charme féminin inscrit le pouvoir de l'amazone, nouvelle Misandre, au tableau de cette « part instinctive du malheur ».

D'Achille à Patrocle, le poncif de « la haine inavouée qui dort au fond de l'amour » (OR, p. 1074) répond, d'Achille à Penthésilée, à « l'amour qu'on trouve au fond de la haine » (OR, p. 1076), et ce avec une telle précision, on voudrait dire une telle candeur, qu'on serait presque tenté de croire à un lapsus et non à une réelle intention du narrateur, si le texte ne récidivait en doublant cette équation par une autre : « ce compagnon qui méritait d'être un ennemi » rencontre au panthéon des fraternités yourcenariennes « cette victime digne d'être un ami » (OR, p. 1076). Marguerite Yourcenar superpose ici, à la polarité de l'humain et du divin, puis à celle du masculin et du féminin, une troisième polarité, celle de l'ami et de l'ennemi.

*

Cette tendance à un antagonisme paradoxalement fusionnel s'accentue dans la plupart des œuvres majeures. Dans *Le Coup de grâce* par exemple, le statut transsexuel de Sophie fait écho à celui de Conrad, d'« une douceur de jeune fille » (OR, p. 93) :

> Du frère et de la sœur, c'était Conrad qui répondait paradoxalement le plus à l'idée qu'on se fait d'une jeune fille ayant des princes pour ancêtres. La nuque hâlée de Sophie, ses mains gercées serrant une éponge m'avaient rappelé subitement le jeune valet de ferme Karl chargé d'étriller les poneys de notre enfance. Après le visage graissé, poudré, tapoté de ma Hongroise, elle était à la fois mal soignée et incomparable. (OR, p. 112)

Il est remarquable que seul l'aspect masculin de Sophie, servant de repoussoir à la féminité par ailleurs dénigrée de la prostituée que vient de rencontrer Éric à Riga, éveille une comparaison d'un érotisme voilé touchant à l'« enfance », âge appelé par ailleurs celui du « grand paradis calme sans interdiction et sans serpent » (OR, p. 91). Plus tard au contraire, lors de la scène du bombardement, c'est l'abandon de Sophie à sa féminité qui évoquera pour Éric l'étoile de mer repoussante de son enfance et le fera s'arracher aux bras de la jeune femme (OR, p. 122). L'aspect masculin de Sophie est encouragé par Éric. La polarisation contenue dans l'expression : « traiter cette adversaire en ami » (OR, p. 107), exprime au plus haut point le féminin/ennemie qui dort au creux du masculin/ami, et vice-versa. On vient de voir cette polarité s'exprimer à propos des couples Achille/Penthésilée ou Achille/Patrocle ; c'est aussi le cas des couples Thésée/Ariane ou Thésée/Antiope dans *Qui n'a pas son Minotaure ?*

D'autres allusions, plus subtiles, mettent Sophie, une femme pourtant, sur le même plan que l'éromène yourcenarien. Comme le Febo del Poggio de « Sixtine », elle est à consommer, offerte à Éric comme « un fruit qui se propose également à la bouche et au couteau » (OR, p. 104). Comme Antinoüs, elle est infantilisée : l'« enfant », l'« adolescente » (OR, p. 98). Elle est aussi animalisée : Éric effleure ses bras « un peu à la façon dont [il] aurai[t] flatté un beau chien ou un cheval » (OR, p. 101) ; lorsqu'elle frappe à la porte d'Éric, c'est avec « le grattement d'un animal familier qui demande à se faire ouvrir par son maître » (OR, p. 128 – ce sera, dans *Une belle matinée*, celui de Lazare frappant à la porte de Mortimer). Elle sera sacrifiée par Éric lui-même[45].

---

45   Pour Luc RASSON, pointant la comparaison de Sophie à la terre, « L'image récurrente de la femme comme "pays" [...] désigne l'analogie fondatrice » du *Coup de grâce*,

Dans *Mémoires d'Hadrien*, Antinoüs est fréquemment féminisé par le regard d'Hadrien. Dès la première description physique qu'il donne de lui, des éléments féminins apparaissent : « des yeux que l'allongement des paupières faisait paraître obliques », le soleil qui le fait passer « de la couleur du jasmin à celle du miel », les jambes qui s'allongent, la poitrine qui prend « les courbes lisses et polies d'une gorge de bacchante » (OR, p. 406). Lorsqu'il danse, c'est avec « une grâce fougueuse » ; lorsqu'il chante, c'est en « rejetant en arrière sa belle gorge robuste » (OR, pp. 413-414). Ce syncrétisme sexuel va jusqu'à suggérer l'hermaphrodisme :

> Ce visage unique, je le retrouvais partout : j'amalgamais les personnes divines, les sexes et les attributs éternels, la dure Diane des forêts au Bacchus mélancolique, l'Hermès vigoureux des palestres au dieu double qui dort, la tête contre le bras, dans un désordre de fleur. (OR, p. 389)

Même lorsqu'il n'est pas formellement question de sexe, l'alliance du féminin et du masculin est suggérée : « Antinoüs était Grec [...] Mais l'Asie avait produit sur ce sang un peu âcre l'effet de la goutte de miel qui trouble et parfume un vin pur » (OR, p. 405) – si l'on sait que Marguerite Yourcenar assigne à la Grèce et à l'Asie des identités sexualisées : ainsi, dans l'essai sur Pindare, les Doriens amènent avec eux « le culte de divinités sévères et mâles opposé à celui des déesses mères venues d'Asie » (EM, p. 1445). De son côté, Plotine est « cette femme capable d'exiger de soi une longue endurance de soldat » (OR, p. 351). Ces cas particuliers appellent çà et là des généralisations : Hadrien « constat[e] à quel point un jeune homme qui pense ressemble à la virile Athéna » (OR, p. 389).

Dans *L'Œuvre au Noir*, les couples hétérosexuels ne souffrent guère d'ambiguïté. Par contre, l'inventaire que fait Zénon de ses rencontres masculines et féminines est souvent prétexte à suggérer l'hybridité, la polarité des sexes. Parfois par de bien curieux détours : Aleï est associé aux captives de Sigismond par l'allusion à la vermine qui court dans leurs cheveux (OR, p. 651). Parfois, au contraire, de manière tout à fait explicite : « Les attributs du sexe comptaient moins que ne l'eût supposé la raison ou la déraison du désir : la dame [de Frösö] aurait pu être un compagnon ; Gerhart avait eu des délicatesses de fille » (OR, p. 698). Tout en un : l'épouse, le fils, l'amant. En retour, lorsqu'il croise Idelette dans les rues de Bruges :

---

car « le pays envahi par l'autre, c'est aussi Sophie refusant, tout au long du roman, de se faire épingler » (p. 49). Cette analyse, qui complète notre point de vue sur le glissement de Sophie – bien malgré elle – vers l'éromène, ne méconnaît d'ailleurs pas le rôle de « double désirable » de Conrad (p. 51). Voir Luc RASSON, « Un humanisme inadéquat. À propos du *Coup de grâce* », in *Bulletin de la Société internationale d'études yourcenariennes (SIEY)*, n° 5, novembre 1989, pp. 47-60.

C'était une fille de quinze ans à peine, mince comme un roseau, avec de longs cheveux d'un blond presque blanc et des yeux de source. Cette chevelure pâle et ces yeux d'eau claire rappelèrent à Zénon le jouvenceau [Gerhart] qui avait été à Lübeck son compagnon inséparable. (OR, p. 738)

Dans *Un homme obscur*, la constatation va jusqu'au plaidoyer. Nathanaël ne sent pas « particulièrement mâle en présence du doux peuple des femelles » (OR, p. 1007) ; et, après avoir « goûté la fraternité charnelle » avec des hommes, « il ne s'[es]t pas de ce fait senti moins homme » (OR, p. 1008). Et dans *Quoi ? L'Éternité*, Jeanne écoutera Egon « comme pourrait le faire une sœur ou un ami » (EM, p. 1255).

L'ambiguïté sexuelle est également très clairement associée avec l'évacuation de la progéniture réelle, en pensée ou par action : filiation par adoption, disciple-roi, enfant avorté ou abandonné dans les rues d'Amsterdam, presque jamais il n'est question – et pour cause, dans bien des cas – d'une filiation normale, d'une grossesse normale, d'un enfant normal. À y réfléchir, ce renchérissement dans le flou est peut-être utilisé pour masquer le caractère décidé des préférences sexuelles des personnages, qui, elles, n'ont rien de flou. Particulièrement lorsqu'une certaine morale les réprouve, il semble à l'auteure tentant, en en brouillant l'objet, de les relativiser, de les atténuer, non tellement, je crois, dans un souci de dédouaner moralement son œuvre, que dans celui d'entretenir l'ambiguïté comme une des conditions mêmes du désir (en ce compris l'intérêt et l'identification du lecteur), probablement pour servir l'universalité des types yourcenariens. Quant à l'évitement de la postérité, en dehors de toute explication du pourquoi, je ne m'intéresserai ici qu'à la façon dont il structure une œuvre si nourrie par les thèmes parentaux. Penchons-nous à présent sur cet enfant si contourné et examinons son statut dans l'œuvre de Marguerite Yourcenar.

L'enfant

Le désir d'enfant dans l'œuvre yourcenarienne

Pareil titre pourrait presque prêter à sourire, tant le désir d'enfant semble absent de l'œuvre de Marguerite Yourcenar. Il paraît difficile de terminer un seul livre de notre écrivaine sans en garder une vision pessimiste de la maternité, de l'accouchement, de la naissance et de l'enfance.

Mais avant d'examiner le désir d'enfant dans l'œuvre en général, il peut sembler intéressant de repérer les quelques passages où Marguerite Yourcenar s'exprimerait sur sa propre capacité d'être mère. Une page de *Quoi ? L'Éternité*, dans le chapitre intitulé « Les miettes de l'enfance », fournit des indices utiles à ce sujet. L'intérêt de ces lignes, consacrées aux poupées de la jeune Marguerite, est qu'elles n'évoquent pas la fillette comme enfant s'imaginant des mères, ce qu'on vient d'analyser dans le chapitre consacré à la maternité substitutive, mais comme mère s'imaginant des enfants, et que de cet effet de miroir on peut déduire quelques considérations sur l'un et l'autre mouvements. La seule autre fois dans *Le Labyrinthe du monde* où Marguerite Yourcenar s'imagine mère au sens propre du terme[1] est, dans *Souvenirs pieux*, le moment où elle s'interroge sur les relations qu'elle aurait eues avec sa mère Fernande si celle-ci avait vécu. On verra qu'il s'agit également d'un passage-clef.

Dans le passage sur les poupées, Marguerite Yourcenar aligne une sorte de « galerie de portraits » d'enfants substitutifs, passant rapidement et collectivement sur la première série de jouets :

Les « belles poupées » qui roulaient les yeux, fermaient les paupières, faisaient quelques pas à l'aide d'une clef tournée à même leurs côtes, et disaient « Papa, Maman », me paraissaient bêtes. C'étaient le plus souvent des

---

[1] En dehors du *Labyrinthe du monde*, il est un autre texte qui porte la marque de cette interrogation : c'est *Feux*, dont on verra dans la suite immédiate de cette analyse qu'il n'est précisément pas sans rapport avec le passage sur les poupées de *Quoi ? L'Éternité*. Le rêve intitulé « L'enfant bleu », dans *Les Songes et les Sorts*, évoque aussi une situation de maternité, mais l'enfant dont il est question n'est pas formellement identifié comme étant celui de la rêveuse (EM, pp. 1568-1569).

cadeaux de gens de passage. Heureusement, elles couchaient dans leurs cartons au haut des armoires, d'où les bonnes ne les descendaient pas souvent. (EM, p. 1329)

L'enfant se compare à ces premières poupées et rejette l'image d'elle-même qu'elles pourraient lui présenter : celle d'une petite fille modèle mais incapable d'autonomie. Le rejet est facilité par le fait qu'il s'agit de cadeaux de « gens de passage », par exemple ces maîtresses de Michel qu'elle se dispense légèrement d'aimer ou même de respecter (sauf Jeanne) et dont elle dit dans *Souvenirs pieux* qu'elles lui inspirent tout au plus une « admiration pour la jolie dame » – les maîtresses pouvant donc être considérées, à l'image des poupées parfois sorties de leurs cartons, comme utilisables par le père quand bon lui semble et donc peu dignes d'intérêt ou d'affection, tout comme les poupées qu'elles offrent. La fillette échappe elle-même à ce sort de poupée en inversant tous les termes qui les caractérisent et en misant donc tout non pas sur la beauté (« belles poupées ») et l'obéissance (dire « Papa, Maman », se déplacer mécaniquement) mais sur l'intelligence (ne pas être « bête »).

Dans le même passage, la poupée suivante fournit l'occasion à la fois d'une confidence, ce qui est rare, et d'une affirmation étonnante :

Tout un hiver, une poupée de dix sous, un bébé articulé en celluloïd m'apprit la maternité. Hasard ou présage, je l'appelai André, nom qu'allaient porter deux hommes qui me furent chers, sans que mes émotions à leur égard eussent rien de maternel. (EM, p. 1330)

À l'inverse du cas précédent, il n'est pas question ici d'identification, fût-elle prélude à un rejet : c'est d'un bébé qu'il s'agit, d'un garçon, puisqu'il est baptisé André, prénom qui d'ailleurs signifie « homme » en grec – « homme » dans le sens particulier masculin. Les deux hommes dont il est question ne sont pas identifiés par ailleurs dans *Le Labyrinthe du monde*. Mais on sait par les biographes qu'il s'agit d'André Fraigneau et d'Andreas Embiricos, fréquentés par Marguerite de Crayencour durant les années trente, et dont le premier inspira sans doute *Le Coup de grâce* et *Feux*, présenté par l'auteure comme le « produit d'une crise passionnelle ». Or dans *Feux*, précisément, se trouve cette saisissante métaphore : « Il n'y a pas d'amours stériles. Toutes les précautions n'y font rien. Quand je te quitte, j'ai au fond de moi ma douleur, comme une espèce d'horrible enfant » (OR, p. 1078). C'est donner au malheur, par le biais de la comparaison avec l'enfant, le statut d'un produit de l'amour, d'une œuvre en soi – on ne quitte guère l'analogie platonicienne. Si l'on interprète ainsi cette phrase, voici alors son exact opposé dans *Mémoires d'Hadrien* : « Tout bonheur est un chef-d'œuvre » (OR, p. 413), en n'oubliant pas le statut d'enfant fragile que nous avons découvert à Antinoüs dans un point précédent de cette étude. Dans *Feux*, par contre, le chef-d'œuvre, c'est précisément le malheur (« Qu'il eût été fade d'être heureux ! », OR, p. 1127 ; « Il m'a sauvée du bonheur », OR, p. 1103).

Sans vouloir ici confondre l'objet de l'amour et un de ses résultats possibles, on ne peut donc prendre à la lettre la confidence qui veut que les sentiments de Marguerite à l'égard des deux André n'aient absolument « rien de maternel ». Par contre, l'expression lapidaire « m'apprit la maternité », qui intrigue à première lecture chez une auteure nous ayant habitués à plus de nuances sur d'autres sujets[2], prend tout son sens si on la rapproche du passage de *Feux* cité plus haut : la poupée André, qui apprend à Marguerite la maternité, annonce – « hasard ou présage » – l'homme André, qui lui apprendra plus tard la maternité du malheur.

La poupée suivante est « une poupée du XVIIIᵉ siècle, relique d'une grand-mère » (EM, p. 1330). La grand-mère en question est probablement Mathilde, car après ce qui nous a été dit par ailleurs du sens de la possession de Noémi, il est fort improbable que celle-ci eût donné la poupée à la fillette et plus encore qu'elle l'eût laissée jouer avec elle en la « traînant le long d'un escalier » (EM, p. 1330). La perplexité avouée de l'enfant devant cette poupée au double visage inspire à l'auteure devenue adulte un réflexe de refuge dans l'antiquité : « poupée Janus ». Quant à la dernière poupée, qui clôt la galerie de portraits, elle n'est plus un jouet. Elle inspire cette fois la considération qu'une fillette peut avoir pour une « dame » ou même pour une « idole » :

> Un camarade de mon frère me rapporta d'un voyage au Japon, presque plus idole que poupée, une dame de l'époque Meji […]. Elle était trop grande pour qu'on pût faire autre chose qu'embrasser délicatement ses joues couleur d'abricot, et s'agenouiller pour la contempler, placée toute droite contre le dossier d'un fauteuil. Elle m'ouvrit un monde. (EM, p. 1330)

Une poupée manque à la liste : c'est le cadeau de Jeanne, celle qui a été achetée à Rome par amour raisonnable pour Marguerite (on l'a vu plus haut) et envoyée par la poste. Mais c'est la seule que la petite ne pourra pas garder, fût-ce une journée : Michel « ne s'attendrit pas qu'elle ait consacré un moment de ses journées romaines à choisir un jouet pour l'enfant de Fernande. Il m'intime péremptoirement de donner cette poupée à la fille du portier » (EM, pp. 1352-1353). Il s'agit d'une des seules manifestations d'autorité, arbitraire qui plus est, du père. S'il faut bien évidemment comprendre le don du cadeau à une domestique comme une intention d'humilier Jeanne à distance (sous les yeux de la

---

[2] Mais ce genre de poupée appelé « baigneur » faisait et fait encore, dans d'autres versions, partie de l'arsenal des jouets féminins à vocation « pédagogique », orientés vers la maternité ou vers les soins du ménage. L'expression pourrait alors, à la rigueur, n'être en quelque sorte qu'un raccourci.

fillette qui, alors, n'y comprend sans doute pas grand-chose, et donc doublement en vain), il est aussi permis de lire cet ordre à Marguerite comme une sorte d'interdit de maternité. Quoi qu'il en soit, cet objet arraché est de nature à renforcer le manque et la frustration pointés plus haut à propos de Jeanne.

*

Venons-en à l'analyse du désir d'enfant dans le reste de l'œuvre. Dans l'essai intitulé « Fêtes de l'an qui tourne », Marguerite Yourcenar caractérise ainsi, en premier lieu, la fête de Noël : « Il s'agit d'une naissance, et d'une naissance comme elles devraient toujours l'être, celle d'un enfant attendu avec amour et respect, portant en soi l'espérance du monde » (EM, p. 359). Mais cette profession de foi est le plus souvent désavouée dans toute l'œuvre, où l'on trouve en général des attentes angoissées ou indifférentes, et où les enfants – pour peu qu'ils aient l'occasion de naître – portent plutôt le désespoir que l'espoir du monde.

Ainsi, lorsque Fernande attend la petite Marguerite dans *Souvenirs pieux*, c'est la « peur » qui prend le pas sur les autres représentations de la maternité (EM, p. 718). Quant au désir d'enfant, il est presque nié :

> J'en viens à me demander si ce désir de maternité, exprimé de temps à autre par Fernande en voyant une paysanne donner le sein à son nourrisson ou en regardant dans un musée un bambin de Lawrence, était aussi profond qu'elle-même et Michel le croyaient. (EM, p. 717)

En témoigne d'ailleurs, selon l'auteure, la réticence de Fernande à communiquer son état :

> Bien que ses relations avec ses sœurs fussent fort tendres, elle n'avait annoncé sa grossesse à celles-ci […] que le plus tard possible, ce qui n'est guère le fait d'une jeune femme exultant dans ses espoirs de maternité. (EM, p. 718)

Comme souvent chez Marguerite Yourcenar, on passe ensuite du particulier au général, pour remettre en question l'instinct maternel lui-même en le faisant insensiblement glisser vers la négligence, voire l'indifférence qui culmine dans l'abandon à la guerre et à la mort :

> L'instinct maternel n'est pas si contraignant qu'on veut bien le dire, puisque, à toute époque, les femmes d'une condition sociale dite privilégiée ont d'un cœur léger confié à des subalternes leurs enfants en bas âge, jadis mis en nourrice, quand la commodité ou la situation mondaine de leurs parents l'exigeaient, naguère laissés aux soins souvent maladroits ou négligents des bonnes, de nos jours à une impersonnelle pouponnière. On pourrait aussi rêver à la facilité avec laquelle tant de femmes ont offert leurs enfants au Moloch des armées, en se faisant gloire d'un tel sacrifice. (EM, p. 717)

Le passage comporte, il faut le remarquer, une ombre de réquisitoire contre les subalternes en question, ce qui est paradoxal à plus d'un égard, puisque d'une part leur infériorité sur le plan des soins maternels (« maladroits », « négligents », « impersonnelle ») tendrait plutôt à conforter la thèse d'un instinct maternel, ce que l'on s'efforce ici précisément de nier ou de relativiser, et que d'autre part, on l'a vu, Marguerite Yourcenar ira jusqu'à décerner le titre de mère à sa propre bonne : « Barbara ne fit pas que remplacer [...] la mère [...] ; elle fut la mère » (EM, p. 744). Ensuite, l'auteure renverse le désir d'enfant pour en arriver à faire de lui un véritable devoir d'enfant, ce qui est une nouvelle manière de le nier :

> La maternité était partie intégrante de la femme idéale telle que la dépeignaient les lieux communs courants autour d'elle : une femme mariée se devait de désirer être mère comme elle se devait d'aimer son mari et de pratiquer les arts d'agrément. (EM, p. 717)

Remarquons qu'en outre ce devoir d'enfant est mis sur le même pied que le devoir conjugal, ces deux devoirs étant ensuite tournés en dérision par leur rapprochement avec les « arts d'agrément ». Mais la meilleure négation du désir qu'on puisse trouver est encore d'en dénigrer ou d'en nier l'objet. Celui-ci devient alors une sorte de fantasme :

> Les sœurs de Fernande [...] avaient beau lui dire qu'on aime déjà l'enfant qui va naître, elle ne parvenait pas à établir un rapport entre ses nausées, ses malaises, le poids de cette chose qui croissait en elle et en sortirait [...] et la petite créature, pareille aux ravissants Jésus de cire, dont elle possédait déjà les robes garnies de dentelle et les bonnets brodés. (EM, p. 718)

Même lorsque l'enfant est déjà né, il n'est pas sûr qu'il soit aimé. Par exemple, dans *Denier du rêve*, lorsque Vanna rendra visite à Marcella pour avoir des nouvelles de Carlo, elle pense ainsi à sa fille :

> Cette fillette pour laquelle elle se ruinait en jouets et en médecins, elle ne parvenait pas à l'aimer ; ses soins excessifs ne servaient qu'à se cacher à soi-même la honte d'avoir formé de sa chair ce petit être perclus et éternellement malade, le désespoir qui parfois la prenait à l'aube, étendue dans son lit à côté du lit-cage de l'infirme, et l'envie folle, lancinante, affreuse, d'étouffer l'enfant sous un oreiller puis de mourir. (OR, pp. 213-214)

Dans *L'Œuvre au Noir*, c'est l'amour filial qui est mis en doute, précisément à cause d'un excès d'amour maternel :

> Bénédicte aimait sa mère, ou plutôt ne savait pas qu'elle pût ne pas l'aimer. Mais elle avait souffert de sa piété niaise et grossière, de ses caquets de chambre d'accouchée, de ses gaietés de nourrice qui se plaît à rappeler aux enfants grandis l'époque des bégaiements, du pot et des langes. (OR, pp. 629-630)

C'est l'innocente Mathilde, pourtant « vidée » par ses nombreuses maternités, qui semble la plus capable d'amour pour sa progéniture, mais encore n'est-ce que « comme presque toutes les femmes », c'est-à-dire que Marguerite Yourcenar réhabilite fort à propos, pour les besoins de la cause (nuancer, banaliser l'amour maternel de Mathilde), le fameux instinct maternel qu'elle décriait si fort quelques pages plus tôt à propos de Fernande :

> Il est sûr que, comme presque toutes les femmes, elle aime les enfants, et que les siens, les premiers surtout, lui auront procuré ces joies souvent plus délicieuses pour son sexe que la volupté elle-même, plaisir de laver, de peigner, d'embrasser ces petits corps qui contentent ses besoins de tendresse et ses notions de la beauté. Elle aura goûté les langueurs et les paresses de la grossesse, et reçu avec gratitude les petits soins de sa mère venue l'assister dans ses couches. Le dimanche, elle s'est félicitée d'avoir près d'elle ses chéris à peu près sagement assis sur le banc armorié à gauche du chœur. (EM, p. 788)

Dans un entretien accordé à Jean Montalberti peu après la sortie de *Souvenirs pieux*, et à propos des enfants de Mathilde, Marguerite Yourcenar déclarera pourtant, sur le ton de l'historienne sociale qu'elle n'est pas : « Dans ces familles, l'enfant existait sous sa forme physique comme un objet agréable, mais sa personnalité, son individualité n'était ni désirée ni attendue » (PV, pp. 189-190).

Dans *Le Coup de grâce*, c'est bien logiquement que « la phobie d'une grossesse possible » (OR, p. 98) n'est pour Sophie que la conséquence du viol qu'elle vient de subir. Dans *L'Œuvre au Noir*, Martha est pour son fils « une mère juste sans vaincre l'insolence naturelle de ce garçon ni s'en faire aimer » (OR, p. 808). Dans *Anna, soror...*, Anna ne vit sa maternité qu'en référence à son amour pour Miguel : « Si désolé était le sentiment de sa solitude qu'Anna eût ardemment désiré ce dont l'attente, en pareil cas, épouvante la plupart des femmes » (OR, p. 889). Ce cas rarissime de désir d'enfant dans l'œuvre yourcenarienne (comme celui de Marcella dont on parlera au point suivant) est édifiant en ce sens qu'il est comme par hasard maudit d'avance – avec au passage une nouvelle déclaration sur l'appréhension des femmes devant la grossesse – le « en pareil cas » ne tempérant la généralité de l'assertion qu'en sourdine. Du reste, lorsqu'Anna sera mère (mais d'enfants engendrés par un autre homme que Miguel), elle n'éprouvera pour ses enfants qu'un attachement instinctif :

> Quelques grossesses, subies avec résignation, lui laissèrent surtout le souvenir de longues nausées. Elle aima pourtant ses enfants, mais d'un amour animal qui diminuait quand ils cessaient d'avoir besoin d'elle. Deux garçons moururent en bas âge ; elle regretta surtout le plus jeune, dont les traits enfantins lui rappelaient Miguel, mais à la longue ce chagrin aussi passa. (OR, pp. 898-899)

Remarquons que c'est l'enfant qui lui rappelle Miguel qui meurt, comme si son amour incestueux, après une grossesse souhaitée mais non advenue, ne pouvait qu'être à nouveau frappé de stérilité, fût-ce sur le plan symbolique.

*

Pourtant, le désir d'enfant est bel et bien présent dans la fiction yourcenarienne. Une exception au désintérêt général, à cet instinct maternel relativisé ou nié, me semble d'autant plus intéressante qu'il s'agit de la première description de grossesse que fasse Marguerite Yourcenar. On n'a pas remarqué jusqu'ici, en effet, combien les quelques pages que la jeune écrivaine consacre à la grossesse et à l'accouchement de Monique dans *Alexis ou le Traité du vain combat*, publié en 1929, annoncent et résument en quelque sorte son discours sur ce sujet, mais en y incluant le désir d'enfant, qui disparaîtra presque totalement par la suite.

Une difficulté de ces pages pour l'analyse réside dans le fait que le narrateur est, non pas Monique, mais Alexis, et que c'est par le filtre de ses pensées que passent celles qu'il prête à sa femme. Ajoutons-y pour faire bonne mesure que l'instance énonciatrice ultime du discours d'Alexis est Marguerite Yourcenar. Monique désire « un fils » (EM, p. 68). Elle en « rêve », elle attend de lui que « tout s'arrange[…] » quand il sera là (OR, p. 68). Il en résulte pour les époux que « ce petit être commençait à [leur] venir en aide » (OR, p. 68). L'anxiété conjugale d'Alexis diminue, ce qui, même si ce n'est pas explicite dans le texte, doit contribuer à une relation moins inquiète entre les époux.

La fin de la grossesse de Monique offre des similitudes avec celle de Fernande dans *Souvenirs pieux*. Le choix du lieu est le fait de l'épouse : Monique tient à accoucher à Woroïno, dans la maison familiale d'Alexis ; Fernande choisit d'accoucher à Bruxelles, pour se rapprocher de sa propre famille. Daniel naît « en juin », comme Marguerite (le 8 de ce mois) ; les « dernières semaines » de la grossesse de Monique sont pénibles (OR, p. 69), tout comme pour Fernande qui souffre de névralgies dentaires à partir du « début d'avril » (EM, p. 719). Le décor de l'accouchement de Monique semble annoncer une mort en couches : « la grande chambre où ma mère était morte, et où nous étions nés » (OR, p. 69) évoque celle où Fernande va mourir et Marguerite Yourcenar naître ; ces femmes de la famille d'Alexis « couchées là pour attendre leur enfant ou leur mort » (OR, p. 69) évoquent encore Fernande à qui sont échus l'un et l'autre – et dont la mère et la grand-mère étaient mortes d'avoir mis au monde. Cette idée est renforcée, à quelques lignes de là, par la pensée d'Alexis : « Chaque naissance met en péril deux vies » (OR, p. 70). L'éventualité de la mort fait passer l'enfant au second plan, voire le frappe d'indifférence : « Votre fatigue était telle que vous ne vous demandiez même pas ce que deviendrait l'enfant » (OR, p. 70), écrit Alexis ; jetant bas le masque, Marguerite Yourcenar, avec ce réalisme affecté qui en a choqué plus d'un, constatera à propos de Fernande : « La mère trop exténuée pour supporter une fatigue de plus détourna la tête quand on lui présenta l'enfant » (EM, p. 722).

Lors de l'accouchement, les « détails répugnants ou simplement vulgaires » (OR, p. 70) renvoient aux « draps salis du sang et des excréments de la naissance », aux « visqueux et sacrés appendices de toute nativité » (EM, p. 722). Les cris de Monique et ceux de Fernande se répondent, même si c'est leur violence « inhumaine » qui « f[]ait horreur » (OR, p. 70) à Alexis dans le premier cas et leur absence momentanée qui finit par effrayer les occupants de la maison dans le second. Après l'accouchement de Monique, tout est « redevenu paisible » (OR, p. 70), comme dans la chambre de Fernande où « les femmes rendirent au chaos les apparences de l'ordre » (EM, p. 722). Enfin, les sensations qu'Alexis prête à son fils nouveau-né ne sont pas sans évoquer celles que Marguerite Yourcenar prête à la petite Marguerite de *Souvenirs pieux* :

> Sans doute, comme le veulent aujourd'hui les psychologues, crie-t-elle l'horreur d'avoir été expulsée du lieu maternel, la terreur de l'étroit tunnel qu'il lui a fallu franchir […]. Peut-être a-t-elle déjà expérimenté des sorties et des entrées analogues, situées dans une autre part du temps […]. Nous ne savons rien de tout cela : les portes de la vie et de la mort sont opaques, et elles sont vite et bien refermées. (EM, p. 723)

À comparer, dans *Alexis ou le Traité du vain combat*, avec :

> La vie venait de l'arracher aux chaudes ténèbres maternelles : il avait peur, je pense, et rien, pas même la nuit, pas même la mort, ne remplacerait pour lui cet asile vraiment primordial, car la mort et la nuit ont des ténèbres froides, et que n'anime pas le battement d'un cœur. (pp. 70-71)[3]

Pourquoi, à partir de telles similitudes, cette différence de taille, le désir d'enfant ? C'est à mon avis un indice de plus que le personnage de Monique est la préfiguration d'un autre personnage, Jeanne, qui se révélera, dans *Le Labyrinthe du monde*, la mère idéale de l'écrivaine, celle précisément qui l'eût non seulement désirée mais enfantée, aimée, éduquée.

Mais le plus surprenant, en ce qui concerne le désir d'enfant dans l'œuvre yourcenarienne, est qu'il soit plutôt l'apanage des pères. À y regar-

---

[3] Un personnage du *Dialogue dans le marécage*, écrit « au plus tard en 1931, peut-être même dès 1929 » (Th. I, p. 175) – c'est-à-dire contemporain d'*Alexis* –, dit à propos des femmes : « Tous les vivants du monde, à commencer par Dieu, ont reposé dans leurs ténèbres, sous la chaude étoile de leur cœur » (Th. I, pp. 184-185). Notons enfin que, Michel mort en janvier 1929, Marguerite Yourcenar découvre, au moment même où elle met au point le manuscrit d'*Alexis*, les photographies mortuaires de Fernande.

der de plus près, l'obsession de la lignée pourrait entrer en compte dans ce désir. Précisons d'emblée qu'il s'agit d'un désir d'enfant mâle : Alexis (OR, p. 68), Hadrien (OR, p. 483) et Zénon (OR, p. 796) ne l'entendent pas autrement, et Nathanaël – qui du reste ne désire rien – n'a même pas à se poser la question (OR, p. 950). Quant à don Alvare, il délaisse donna Valentine « dès la naissance d'un fils » (OR, p. 854) ; et Martha Adriansen constate que « les faibles ardeurs de Philibert avaient cessé de s'adresser à elle après la naissance de leur fils unique » (OR, p. 808).

Dans *L'Œuvre au Noir*, ni l'homosexualité de Zénon ni son refus de la paternité ne doivent faire illusion : Zénon prolonge sur le mode philosophique la filiation symbolique qu'amplifie Hadrien sur le mode dynastique. Alexis disait déjà faiblement : « Si l'amour de la femme est digne d'un respect que ne mérite pas l'autre, c'est uniquement peut-être parce qu'il contient l'avenir » (OR, p. 68). Zénon l'iconoclaste ira plus loin en inversant le point de vue : « Je goûte par-dessus tout cette accointance qui ne se justifie point hypocritement par la perpétuation de la société humaine » (OR, p. 649).

Zénon n'a que faire d'engendrer. Pour lui, le fils spirituel (de préférence incarné dans l'amant) est le seul projet de paternité valable, encore que peu crédible : « ce disciple-roi qui est pour les philosophes l'ultime chimère » (OR, p. 697). Mais ce ne sont pas là les seuls désirs de Zénon : « D'autres sentiments s'y étaient mêlés, qu'éprouvent avouablement tous les hommes. Fray Juan à Léon et François Rondelet à Montpellier avaient été des frères perdus jeunes ; il avait eu pour son valet Aleï et plus tard pour Gerhart à Lübeck la sollicitude d'un père pour ses fils » (OR, p. 695). Zénon adolescent vit en effet deux ou trois relations interdites avec des garçons du même âge que lui. François Rondelet par exemple a vingt-deux ans (OR, p. 644) ; on ne sait s'il faut trouver édifiante ou inquiétante la dissection de François mort par son propre père (OR, p. 644), mais, si l'anecdote est donnée pour vraie par Marguerite Yourcenar dans la note qui suit *L'Œuvre au Noir*, elle a significativement vieilli le garçon, qui était en réalité un fils du médecin mort en bas âge, « pour qu'il pût devenir ce « bel exemplaire de la machine humaine » sur lequel médite Zénon » (OR, p. 848), tout comme il parlera rêveusement à Henri-Maximilien, à Innsbruck, de « ce corps semblable au [s]ien qui reflète [s]on délice » (OR, p. 649). Zénon a également une brève aventure avec un condisciple louvaniste (OR, p. 578) ; et il vit un tout aussi bref *amor perfectissimus* avec Fray Juan, qui doit avoir environ le même âge que lui (OR, p. 699).

Mais à part ces « frères », une fois adulte, c'est bien « d'une jeune chair » que s'éprend Zénon, ce qui le situe dans la relation pédérastique antique, celle de l'aîné initiateur et de l'adolescent initié. Il s'agit de cette même relation teintée de filialité et de soumission (Aleï, par exemple, est son valet) qu'on a vu Hadrien vivre avec Antinoüs et dont tantôt l'empereur fait l'éloge, tantôt il dénonce l'hypocrisie. Zénon en Gerhart, « un objet délicieux et un studieux disciple » (OR, p. 738 ; le mot d'« objet », même avec les circonstances atténuantes du classicisme, ne plaide guère en faveur d'une relation égalitaire), tout à la fois séduit l'éromène jusqu'à souhaiter posséder sexuellement en lui sa jeunesse et expérimente la paternité jusqu'à souhaiter engendrer le philosophe-fils. On retrouve là les nuances de pédophilie et d'inceste inhérentes à une certaine homosexualité masculine, sur le modèle du couple d'hommes antique tel qu'exalté, une fois encore, dans le *Banquet* de Platon. Alexis, Éric, Mishima, Achille, Egon, Socrate ne la voient pas autrement.

Dans sa prison de Bruges, Zénon a l'apparition d'un « bel et triste enfant d'une dizaine d'années », un garçon d'après le contexte (« Tout de noir vêtu, il avait l'air d'un infant »), encore que le sexe de l'enfant ne soit pas formellement précisé (OR, pp. 795-796)[4]. C'est l'occasion pour lui de s'interroger sur la possibilité qu'un enfant lui soit né de la dame de Frösö : « Se pouvait-il que ce jet de semence, traversant la nuit, eût abouti à cette créature, prolongeant et peut-être multipliant sa substance, grâce à cet être qui était et n'était pas lui ? » (OR, p. 796). Toutefois, la paternité, même envisagée comme biologique, reste ici chimérique au sens fort du terme, comme d'ailleurs le mariage, on l'a vu dans un chapitre précédent à propos de Zénon et de la dame de Frösö. Elle est aussi et peut-être surtout, on l'a dit plus haut, l'occasion de rappeler la filiation symbolique des œuvres et des actions – encore une idée platonicienne – qui, elles, sont bien concrètes : « Si cela était, il avait partie liée, comme il l'avait d'ailleurs déjà par ses écrits et par ses actes » (OR, p. 796). Ainsi, Zénon apporte tous ses soins à l'édition de son livre, les *Prothéories*. Mais la Sorbonne obtient « leur destruction de la main du bourreau » (OR, p. 670), comme s'il s'agissait de l'exécution d'un être vivant, ce qui n'est pas sans faire penser à « Comment Wang-Fô fut sauvé » : dans ce texte des *Nouvelles orientales*, Ling et l'empereur veulent tous les deux être les fils de Wang-Fô. Mais les vrais fils de Wang-Fô, on l'a vu, ce sont ses œuvres, et l'empereur en est bien conscient qui, jaloux, le menace de les brûler : « tu seras alors pareil à un père dont on a massacré les fils et détruit les espérances de postérité » (OR, p. 1151). Zénon fera un geste pour sauver sa progéniture intellectuelle en commençant à rédiger une lettre à la reine mère, mais ce serait au prix de l'estime qu'il a de lui-même : il renonce à l'écrire. En « jeta[nt] au feu ses feuillets et la plume

---

4   Mais l'intention de l'auteur est claire. Une lettre de Marguerite Yourcenar nous apprend que « Zénon a possédé Sign [la Dame de Frösö] et se demande avant de mourir s'il en a ou non eu un fils » (L, p. 369).

dont il s'[es]t servi » (OR, p. 670), il anticipe sur la condamnation de son œuvre au bûcher et, bien entendu, sur la sienne propre. Mais ce sacrifice a été lourd : c'est avec joie que le philosophe apprend quelques années plus tard qu'« un exemplaire des *Prothéories* échappé au feu de joie parisien » circule à Ratisbonne. En témoigne le vocabulaire curieusement lié à la grossesse qui accompagne cette bonne nouvelle : « voir *tressaillir* cette œuvre crue morte faisait éprouver au philosophe dans toutes ses *fibres* la joie d'une résurrection » (OR, p. 774, c'est moi qui souligne). Et de même qu'elles naissent, « les notions mouraient comme les hommes : il avait vu au cours d'un demi-siècle plusieurs générations d'idées tomber en poussière » (OR, p. 687). Avec Hadrien, on verra poussée à bout cette tentative de renverser la supériorité du réel sur le symbolique en matière de paternité.

Dévalorisation de la procréation et de l'enfant

En parlant de ses sœurs si réservées, aux rêves si « touchants », Alexis s'étonne : « Toutes, je pense, avaient déjà leur amour qu'elles portaient au fond d'elles-mêmes, comme plus tard, mariées, elles ont porté leur enfant ou la maladie dont elles devaient mourir » (OR, p. 21). L'image commune de la gestation, ainsi insérée entre les deux actes qu'on y conforme – aimer devenant porter un amour ; être malade devenant porter une maladie – est entraînée dans la série des analogies, laquelle est contaminée par sa fin : toute gestation va vers la mort. L'équation enfant = mort reparaîtra comme pour annoncer l'accouchement difficile de Monique : « Bien des femmes, je suppose, aux jours anciens de ma famille, s'étaient couchées là pour attendre leur enfant ou leur mort, et la mort n'est peut-être que l'enfantement d'une âme » (OR, p. 69). Dès son premier roman, en 1929, Marguerite Yourcenar ouvre clairement, à propos de la procréation et de l'enfant, le champ de l'inquiétude et de la morbidité, qui atteindra rapidement à la dévalorisation.

Feux présente quelques images de cette équation enfant = mort. On songe bien sûr, dans « Marie-Madeleine ou le Salut », à Lazare : « ce mort emmailloté de bandelettes, faisant ses premiers pas sur le seuil de sa tombe, était presque notre enfant » (OR, p. 1100). Mais l'image est ambiguë en ce qu'il s'agit précisément d'une résurrection. Au contraire, la fille de Clytemnestre n'ayant « lev[é] » dans son « ventre épais » que pour être sacrifiée par son père (OR, p. 1120), Antigone « écart[ant] dans Hémon l'affreuse chance d'engendrer des vainqueurs » (OR, p. 1082), les Amazones « hurlantes, enfantant la mort par la brèche des blessures » (OR, p. 1075), Phèdre portant son espérance comme « une honteuse grossesse posthume » (OR, p. 1058),

Achille « infecté de mortalité » (OR, p. 1063), Atthys, l'« enfant maladive », produit symbolique de « voluptés stériles » (OR, p. 1132), étendent d'un bout à l'autre des récits le champ de la morbidité liée à la gestation. Dans *Qui n'a pas son Minotaure ?*, Antiope violée par Thésée souhaite se débarrasser de l'enfant qu'elle porte : « Et mon ventre pèse […]. Et je n'ai pas le courage d'aller au-dedans de moi tuer cet *ennemi*… Je ne peux pourtant pas rentrer dans mon pays avec un *bâtard* de Grec… » (Th. II, p. 210 ; c'est moi qui souligne). Dans *Le Coup de grâce*, au moment même d'abattre Sophie – qui évoque cette Antiope par plus d'un trait –, Éric von Lhomond se sent « étreint d'une sorte de regret absurde pour les enfants que cette femme aurait pu mettre au monde, et qui auraient hérité de son courage et de ses yeux » (OR, p. 157). Il avait un moment supposé qu'elle pouvait être enceinte, lorsqu'il retrouve sa trace chez une avorteuse (OR, p. 140). On retrouve en écho la curieuse descendance d'Éric : « son pied blessé, emmailloté comme un enfant » (OR, p. 86).

Les enfants non nés de Sophie et d'Éric rejoignent un autre fait de guerre, la tentative d'assassinat du dictateur par Marcella dans *Denier du rêve*. La courte description biographique relative à Marcella (OR, p. 209) nous apprend que sa mère était sage-femme ; mais quelques lignes plus loin, nous apprenons également qu'elle a été condamnée pour manœuvres abortives (OR, p. 210), c'est-à-dire qu'elle aidait à interrompre la vie aussi bien qu'à la mettre au monde. « Ah ! tuer, mettre au monde, vous vous y entendez, vous, les femmes ; toutes les opérations sanglantes » (OR, p. 230), s'écriera Massimo alors qu'il tente de la dissuader de commettre l'attentat. Et Marcella lui répond à quelques lignes d'intervalle : « Du temps où je vivais avec Alessandro […], je désirais un enfant. Un enfant de Sandro… Tu te rends compte : élevé dans un faisceau pour louveteaux… Dieu merci… Il y a mieux à faire pour mettre au monde l'avenir » (OR, p. 233). Il est remarquable que ce mieux à faire ne soit pas donner la vie, mais justement la prendre, ce qui me conforte dans l'idée que Marguerite Yourcenar joue ici consciemment avec la métaphore de la gestation, dans le seul but d'en venir à évoquer l'attentat à la fois comme la naissance de l'avenir (une image somme toute aussi ronflante que le modèle qu'elle est censée combattre) et l'avortement d'une dictature. La manipulation symbolique se fait ici par la concrétisation de l'abstrait, avec ce que cela souligne de dérision dans l'assurance de l'action. Mais, après l'attentat manqué de Marcella, lorsque le dictateur et Rome dorment, on a précisément une vision de cet avenir :

> Le long des rues, de haut en bas des maisons noires, les dormeurs s'étagent comme des morts aux flancs des catacombes ; les époux dorment, portant dans leurs corps moites et chauds les vivants de l'avenir, les révoltés, les

résignés, les violents et les habiles, les saints, les sots, les martyrs. (OR, p. 280)

C'est encore une image de gestation morbide, d'autant plus que les dormeurs sont explicitement associés aux « morts aux flancs des catacombes ». Toujours dans *Denier du rêve*, une nouvelle occasion de rapprocher l'enfant et la mort nous est fournie par le cancer de Lina Chiari :

> Au sujet de la lésion désormais palpable […], pareille tout au plus à un vague renflement caché sous le pli fatigué du sein, Lina continuait au contraire à se taire […], redevenue pudique depuis que sa chair recelait peut-être un mortel danger. Mais son silence grossissait, durcissait, pesait davantage, comme s'il avait été, lui aussi, une tumeur maligne qui peu à peu l'empoisonnait. (OR, p. 171)

Si, ici, le texte ne nous autorise pas à faire état d'un lien direct entre le cancer et la grossesse, et donc entre une tumeur et un enfant, il suggère au moins indirectement un rapprochement, et ce à trois reprises.

La première est le vocabulaire qui peut inviter à considérer la tumeur comme une grossesse non désirée : « grossissait, durcissait, pesait davantage », « peu à peu l'empoisonnait ». La deuxième est le fait qu'au moment de se présenter chez le docteur Sarte, Lina Chiari s'en veut tout à coup « de ne pas s'être adressée, comme elle l'avait projeté tout d'abord, au modeste médecin qui l'avait soignée dans un incident de sa vie amoureuse ; comme les petites gens de son village aux environs de Florence, elle avait changé de saint au moment du danger » (OR, p. 172) : cette fois, le rapprochement entre l'opération et l'avortement, ces deux « dangers », est on ne peut plus clair. La troisième, enfin, est le parallèle assez long fait par la narratrice entre les relations amoureuses et l'examen médical. Sarte lui dit de se déshabiller « de même qu'un homme, fatigué par le bavardage d'une maîtresse d'un soir, se hâte d'en venir à la réalité nue » (OR, p. 173) ; au mot du docteur promettant de ne pas lui faire de mal, Lina croit entendre son premier séducteur ; enfin lors de l'examen lui-même, la petite prostituée, « entre ces grandes mains lavées qui la palpaient sans intention voluptueuse, […] n'avait même pas à feindre de frémir » (OR, p. 173).

À ces parallèles, on pourrait ajouter les souvenirs d'enfance revus par Lina Chiari alors que, la consultation finie, elle se doute qu'elle va mourir. Considéré dans ce sens, le poulpe sur la plage, souvenir appelé par le cancer, pourrait évoquer aussi un enfant non désiré. S'il en est ainsi, le choix des termes est tout sauf innocent :

> Elle avait crié ; elle avait couru, alourdie par ce *hideux poids vivant* ; on n'avait arraché l'animal qu'en la faisant *saigner*. Toute sa vie, elle avait

gardé en réserve le souvenir [...] du sang et de ce *cri* [...] qu'il était maintenant bien inutile de pousser, car elle savait cette fois qu'on ne la *délivrerait*
pas. (OR, p. 173, c'est moi qui souligne)[5]

Toujours dans les souvenirs d'enfance qui reviennent à Lina Chiari au
moment du diagnostic, un autre rapprochement entre l'enfant et la mort
est suggéré les chevaux du cocher de fiacre son père, « soignés par la
mère plus tendrement que les enfants » (OR, p. 174), et dont il faut
abattre l'un, « malade ».

Restons dans *Denier du rêve*. Malade, la petite Mimi l'est au point
qu'elle n'inspire plus à sa propre mère, Vanna, que

> la honte d'avoir formé de sa chair ce petit être perclus et éternellement malade,
> le désespoir qui parfois la prenait à l'aube [...] et l'envie folle, lancinante,
> affreuse, d'étouffer l'enfant sous un oreiller puis de mourir. (OR, pp. 213-214)

Au passage, notons que le père de Vanna, Giulio, a supporté « des
beaux-frères, des belles-sœurs, qui venaient traîner chez lui leurs maladies et leurs enfants » (OR, p. 178). À nouveau, l'enfant et la maladie
sont mis sur le même pied. Ajoutons – sans prétendre à l'exhaustivité –
les frères et sœurs de Dida, tellement nombreux qu'elle en oublie les
noms (OR, p. 252), comme si le nombre des enfants menaçait l'individualité des survivants.

*

Dans *Maléfice*, un récit de la même veine italienne et réaliste que
Denier du rêve, Amande a élevé seule ses frères et sœurs, et les « efforts
qu'a[] dû fournir, pour nourrir ses jeunes frères, cette petite fille têtue, qui
elle-même n'[es]t qu'une enfant », sont pour beaucoup dans la maladie
dont elle se meurt. Cela ne l'empêche pas d'avoir elle-même mis au
monde un enfant dont, en effet, la « vigueur » lui est « une revanche,
presque une compensation » (M, pp. 63-64). Mais l'épuisement dans
lequel elle se trouve – et qu'annonce la seule autre jeune mère présente
dans le récit, qui, « l'air fatigué, avait apporté un enfant » (M, p. 56) – associe ouvertement la maladie à la gestation. « Ce petit être qui avait vécu en
elle, avait vécu d'elle » (M, p. 63), s'efface peu à peu dans l'esprit de sa
mère, « absorbée, de plus en plus, par le travail intérieur de son mal,
comme par une gestation mortelle » (M, p. 64) – le mot « travail » renvoie
directement à l'accouchement. Pis, « parfois, elle le haïssait, comme si, en
venant au monde, il lui avait volé sa vie » (M, p. 64) – cette fois, la rela-

---

[5] Cet épisode n'est pas non plus sans évoquer, dans *Le Coup de grâce*, certaine étoile
de mer « que maman, jadis, avait mis [*sic*] de force dans ma main, provoquant ainsi
chez moi une crise de convulsions » (OR, p. 122). Ce souvenir, ce rapprochement
frappent un Éric aux prises avec le « poids » du corps de Sophie, d'une « violente,
affreuse douceur » qui « palpitait contre moi » (OR, p. 122).

tion évoque la Giovanna de *Denier du rêve* et sa fille malade qu'elle en vient à souhaiter tuer. Lorsque sa mort sera certaine, cet événement apparaîtra au guérisseur, Cattanéo, comme « avantageux peut-être pour l'enfant délivré d'une mère inutile, que, n'ayant pas connue, il n'aurait pas à regretter » (M, p. 77). Il est remarquable que dans ce texte précoce on trouve ainsi fortement présentes, d'une part, l'équation qui associe l'enfant à la maladie et à la mort de la mère et, d'autre part, celle qui associe, comme l'écrira – presque cinquante ans plus tard – Marguerite Yourcenar dans *Souvenirs pieux*, la « perte prématurée d'une mère » (EM, p. 744) et l'absence de sentiments de l'enfant survivant pour celle-ci.

C'est le mot « fardeau » qui semble venir le plus volontiers à Marguerite Yourcenar quand elle parle d'un enfant : fardeau pour Idelette dans *L'Œuvre au Noir* (OR, p. 776), pour Aphrodissia dans les *Nouvelles orientales* (OR, p. 1200), ce qu'on pourrait encore concevoir dès lors qu'il s'agit d'une grossesse non désirée et même dangereuse ; fardeau, plus inexplicablement, pour les bonnes portant la petite Marguerite à la fin d'*Archives du Nord* (EM, p. 1178). Mais pour Fernande enceinte, le « poids de l'avenir » n'était-il pas « accablant » dès le début de *Souvenirs pieux* (EM, p. 719) ? Enfin, comme le remarque Michel lui-même en écho au vieil antiquaire, il est « dommage » que l'enfant vive (EM, p. 744), cet enfant qui n'a même pas d'existence par rapport à sa mère, puisque le chien Trier « était sans doute davantage un souvenir de la disparue que l'enfant elle-même » (EM, p. 743), « relique » de Fernande, bibelot encombrant qu'on ne peut même pas rendre à un antiquaire.

Dans *Anna, soror…*, lorsque Valentine et ses enfants s'installent dans le château-fort pour surveiller les vendanges à Acropoli, la « surabondance » de la ferme dément le « succès médiocre », mentionné quelques lignes plus tôt, de la vigne que don Alvare essaie d'implanter et qui motive une surveillance particulière du domaine et donc, en l'occurrence, la délégation de son épouse. C'est que sans doute cette surabondance un peu malsaine n'est qu'un effet de style, visant à renforcer celle du couple d'intendants, « sa femme toujours grosse et une marmaille d'enfants » (OR, p. 856) :

> Des tas de raisins déjà confits dans leur propre suc engluaient le carrelage à la moresque, fréquenté des mouches ; des bottes d'oignons pendaient aux voûtes ; la farine coulant des sacs s'insinuait partout avec la poussière ; on était saisi à la gorge par l'odeur du fromage de buffle. (OR, p. 856)

Le dénigrement de la fécondité s'associe ici à l'assimilation de la progéniture à la pourriture. En s'installant aristocratiquement au premier étage, dans le château fort, donna Valentine et ses enfants – issus, eux, d'une « race » ayant « épuisé sa sève » (OR, p. 853) – montrent leur dégoût de cette abondance écœurante que l'auteure, jetant bas le masque, finira par reprocher en son nom et en toutes lettres aux générations qui l'ont précédée.

Dans *Souvenirs pieux*, en effet, on glisse insensiblement d'une évocation des relations conjugales d'Arthur et de Mathilde, de l'amour entre époux et de l'amour des enfants, à un plaidoyer vibrant contre la surpopulation de la planète :

> Malthus n'est pour Arthur qu'un mot obscène : il ne sait d'ailleurs pas trop qui c'est. N'a-t-il pas pour lui les bonnes mœurs et les traditions de famille ? Son grand-père, le citoyen Decartier, aux temps révolutionnaires, a eu neuf enfants. Quant à Mathilde, elle n'a sans doute jamais rencontré, comme la Dolly de Tolstoï, […] une Anna Karénine pour lui expliquer comment se limitent les naissances. Une telle rencontre eût-elle eu lieu, que, comme Dolly, elle eût sans doute eu un mouvement de recul embarrassé, en se disant que « c'est mal ». Et quelque chose en nous lui fait écho. Mais il y a plus mal encore, qui est d'encombrer le monde. (EM, pp. 789-790)

Quelques pages plus loin, après avoir présenté en gros et rapidement ces dix enfants de Mathilde, ce qui est une manière complémentaire de suggérer qu'ils sont trop nombreux, et c'est bien ce qu'elle semble encore dire en indiquant qu'ils l'embarrassent – « je ne saurais trop où les mettre, si je ne les mets ici » (EM, p. 799) –, Marguerite Yourcenar revient à la charge comme si c'était la première fois qu'elle abordait le sujet :

> L'abondante fécondité de Mathilde ne fut plus de mise pour la génération suivante : des huit enfants vivants qu'elle avait laissés, seules quatre filles en eurent à leur tour, totalisant en tout neuf enfants, et trois seulement de ceux-ci, sauf erreur, eurent des descendants. Il faut à coup sûr se féliciter de ce retour à la modération, quelle qu'en soit la cause. Il m'est pourtant impossible de ne pas noter ici une défaite et là une lacune. La fertilité de Mathilde, vue sous un certain angle, fait penser à la floraison surabondante d'arbres fruitiers attaqués par la rouille ou par des parasites invisibles, ou qu'un sol appauvri n'alimente plus. La même métaphore s'applique peut-être à l'indue expansion de l'humanité d'aujourd'hui. (EM, pp. 806-807, déjà cité)

Comme lors de la première salve, le ton généralisant tend à englober le lecteur dans l'opinion de l'auteure. L'expression « encombrer le monde », qui clôturait le premier développement du thème de la surpopulation, reparaît dans *Archives du Nord* à deux reprises. À l'orée du livre, à l'orée de l'histoire, à l'orée de la vie, la narratrice omnisciente se donne les gants de voir ce que personne n'avait pu voir avant elle et d'y entraîner, une fois de plus, le lecteur : « Contemplons […] ce monde que nous n'encombrons pas encore (EM, p. 955) ». Et elle y revient, cette fois à l'occasion d'une innocente visite chez le photographe :

Ils sont deux : on est reconnaissant au couple lillois de s'en être tenu à ce chiffre ; le souci de ne pas trop morceler l'héritage l'emportait sans doute sur celui de ne pas encombrer la terre. (EM, p. 1070)

Marguerite Yourcenar accorde aussitôt à son grand-père : « Néanmoins, quelque chose me dit que Michel Charles n'aimait pas ces pullulements » (EM, p. 1070), faisant apparaître dans la lignée paternelle et dans la filiation des pères un souci de restriction qui s'oppose totalement aux « pullulements » incontrôlés constatés dans la filiation des mères de la lignée maternelle, en la personne de Mathilde qualifiée de « reine abeille » (EM, p. 791) – comme, dans *Archives du Nord*, « la grosse Marie de Médicis » des tableaux de Rubens « a une plénitude de reine abeille » (EM, p. 998). Elle expose du même coup, subversivement, une vision parfaitement dichotomique – et biologiquement contradictoire – de la contribution des sexes à la perpétuation de l'espèce. Comme toujours, chaque mot compte dans l'économie du texte yourcenarien...

Dans *Quoi ? L'Éternité*, les mêmes termes et les mêmes motivations reviennent inlassablement sous la plume de Marguerite Yourcenar, conférant définitivement à l'expression « encombrer le monde » à la fois la spontanéité et le poids significatif qui caractérisent un *leitmotiv*[6] :

Michel avait douze ans, plus ou moins, quand leurs parents, qui pratiquaient la restriction des naissances, non de peur d'encombrer le monde, problème auquel ils ne pensaient guère, mais pour éviter d'avoir à diviser en trop de parts l'héritage, décidèrent de donner une remplaçante ou un remplaçant à leur aînée, morte à quatorze ans écrasée par un charroi sur la pente du Mont-Noir. (EM, p. 1213)

Michel sera le digne fils de son père : « loin d'exiger de Fernande la fécondité, [il] m'avait pour ainsi dire concédée à la jeune femme [...]. Il n'était pas non plus de ceux qui croient que Dieu impose aux couples le devoir de procréer » (EM, p. 742). Notons que le terme « concédée », qui explicite le raisonnement de Michel, dévalorise discrètement le désir de paternité et par là même l'enfant qui naît, c'est-à-dire l'auteure des lignes dont il est question. Cette réticence de Michel est loin d'être anodine. Le texte suggère par là que l'issue fatale de la grossesse de Fernande ne peut être imputée, si elle l'était à quiconque, qu'à celle qui avait manifesté le désir d'enfant. Ce n'est pas pour rien que Marguerite abondera dans le sens de Michel : il est permis d'y voir l'amorce d'une déculpabilisation du père qui, cela va de soi, rejaillit sur l'enfant dont la naissance est la cause objective de la mort de la mère. Une partie du discours yourcena-

---

6 Dans quelques notes tardives décrivant le monde où elle aimerait vivre, Marguerite Yourcenar allait, entre autres souhaits, jusqu'à rendre la stérilisation des femmes obligatoire après le deuxième enfant (cité par Josyane SAVIGNEAU, *Marguerite Yourcenar. L'invention d'une vie, op. cit.*, p. 411).

rien sur l'enfant, le désir d'enfant, la procréation et la surpopulation dérive peut-être de ces prémisses.

Michel trouvera en la personne de Jeanne, une fois de plus, la femme idéale : dans *Quoi ? L'Éternité*, on l'a vu, lorsqu'il lui demande si elle ne veut pas un jour avoir une fille,

> la jeune femme secoue la tête ; il leur suffit de deux enfants. Cette franchise sur un sujet que les femmes à l'époque n'abordaient qu'entre elles, et avec des précautions infinies, lui paraît admirable. (EM, p. 1275)

Egon est bien digne de Jeanne. « Pas d'autres enfants ? » lui demande un personnage de *Quoi ? L'Éternité* : « Tu ne trouves pas qu'en de pareils temps deux suffisent ? » (EM, p. 1423). Dans *Archives du Nord*, l'inutilité de la procréation est suggérée par le fait qu'en veillant son fils mourant, une mère n'est est pas moins près d'accoucher de l'enfant suivant :

> À pas lents, alourdie qu'elle est par une grossesse à son huitième mois, elle monte à l'étage ; l'enfant, son fils aîné, le petit Michel-Constantin, est alité, trempé de sueur […]. Chacun, sauf Thérèse, s'est accoutumé à l'idée que l'enfant n'atteindra pas l'automne. (EM, p. 1003)

Les lignes qui suivent ce passage nous apprennent d'ailleurs qu'elle en perdra cinq en bas âge en l'espace de quelques années. Dans *L'Œuvre au Noir*, la fermière d'Oudebrugge le constate tristement à sa manière :

> De tous mes garçons, il ne me reste plus qu'une couple. Car j'ai eu deux maris, Monsieur, moi, continua-t-elle, et à nous trois dix enfants. Il y en a huit qui sont au cimetière. Toute cette peine pour rien… (OR, p. 771)

Revenons à la surabondance dégoûtante, liée à la pourriture et à la maladie. Les co-occurrences de l'enfant et de la pourriture ou de l'infection ne sont que trop nombreuses dans la fiction yourcenarienne : mais cette répugnance s'étendra jusqu'à la mère. Les lecteurs délicats n'ont pas manqué de frémir en lisant dans la description de Fernande photographiée sur son lit de mort qu'elle avait le « ventre ballonné par la péritonite, qui bombe le drap comme si elle attendait encore son enfant » (EM, p. 733). C'est « vers 1929 » (EM, pp. 746 et 747), très probablement peu après la mort de son père, que Marguerite Yourcenar dit avoir examiné ces photographies mortuaires pour la première fois, parmi les autres « reliques » de sa mère que lui laissait Michel. Si l'on en croit Marguerite Yourcenar, *Électre ou la Chute des masques* fut écrite en 1943 (Chronologie, OR, p. XXII). Se souvient-elle de cette photo lorsqu'elle fait dire à Oreste : « Je proviens de ce corps, où déjà commence la pourriture, et un homme l'a jadis assez aimée pour me faire naître d'elle, de cette masse d'horreur » (Th. II, p. 63) ? Deux ans plus tôt, se souvient-elle de Fernande en rédigeant *Le Mystère d'Alceste*, lorsque la Mort dit à Hercule : « Je suis la Mort, sage-femme voilée de noir [...] Alceste m'appartient : ce soir, je l'accoucherai de son âme, et elle mourra, tuée comme par un enfant » (Th. II, p. 109) ?

Dans *L'Œuvre au Noir*, Zénon reprendra l'association de l'enfant et de la tumeur en y ajoutant celle de la pensée stérile, ou plutôt ne produisant que des grossesses nerveuses :

> Toute sa vie, il s'était ébahi de cette faculté qu'ont les idées [...] de croître comme des tumeurs dévorant la chair qui les a conçues, ou encore d'assumer monstrueusement certains linéaments de la personne humaine, comme ces masses inertes dont accouchent certaines femmes, et qui ne sont en somme que de la matière qui rêve. Bon nombre des produits de l'esprit n'étaient eux aussi que de difformes veaux-de-lune. (OR, p. 686)

L'idée n'est pas très différente de l'association qui viendra à Nathanaël évoquant les manuscrits de Belmonte jetés au canal en triste compagnie :

> Depuis que ce canal avait été creusé, on avait dû y jeter bien des choses, des *déchets* de nourriture, des *fœtus*, des *charognes* d'animaux, peut-être un ou deux *cadavres*. Il pensa à ce trou qui était Rien ou Dieu. (OR, p. 987, c'est moi qui souligne)

À peine une page après la description de l'idyllique rencontre avec la dame de Frösö, qui aurait pu lui donner le fils tout aussi idéalisé qu'il envisagera en prison, lorsque Zénon retrouve son froid langage de médecin et fait avorter « la petite bourgeoise adultère de Pont-Saint-Esprit », il n'est plus question que du « misérable reste de la conjonction humaine » que les avorteurs enterreront à la sauvette dans le jardin, avec un olivier pour tout arbre généalogique (OR, p. 697). Plus tard encore, à propos de la petite Idelette de Loos acculée à l'infanticide, par un *lapsus calami* aussi surprenant que discret, Marguerite Yourcenar parlera, au lieu d'une « incongrue » fécondité, d'une « indue fécondité » (OR, p. 740), introduisant une nuance morale dans le hasard biologique. À part les fils de Jacqueline, dont on a vu le traitement caricatural, le seul enfant aimé dans *L'Œuvre au Noir*, c'est le petit-fils de la fermière d'Oudebrugge citée plus haut, et dont le visage est illuminé par « une merveilleuse tendresse » dès qu'elle le voit venir à elle. Mais... « il était peut-être faible d'esprit » (OR, p. 771). Il n'est jusqu'aux enfants des femmes soignées par Zénon qui ne soient portés dans de métonymiques « ballots de linge sale » (OR, p. 746). Zénon lui-même ne vaut guère mieux : « l'histoire de ce fils illégitime » ne sera pour sa demi-sœur Martha qu'« une souillure de plus sur sa mère déjà si salie » (OR, p. 807), la souillure s'étendant bien entendu à l'enfant issu de la faute.

Dans *Quoi ? L'Éternité*, Egon à la recherche des siens dont l'a séparé la guerre – demi-prétexte pour, en réalité, une escapade vers sa vraie famille, « la fraternité des rangs, un monde viril de contact humain » (EM, p. 1409) –, marche longuement dans la forêt pour parvenir à une cabane dans laquelle un couple de vieillards presque paisible, mort de faim ou de maladie, achève de se décomposer. Pour toute progéniture, les deux cadavres n'ont qu'« un gros rat (ou un chat, il n'était pas sûr), [qui] bondit hors des jupes et s'évad[e] par un trou » (EM, p. 1414). Cette scène prélude aux retrouvailles peu chaleureuses d'Egon avec sa mère sénile et malade, seule survivante de sa famille, dont il fera la toilette, une toilette par avance mortuaire, jetant au passage un regard à « la fissure brun-rouge dont il était sorti » (EM, p. 1420). Tout comme le passage sur les vieux cadavres mangés par les rats, la description de cette dernière entrevue d'un fils avec sa mère abonde en détails dont le réalisme clinique vise sans aucun doute à provoquer la répugnance du lecteur pour la procréation.

*

Mais la dévalorisation de la procréation et de l'enfant atteint des sommets avec la description, dans *Le Tour de la prison*, d'un spectacle japonais de *bunraku* évoquant les assassinats d'une sorcière. Le style de ce recueil d'impressions de voyage, inabouti, par endroits médiocre, est resté dans bien des cas celui d'un journal de voyage, donc d'un premier jet. Prenons cette spontanéité pour argent comptant. Voici le compte rendu du dénouement du spectacle de :

> Une jeune femme enceinte était *engluée* ensuite : à cette proie particulièrement désirée, la vieille fendait le ventre pour en arracher le fœtus. L'embryon tout rouge, déjà complètement doué de forme humaine, était pris et tordu par la vieille comme un linge qu'on essore pour en exprimer le sang. Ce *hideux* remède était destiné, semble-t-il, à la guérison d'un prince. La mégère, sauf erreur, expiait ses crimes, dont le pire n'était peut-être qu'un acte de loyalisme ; la jeune femme ressuscitée sortait de la fosse ; des lueurs de féerie illuminaient le prince guéri. Il se peut que je résume mal ce dernier acte, tant l'image de la vieille devant sa cuve et vidant de son sang le fœtus humain domine tout. On eût cru un placard pour une association anti avortement. (EM, pp. 646-647, c'est moi qui souligne)

La première remarque qui vient à l'esprit est que l'emploi du terme « engluée » ne s'impose aucunement dans le contexte, les autres voyageurs attaqués étant « égorg[és] » puis « jeté[s] dans un dépotoir » (EM, p. 646). Il me semble mis là, même (ou surtout) inconsciemment, pour rendre la victime repoussante. Ensuite, c'est le glissement des définitions qui m'interpelle. Marguerite Yourcenar ne régresse du « fœtus » à l'« embryon » que pour nous dire immédiatement que celui-ci est « déjà complètement doué de forme humaine », alors que c'est précisément ce qui caractérise un fœtus et non pas un embryon. Est-ce une manière de dénoncer une outrance dans la représentation de la pièce ? Il semble bien que oui, car l'ensemble lui fait penser à « un placard pour une association anti avortement »[7]. Ce n'est pas tout : toujours sur le chapitre du dénigrement de la victime, force est de constater que l'horreur et le dégoût exprimés par l'auteure tiennent au fœtus lui-même et pas à son avortement ni même au meurtre d'une femme enceinte, ce qui est clairement attesté par son assimilation à un « hideux remède » – on songe au « hideux poids vivant » qu'est le poulpe accroché à Lina Chiari, dans *Denier du rêve* –, qui évoque l'arsenal des potions bizarres employées par les sorcières et met sur le même plan un être « déjà complètement doué de forme humaine » et, par exemple, des crapauds bouillis ou autres chauves-souris. Enfin, la suggestion que le pire des crimes de la sorcière, là où le lecteur attendrait sans surprise ce double meurtre si abondamment décrit, n'est « peut-être qu'un excès de loyalisme » – le mot de loyauté conviendrait d'ailleurs mieux ici, indice parmi d'autres du caractère inachevé de ce recueil – tend à atténuer l'horreur ou l'immoralité de la destruction du fœtus. Le châtiment de la « mégère », la résurrection de la jeune femme, la guérison du prince sont évoqués en bon ordre : par contre le fœtus disparaît. Marguerite Yourcenar concède d'ailleurs aussitôt qu'il se peut qu'elle résume mal le dénouement de la pièce, ce qui serait une manière de se dédouaner d'avoir oublié l'enfant. Et elle ajoute : « Quelques enfants clairsemés dans l'auditoire ne paraissaient pas décontenancés » (EM, p. 647), sans qu'on puisse trancher si elle est elle-même décontenancée par cette attitude sereine ou si au contraire elle l'utilise pour prévenir chez le lecteur, en le dénigrant d'avance, tout éventuel sentiment de malaise.

La dévalorisation de la procréation et de l'enfant touche absolument tous les types de textes. À Ravenne, « des enfants sales, des femmes débordantes de maternité braillent dans les rues tristes » (EM, p. 486). Dans les romans historiques, « l'ingénuité à la bonne franquette des scénarios pour technicolor », comble de ridicule, porte précisément sur la maternité : « *Spartacus, I think that I will have a baby* » (EM, p. 293).

---

[7] Marguerite Yourcenar déclare dans *Les Yeux ouverts* : « Au cas où la femme ou l'homme concernés n'auraient pas pu ou pas su prendre leur mesure à temps, je suis pour l'avortement, et j'appartiens à plusieurs sociétés qui aident les femmes en pareil cas, bien que personnellement l'avortement me paraisse toujours un acte très grave. Mais dans nos sociétés surpeuplées, et où, pour la majorité des êtres humains, la misère et l'ignorance règnent, je crois préférable d'arrêter une vie à ses débuts que de la laisser se développer dans des conditions indignes » (YO, p. 283). Il faut aussi tenir compte du fait qu'aux États-Unis en particulier, où vivait Marguerite Yourcenar depuis quarante ans, les associations anti-avortement font depuis longtemps un usage abondant d'images chocs.

Dans *Feux*, « des enfants mal peignés piaill[]ent dans la cuisine » de la maison de Socrate (OR, p. 1112). Sur le pont du bateau qui l'emmène en Angleterre, Marguerite adolescente remarque, parmi les passagers,

> un nombre étonnant de femmes enceintes. La nature n'est pas flatteuse envers celles qui propagent la vie : les ventres gonflés de malheureuses d'aspect plus grotesque que tragique ballottaient dans de vieilles jupes enfilées au hasard, des visages bouffis et jaunes se protégeaient du soleil sous des fichus ou des tabliers. (EM, p. 1374)

Tout en contraste, il faudra la longue description d'« une école de dauphins » (EM, p. 1374), « apparition merveilleuse », « épiphanie sans ombre » (EM, p. 1375), pour chasser la vision d'horreur qui précède. La prise de parole autoritaire de la narratrice, dans *Le Labyrinthe du monde*, rend certes invraisemblable – et, diront certains, d'autant plus déplaisante – l'attribution de ces pensées à une protagoniste âgée de treize ans. C'est tout au contraire une femme adulte, amoureuse et concernée – quand ce ne serait qu'en esprit – par la maternité qui écrit, dans *Feux*, en 1936 : « Il n'y a pas d'amours stériles. Toutes les précautions n'y font rien. Quand je te quitte, j'ai au fond de moi ma douleur, comme une espèce d'horrible enfant » (OR, p. 1078). Ces jeux ou même ces abus de langage (« précautions », par exemple) à propos d'une maternité imaginaire, on les retrouve au superlatif à propos de Sappho prenant en charge la jeune Atthys :

> À force de soigner cette enfant maladive […], le morne amour de Sappho prend une forme maternelle, comme si quinze années de voluptés stériles avaient réussi à lui faire cette enfant. (OR, p. 1132)

Une enfant « maladive », bien entendu. Car l'enfant est voué à la mort quoi qu'il en soit, il n'est qu'un rêve maudit de ces femmes dont, toujours dans *Feux*, « les pires allaitent l'espérance comme un enfant promis aux crucifixions futures » (OR, p. 1105). Maladif donc, horrible, infirme, braillard, il est aussi cruel. Théodore suggère à Électre : « C'est parce que tu aimes Oreste comme un enfant qu'il n'y a pas sur tes genoux un vrai enfant » (Th. II, p. 30). Le texte ajoute : « qui te mord le sein ». Cette agressivité supposée – gratuite – est à mettre au nombre des occurrences dévalorisantes de l'enfant, tout comme le fait que, dans « La dernière olympique » (1934), « le lait d'Héra », qui « coule dans la Voie lactée », jaillit « d'une *morsure* au sein bleu » (EM, p. 430, c'est moi qui souligne).

Marie-Madeleine voit en la résurrection de Lazare – nous l'avons vu en commençant ce point – son seul triomphe de femme amoureuse : « la seconde naissance de Lazare », c'est bien elle qui l'a « obtenu[e] », mais par des « larmes » et des « cris » (OR, p. 1100). Et quoi qu'il en soit ce

« presque »-enfant « faisant ses premiers pas sur le seuil de sa tombe »
(OR, p. 1100) n'est qu'un mort-vivant, une chimère de plus. Il faudra un
autre Lazare, tout à la fin de l'œuvre, pour qu'une vieille femme peut-
être réconciliée avec la vie (« La mort conduit l'attelage, mais la vie
aussi », OR, p. 1043) envisage – un peu tard – une maternité plus
sereine sous la forme d'une sorte de métempsycose littéraire. La
douloureuse contradiction entre l'équation yourcenarienne enfant = mort
et l'équation platonicienne œuvre = enfant s'y trouvera sereinement
réconciliée.

DEUXIÈME PARTIE
PORTANT DANS SA PLUME *SA LIGNÉE*
CRÉATION ET PROCRÉATION LITTÉRAIRES

Sept personnages en quête d'auteure

Je me propose d'examiner ici de manière approfondie sept personnages romanesques, majeurs ou mineurs, sous l'angle de leur capacité d'explication des mécanismes de création littéraire yourceneriens liés à la parenté. Du particulier au général, d'une timide approche du réseau (Dida) à la formulation du lien avec l'Univers (Nathanaël), de la mère (Fernande) ou du père (Michel) diversement idéalisés à un geste de création pur et simple qui transcende la procréation (Greete/Marguerite), de la filiation dévalorisée mais désirée (Hadrien) à Lazare « portant en soi l'espérance du monde » (EM, p. 359), on assiste à la mise en place d'une sorte d'Olympe yourcenarien.

À la source de cette mythologie personnelle, je postulerai en conclusion de cette partie un mouvement d'essence créatrice : la sollicitude parentale. L'expression « portant dans *sa plume* sa lignée » qui figure dans le titre général de cette deuxième partie est un détournement de celle de Marguerite Yourcenar elle-même à propos de son grand-père Michel Charles qu'elle décrit, au moment où il échappe de justesse à la mort dans un accident de chemin de fer à Versailles, « portant dans ses couilles sa lignée » (EM, p. 1017). Elle indique où, à mon sens, se situe la véritable filiation de la romancière : dans son œuvre.

La Bonne Mère et l'impitoyable Parque
Approche du réseau : Dida

Il existe dès la première version de *Denier du rêve* un curieux personnage yourcenarien qui donne lieu à la formulation de comparaisons très importantes pour l'auteure, au point que leur ampleur débordera du roman de 1934, revu et corrigé en 1959, pour s'étendre sur l'œuvre entière. L'image de la déesse-mère, le champ métaphorique de l'arbre et de la végétation appliqué à l'être humain, enfin la notion de réseau familial y trouvent une première expression discrète mais révélatrice.

Avec la mère Dida, à qui le docteur Alessandro Sarte achète pour Angiola Fidès les roses de l'illusion, nous sommes en effet en présence, ni plus ni moins, d'une matriarche. C'est à partir d'elle qu'on peut identifier dans le livre la parenté la plus nombreuse : dix-sept personnes, si l'on compte le quatrième enfant d'Attilia et d'Oreste, qui est sans doute né à l'heure où se clôture le récit, et si l'on admet que Lina Chiari est sa petite-fille[1]. À ces personnes nommées et identifiées dans le livre, on peut d'ailleurs ajouter la mère, « morte de bonne heure » (OR, p. 252) et les frères et sœurs de Dida, si nombreux « que leurs noms lui sortaient de la tête » (OR, p. 252). Au vu de cette abondante ramification généalogique, il est frappant de constater que l'image qui vient pour la décrire est précisément celle des arbres :

> Jeune, la mère Dida avait ressemblé aux fleurs ; vieille, elle ressemblait aux troncs d'arbre. Elle était dure d'oreille ; ses grandes mains noueuses ramaient autour d'elle comme des branches ; ses pieds lents à se mouvoir collaient au sol comme s'ils y étaient plantés. Ses enfants morts pourrissaient au cimetière comme des feuilles de novembre. (OR, pp. 250-251)

---

[1] À Lina Chiari, « Une voiture de place qui stationnait près du trottoir [...] rappela son père : il était cocher de fiacre à Florence » (OR, p. 174). Or il s'agit sans doute du compagnon d'une des filles de la mère Dida : « Agnese partie faire la femme de chambre à Florence se mit en ménage avec un cocher de fiacre qui était bien brave » (OR, p. 253). Cela ferait de Lina Chiari la petite-fille de la mère Dida : cette « petite [qui] avait mal tourné, et les laissait depuis dix ans sans lettre et sans mandat-poste » (OR, p. 254) évoque en effet assez bien une prostituée.

159

La comparaison est reprise plus loin : « On la disait mauvaise : elle était dure comme la terre, avide comme la racine qui cherche sa subsistance, étranglant dans l'ombre les racines plus faibles, violente comme l'eau et sournoise comme elle » (OR, p. 255). Maraîchère, Dida règne en maîtresse sur des générations de plantes. Sur des générations de créatures humaines également : « Elle avait eu tant de frères et sœurs que leurs noms lui sortaient de la tête ; la mère était morte de bonne heure ; Dida avait dû s'occuper à sa place de tous ces agneaux du Bon Dieu » (OR, p. 252). Ensuite, sur la génération suivante, celle de ses propres enfants : « Il était venu des enfants, peut-être huit, ou neuf peut-être, y compris ceux qui n'étaient pas nés à terme et ceux qui n'avaient vécu que quelques jours [...]. Il avait fallu de nouveau élever tous ces agneaux du Bon Dieu, les laver, les nourrir, leur taper dessus pour leur apprendre de bonnes manières » (OR, p. 252). Juste avant cette dernière phrase, une autre phrase, « Fruttuoso s'y connaissait mieux que personne en semis, en repiquage, en taille, en boutures », amorce assez comiquement une métaphore végétale autour de la progéniture. On en retrouvera une à la page 260 : « Au Jugement Dernier, Dieu brûlera toutes les mauvaises herbes ». La famille habite « Ponte Porzio où l'on n'était pas mal approvisionné pour l'arrosage, mais où dans la maison on n'avait pas mis l'eau courante » (OR, p. 258). Les enfants sont moins bien arrosés que les plantes, ce qui n'est pas sans rappeler les chevaux du père de Lina Chiari, « soignés par la mère plus tendrement que les enfants » (OR, p. 174). Si la mère en question est bien cette Agnese partie vivre à Florence avec un cocher de fiacre, elle aura en effet appris les « bonnes manières » inculquées par Dida...

À la troisième génération, les deux maris étant l'un mort et l'autre chassé du domicile, Dida reste seule maîtresse de sa lignée. Et le moins qu'on puisse dire est que, si sa postérité semble assurée, elle n'est pas heureuse. Son fils aîné se fait tuer durant la Grande Guerre (OR, p. 253) ; son deuxième fils, Nanni, part pour l'Argentine (OR, p. 253) ; sa fille Agnese, on vient de le voir épouse un cocher de fiacre dont elle a une fille qui tourne mal (OR, pp. 253-254) ; son autre fille, Attilia, épouse un « vaurien », Oreste Marinunzi (OR, p. 254) dont elle a quatre enfants. Restent Ilario, Maria et Tullia : l'une des deux (le texte ne précise pas), handicapée mentale, est de son deuxième mari. Ilario est sérieux et fait prospérer l'affaire, les deux cadettes travaillent toute la journée ; mais elles sont

> De vrais remèdes d'amour en souliers d'homme et en sarrau déteint, jaunes et ridées comme des vieilles ; il n'y avait pas de danger qu'un amoureux vînt les enlever à la mère Dida. Et à Ilario, Dida avait déconseillé de prendre femme ; on était assez nombreux comme ça, et les filles d'aujourd'hui ne valent rien pour le ménage. (OR, p. 254)

Dida, en bonne mère castratrice, s'y connaît elle aussi en repiquage et en boutures… Mais cet empire a son revers : Dida vit dans la crainte d'être assassinée par l'un de ses propres enfants pour l'argent qu'elle transporte sur elle. Et Marguerite Yourcenar achève de filer sa métaphore : « Dida rêvait assassins comme les vieux arbres rêvent peut-être bûcherons » (OR, p. 256).

Le fait que la métaphore végétale s'étende insensiblement des plantes aux êtres humains n'est pas sans signification. La comparaison reparaîtra dans *L'Œuvre au Noir* lorsque Zénon, évoquant des enfants de sa famille morts en bas âge, rêve « un instant à ce qu'eussent pu être ces destinées vite interrompues, ces pousses du même arbre » (OR, p. 779). C'est d'ailleurs à Homère que Marguerite Yourcenar est d'abord redevable de cette comparaison, comme en témoignent, en exergue d'*Archives du Nord*, ces deux vers de l'*Iliade* : « Fils du magnanime Tydée, pourquoi t'informes-tu de ma lignée ? Il en est de la race des hommes comme de celle des feuilles » (EM, p. 953). Dans le même livre, la citation se trouve démarquée dans l'évocation des ancêtres de Marguerite Yourcenar fondus dans « l'immense anonymat paysan » :

> Des noms subsistent, […] comme des fétus de paille épars sur la terre nue. […] Ces générations qui se sont succédé […] depuis la fin des temps antiques, et peut-être même avant, ces gens qui pendant des siècles ont remué la terre et collaboré avec les saisons ont disparu aussi complètement que le bétail qu'ils menaient paître et que les feuilles mortes dont ils faisaient de l'humus. Et certes, il suffit de remonter de trois ou quatre siècles pour s'apercevoir que les ancêtres des « bonnes familles » s'enfoncent finalement dans le même terreau anonyme. (EM, p. 1049)

On verra, toujours dans *Archives du Nord*, le propre père de l'auteure et sa sœur Gabrielle ainsi caractérisés :

> Comparés aux adultes roidis, lignifiés, déjà marqués pour être un jour abattus, ces jeunes pousses ont l'inépuisable force de ce qui est encore frais, flexible et souple, de la mince tige capable de percer s'il le faut l'épaisse couche de feuilles mortes ou de pulvériser le rocher. (EM, p. 1071)[2]

Et c'est encore la même idée qui, dans *Souvenirs pieux*, assimile la vie des humains à la vie des plantes :

> La vie passée est une feuille sèche, craquelée, sans sève ni chlorophylle, criblée de trous, éraillée de déchirures, qui, mise à contre-jour, offre tout au plus le réseau squelettique de ses nervures minces et cassantes. Il faut certains efforts pour lui rendre son aspect charnu et vert de feuille fraîche,

---

2   Lorsque Marguerite Yourcenar parle de la généalogie patrilinéaire, c'est la même expression qui revient : « une mince tige, sur laquelle se greffent à chaque génération des noms d'épouses » (EM, p. 973).

pour restituer aux événements ou aux incidents cette plénitude qui comble ceux qui les vivent et les garde d'imaginer autre chose. La vie d'Arthur et de Mathilde est pleine à crever. (EM, p. 790)

Même dans ses aspects négatifs (ou supposés tels par Marguerite Yourcenar), la métaphore – explicitement qualifiée par l'écrivaine – fonctionne encore, ainsi à propos de Mathilde :

La fertilité de Mathilde, vue sous un certain angle, fait penser à la floraison surabondante d'arbres fruitiers attaqués par la rouille ou par des parasites invisibles, ou qu'un sol appauvri n'alimente plus. La même métaphore s'applique peut-être à l'indue expansion de l'humanité d'aujourd'hui. (EM, p 807)

Enfin, le petit Lazare, dernier héros de Marguerite Yourcenar, est tout d'abord qualifié de « bourgeon fragile » (OR, p. 950).

Mais, dans *Denier du rêve*, la comparaison du végétal et de l'humain ne vient pas seule. Elle s'accompagne, pour Dida, d'une qualification fondamentale pour notre propos : « Pour des générations de créatures végétales, elle avait été la Bonne Mère et l'impitoyable Parque » (OR, p. 255). Cette qualification s'accompagne à son tour d'un ordonnancement centripète du monde, le style naïf employé par Marguerite Yourcenar pour qualifier l'univers de la vieille maraîchère (OR, pp. 251-252) évoquant la simplicité populaire et se terminant par les mots : « Et, au milieu de toutes ces choses d'autant plus éclairées qu'elles étaient plus rapprochées d'elle, il y avait elle-même, la mère Dida de Ponte Porzio ». Cette image héliocentrique suggère assez clairement un principe central, ordonnateur. Si l'on y ajoute l'omnipotence – faste ou néfaste – indiqués par les termes de « Bonne Mère » et d'« impitoyable Parque », on est bien en présence d'une déesse-mère.

*

Tout se passe comme si nous assistions à la mise en place d'une allégorie du système fictionnel yourcenarien : une déesse-mère, génératrice d'une parenté nombreuse, dont les créatures seraient des plantes ou des êtres humains sur lesquels elle aurait un droit de vie et de mort mais devant lesquels elle serait également prodigieusement démunie au point de craindre pour son statut et même pour son existence. Il y aurait dans *Denier du rêve*, dès 1934, une préfiguration, primitive, en quelque sorte, mais déjà fonctionnelle, d'un processus qu'on retrouvera ensuite, et de plus en plus, à travers l'œuvre entière, une sorte de mise en abyme du projet de l'écrivaine, celui d'élaborer un univers autonome articulé sur la parenté. Le projet de l'écrivaine elle-même est contaminé par la métaphore végétale. C'est Marguerite Yourcenar qui affirme dans *Les Yeux ouverts* :

Chaque livre naît avec sa forme tout à fait particulière, un petit peu comme un arbre. Une expérience transplantée dans un livre emporte avec elle les mousses, les fleurs sauvages qui l'entourent dans cette espèce de boule de terre où ses racines sont prises. (YO, p. 85)

C'est précisément à propos de *Denier du rêve* qu'elle fait cette comparaison. Remarquons cependant qu'à peu près à la même époque de la formation de son système fictionnel, dans *Feux*, en 1938, une image de dieu-fils, elle aussi végétale, coexiste avec cette image de la déesse-mère : c'est le Christ jardinier de « Marie-Madeleine ou le Salut » :

Le jardinier courbé sur le sol sarclait une plate-bande : il leva la tête sous son grand chapeau de paille qui l'auréolait de soleil et d'été [...] Il avait sur l'épaule le râteau qui lui sert à effacer nos fautes : il tenait à la main le peloton de fil et le sécateur confiés par les Parques à leur frère éternel. Il se préparait peut-être à descendre aux Enfers par la route des racines. (OR, p. 1102)

L'image du Christ – par ailleurs frère des Parques – se trouve ainsi une fois de plus liée à la filiation. Dans *Denier du rêve* aussi, le Christ est végétal : « Ses Bons Dieux eux-mêmes étaient des espèces de grandes fleurs. Le petit bout de Jésus naissait au temps de Noël, faible et frais comme une primevère ; à Pâques, déjà tout grandi, laissant pendre comme un fruit sa tête barbue couronnée d'épines, il expirait sur l'arbre de la Croix » (OR, p. 251). Dans « Marie-Madeleine ou le Salut », le Christ, lors de la descente de la croix, « se détach[e] comme un fruit mûr, déjà prêt à pourrir dans la terre de la tombe. [...] Le jus de son cœur poissait nos mains rouges comme au temps des vendanges » (OR, p. 1101). Tout ce champ métaphorique date des années 1930. Dans « La dernière olympique » (1934), on trouve : « Nous sommes ici à l'un des rares points de contact entre la Grèce et la Galilée où un jeune dieu tire ses comparaisons des oiseaux et des fleurs des champs » (EM, p. 430). Bien plus tard, dans l'essai intitulé « Fêtes de l'an qui tourne », daté de 1977, Marguerite Yourcenar reconnaîtra encore avec Marie-Madeleine le Christ sous les traits du jardinier : « Quel plus beau nom donner à celui qui a fait lever tant de semences dans l'âme humaine ? » (EM, p. 363).

Je n'ai pas d'enfants
Le désir de filiation : Hadrien[1]

Dans l'œuvre yourcenarienne, la filiation réelle est presque toujours décevante. « Un enfant dont on ne sait encore rien, sinon qu'on s'attachera à lui, pour en arriver sans doute, si c'est un garçon, à des désappointements et à des disputes, si c'est une fille à la donner en grande pompe à un étranger avec qui elle irait coucher » : c'est en ces termes que Marguerite Yourcenar, dans *Souvenirs pieux,* fait définir par son propre père sa progéniture – et donc elle-même (EM, p. 716). Et, on l'a vu, ni le petit Daniel d'*Alexis*, ni les enfants de Dida, ni la petite Mimi de Vanna, ni Lazare, ni les enfants d'Anna de la Cerna, ni Zénon, pour ne citer qu'eux, ne sont désirés ni ne donnent satisfaction à leurs parents biologiques – quand ils ne vont pas jusqu'à causer leur mort, l'écrivaine créatrice de ces personnages s'étant elle-même mise en scène dans l'accouchement meurtrier dont elle est issue (*Souvenirs pieux*). La filiation yourcenarienne par excellence évite donc la transmission biologique ; elle est symbolique, c'est « une espèce d'adoption » : celle de la petite Marguerite par Jeanne de Reval dans *Quoi ? L'Éternité* (EM, p. 1273), celle, par Mortimer, de Lazare « devenu son enfant, son épagneul, son public » (OR, p. 1019) dans *Une belle matinée*, celle surtout de Marc Aurèle par Hadrien dans *Mémoires d'Hadrien*.

Avec Hadrien, on touche en effet à la parenté symbolique érigée en dogme fondateur du pouvoir, l'adoption comme « règle de succession impériale » :

> Cette décision où l'intelligence préside, ou à laquelle du moins elle prend part, me semblera toujours infiniment supérieure aux obscures volontés du hasard et de l'épaisse nature. (OR, pp. 267-268)

---

[1] Des éléments de l'argumentation qui va suivre ont déjà été exposés au colloque de Montréal en 1996. Voir Bérengère DEPREZ, « À peine un père. Expressions de l'amour parental dans l'œuvre romanesque de Marguerite Yourcenar », in *Marguerite Yourcenar. Écritures de l'Autre*, actes du colloque de Montréal (1996), Montréal, XYZ Éditeur, 1997, pp. 279-288.

L'énonciation de ce principe intervient après une justification de la non-postérité d'Hadrien, évoquant pour mieux le rejeter un regret passager de n'avoir pas eu de fils :

> Ce regret si vain repose sur deux hypothèses également douteuses : celle qu'un fils nécessairement nous prolonge, et celle que cet étrange amas de bien et de mal, cette masse de particularités infimes et bizarres qui constitue une personne, mérite d'être prolongé. [...] Je ne tiens pas spécialement à me léguer à quelqu'un. (OR, p. 483)

Suit immédiatement une réfutation de la filiation biologique proprement dite, sur le plan général :

> Ce n'est point par le sang d'ailleurs que s'établit la véritable continuité humaine : César est l'héritier direct d'Alexandre, et non le frêle enfant né à une princesse perse dans une citadelle d'Asie ; et Épaminondas mourant sans postérité se vantait à bon droit d'avoir pour filles ses victoires. (OR, p. 483)

Et sans doute Marguerite Yourcenar mourant sans postérité eût pu se vanter à bon droit d'avoir pour filles ses œuvres. Cette idée platonicienne traverse toute l'œuvre, d'Hadrien à Zénon en passant par Wang-Fô dont les tableaux sont les fils ou Agrippa d'Aubigné trahi par sa descendance réelle mais dont la postérité littéraire, les *Tragiques*, lui permet de tenir la promesse faite à son père de venger les pendus d'Amboise. Toujours platonicien est le renversement pur et simple de l'articulation, qui établit la supériorité de la parenté symbolique sur la parenté réelle[2]. Le plaidoyer d'Hadrien s'assortit de quelques principes d'éducation :

> La plupart des hommes qui comptent dans l'histoire ont des rejetons médiocres, ou pires que tels : ils semblent épuiser en eux les ressources d'une race. La tendresse du père est presque toujours en conflit avec les intérêts du chef. En fût-il autrement, que ce fils d'empereur aurait encore à subir les désavantages d'une éducation princière, la pire de toutes pour un futur prince. (OR, pp. 483-484)

Cette idée reviendra dans *L'Œuvre au Noir* (OR, pp. 665 *sq.*). Enfin, clôture de la plaidoirie par une justification de l'adoption comme mode de succession par excellence, élection du « plus digne » par son prédécesseur – « un homme qui a prouvé sa compétence dans le maniement des affaires du monde » –, manifestant par ce choix « à la fois son dernier privilège et son dernier service rendu à l'État » (OR, p. 484).

---

2 « Tout homme préférera avoir des enfants de ce genre, plutôt que des enfants qui appartiennent au genre humain. Et, en considérant Homère, Hésiode et les autres grands poètes, il les envie de laisser d'eux-mêmes des rejetons qui sont à même de leur assurer une gloire, c'est-à-dire un souvenir éternel [...] ou encore [...] envie-t-il le genre d'enfants que Lycurgue a laissés à Lacédémone » (*Banquet*, trad. Luc Brisson, *op. cit.*, p. 155).

Pour nous faire une idée plus précise des motivations profondes du personnage, examinons de plus près la relation d'Hadrien et d'Antinoüs. Antinoüs, véritable homme-enfant (au sens où l'on parle aussi de femme-enfant), n'est jamais considéré comme un égal par Hadrien mais, à bien des égards, comme un enfant. Il n'est pas question ici de méconnaître la dimension sensuelle, érotique, de la relation d'Hadrien et d'Antinoüs, d'autant moins que je viens de la mettre en évidence dans un chapitre précédent ; ne perdons pas de vue pour autant sa dimension parentale, qui correspond parfaitement au thème « éducatif » de la relation pédérastique antique, pour ne pas dire à la relation de pouvoir ou même de violence et de soumission qui semble caractériser cette emprise de l'adulte mâle sur le garçon adolescent (« Ce beau lévrier avide de caresses et d'ordres », OR, p. 405 ; « Je n'ai été maître absolu qu'une seule fois, et d'un seul être », OR, pp. 405-406 ; « Il m'est arrivé de le frapper », OR, p. 424, sans parler du suicide d'Antinoüs). Il arrive que sur la même page, Hadrien justifie puis dénigre coup sur coup ce thème classique. Ainsi, lorsqu'il oblige Antinoüs à « subir la présence d'une courtisane », il en fait aussi, avec un certain cynisme, une question d'éducation : « l'envie d'instruire l'autre, de faire passer sa jeunesse par des expériences qui avaient été celles de la mienne » (OR, p. 424). Mais lorsqu'Antinoüs veut voir en Achille et Patrocle un modèle de leur relation, il les tourne en dérision et ajoute : « je m'apercevais que les disciplines héroïques dont la Grèce a entouré l'attachement d'un homme mûr pour un compagnon plus jeune ne sont souvent pour nous que simagrées hypocrites » (OR, p. 424). L'empereur en proie au deuil sera pourtant touché qu'Arrien, dans une lettre qu'il lui envoie à la fin de sa vie, évoque au moyen de ce couple mythique, discrètement, l'amour qui le liait au favori disparu (OR, p. 500).

*

Quelques emplois du mot « enfant », à propos d'Antinoüs, en disent moins long sur le jeune homme que sur sa relation avec Hadrien : « Je dois laisser à cet enfant le mérite de sa propre mort » (OR, p. 420) ; « l'enfant, s'il vivait, aurait aujourd'hui vingt ans » (OR, p. 445) ; « L'enfant se faisait de l'amour une idée qui demeurait austère » (OR, p. 423) ; « Polémon […] voulut examiner la main du jeune homme […]. L'enfant la retira » (OR, p. 429).

La filialité de cette relation éclate à chaque mot lors, par exemple, du récit de la chasse au lion (OR, pp. 430-433). Le prologue de l'épisode l'illustre parfaitement :

> Deux ans plus tôt, l'Afrique m'avait offert quelques belles chasses au grand fauve ; Antinoüs, trop jeune et trop inexpérimenté, n'avait pas reçu la permission d'y figurer en première place. J'avais ainsi, pour lui, des lâchetés

auxquelles je n'aurais pas songé pour moi-même. Cédant comme toujours, je lui promis le rôle principal dans cette chasse au lion. Il n'était plus temps de le traiter en enfant, et j'étais fier de cette jeune force.

Mais la chasse tourne mal et Antinoüs redevient l'enfant qu'il n'aurait, sans doute, jamais dû cesser d'être : « Placé un peu en arrière, je n'eus pas le temps de retenir l'enfant qui pressa imprudemment son cheval [...] Le lion [...] rassembla ses forces pour s'élancer sur le cheval et le cavalier désarmé » (OR, p. 431). Heureusement, « le père » est là : « J'avais prévu ce risque [...]. J'interposai mon cheval [...] ; il ne me fut pas très difficile d'achever le fauve frappé à mort » (OR, p. 431).

Lorsqu'Antinoüs meurt, à la douleur de l'amant fait écho la douleur du père, dans laquelle pointe même une sorte d'irritation : « Loin d'aimer trop, comme sans doute Servianus à ce moment le prétendait à Rome, je n'avais pas assez aimé pour *obliger cet enfant* à vivre » (OR, p. 443, c'est moi qui souligne). A quelques pages de là, cette tristesse prend appui sur une scène qui semble un rêve de deuil :

> À l'escale de Philae [...] un enfant de trois ans se faufila dans les galeries du premier étage [...] ; il tomba. [...] Le portier retenait ses sanglots pour ne pas déranger les hôtes de son maître ; [...] j'entrevis malgré tout ces épaules qui s'élevaient et s'abaissaient convulsivement comme sous un fouet. J'avais le sentiment de prendre sur moi cette douleur de père. (OR, p. 448)

Mais l'analyse des relations d'Hadrien avec son premier fils adoptif, Lucius, fournit elle aussi quelques surprises. Lucius est d'abord son amant, ce qui corse leurs relations ultérieures d'un parfum d'inceste : le jeune prince (OR, p. 369) aux « caresses capricieuses » (OR, p. 395) lui inspire un « bref engouement » (OR, p. 420) – six mois tout de même (OR, p. 369). Antinoüs et Lucius sont de véritables frères ennemis : « Une hostilité sourde régnait comme toujours entre les deux hommes ; l'intimité à laquelle je les forçais augmentait leur aversion l'un pour l'autre » (OR, p. 436). Pour cette seule circonstance, Antinoüs n'est plus un enfant, mais un « homme »… Au cours de la dédicace du temple de Vénus et de Rome, Hadrien couvre Antinoüs de « la pourpre impériale », c'est-à-dire l'adopte, même si ce n'est qu'un jeu. La formulation retient l'attention : « il me convenait, certes, d'opposer ce rouge profond à l'or pâle d'une nuque » (OR, p. 418). Elle est sans nul doute à rapprocher de l'investiture de Lucius, « ce prince blond [...] admirablement beau sous la pourpre » (OR, p. 487) qu'Hadrien adoptera réellement en vue de faire de lui son successeur.

Mais, au contraire d'Antinoüs, que l'on n'ose exposer au cours d'une chasse, Hadrien enverra sans hésiter Lucius, malade, en garnison en Pannonie pour l'aguerrir. Lorsqu'il tombe gravement malade, l'empereur tout-puissant le fait revenir : « Je ne me pardonnais pas d'avoir été inhumain envers lui par crainte d'être ou de sembler facile » (OR, p. 492). C'est encore d'un père modèle. Tellement modèle en vérité que Lucius, si différent de lui, Lucius le jouisseur, l'être futile quoique profond, tombe sous le charme, comme en atteste « la mousse de barbe dont il se couvrait les joues, dans l'intention de me ressembler » (OR, p. 492). Cela ne suffira pas. Dès que Lucius tombe malade, Hadrien se désintéresse de lui, manifestant une dureté probablement dictée par un souci de vérité psychologique. Cette dureté ne va pas sans dépit, sans une « amertume [...] profonde » qui fournit à l'empereur une occasion de caractériser sans ambiguïté ses rapports avec Lucius : « Il ne m'avait jamais aimé ; nos rapports étaient vite devenus ceux du fils dissipateur et du père facile » (OR, p. 493).

*

À propos de la filiation hadrianique, une hypothèse d'érudit, contemporaine de la rédaction des *Mémoires*, semble avoir gêné Marguerite Yourcenar dans sa reconstitution historico-psychologique. Comme le dit l'auteure elle-même, « On ne se livrera jamais assez au travail passionnant qui consiste à rapprocher les textes » (OR, p. 530). Ainsi, il peut être utile de rapprocher de *Mémoires d'Hadrien* une étude exactement contemporaine. Lorsqu'on consulte les sources dont Marguerite Yourcenar indique s'être servie, ainsi qu'elle les expose dans la « Note » qui suit *Mémoires d'Hadrien*, on trouve en effet ce qui suit : « Sur Ælius César, [...] J. Carcopino, *L'Hérédité dynastique chez les Antonins*, 1950 ».

Rémy Poignault[3] a remarqué l'étude de Jérôme Carcopino évoquée par Marguerite Yourcenar et son rejet des conclusions de celle-ci : « Marguerite Yourcenar laisse de côté une hypothèse émise, peu de temps avant la parution de l'ouvrage, par Jérôme Carcopino, et même elle la récuse dans la « Note », « au profit d'une interprétation plus littérale des textes » » (p. 357 [= OR, pp. 549-550]). Quelle est cette hypothèse ? Rémy Poignault la résume ainsi (p. 859) : « Jérôme Carcopino [...] considère que Lucius est le « bâtard » d'Hadrien et que c'est pour cette raison qu'il a été adopté : on aurait, en fait, une succession de type dynastique »[4].

Or, ce qui attire mon attention, c'est le changement de ton entre la « Note » figurant dans l'édition de 1952 et celle des éditions ultérieures.

---

[3] *L'Antiquité dans l'œuvre de Marguerite Yourcenar. Littérature, mythe et histoire,* *op. cit.*, p. 357.

[4] Rémy Poignault expose dans l'appendice VII de sa thèse les indices découverts par Jérôme Carcopino (p. 938).

On a, dans l'édition Folio par exemple (dont le copyright est de 1974), le prudent : « Sur Ælius César, […] J. Carcopino, *L'Hérédité dynastique chez les Antonins*, 1950, dont les hypothèses ont été écartées au profit d'une interprétation *plus littérale* des textes » (OR, pp. 549-550, c'est moi qui souligne ; c'est cette version que cite Rémy Poignault). Vingt ans plus tôt, dans l'édition Plon de 1952, le ton était beaucoup plus péremptoire : « Sur Ælius César, […] J. Carcopino, *L'Hérédité dynastique chez les Antonins*, 1950, dont les hypothèses ont été écartées *comme peu convaincantes*, au profit d'une interprétation *littérale* des textes » (p. 317 ; c'est moi qui souligne). Entretemps, il se trouve que l'étude de 1949 (et non 1950, comme l'indique Marguerite Yourcenar, ce qui n'a pas échappé à Rémy Poignault) a bénéficié d'une publicité plus retentissante qu'une revue scientifique : elle a paru, avec trois autres du même auteur, en recueil chez Hachette, en 1958, sous le titre général *Passion et politique chez les Césars...*

Aux dires mêmes de Jérôme Carcopino, son étude

> bouleverse la conception qui, jusqu'ici, dominait le siècle des Antonins. Bien loin que ceux-ci aient transformé l'empire romain en la meilleure des républiques, en remettant, de souverain en souverain, le pouvoir absolu qu'ils détenaient à l'homme le plus digne de l'exercer à son tour, ils ont, à partir de Trajan, jalousement veillé à le maintenir dans leur descendance ; et, même avec Hadrien, ils ont mieux aimé le conférer par des assassinats à leurs bâtards que de l'abandonner paisiblement à de légitimes collatéraux. (p. 6)

On conçoit que Marguerite Yourcenar n'ait pas souscrit d'emblée à une telle entreprise de démythification d'Hadrien. Jérôme Carcopino, en 1958, la rangeait-il parmi « ceux qui gardent au fond d'eux-mêmes la nostalgie de la Rome idéale qu'ils chérissent et dont, malgré moi, j'ai dû effacer l'image sous les couleurs moins flatteuses d'une évidente réalité » (p. 7)[5] ?

*

Lucius mort, Antonin pourrait prendre la relève. Après tout, il est lui aussi le fils adoptif d'Hadrien et, devant la souffrance de l'empereur

---

[5] Il est cependant piquant de relever que dans les quatre-vingts pages de l'étude de Jérôme Carcopino, le nom d'Antinoüs n'apparaît pas une seule fois, comme s'il n'avait tout simplement pas existé. Bien plus, l'historien catholique, si critique et méticuleux qu'il puisse sembler par ailleurs, est d'emblée tout à fait d'accord avec le rédacteur de l'*Histoire Auguste* pour considérer comme pure calomnie l'accusation d'homosexualité à l'encontre d'Hadrien (pp. 178-179). Ne voilà-t-il pas un exemple de « nostalgie de la Rome idéale » ? En 1992, Jean-Pierre Callu, dans son édition de l'*Histoire Auguste*, tranche apparemment la question en écrivant : « Ceionius n'était pas le fils de l'empereur, comme le croyait J. Carcopino, mais plus simplement l'ami d'autrefois (cf. Ael. 3,8), qui conservait assez de prestige intellectuel pour influer sur l'éducation du jeune Vérus » (Paris, Les Belles Lettres, 1992, p. 131).

vieillissant, il fait preuve d'une compassion toute filiale : « L'idée qu'un homme qu'il s'est habitué à aimer et à vénérer comme un père souffrait assez pour chercher la mort lui était insupportable ; il lui semblait avoir manqué à ses obligations de fils » (OR, p. 504). Mais, malgré toute sa bonne volonté, Antonin a cinquante ans : il est trop vieux pour la relation pédagogique et pour le jeu incestueux. Il est tout au plus apte à jouer les relais : « L'espace d'une génération me semblait peu de chose [...] ; je tenais, si possible, à prolonger plus loin cette prudente lignée adoptive » (OR, p. 495).

Nous y voilà. Le véritable enfant rêvé d'Hadrien n'est ni Lucius, ni Antinoüs, ni Antonin : c'est Marc Aurèle. À partir du moment où il est désigné comme successeur, tout se passe comme si Hadrien éprouvait le besoin de faire de lui son enfant par tous les moyens : « Je t'ai connu dès le berceau, petit Annius Vérus qui par mes soins t'appelles aujourd'hui Marc Aurèle » (OR, p. 495) ; « J'ai regardé avec un tendre amusement ta contenance d'enfant de cinq ans (OR, p. 496) ; « Je me préoccupai de l'éducation de ce bambin trop sage ; j'aidai ton père à te choisir les meilleurs maîtres » (OR, p. 496).

Voilà l'enfant connu dès son plus jeune âge, l'enfant « baptisé » en quelque sorte, l'enfant chéri, l'enfant éduqué (au moyen de cette éducation princière qu'Hadrien décriait quelque pages plus tôt !). Voilà le « fils qui m'eût continué », mieux : voilà le disciple-roi (un philosophe, un vrai), celui qu'on pressent son « pair », son égal, et c'est d'ailleurs à lui qu'Hadrien écrit sa longue lettre, son testament : « Mon cher Marc »... Il n'est jusqu'aux grimaces de l'adolescent, dégoûté par les jeux du cirque, « acceptant les honneurs avec répugnance », affectant l'ascétisme du stoïque, qui ne soient considérées avec un « tendre amusement ». Il faut cependant à Hadrien constater une fois de plus, amer mais justement stoïque : « Tu ne m'aimes guère ; ton affection filiale va plutôt à Antonin » (OR, p. 497).

Ainsi, une analyse approfondie invite à remettre profondément en cause la sincérité de la première affirmation d'Hadrien : « Je n'ai pas d'enfants, et ne le regrette pas » (OR, p. 483). À moins que ce soit justement cette absence qui favorise l'épanouissement de la paternité à la fois imaginaire (car non établie par le sang) et si fortement symbolique de l'empereur adoptant son successeur.

Entièrement bénéfique
Portrait de l'auteure en vieille servante : Greete[1]

Lorsque le Zénon de *L'Œuvre au Noir*, de retour à Bruges pour « s'y faire oublier » (OR, p. 670), devient sous un nom d'emprunt le modeste médecin de l'hospice de Saint-Cosme, il s'établit dans une existence dont les principaux attraits pour lui sont la discrétion et la sécurité : « Ce poste était […] trop peu glorieux pour attirer sur le docteur Théus la jalousie de ses confrères ; pour le moment, la niche était sûre » (OR, p. 681). C'est après quelque temps de « cette période sans incidents » qu'il est « reconnu pour la première fois » (OR, p. 682). La personne qui le reconnaît est une vieille femme, Greete, qui apparaîtra principalement deux fois dans le récit, vers le dernier tiers du livre (pp. 682-683 et 778-779), à quoi s'ajoutent quelques mentions (pp. 718, 741, 750, 782) et une dernière intervention à la page 797. Greete est présentée par le narrateur de manière à lui laisser sur Zénon comme l'avantage de la surprise : on apprend qu'elle vient « chaque samedi vendre son beurre en ville », et désire obtenir « du médecin un remède pour sa sciatique ». C'est à ce titre qu'elle fait partie « du défilé habituel des pauvres » (OR, p. 682).

Les deux personnages ne se sont pas vus depuis le hautain départ de Zénon, à l'âge de vingt ans, c'est-à-dire depuis plus de trente ans. Pris par les occupations de leur vie quotidienne, et peu attentifs l'un à l'autre, ils ne se reconnaissent pas immédiatement, même lorsque Greete formule sa demande de remède – demande qu'elle ne peut pourtant faire qu'à lui, puisqu'« il se trouvait seul à l'officine, comme toujours, après le départ des deux moines » (OR, p. 682) : il faut que Zénon ait à s'approcher de la vieille femme pour lui expliquer l'emploi du médicament qu'il lui destine. Mais lorsqu'ils se regardent, c'est ce regard même qui les révèle l'un à l'autre : « Soudain, il vit dans ses yeux bleus délavés une expression

---

[1] Une première étude, dont on retrouvera ici une partie, a déjà paru sur ce sujet : Bérengère DEPREZ, « Portrait de l'auteur en vieille servante. Marguerite Yourcenar se met en scène dans *L'Œuvre au Noir* », in *Bulletin de la Société internationale d'études yourcenariennes (SIEY)*, n° 20, décembre 1999, pp. 125-136.

d'étonnement joyeux qui la lui fit reconnaître à son tour » (OR, p. 683). Le secret scelle aussitôt leurs retrouvailles : « Elle allait s'exclamer, quand il posa son doigt sur ses lèvres » (OR, p. 682). Sur ses lèvres à lui ou à elle ? Merveilleuse équivoque : ils sont si proches en ce moment, pour les nécessités du traitement mais plus encore par le courant de la reconnaissance, qu'il n'est pas exclu que Zénon pose son doigt sur les lèvres de Greete plutôt que sur les siennes. S'il en est ainsi, ce geste témoigne d'une familiarité plus grande. Il sera suivi par un autre, plus humble : Greete, « en se retirant, lui bais[e] la main » (OR, p. 682).

Ces retrouvailles et leurs circonstances sont qualifiées d'« incident » dans une période qui en avait été jusque-là dépourvue pour Zénon. Précisément, « cet incident » qui « aurait dû l'inquiéter » lui procure « au contraire un plaisir qui l'étonn[e] lui-même » (OR, pp. 682-683). La qualité de la rencontre, sinon du personnage, nous est donc discrètement annoncée. Le ton du passage, la complicité instantanée, dès le premier regard, ne sont pas sans évoquer la rencontre de Zénon et du prieur des cordeliers, dont à peine présenté il nous est dit que « la finesse du prieur était telle qu'on pouvait se demander s'il n'en devinait pas plus sur le docteur Sébastien Théus qu'il n'eût trouvé courtois de le laisser voir » (OR, p. 672) et pour qui Zénon se prend dès la première rencontre à éprouver un « élan presque excessif de sympathie » (OR, p. 673). Le rapprochement ne se limite pas là, car le prieur comme Greete se tairont sur ce qu'ils ont reconnu ou deviné (il faudra l'affaiblissement et l'inquiétude du prieur pour qu'il laisse échapper le nom de Zénon, p. 747). Greete est, comme le prieur, un personnage conçu et mis en place sur le tard dans le roman.

Au travers du personnage de Greete, Marguerite Yourcenar met rapidement à l'œuvre une puissante symbolique maternelle : « Cette femme avait travaillé dans les cuisines de la maison Ligre, à l'époque où il était encore tout enfant. Greete (il se rappela subitement son nom) était mariée au valet qui l'avait ramené au logis après sa première fugue » (OR, p. 682). Cette fugue, on s'en souvient, intervient lorsque Zénon, poussé vers Simon Adriansen par Hilzonde, « s'arrach[e] farouchement à la main maternelle » (OR, p. 574). Greete est donc rétrospectivement associée au souvenir d'une double rupture : le départ maternel et la fugue de Zénon enfant, ce qui met aux premières loges la servante alors jeune pour se substituer à Hilzonde. Il est remarquable qu'il n'y ait pas de trace de la servante dans le premier récit de l'épisode, cent pages plus tôt (OR, p. 574) ; c'est le terme de « valet », désignant le mari de Greete, qui revient aux deux endroits du récit et fait office de signe de reconnaissance. Vu les cinq ou six ans que doit avoir Zénon lors du départ d'Hilzonde, on peut raisonnablement supposer que c'est bien cette escapade qui est désignée comme « sa première fugue » cinquante ans plus tard, à la page 682. Mais c'est alors d'Hilzonde, la propre mère de Zénon, qu'il ne reste plus aucune trace : en effet, Greete est entrée en scène, nommée par Zénon lui-même. Rencontre qui, on le voit, n'a vraiment d'anodine que l'apparence.

La présence et la sollicitude dont Greete fait preuve à l'égard de Zénon dans les cuisines de la maison Ligre lui donnent ce côté indubitablement maternel : « il se souvenait qu'elle l'avait traité avec bonté » (OR, p. 682). La « bonté » pourrait tenir lieu de commisération pour un enfant sans mère ; elle développe précisément ici, chez une femme nourricière par profession, pour ainsi dire, une vocation naturelle à jouer un rôle de substitution. Mais ce qui est surtout frappant, c'est la nostalgie d'enfance qui, lorsqu'il la revoit à plus de cinquante ans, s'empare littéralement de Zénon, redevenu « cet enfant auquel il ne pensait plus, cet être puéril qu'il était à la fois raisonnable, et en un sens absurde, d'assimiler au Zénon d'aujourd'hui » (OR, p. 683). L'enfance de Zénon, enfin, cesse d'être négligeable et négligée. La force de cette émotion est telle qu'elle échappe à deux catégories courantes des relations humaines : « Entre lui et cette créature humaine, un lien, si mince qu'il fût, s'était formé, qui ne passait pas par l'esprit, comme dans ses rapports avec le prieur, ni, comme c'était le cas dans les rares connexions sensuelles qu'il se permît encore, par la chair » (OR, p. 683). Si ce n'est ni l'esprit, ni la chair, c'est donc le cœur (mais le récit, pudique, ne le dit pas) : une rencontre décidément de moins en moins anodine dans l'univers yourcenarien... même si l'exclusion de la chair maintient un manque dans cette maternité substitutive.

Durant les quelques années que dure le séjour de Zénon à Bruges, Greete et lui se voient donc sans trahir ce secret. Le statut de mère nourricière de Greete est encore accentué par les « présents » qu'elle ne manque jamais d'apporter quand elle vient se faire soigner chez Zénon : « du beurre dans une feuille de chou, une part de galette fabriquée par elle, du sucre candi ou une poignée de châtaignes ». Elle recrée à chaque fois l'ambiance de l'enfance : comme aux temps jadis sans doute, « elle le regardait de ses vieux yeux rieurs tandis qu'il mangeait » (OR, p. 683). Lorsqu'elle réalisera que Zénon est condamné, c'est encore par la nourriture qu'elle tentera de lui donner une « timide preuve de fidélité », en lui faisant porter, le jour des Rois, « une grande part de galette » que le gardien interceptera (OR 797). C'est aussi la quatrième et dernière réelle apparition de Greete dans le récit.

Assumant cet autre aspect de la fonction maternelle, elle reconnaît l'enfant au sens fort du terme : « cet enfant [...], quelqu'un s'en souvenait assez pour l'avoir reconnu en lui, et le sentiment de sa propre existence en était comme fortifié » (OR, p. 683). Reconnaître en lui l'enfant, c'est pour une part le reconnaître pour sien, le réenfanter dans son souvenir à soi, dans son souvenir à lui, « fortifier » sa vie. Il est significatif que ce moment coïncide avec un des rarissimes abandons de Zénon, un abandon contre lequel il tente tout d'abord de se prémunir en invoquant une raison pragmatique de se réjouir : Greete peut lui être utile au besoin, par exemple en le logeant en cas de danger – encore une attitude protectrice, maternelle –, « mais ce n'étaient là que des prétextes qu'il se donnait à soi-même » (OR, p. 683)[2].

Greete est, comme la dame de Frösö, « entièrement bénéfique » (OR, p. 697) ; elle est une mère de substitution idéale. Elle fera d'ailleurs bien plus que nourrir Zénon : elle lui prodiguera la compagnie de sa dernière soirée d'homme libre, résumant toute la parenté du philosophe et justifiant son existence par l'évocation d'une ascendance somme toute pas si scandaleuse que l'entourage de Zénon l'a laissé entendre. Encore maternelle, elle s'y prend par l'équivalent d'une berceuse : « la vieille femme […] le calmait tantôt par son amical silence et tantôt par ses propos empreints d'une tranquille sagesse » (OR, p. 779). Toute la parenté y passe, même celle qui n'a pas – ou si peu – existé pour lui :

> Elle lui raconta de petits faits qu'il ignorait de la vie d'Henri-Juste, de basses lésines ou des privautés obtenues de gré ou de force avec des servantes […]. Elle se souvenait du nom et du visage de nombreux parents dont il ne savait rien : c'est ainsi qu'elle était capable de réciter toute une liste de frères et de sœurs morts jeunes échelonnés entre Henri-Juste et Hilzonde. (OR, p. 779)

Greete établit l'ascendance de Zénon ; je reviendrai sur l'importance de ce symbole. Mère par l'esprit, Greete répare en même temps que les vêtements de Zénon la blessure de sa bâtardise, de l'absence paternelle, de l'indifférence maternelle : « Pour la première fois de sa vie, il écouta attentivement un long récit concernant son père, auquel il n'avait entendu faire que d'amères allusions durant son enfance » (OR, p. 779). Elle lui permet de réhabiliter la mémoire de son père et, significativement, d'évoquer l'acte fondateur de son existence :

> Ce jeune cavalier italien […] avait […] joui d'une fille aussi jeune mais moins infortunée somme toute qu'Idelette aujourd'hui, et il en était résulté ces travaux, ces aventures, ces méditations, ces projets qui duraient depuis cinquante-huit ans. (OR, p. 779)

---

2   Cette honnête lucidité est-elle le fait de Zénon ou de la narratrice omnisciente ? Voilà en tout cas un Zénon qui a baissé la garde. Et ce n'est pas tout. Alors qu'il est au comble de l'incertitude et de l'angoisse, la veille de son arrestation, la seule visite de la vieille femme « l'émut presque jusqu'aux larmes » (OR, p. 778), autre rare moment d'abandon d'un personnage par ailleurs voulu plutôt réservé, voire froid.

Mais il y a plus. Il n'est en effet pas interdit de penser que c'est l'auteure elle-même qui s'est dépeinte sous les traits de la vieille Greete[3].

Tout d'abord, le diminutif de Greete renvoie au prénom flamand Margareet ou Margreet, c'est-à-dire Marguerite[4]. Or, le prénom n'apparaît dans le livre que lorsque Zénon reconnaît et nomme cette mère de substitution. Cette importance du prénom et de l'acte de nommer peut faire penser à l'invocation de Marguerite Yourcenar répétant le prénom de Zénon après avoir terminé *L'Œuvre au Noir* :

> Je me souviens du dernier moment de ce travail. [...] Je me souviens que j'ai fait, presque sans le savoir, ce qui est, paraît-il, une conjuration magique [...] : j'ai répété le nom de Zénon peut-être trois cents fois, ou davantage, pour rapprocher de moi cette personnalité, pour qu'elle soit présente à ce moment-là, qui était en quelque sorte celui de sa fin. (YO, p. 189)

À Matthieu Galey qui lui demande : « Que ressent-on devant l'œuvre accomplie ? », elle répond encore plus explicitement :

> On a d'abord le sentiment qu'on s'est tiré d'affaire, qu'on s'était proposé d'accomplir un travail long et difficile et que, par bonheur, il ne s'est rien passé qui vous ait empêché d'arriver jusqu'au bout. Voilà, c'est fait. Je crois que c'est le sentiment le plus simple qu'on ait. Ensuite on sent un vide, un grand vide, bien sûr. Mais Zénon, lui, existait. Il continue d'exister... (YO, p. 189)

---

3   C'est également, par d'autres voies, la thèse d'Édith MARCQ dans « Une preuve textuelle de l'apparition du moi yourcenarien : l'étude onomastique de *L'Œuvre au Noir* », in *Nord'* n° 31, 1998, pp. 43-57, article consacré plus généralement à la présence du prénom de l'auteur dans cette œuvre a priori non autobiographique. Édith Marcq, à qui le côté de mère nourricière de Greete n'a pas échappé, démontre à quel point Marguerite Yourcenar, si insistante sur l'effacement du « moi », est en fait soucieuse de marquer son œuvre de son (pré)nom : non seulement par le personnage de Greete mais encore par la présence d'un personnage ayant existé, Marguerite d'Autriche. Édith Marcq fait également de *L'Œuvre au Noir* une première formulation de l'intention du *Labyrinthe du monde* : « Le prénom auctorial (même transformé) [...] renvoie au propre désir encore en germes de l'auteur de fouiller l'archéologie familiale » (p. 48).

4   Les trois biographes de Marguerite Yourcenar ont remarqué, sans en rien conclure, que Grace Frick appela quelque temps sa compagne du diminutif de... Grete, très exactement durant l'année 1948. Voir Josyane Savigneau, *Marguerite Yourcenar. L'invention d'une vie, op. cit.*, p. 185 ; Michèle Sarde, *Vous, Marguerite Yourcenar. La passion et ses masques, op. cit.*, p. 303 ; Michèle Goslar, *Yourcenar. Qu'il eût été fade d'être heureux, op. cit.*, p. 161. Un indice de plus est fourni par l'explication que Marguerite Yourcenar donne elle-même du choix de son prénom, celui d'une... servante : « La petite fille reçut les noms de Marguerite, à cause de la bien-aimée gouvernante allemande qui s'était nommée Margareta avant de devenir pour tout le monde Mademoiselle Fraulein [...] » (EM, p. 728).

On remarquera l'analogie de la description avec un accouchement suivi d'un baptême, ne serait-ce qu'au départ des significations superposées du mot « travail », qui désigne aussi l'accouchement – un accouchement à propos duquel on ne s'étonnera dès lors pas chez Marguerite Yourcenar de l'entendre qualifier de « long et difficile », et de se féliciter de s'« être tiré[e] d'affaire » –, de la sensation de vide, de la reconnaissance comme étonnée de l'existence d'un personnage-enfant qui existe à présent à part soi, presque malgré soi.

Ensuite, la description de la vieille femme ne messiérait pas à Marguerite Yourcenar : « ses yeux bleus délavés » (OR, p. 682), « ses vieux yeux rieurs » (OR, p. 683). C'est à mon avis, ni plus ni moins, un… clin d'œil de notre auteure[5].

Revenons à l'importance du pain dans la construction du personnage de Greete. La comparaison de l'œuvre et de la pâte à pain est très présente chez Marguerite Yourcenar, par exemple dans *Les Yeux ouverts*[6] :

> Le pain n'est jamais deux fois le même. Et il y en a aussi de ratés. […] On n'est jamais sûr que cela va réussir. Il y a des stades qui rappellent tout à fait ceux de l'écriture. D'abord quelque chose d'informe, qui vous colle aux doigts : une bouillie. Et puis la bouillie devient de plus en plus ferme. Ensuite, il y a un moment où cela devient élastique. Enfin, arrive l'instant où l'on sent que le levain s'est mis à travailler : la pâte est vivante. Il n'y a plus qu'à laisser reposer. Mais si c'était un livre, le travail pourrait durer dix ans. (YO, pp. 237-238)[7]

Notons en outre que l'évocation du pain accompagne à l'occasion celle des gens simples, à qui Marguerite Yourcenar a montré à plusieurs reprises, et de plus en plus à mesure qu'elle avançait en âge, un désir de ressembler. Ainsi lorsqu'elle évoque une possible aïeule, dans *Archives du Nord* :

---

5   Ajoutons que Greete a reconnu Zénon parce qu'elle avait « de la mémoire et des yeux » (OR, p. 782).

6   Et aussi, par exemple, dans un entretien accordé à Giulio Nascimbeni en 1986 et qui porte ce titre : « Écrire est comme faire le pain » (PV, p. 345). Mais la comparaison de l'enfantement et de la pâte à pain est aussi présente : « Il m'était doux, alourdie par le poids de la semence humaine, de poser les mains sur mon ventre épais où levaient mes enfants » (« Clytemnestre ou le Crime », dans *Feux*, OR, p. 1120) ; « Ces seins un peu mous, […] ces plis du torse, ce ventre peut-être arrondi par un début de grossesse […] rappellent la boursouflure de la pâte qui lève » (Hélène Fourment dans *Archives du Nord*, EM, p. 997).

7   Dix ans, et même trente-deux (parution de *L'Œuvre au Noir*)… Dans la première version de l'histoire de Zénon, « D'après Dürer », le personnage de Greete n'apparaît nulle part, ni au moment de l'enfance de Zénon (ce sont des « paysans » et non pas un « valet », le mari de Greete, qui ramènent Zénon au logis après sa fugue pour échapper à Simon Adriansen), ni par la suite.

En m'appliquant beaucoup, je parviens pourtant à la voir dans sa maison au sol de terre battue (j'en ai vu de pareils, enfant, aux environs du Mont-Noir), abreuvée de bière, nourrie de pain bis et de fromage blanc, portant tablier sur sa jupe de laine. [...] Au sein de commodités et même de luxes d'un autre âge, je fais encore des gestes qu'elle fit avant moi. Je pétris le pain ; je balaie le seuil ; après les nuits de grand vent, je ramasse le bois mort. (EM, p. 1050)

Ainsi, lorsque Greete-Marguerite donne du pain à Zénon enfant, elle l'« alimente de [s]a substance »[8], comme une mère alimente son enfant, mais aussi comme un créateur alimente sa créature[9], comme un écrivain alimente son personnage, un personnage « imaginaire, mais nourri d'une bouillie de réalité », écrit-elle dans le « Carnet de notes de *L'Œuvre au Noir* » (CNON, p. 470).

Ce n'est pas tout. Lors de la dernière soirée que Zénon passe avec elle, sa besogne finie, Greete, espèce de Parque bienveillante, range ses outils et s'en va : « Finalement, Greete remit dans sa poche ses ciseaux, son fil et son étui à aiguilles, et fit remarquer que le linge de Zénon était en état pour le voyage » (OR, p. 779). C'est-à-dire que la vieille servante, une fois son rôle de nourricière accompli de manière si multiple, met Zénon sur la route de son dernier voyage – et de sa mort, car le philosophe sera « appréhendé le jour suivant » (OR, p. 779).

Lorsque Greete déroule pour Zénon toute sa généalogie, c'est encore Marguerite Yourcenar qui, par une mise en abyme de son statut d'écrivain, raconte l'histoire dans l'histoire : lorsqu'elle établit l'ascendance de Zénon dans le récit, elle rappelle quel rôle de génitrice est le sien en tant qu'écrivaine, qui a établi cette ascendance hors du récit ; lorsqu'elle reprise le linge de Zénon et range ses outils de Parque, elle rappelle que c'est l'écrivain qui tisse, noue et rompt les fils du récit. Ainsi, par le triple geste de nommer, de nourrir et de congédier Zénon, Marguerite Yourcenar se met en scène à la fois comme mère, comme écrivaine et comme démiurge sous les traits de Greete ; elle manifeste on ne peut plus clairement le statut et le rôle de génitrice qui sommeillent dans son acte d'écrire. Elle donne encore par là toute son importance à la lignée, ce qui n'est qu'apparemment en contradiction avec son mépris affiché de la famille.

---

[8] On aura sans doute reconnu l'expression utilisée par Marguerite Yourcenar elle-même pour décrire le processus par lequel elle met littéralement sa mère au monde dans *Souvenirs pieux*, en l'assimilant à un de ses « personnages imaginaires ou réels » (EM, p. 745). Sur cette question, voir le point suivant.

[9] Particulièrement, bien sûr, dans le judaïsme (Dieu envoie du pain à Élie au désert, 1 Rois, 19 ; Dieu nourrit le peuple au désert par la manne, Exode, 16) et surtout dans le christianisme, où le pain est assimilé par le dogme chrétien au corps même de Jésus-Christ, prononçant au moment du dernier repas pris avec ses disciples : « Prenez et mangez, ceci est mon corps » (Mt. 26, 26).

C'est aussi l'occasion de remarquer à quel point la généalogie your-cenarienne, plutôt qu'à une structure abstraite, s'apparente à une sorte d'enracinement dans la terre humaine qui passe avant tout par les femmes, malgré une patrilinéarité qui n'est que de surface mais a irrité bien des lectrices de la romancière, de même que son dédain de la pro-création, son discours moralisateur à propos de la surpopulation et ses déclarations hautaines à l'égard des femmes et du féminisme. Les méta-phores de l'enracinement humain abondent chez Marguerite Yourcenar. Qu'on pense, ailleurs dans l'œuvre, aux métaphores féminines de la terre : Sophie « solide comme la terre, sur laquelle on peut bâtir ou se coucher », dans *Le Coup de grâce* (OR, p. 127) ; la mère Dida comparée aux fleurs et aux arbres dans *Denier du rêve* (OR, p. 250) ; l'épouse de Piranèse comparée à la Magna Tellus dans « Le cerveau noir de Piranèse » (EM, p. 78) ; Henri-Maximilien « couché dans un pré », « épous[ant] la terre » (OR, p. 561) – l'analogie complète est faite le plus ouvertement du monde dans *Archives du Nord* : « Comme Antée retrou-vait des forces en touchant la terre, Rubens en baisant Hélène retrouve la jeunesse » (EM, p. 995) ; Stanislas Langelier qui « se jette à terre comme un enfant malade sur le corps maternel » (NE, p. 147) ; Phédon « couché sur le passé de [s]a race comme sur une terre féconde » (OR, p. 1108), etc. Même Marcella est pour Carlo Stevo « la Terre, cette puissante terre italienne qui survit à toutes les aventures des régimes » (OR, p. 210). Marguerite Yourcenar insiste sur cette comparaison de la femme et de la terre dans les entretiens avec Patrick de Rosbo (ER, pp. 89-90). Même dans son regard sur l'œuvre des autres, Marguerite Yourcenar joue de la comparaison, Suzanne, personnage de Virginia Woolf, est « la jeune Déméter [qui] trouvera la plénitude dans les lentes besognes de la mater-nité et dans le contact quotidien de la terre et des saisons » (EM, p. 494).

Lors d'un entretien publié récemment par la Société internationale d'études yourcenariennes (SIEY)[10], on suggère à Marguerite Yourcenar, à propos de Zénon, du prieur et d'Henri-Maximilien : « Je crois que vous êtes un peu les trois personnages ! ». Marguerite Yourcenar commence par dénier, comme à l'accoutumée : « Je ne crois pas qu'on est tous les personnages à la fois ». Puis elle ajoute d'elle-même : « J'ai souvent pensé que j'étais aussi la vieille servante qui donne du pain à Zénon »[11]. De la part d'une auteure si réticente à se livrer, si habitué à ne répondre

---

[10] « Un entretien inédit de Marguerite Yourcenar », *op. cit.*, p. 34.

[11] Remarquons que la seule qualité de la « vieille servante » est ici d'être une nourri-cière, et qu'en la qualifiant de la sorte Marguerite Yourcenar télescope ses deux appa-ritions en une seule, puisque dans *L'Œuvre au Noir* c'est lorsque Greete est jeune qu'elle « donne du pain » à Zénon dans la cuisine de la maison Ligre. Cette prompti-tude à définir ainsi le personnage de Greete est un indice de plus du rôle qu'elle lui

qu'à demi, voire à refuser de répondre à la question, cette confidence toute spontanée et presque hors de propos a évidemment des allures de provocation. « Greete est un peu W... ; Martha est un peu X... ; Catherine est un peu Y... ; Bartholommé Campanus est un peu Z... », écrit-elle par ailleurs malicieusement dans les « Carnets de notes de *L'Œuvre au Noir* » (CNON, p. 466).

*

On objectera que Marguerite Yourcenar a défini elle-même ses relations de parenté avec Zénon : « j'aime Zénon comme un frère », écrit-elle dans *Souvenirs pieux* (EM, p. 880) – elle le redira textuellement à Matthieu Galey (YO, p. 224) –, ce qui pourrait trouver en effet quelques échos dans l'œuvre. Mais il eût été sans doute plus difficile de s'expliquer sur : « J'aime Zénon comme un fils »... et c'est sans ambiguïté qu'elle emploie, dans le même épisode de la plage de Heyst, le verbe « créer » à propos de Zénon (EM, p. 880).

À l'appui de la filiation, remarquons d'ailleurs cette contradiction. De toute évidence, la langue maternelle de Zénon est le flamand : il est impossible, dans cette famille de marchands dont les possessions terriennes et les titres ne viendront que plus tard, que le français y soit autre chose qu'une langue de cour. Marguerite Yourcenar le sait parfaitement ; elle l'écrira dans *Archives du Nord* :

> L'emploi du français, langue de culture et preuve d'un certain rang social, a précédé de loin la conquête par Louis XIV ; les échanges de lettres entre Bailleul et la Régente des Pays-Bas, au XVIᵉ siècle, se faisaient presque toujours dans cette langue. Mais c'est encore le flamand qui règne au XVIIIᵉ siècle dans les actes notariés, les livres de raison et les épitaphes. (EM, p. 984)

Dans l'essai intitulé « Ton et langage dans le roman historique », l'auteure sera plus explicite encore et reconnaîtra en toutes lettres :

> La langue de Zénon est faite de formations successives. La plus ancienne est le flamand de la rue, de la salle des gens, des rapports quasi clandestins avec les ouvriers, qui remontent [*sic*] à la surface durant ses dernières années passées à Bruges. Le français parlé chez les siens est déjà une langue de culture ; c'est aussi celle de ses ouvrages et de ses entretiens avec le capitaine et le prieur des Cordeliers. (EM, p. 304)

Le passage de la fête à Dranoutre, qui atteste chez les ouvriers et chez les maîtres de maison une pratique différenciée du français et du flamand

---

fait jouer dans le récit. Enfin, il s'agit bien de Greete, qu'il est impossible de confondre avec d'autres personnages : ni la boulangère déjà citée, qui donne du pain à Zénon mais n'est pas une vieille servante ; ni la vieille fermière d'Oudebrugge, qui ne lui donne pas du pain, mais du lait, du fromage et de la tarte.

(OR, pp. 590, 591 et 592 par exemple), et même du picard (OR, p. 593), ne signifie donc certainement pas qu'on parle couramment français dans la maison Ligre, mais seulement que la présence d'une visiteuse de marque, élevée à la cour de France, impose l'emploi prioritaire et temporaire de la langue de cour. Zénon parle sans aucun doute flamand avec Greete ou la malfaisante servante de Jean Myers, Catherine (OR, p. 680) mais aussi avec Colas Gheel, en privé (« *Prachtig werk, mijn zoon* », OR, p. 576) comme en public (« l'altercation en flamand », OR, p. 590) et encore avec le dangereux Cyprien qui « ne parlait *que* l'épais flamand de son village » (OR, p. 731, c'est moi qui souligne) ; il affecte pourtant de mépriser cette langue, ainsi lors de sa rencontre avec le prieur, dont le « français exquis reposait l'oreille de la bouillie flamande » (OR, p. 679), une bouillie déclarée « épaisse » dans la citation qui précède celle-ci. S'il en est ainsi, c'est à mon avis parce que dans l'esprit de sa génitrice littéraire, la langue maternelle de Zénon ne peut être que le français, qu'elle partagerait de la sorte avec lui. Notre auteure trahit son désir de maternité par un détail, une légère dissonance qui, significativement, renvoie à une chose aussi importante que la langue maternelle. Ce mépris du flamand reparaît paradoxalement dans *Un homme obscur*, lorsque l'amstellodamois Jan de Velde fait rire Nathanaël et Saraï « en imitant le prédicant famélique *nasillant* en néerlandais les vers de la Bible » (OR, p. 948, c'est moi qui souligne). Cette apparente autodérision du personnage est plus vraisemblablement de la dérision de la part de l'auteure. Si l'on ajoute que Michel de Crayencour, en fugue vers Ostende, « s'oblige à *baragouiner* le flamand, dans l'espoir vain d'être moins remarqué » (EM, p. 1089, c'est moi qui souligne), il n'est pas bien difficile de voir d'où provient ce mépris pour la langue populaire, en apparence tout aristocratique mais en fait hérité du seul père (et non du grand-père, puisque Michel Charles, lui, est reconnu par le peuple : « il est des leurs : il parle flamand », EM, p. 1078).

Quelques années plus tôt, en 1951, une tentative de maternité imaginaire existe bien avec Plotine, qui, dans *Mémoires d'Hadrien*, est la mère d'Hadrien par l'adoption et le met au monde en tant qu'empereur, puisque c'est à son action qu'Hadrien doit de succéder à Trajan. Toutefois, rien ne nous autorise à faire du personnage de Plotine un travestissement de Marguerite Yourcenar, ce à quoi nous assistons de toute évidence en 1968. Quelques années plus tard, en 1974, la reconnaissance de maternité sera tout à fait explicite et, quoique plus confondante encore, paraîtra presque naturelle : « [Je] me penche vers elle comme vers une fille que j'essaierais de mon mieux de comprendre sans y parvenir tout à fait », dira Marguerite Yourcenar à propos de sa propre mère, Fernande, devenue un de ses personnages (EM, p. 745).

Comme vers une fille
Création littéraire et réparation : Fernande[1]

Plus d'un personnage yourcenarien expérimente une maternité imaginaire. Phèdre n'est pas seulement une belle-mère, elle est à sa manière une véritable génitrice : « À chaque instant, elle crée Hippolyte ; son amour est bien un inceste ; elle ne peut tuer ce garçon sans une espèce d'infanticide » (OR, p. 1057). Hippolyte est devenu, littéralement, le fruit de ses entrailles : « Elle fabrique sa beauté, sa chasteté, ses faiblesses ; elle les extrait du fond d'elle-même » (OR, p. 1057). À l'inverse de cette métaphore de la procréation, le produit bien réel de la maternité de chair, lui, est nié par l'abstraction, l'assimilation à un concept irréel : « Elle est mère : elle a des enfants comme on aurait des remords » (OR, p. 1058). Cette métaphore réductrice est reproduite dans l'autre sens de la filiation. Phèdre est mère de ses abstractions morales, mais elle est aussi fille de ses abstractions affectives : « Elle tète son malheur » (OR, p. 1058). La métaphore reparaît, inversée, visant cette fois à donner le poids concret de la maternité à un concept abstrait : veuve de Thésée, Phèdre « porte son espérance comme une honteuse grossesse posthume » (OR, p. 1058). Le texte passe ainsi de contraire en contraire : procréation, rétrocréation, procréation. Nous l'avons déjà constaté, une valeur est commune à ces opérations. C'est le ton globalement dépréciatif utilisé pour caractériser la procréation et la progéniture : « remords », « malheur », « honteuse grossesse ».

Dans « Le lait de la mort », si la gitane est une mère différente de la pathétique nourricière emmurée, c'est parce qu'au lieu de prodiguer à son enfant son lait, ses larmes, son sang, son âme, c'est-à-dire sa substance même (« le jour où je n'aurai plus de lait, il boira mon âme », OR, p. 1169), elle fait tout le contraire : elle le rend aveugle pour tirer de lui sa propre subs(is)tance.

---

[1] L'argumentation qu'on va lire amplifie celle de ma communication au colloque de Cluj (1993). Voir Bérengère DEPREZ, « La visite à Suarlée. Méditation sur la naissance et rapport à la mère dans *Souvenirs pieux* », in *Marguerite Yourcenar, retour aux sources*, actes du colloque de Cluj-Napoca (1993), Bucarest, Libra, 1998, pp. 175-184.

Mais c'est avec *Souvenirs pieux*, presque entièrement consacré à l'histoire de la famille maternelle de Marguerite Yourcenar, et – dans une moindre mesure – à sa mère, Fernande, que la tentative d'approche biographique de sa propre mère aboutit chez la romancière à un processus de procréation symbolique à la frontière de ses univers d'écrivaine et d'être humain.

Lorsque Marguerite Yourcenar se rend pour la première fois sur la tombe de sa mère, elle a cinquante-trois ans. S'il fallait trouver une explication au voyage qu'elle entreprend en 1956, ce serait plutôt du côté des raisons professionnelles que des devoirs familiaux : « Je traversais la Belgique [...] ; je venais d'aller respirer en Westphalie l'atmosphère de Münster en vue d'un livre déjà commencé » (EM, p. 736) – il s'agit bien sûr de *L'Œuvre au Noir*. Le séjour à Münster est court, en raison de l'ambiance vaguement hostile de la ville, qui redédie sa cathédrale détruite par les bombardements ; Marguerite Yourcenar, Grace Frick et leur chauffeur ne s'y attardent guère et mettent le cap plein est, sur La Haye, puis plein sud, vers Paris, en passant par « une grande ville de la Belgique flamande » (EM, p. 737) qui doit être, très logiquement, Anvers ; en passant aussi par Bruxelles et enfin par Namur et, à quelques kilomètres, Suarlée. Il règne dans toutes ces villes une atmosphère générale de confusion, d'hostilité, de conflits.

On conçoit que, dans ces conditions, « le bref séjour à Namur fut une diversion » (EM, p. 738). Après les dévotions du touriste français, dont l'obligatoire église Saint-Loup, parce que Baudelaire en a parlé (et y a même perdu la parole), Marguerite Yourcenar prend le chemin de Suarlée. La voilà devant les tombes de ses ancêtres maternels. Ces tombes sont d'abord des objets, aux contours imprécis, envahis d'herbes folles, aux épitaphes illisibles, au point que l'on ne peut même pas vérifier la présence ou non de la Fraulein : Marguerite Yourcenar évoque un instant la gouvernante dont elle porte le prénom[2] et qui a tenu lieu de mère à Fernande, mais dont elle doute qu'elle ait sa place près de sa « fille » : « On avait beau aimer et honorer une ancienne gouvernante, la famille était la famille » (EM, p. 739). Mère dans la vie, mais pas dans la mort. Le malaise s'installe :

---

2 Un mot sur le prénom de la fille de Fernande : « La petite fille reçut les noms de Marguerite, à cause de la bien-aimée gouvernante allemande qui s'était nommée Margareta avant de devenir pour tout le monde Mademoiselle Fraulein ; d'Antoinette [...] ; de Jeanne [...] ; de Marie [...] ; et enfin de Ghislaine, comme il est souvent d'usage dans le Nord de la France et en Belgique, saint Ghislain passant pour protéger des maladies de l'enfance » (EM, p. 728). Saint Ghislain paraît bien avoir protégé la petite Marguerite. Mais, par une ironie cruelle que Marguerite Yourcenar semble avoir méconnue, sans quoi elle l'eût peut-être exploitée elle-même avec dérision, il se trouve que sainte Marguerite est la patronne et la protectrice des femmes enceintes. Cela ne semble pas avoir été d'un grand secours à « la mère de Marguerite ».

Quoi que je fisse, je n'arrivais pas à établir un rapport entre ces gens étendus là et moi. Je n'en connaissais personnellement que trois, les deux oncles et la tante. [...] J'avais traversé Fernande [...] ; sa tombe ne m'attendrissait pas plus que celle d'une inconnue [...]. Encore plus difficile était d'imaginer que cet Arthur C*** de M*** et sa femme, Mathilde T***, [...] eussent pu porter en eux certains des éléments dont je suis faite. (EM, p. 739)

La mise en doute systématique suit le malaise comme pour le nier ou l'exorciser :

La moitié de l'amalgame dont je consiste était là. La moitié ? Après ce rebrassage, [...] comment conjecturer [...] le pourcentage de particularités morales ou physiques qui subsistaient d'eux ? Autant disséquer mes propres os [...] Tout calcul de ce genre était faux au départ. (EM, p. 739)

Malgré une tentative de raccrochement à des « données simples : Arthur et Mathilde étaient mon grand-père et ma grand-mère. J'étais la fille de Fernande » (EM, p. 740), le doute subsiste sur le contenu même de ces données : « Si Arthur, Mathilde et Fernande ne m'étaient presque rien, j'étais encore moins pour eux » (EM, p. 740). Et la faible velléité d'action qui suit la méditation débouche sur une interrogation de plus : « c'était donc à moi de faire ici quelque chose. Mais quoi ? » (EM, p. 740). Pour le moment, en tous cas, rien. « J'aurais pu, certes, faire repeindre la grille et sarcler la terre. Mais je repartais le lendemain ; le temps manquait. L'idée d'ailleurs ne m'en vint même pas » (EM, p. 741). Selon toute apparence, il ne s'est rien passé ; le contact cherché ne s'est pas établi ; la visite à Suarlée est un échec.

*

Pour illustrer les rapports de Marguerite et de Fernande, mettons-les l'une en face de l'autre, étant entendu que la Fernande qu'il nous est donné de connaître est le personnage reconstitué par sa propre fille, ce qui sera développé plus loin.

Deux désirs ici se manifestent, sans presque jamais se rencontrer. On a déjà analysé plus haut l'ambiguïté du désir d'enfant de Fernande, reposant sur plusieurs raisons avouables et inavouables, qui, en gros, tiennent tout autant à manifester les titres et qualités d'épouse d'une femme mariée sur le tard que les aspirations maternelles proprement dites. Sur celles-ci planerait à tout le moins une menace confirmée par la seule évocation de « sa mère, épuisée par dix accouchements, [...] morte un an après sa naissance à elle, « d'une courte et cruelle maladie », occasionnée peut-être par une nouvelle et fatale grossesse, et de sa grand-mère [...] morte en couches dans sa vingt et unième année » (EM, p. 718).

Le désir d'enfant ? Il est mis en doute par une série d'éléments contradictoires (EM, pp. 717-719), résumée comme suit :

185

> Les sœurs de Fernande [...] avaient beau lui dire qu'on aime déjà l'enfant qui va naître, elle ne parvenait pas à établir un rapport entre ses nausées, ses malaises, le poids de cette chose qui croissait en elle [...], et la petite créature, pareille aux ravissants Jésus de cire, dont elle possédait déjà les robes garnies de dentelles et les bonnets brodés. (EM, p. 718)

Les nuances sont si nombreuses qu'il est difficile de conclure si Fernande, au fond, voulait ou non un enfant.

Le désir de mère ? Il est, sinon nié, du moins fortement relativisé par Marguerite Yourcenar : « Je m'inscris en faux contre l'assertion [...] que la perte prématurée d'une mère est toujours un désastre » [...] (EM, p. 744). Il serait fastidieux de tout citer. Notons cependant – d'un point de vue extérieur à l'œuvre cette fois – que l'apparition et l'importance du personnage de Fernande dans l'œuvre trahissent sans aucun doute ce désir de mère, encore que de bien étrange et tardive façon. En 1956, toutes réflexions faites, il ne resterait à cette fille de cinquante-trois ans qu'à faire de sa mère un personnage d'un de ses livres pour pouvoir la retrouver.

Mais la naissance elle-même ? Lorsque Marguerite Yourcenar la décrira, à septante et un ans, c'est en des termes qui montrent qu'elle n'a point méconnu la relation de cause à effet entre sa naissance et la mort de sa mère. Particulièrement illustrative à cet égard, on l'a vu, est la description de la chambre après l'accouchement :

> La belle chambre avait l'air du lieu d'un crime [...] L'enfant déjà scindé d'avec la mère vagissait [...] Une violente altercation venait d'éclater entre Monsieur et le Docteur [...]. Monsieur le traitait de boucher [...] Il prit [...] un paletot mastic dont il recouvrit son complet maculé, et sortit. (EM, pp. 721-722)

La « robuste petite fille » (EM, p. 722) contraste avec le « visage terreux de l'accouchée » (EM, p. 722), la vie (la vitalité ?) de l'enfant étant cause objective de la mort de la mère.

La naissance de la fille et la mort de la mère sont ainsi les premiers éléments d'une sorte de malentendu qui fait d'elles deux étrangères, mais non pas deux ennemies. La fin de l'accouchement proprement dit montre « la mère trop exténuée pour supporter une fatigue de plus détourna[nt] la tête quand on lui présenta l'enfant » (EM, p. 722). Ce malentendu est résumé sur la tombe, lors de la visite à Suarlée :

> Sur ses trente et un ans et quatre mois d'existence, je n'avais occupé la pensée de ma mère qu'un peu plus de huit mois tout au plus : j'avais été d'abord pour elle une incertitude, puis un espoir, une appréhension, une crainte ; pendant quelques heures, un tourment. (EM, p. 740)

Réciproquement, voici ce qui nous est dit des sentiments filiaux de Marguerite Yourcenar :

> L'eussé-je aimée ? [...] Tout porte à croire que je l'aurais d'abord aimée d'un amour égoïste et distrait, [...] puis d'une affection faite surtout d'habitude, traversée de querelles, de plus en plus mitigée par l'indifférence. (EM, p. 745)

Pire : même absente, la mère suscitera des sentiments négatifs. Avant de mourir, Fernande envisage l'avenir de son enfant : « Si la petite a jamais envie de se faire religieuse, qu'on ne l'en empêche pas » (EM, p. 753). Ce seul faible vœu – dont la formulation hypothétique et quasi négative relativise d'ailleurs fortement le caractère de « dernière volonté » –, rabâché par la gouvernante, suffit à provoquer l'exaspération de la petite Marguerite, que retrace l'écrivaine à soixante-cinq ans de distance :

> Dès cet âge de sept ou huit ans, il me semblait que cette mère dont je ne savais presque rien [...] empiétait indûment sur ma vie et ma liberté à moi, en essayant ainsi de me pousser par trop visiblement dans une direction quelconque. Le couvent, certes, me tentait fort peu, mais j'eusse sans doute été aussi rétive si j'avais su qu'à son lit de mort elle avait envisagé mon futur mariage, ou désigné l'institution où j'aurais à être élevée. De quoi se mêlaient tous ces gens-là ? J'avais l'imperceptible recul du chien qui détourne le cou quand on lui présente un collier. (EM, p. 735)

Il est remarquable que les rôles soient en quelque sorte inversés : la lecture de ce qui précède devient lourde de sens si l'on sait à quel point la fillette a empiété sur la vie et la liberté de sa mère. L'apparition de la sympathie n'aura lieu que plus tard.

La visite à la tombe, nous venons de le voir, se solde par un échec. La fille de Fernande cherche quel sacrifice, quelle offrande elle pourrait faire. Ce qu'elle finira par trouver, mais plus tard, est bien plus efficace et durable que de faire repeindre la grille du cimetière. Elle rendra en quelque sorte Fernande à la vie, celle d'un personnage de papier, et, ce faisant, la rendra sensible et familière à des centaines de milliers de personnes. Comment ? En écrivant sa vie, c'est-à-dire aussi, littéralement, en la mettant au monde. Peut-être même est-ce la visite à Suarlée qui fut le point de départ de cette procréation symbolique.

On trouvera peut-être le mot trop fort. Il n'en est rien. Qu'on se contente de relire parallèlement trois phrases à quelques pages de distance. Sur la tombe de Suarlée, et cherchant à évoquer la morte au sens fort du terme, Marguerite Yourcenar, qui se rend compte que le courant ne passe pas, résume ainsi sa rencontre avec sa mère « biologique » : « J'avais traversé Fernande ; je m'étais quelques mois *nourrie de sa substance* » (EM, p. 739, c'est moi qui souligne). Elle sent que c'est à elle de « faire ici quelque chose. Mais quoi ? Deux mille ans plus tôt », dit-elle alors, « j'aurais *offert de la nourriture* à des morts enterrés *dans la pose de l'embryon prêt à naître* : un des plus beaux symboles que l'homme se soit inventé [*sic*] de l'immortalité » (EM, pp. 740-741, c'est moi qui souligne). Elle quitte ici Fernande, nous sommes en 1956.

Quelques dizaines de lignes plus loin, nous sommes en 1971 et Marguerite Yourcenar en est à se demander, s'ils avaient existé, quels rapports elle eût entretenus avec sa mère. Et elle écrit la troisième phrase : « Mon présent effort pour ressaisir et raconter son histoire m'emplit à son égard d'une sympathie que jusqu'ici je n'avais pas. Il en est d'elle comme des personnages imaginaires ou réels que *j'alimente de ma substance* pour tenter de les faire vivre ou revivre » (EM, p. 745, c'est moi qui souligne). Et, comme si ce n'était pas assez clair, Marguerite Yourcenar constate ensuite que le temps passé inverse ses rapports avec sa mère : « [je] me penche vers elle comme vers une fille que j'essayerais de mon mieux de comprendre sans y parvenir tout à fait » (EM, p. 745).

Le désir de mère coïnciderait-il avec… le désir d'enfant ? Quoi qu'il en soit, la substance-nourriture offerte à la morte reposant dans sa tombe (« dans la pose de l'embryon prêt à naître » ?) a bel et bien eu pour effet une résurrection non certes du corps, mais du personnage. Et quelle est cette substance ? Celle qui résulte de la magie sympathique dont parle Marguerite Yourcenar dans les « Carnets de notes de *Mémoires d'Hadrien* » (OR, p. 526). Elle évoque cette magie plus loin de manière encore plus explicite : « Le sorcier qui se taillade le pouce au moment d'évoquer les ombres sait qu'elles n'obéiront à son appel que parce qu'elles lapent son propre sang » (OR, p. 536). Tel est bien, me semble-t-il, le sens d'« alimenter de sa substance ». Mais les deux expressions prennent un relief particulier si l'ombre à évoquer est la mère.

*

Ainsi, l'interrogation sur la tombe a trouvé sa réponse. Peut-être, répétons-le, l'intention de l'offrande, celle du *Labyrinthe du monde*, a-t-elle émergé au cimetière. Par exemple, la réflexion suivante de la méditation de 1956 : « par-delà ce monsieur et cette dame enfermés dans leur XIX siècle, s'étageaient des milliers d'ascendants remontant jusqu'à la préhistoire, puis, perdant figure humaine, jusqu'à l'origine même de la vie sur terre » (EM, p. 739) semble porter en germe les premières pages d'*Archives du Nord*. Et ne peut-on appeler aussi ce genre d'entreprise biographique, précisément, un tombeau[3] ? Comme le dit Hadrien avec résignation en évoquant les survivances d'Antinoüs mort dans la mythologie populaire, « On ne fait guère mieux en matière d'immortalité » (OR, p. 509). Si le fait d'être née d'une mort a provoqué chez Marguerite Yourcenar un sentiment de culpabilité, on trouve dans cette opération de procréation littéraire les éléments d'une réparation symbolique, fût-elle partielle, de la naissance meurtrière. On y trouve aussi – quoi qu'en aient les lecteurs choqués, d'une part, par les description cliniques de l'accouchement et de la mort de Fernande et, d'autre part, par la dénégation de la perte et le fameux passage sur les rapports mère-fille – des touches de « sympathie », de transmission et d'identification qui recomposent un personnage bien plus sensible, une aura bien plus émotive qu'on ne l'a dit[4]. En 1971, lors de sa réception à l'Académie royale belge de langue et de littérature françaises, Marguerite Yourcenar invite en pensée dans l'assemblée « un auditoire idéal, ses amis disparus, ses parents morts, [...] venus sans qu'on ait eu à les pourvoir de cartons d'invitation », au premier rang desquels, dit-elle, « une dame en costume 1900 que je n'ai jamais connue, puisque sa vie et la mienne n'ont coïncidé que pendant une dizaine de jours, *mais qui, me dit-on, aimait les livres* » (DAR, p. 18, c'est moi qui souligne). À cette époque, elle est précisément en train de rédiger *Souvenirs pieux*.

Le dernier chapitre de ce livre, précisément intitulé « Fernande », décrit la mère de Marguerite alors elle-même petite fille, en visite de famille. C'est à Acoz, « excursion préférée » (EM, p. 889) de Fernande, que celle-ci commence à être décrite pour elle-même et à émerger

---

3   Bien avant la rédaction de *Souvenirs pieux* et même avant la visite à Suarlée, Marguerite Yourcenar s'est livrée à cet exercice de manière plus sobre et plus succincte, en publiant dès 1929 un « Tombeau de Jeanne de Vietinghoff », précisément une importante figure féminine et maternelle. Yvan LECLERC (« Le labyrinthe du moi », in *Marguerite Yourcenar. Une écriture de la mémoire, op. cit.*, p. 222), note également cette intention d'offrande sous la forme d'un « tombeau ». Colette GAUDIN (*Marguerite Yourcenar à la surface du temps, op. cit.*) remarque : « Parmi les possibilités d'actions *pieuses* qui se présentent, n'apparaît pas celle d'écrire, et cependant le livre est là, avec son titre, pour attester qu'il réponde d'une certaine manière à l'obligation ressentie ce jour-là » (p. 59, c'est l'auteure qui souligne). Plus loin, Colette Gaudin associe la description de la photographie mortuaire de Fernande à un « tombeau » : « La description de « cette gisante de 1903 » rejoint le *topos* de la statue de femme sur un tombeau. Il n'y manque même pas l'image du petit chien » (p. 114).

4   Michèle SARDE par exemple ne veut voir à l'œuvre dans la description de Fernande par Marguerite Yourcenar qu'« une distance un peu glacée et une condescendance que vous n'avez pas pour d'autres personnages » (*Vous, Marguerite Yourcenar. La passion et ses masques, op. cit.*, p. 42). Il est vrai que, répondant à plus d'une question parfois brutale à ce sujet, Marguerite Yourcenar s'est toujours défendue d'avoir éprouvé le moindre sentiment de culpabilité suite à la mort de sa mère (voir notamment PV, p. 135 ; p. 190).

comme personnage à part entière (si l'on excepte sa présentation au début de l'ouvrage, essentiellement placée dans un contexte conjugal bientôt submergé par l'atrocité de l'accouchement). Sa relation avec l'oncle Octave lui permet de sortir du cercle familial et d'acquérir une personnalité distincte de celles de ses frères et sœurs. Le contexte évoque assez l'« espèce d'adoption » de Marguerite par Jeanne dans *Quoi ? L'Éternité* (EM, p. 1273) : « Fernande s'ennuie. Heureusement, l'oncle Octave lui-même vient prendre la fillette par la main et l'emmène voir les animaux sauvages et la meute. La petite trottine avec lui le long des plates-bandes » (EM, p. 890). Octave lui trouve des ressemblances physiques avec son bien-aimé frère Rémo, dont le suicide récent est toute la tragédie familiale, et avec lui-même :

> Octave croit […] reconnaître l'étroit profil arqué qu'il a aimé chez son jeune frère, et auquel il n'est pas insensible quand il se regarde entre deux miroirs. Et puis, elle porte au féminin le nom qu'avait Rémo, avant qu'il n'eût à jamais rebaptisé celui-ci. Il y a un peu plus de trente ans (déjà !), il emmenait ainsi le petit Fernand examiner les semis sous les châssis de verre. (EM, p. 890)

Ressemblance physique, communauté de prénom, répétition d'une scène : Fernande saura-t-elle assumer cette « parenté au sein de la parenté » jusqu'à une ressemblance d'esprit ? « A-t-elle compris ? Est-elle du petit nombre d'êtres qu'on peut instruire ou former ? » (EM, p. 890). Cette ressemblance de Fernande et de Rémo se double d'une ressemblance entre Fernande et Marguerite, qu'on ne comprendra réellement que lorsqu'elle évoquera sa propre enfance au Mont-Noir : la fascination pour la nature et la fascination pour le sacré. Fernande regardant les plantes ou le cortège de la Sainte-Rolende « de ses yeux neufs d'enfant que tout émerveille et que rien n'étonne » (EM, pp. 890-891) évoque la petite Marguerite qu'on retrouvera dans *Quoi ? L'Éternité*, entre les jacinthes du Mont-Noir et la procession de la Saint-Jean. Ainsi Marguerite Yourcenar dessine-t-elle une filiation élective, basée sur les ancêtres et sur les traits de famille de son choix. Cette filiation remonte, au chapitre précédent, jusqu'à la grand-mère, Mathilde, s'attardant – comme d'ailleurs « ses lointaines aïeules » – pour caresser une vache au retour de la messe (EM, p. 797). Certains lecteurs de Marguerite Yourcenar qui s'indignent à propos du peu de sentiments que paraît éprouver l'auteure pour sa mère feraient bien de relire *Souvenirs pieux* entre les lignes.

D'autre indices « s'inscri[vent] en faux » contre cette profession d'indifférence filiale reprochée à l'écrivaine : de petits objets ou faits dont l'insignifiance même leur donne un côté presque fatal. Une mèche de cheveux de Fernande, retrouvée dans une cassette par l'auteure « vers

1929 » (EM, p. 746), provoque le rapprochement suivant, purement bio-logique : « je m'aperçus que ces cheveux très fins, d'un brun si foncé qu'ils paraissaient noirs, étaient identiques aux miens » (EM, p. 746). Un porte-monnaie de Fernande, retrouvé dans cette même cassette et perdu ensuite, induit cette fois un rapprochement spirituel : « Si les objets éga-rés finissent par rejoindre leurs possesseurs morts, Mme de C*** aura été contente d'apprendre que sa fille s'était promenée à son tour sur les routes d'Allemagne » (EM, p. 748). Ajoutons-y le missel que l'auteure gardera jusqu'à sa vieillesse parce qu'il contient un calendrier perpétuel (EM, p. 747) et le fait que la devise de Marguerite Yourcenar, *Als ik kan* – reprise à Van Eyck –, signifie à peu près ce que M. de C*** avait fait écrire sur le souvenir pieux de Fernande : « Elle a toujours essayé de faire de son mieux » (EM, p. 742).

Donner la vie à qui vous a donné la vie est une figure de la parenté bien évidemment impossible dans la vie réelle. Comme une araignée tire d'elle-même son fil pour construire, puis pour arpenter sa toile, Marguerite Yourcenar alimente un univers d'écrivain dans lequel elle choisit de s'inclure et d'évoluer. Ce n'est pas seulement à sa mère qu'elle redonne vie dans un livre, c'est aussi à elle-même. On n'oublie-ra pas que, dans *Le Labyrinthe du monde*, Marguerite Yourcenar est un de ses propres personnages, avec lequel il faut d'ailleurs souvent se gar-der de la confondre tout à fait.

Ajoutons un indice extérieur au fil du récit, celui de l'ordonnance-ment même du *Labyrinthe du monde*. On peut en effet se demander pour-quoi *Souvenirs pieux* précède *Archives du Nord*, c'est-à-dire pourquoi l'évocation de la mère vient en premier lieu, si l'on sait que Marguerite Yourcenar était, et pour cause, beaucoup plus proche de son père que de sa mère, et si l'on sait, comme on vient de le voir, à quel point l'évo-cation de cette dernière reposait sur des matériaux de deuxième ou de troisième main, alors que le père avait été un modèle vivant durant près de vingt-six ans. Je pense pour ma part que la visite à Suarlée, si décevante qu'elle paraisse, ébranle un mouvement long de l'écriture, provoque un besoin de reprendre définitivement le vieux projet de *Remous* en situant *Le Labyrinthe du monde* dans la continuité de *L'Œuvre au Noir* (le livre que Marguerite Yourcenar termine alors), un peu comme après la guerre la redécouverte de la malle contenant un brouillon des *Mémoires d'Hadrien* déclenche une sorte de sentiment d'urgence : « Depuis ce moment, il ne fut plus question que de récrire ce livre coûte que coûte » (OR, p. 525).

Il faudra l'écriture impérieuse du début de *Souvenirs pieux*, la force d'évocation de l'accouchement et de la mère en tant que morte pour apaiser cette urgence, au point que l'auteure entame significativement le deuxième chapitre par ces mots : « *Je profite de la vitesse acquise* dans les pages qui précèdent pour mettre par écrit le peu que je sais de la famille de Fernande et des premières années de celle-ci » (EM, p. 749, c'est moi qui souligne), comme si elle s'était hissée d'un coup au faîte de la tension du récit. Le style de l'évocation du père, dans *Archives du Nord* et dans *Quoi ? L'Éternité*, est nettement moins marqué par une telle tension, ce qui ne veut pas dire – on va le voir à l'instant – qu'il échappe à toutes les contradictions.

À peine un père
Création littéraire et célébration : Michel

L'auteure l'affirme dès les premières lignes d'*Archives du Nord* : *Souvenirs pieux* est consacré à son ascendance maternelle et *Archives du Nord* à son ascendance paternelle, *Quoi ? L'Éternité* abordant enfin l'enfance et l'adolescence de l'auteure elle-même. En fait, la figure paternelle domine largement les trois volumes du *Labyrinthe du monde*. Dans *Souvenirs pieux*, même les chapitres comme « L'accouchement » ou « Fernande » lui accordent une place presque prépondérante. Dans *Archives du Nord*, mis à part les chapitres intitulés « La nuit des temps » ou « Le réseau », c'est très souvent en regard du père que le grand-père Michel Charles est abordé, avant d'en venir à des chapitres qui lui sont cette fois exclusivement consacrés. Et dans le troisième volume, la majeure partie du livre parle de ses faits et gestes et de ses états d'âme, semblant n'évoquer d'autres personnages que parce qu'ils sont ses maîtresses, sa mère ou sa fille. Jusqu'au bout du livre, Michel est encore fortement présent dans les chapitres consacrés à Jeanne et à Egon.

Une première lecture du *Labyrinthe du monde* pourrait aussi donner l'impression générale que cette figure paternelle est largement positive et bénéfique : celle d'un père hors du commun, certes, « si peu père au sens bêtifiant ou tyrannique du mot » (EM, p. 1381), mais – par là même, dirait-on – idéal. En faisant la peinture d'un homme, dont elle s'attache à détailler la vie de fils et d'amant, qu'elle ne connaît forcément, en gros, que par ce qu'il a pu lui en dire lui-même d'une part et ce qu'elle a imaginé, c'est-à-dire inventé (fût-ce par recoupements et reconstitutions) d'autre part, Marguerite Yourcenar n'évite certainement pas de nous parler également du père. Mais elle prend soin de faire un détour suffisamment long et d'apporter suffisamment de nuances au tableau pour que la peinture du père s'auréole immédiatement d'une sorte de distance ou de sérénité qui, inévitablement, nous prévienne en faveur de son objectivité. Celle-ci est pourtant loin d'être acquise.

Une lecture approfondie du *Labyrinthe du monde* dément cette première impression générale du personnage positif et du père idéal. La personnalité de Michel de Crayencour n'en apparaît pas plus complexe : elle reste étonnamment simple, quasi simpliste. Michel de Crayencour est un fils de famille dont la longue existence semble se résumer à deux principes : dépenser le plus possible d'argent et prendre le moins possible de responsabilités – que celles-ci soient professionnelles, personnelles, familiales, sociales, etc. Riche, il s'abandonne sans complexe à sa pente de luxe ; héritier, il accélère le mouvement, flambant purement et simplement les terres, châteaux et fermes, mais aussi les biens mobiliers que les générations précédentes avaient accumulés. Fils, amant, époux, père, il est caractérisé, dans ses relations avec les autres, hommes ou femmes, par une aristocratique bienveillance, faite de supérieure insouciance, d'indifférence souriante. La culture, la spiritualité, la politique sont pour lui, au mieux, des vernis mondains, au pire, de fastidieuses impostures. Le goût du voyage de « Michel » provient en droite ligne de l'incurable ennui qui se saisit de lui dès qu'il a épuisé – ce qui arrive vite – les quelques possibilités d'un lieu, quel qu'il soit.

Face à la personnalité à l'emporte-pièce qu'elle décrit elle-même, c'est Marguerite Yourcenar qui ruse avec sa propre créature, qui met en place une entreprise de réhabilitation, qui construit à son père un personnage sur mesure, qui arrange les plis de la toge qu'elle lui a tissée. Et, si les recontextualisations incessantes dans l'époque, la culture, la mentalité, mais aussi si les explications psychologisantes (qu'elle décrie si fort à d'autres moments et en d'autres lieux) et la technique littéraire ont bien pour effet de voler au secours de Michel, elles attirent l'attention sur la nécessité de cette entreprise de réhabilitation et par là même sur la source d'une possible déchéance affective de l'image du père. C'est en effet la fille qui, là même où elle prend parti, juge. Mais examinons de plus près cette célébration littéraire.

*

Une première méthode intéressante pour brouiller l'image du père est celle du flou quant à l'âge. Marguerite n'a pas connu sa mère : on comprend donc mieux ses interrogations sur la distance qu'introduit l'âge dans les rapports affectifs, dès lors qu'on en reste à la spéculation. La chose est plus curieuse s'agissant d'un être avec qui l'on a vécu de manière ininterrompue de la naissance de la fille à la mort du père, soit presque vingt-six ans, et avec qui, en conséquence, le rapport d'âge devrait être soigneusement balisé. Pourtant, lorsqu'elle évoque Fernande, elle ajoute comme en passant : « mon père, mort à soixante-quinze ans, me semble désormais moins un père qu'un frère aîné. Il est vrai que c'est un peu l'impression qu'il me faisait déjà quand j'avais vingt-cinq ans » (EM, p. 745). Pourquoi du reste un « frère aîné » et pas un fils, alors que Fernande, dans le même passage, n'est nullement comparée à une « sœur aînée », mais bien à une fille ? Parce que Michel est mort à septante-cinq ans et qu'à la date de l'écriture de *Souvenirs pieux*, Marguerite Yourcenar en a environ septante. Sous cette apparente démonstration, l'auteure évite soigneusement d'évoquer leur différence d'âge réelle, qui est de quarante-neuf ans...

Dans *Les Yeux ouverts*, Marguerite Yourcenar va plus loin : elle insiste longuement sur le fait que ce rapport d'âge n'a jamais existé, définissant son père comme « un monsieur plus âgé que moi – je ne dirai pas un vieux monsieur, je n'ai jamais eu le sentiment de la différence d'âge, je ne l'ai toujours pas » (YO, p. 23). À la page suivante, elle affirme : « nous nous sentions égaux à partir de treize ans, peut-être, puisque l'âge ne comptait pas pour moi » (YO, p. 24). C'est lorsqu'elle déroge à sa propre règle qu'on sent poindre la critique : « Ce Français d'une quarantaine d'années a, très exactement, quarante-six ans » (EM, pp. 923-924), écrit l'auteure dont l'ironie peut aussi bien ici, il est vrai, égratigner l'entremetteuse baronne, arrondissant les angles, que la coquetterie du prétendant.

Le véritable objectif de cette entreprise de brouillage de l'âge est de disqualifier la paternité de Michel. Cela se fera aussi par d'autres détails parfois choquants, comme le fait pour la petite Marguerite d'être très souvent abandonnée aux bonnes, le fait que l'« essentiel » manque parfois à la vie domestique, le mensonge à propos du renvoi de Barbara, l'absence totale de souci d'avenir pour la fillette – y compris sur le plan patrimonial –, les interminables soirées où l'enfant apprend à ne pas s'endormir pour attendre le retour de son père, etc. Cette disqualification peut ensuite donner lieu à une requalification sur un autre et triple plan, celui qui devrait, aux termes de la *Déclaration universelle des droits de l'homme et du citoyen*, caractériser les relations de tous les êtres humains sans distinction : la liberté – « Michel me voulait libre » (EM, p. 1232) –, l'égalité – « Nous nous sentions égaux » (YO, p. 23) – et la fraternité – « Mon père [...] me semble un frère aîné »[1]. Michel est bien le meilleur des pères parce qu'il l'est « si peu ».

La première œuvre publiée de Marguerite Yourcenar, *Le Jardin des Chimères*, chez Perrin en 1921, prend par endroits la forme d'un hommage au père. Tout d'abord, le poème lui est dédié, comme en témoigne la dédicace « À mon père ». Dans la plus pure tradition des dédicaces littéraires, le dédicataire est d'ailleurs aussi le mécène : on sait que « Michel » a publié à ses frais cette première œuvre (Marguerite Yourcenar le raconte dans *Les Yeux ouverts*, pp. 52-54). Et, toujours dans

---

[1] C'est une occasion de marquer la distance qui peut se creuser entre les affirmations de l'auteur et ce que révèle l'analyse de son œuvre. Au creuset de la recomposition auctoriale, le père devient un frère, tout comme Zénon, le personnage-enfant « nourri d'une bouillie de réalité » (CNON, p. 470).

la tradition des dédicaces – picturale cette fois –, le mécène est figuré dans l'œuvre. C'est ainsi que Dédale a indubitablement des traits de Michel de Crayencour. Il est désabusé, désintéressé :

> La méditation vaut mieux que la puissance (JC, p. 37)

> Comme l'ambition l'amour est un mensonge
> […] J'espérais vaincre un jour le malheur et la mort.
> Mais le triomphe ment et déçoit notre attente ;
> La sagesse est trompeuse et la gloire hésitante,
> Les hommes sont mauvais et ne sont pas heureux (JC, p. 39)

Mais ce n'est pas tout. À l'enfantine confiance d'Icare/Marguerite :

> Lorsque j'étais enfant […],
> Je me tournais vers toi, – j'étais rempli de crainte,
> J'avais peur de me perdre au détour du chemin,
> Et ne voulais marcher que guidé par ta main.
> Et tu me rassurais… Nous nous sentions très proches… (JC, p. 31),

répond la tendresse de Dédale/Michel :

> Je suis déjà très vieux et tu n'es qu'un enfant.
> Mais tout ressemble à tout. Nos âges sont semblables (JC, p. 40)

Cette fois, c'est le père qui insiste sur le fait que l'âge n'est rien, que la différence d'âge n'est rien « et qu'en général tout n'est rien », serait-on tenté de reprendre à Marguerite Yourcenar à propos de ce même Michel (EM, p. 923). Le trait serait-il du père avant d'être de la fille ? Si c'est le cas, ce n'est pas seulement un hommage de plus qui passe entre les lignes, cinquante ans plus tard, dans *Le Labyrinthe du monde* et dans *Les Yeux ouverts* : c'est un *satisfecit* qu'on s'accorde en secret, une manière de marquer à part soi une complicité avec le père/frère disparu.

Un autre traitement qui s'applique à Michel avec une attention particulière est la revendication de réalisme qui accompagne la peinture de son personnage, rarement appelé « mon père » et le plus souvent « Michel », sauf dans *Souvenirs pieux* où il est plus volontiers appelé « M. de C*** ». Ainsi par exemple, dans la troisième partie d'*Archives du Nord*, « Ananké », Marguerite Yourcenar insiste à plusieurs reprises sur le statut authentique de sa reconstitution, en s'y prenant par la dénégation du romanesque. Cette dénégation est curieuse, puisque Marguerite Yourcenar pratique le roman – comme tous les autres genres littéraires – en véritable opportuniste et qu'elle reconnaît par ailleurs que l'entreprise du *Labyrinthe du monde* touche à la biographie, à l'histoire et « aussi » au roman (EM, p. 949). Elle est de toutes façons inutile, puisque la suite du discours ou du récit fait parvenir au point même qu'elle se propose initialement d'éviter. « Si ce que j'écris ici était un roman » (EM, p. 1160), dit-elle en évoquant les relations du baron de Galay avec Michel, Berthe et Gabrielle, avant d'arriver au même résultat par la reconstitution : elle postule bien « un certain refroidissement entre le Hongrois et les Français » (EM, p. 1160). Quelques lignes plus loin, elle y revient : « J'aurais tort d'essayer, peut-être par inconscient[2] souci de romancier qui cherche à raviver son sujet, de mettre en valeur dans le comportement de ce Michel d'avant 1900 on ne sait quels éléments d'inquiétude, ou quelles parcelles sombres » (EM, p. 1163) ; c'est pourtant ce qu'elle s'empresse de faire. Plus loin encore, Michel se fait tatouer sur le bras le mot grec anankè, qui signifie « fatalité », ce qui inspire à sa fille des interrogations qu'on pourrait qualifier d'états d'âme avant une sèche dénégation : « Je n'écris pas un roman » (EM, p. 1166). Cette revendication d'authenticité, au cœur même de l'entreprise de fiction de la pseudo-autobiographie, m'amène à penser que Marguerite Yourcenar échoue – consciemment ou non ? – dans sa tentative de faire de son père un personnage romanesque, peut-être parce qu'il est le seul personnage important du *Labyrinthe de monde* qu'elle ait réellement connu jusqu'à l'âge de vingt-cinq ans et qu'il est son seul véritable informateur pour l'écriture de la trilogie[3].

Comment distinguer le Michel du *Labyrinthe du monde* de la personne du père là où elle est convoquée, fût-ce en tant que telle, fût-ce par reflet avoué dans un de ses personnages ? Le « mon père » des rêves des *Songes et des Sorts*, par exemple, pourrait être considéré comme un trait d'union entre le Michel de Crayencour réel, que nous ne connaîtrons jamais, et le personnage romancé, mais non véritablement romanesque, tissé par l'écrivaine :

> Mon père est tel que je l'ai connu dans les dernières années de sa vie [...] ; vêtu d'un flottant complet de flanelle claire, [...] il tient à la main une mince

---

2 Ce « peut-être par inconscient » est presque comique à propos d'une intention mise ouvertement sur le papier, c'est-à-dire hors de toute spontanéité. Simone PROUST (*L'Autobiographie dans* Le Labyrinthe du monde *de Marguerite Yourcenar, op. cit.*) voit dans cette précaution oratoire l'« habileté suprême » qui consiste à « devancer la méfiance du lecteur » (p. 93). On pourrait y voir, au contraire, une maladresse insigne.

3 Dans un article intitulé « Genèse d'un personnage yourcenarien », in *Bulletin de la Société internationale d'études yourcenariennes (SIEY)*, n° 17, décembre 1996, pp. 85-105, Sabine CORNUDET analyse les « Notes sur « Michel » » et les met en regard avec la reconstitution de Michel dans *Le Labyrinthe du monde* et plus spécialement dans *Quoi ? L'Éternité*. « Marguerite Yourcenar n'est certes pas assez naïve pour prétendre à une « objectivation » de son regard sur son père, elle tente néanmoins d'appliquer dans ses notes l'esprit critique qui se rencontre déjà chez lui » (p. 93), écrit Sabine Cornudet, qui trace la carte des distorsions entre les notes et le récit qui en résulte. Sa conclusion est que *Quoi ? L'Éternité* est « une œuvre d'un genre indéterminable » parce que « le choix n'y a pas été fait entre le roman et la chronique : l'hésitation de Yourcenar sur le statut de *persona* à attribuer à Jeanne, et surtout à Michel, reste bien visible » (p. 105).

canne […], et ses yeux enfantins, d'un bleu délavé, regardent le monde à travers le masque ridé d'un vieil homme aux moustaches tombantes. (EM, p. 1565)

On peut croiser ces textes avec d'autres. Lorsque Hadrien raconte un de ses rêves mettant en jeu son père et la maladie, il est tentant d'y voir un rêve de l'auteure transposé dans la réalité imaginaire d'Hadrien :

J'ai revu mon père, auquel je pense pourtant assez peu. Il était couché dans son lit de malade […]. Il avait sur sa table une fiole pleine d'une potion sédative que je l'ai supplié de me donner. Je me suis réveillé sans qu'il ait eu le temps de me répondre. (OR, p. 512)[4]

De même, il y a peut-être du Michel de Crayencour dans le vieux Clément Roux visitant Rome de nuit avec Massimo et parlant vaguement de son fils, « un enfant avec sa collerette blanche dans les tableaux de 1905, et qui maintenant vend des automobiles » (OR, p. 270) : on sait que ce fut la première profession de Michel Joseph (EM, p. 1370). Qui plus est, Michel, lui aussi un Français du Nord, est comparé par sa fille, précisément lors d'« une excursion aux environs de Rome » (EM, p. 1072), à un « vieux mendiant au soleil » (EM, p. 1073) : le type même de vieillard qui, vers 1933, aurait pu recevoir dix lires de la mère Dida…

Lorsqu'elle compare Henri-Maximilien et son propre père, Marguerite Yourcenar met en évidence le goût de l'aventure et l'amour des lettres qui caractérisent les deux hommes. Michel et Henri-Maximilien sont tous deux qualifiés d'« aventuriers lettrés », avant d'être distingués soigneusement sur le plan des bonnes manières et de la séduction. Curieusement, Marguerite Yourcenar ne parle jamais des trois caractéristiques qui rapprochent le plus les deux personnages. La première est la désinvolture familiale d'Henri-Maximilien, qui est pourtant le trait principal de leur ressemblance. Il suffit pour s'en convaincre de relire le récit de l'unique retour d'Henri-Maximilien dans sa famille (OR, pp. 660-661) en le comparant à celui d'un été passé par Michel, faute de mieux, chez sa mère au Mont-Noir (EM, pp. 1188 *sq.*) ; dans *L'Œuvre au Noir*, on croirait que c'est de Michel qu'on parle :

Il avait sa suffisance de la vue de sa maussade belle-sœur sous ses harnais de joyaux, et de la bande des sœurs et des beaux-frères établis dans des gentilhommières du voisinage, avec leurs garnements d'enfants tenus en laisse par de tremblants précepteurs. Les petites querelles, les intrigues, les fades compromis sous les fronts de ces gens-là lui faisaient rapprécier la société des soudards et des vivandières. (OR, p. 661)

---

4   Dans des notes destinées à s'ajouter à une nouvelle édition des *Songes et des Sorts*, et rédigées après 1955, Marguerite Yourcenar affirme toutefois qu'il ne lui est jamais arrivé « d'introduire consciemment dans un livre une image tirée d'un rêve » (EM, p. 1622).

À l'inverse, et à propos justement de soudards, le lecteur alerté par l'auteure elle-même sur cette ressemblance n'est pas sans évoquer Henri-Maximilien « remâch[ant] sa vie » (OR, p. 651) en entendant Michel raconter ses souvenirs et ajouter : « "Tout ça", disait-il, usant d'une de ces expressions de troupier qu'un homme qui a passé par l'armée emploie souvent jusqu'à la fin de ses jours, "tout ça a compté dans le congé." » (EM, p. 1086). C'est là leur deuxième caractéristique commune : la capacité – plutôt fataliste chez Michel, véritablement optimiste chez Henri-Maximilien – de prendre du recul mais sans jamais s'y attarder.

Enfin, mentionnons le peu de cas que fait Henri-Maximilien des biens matériels et particulièrement des terres de sa famille. C'est l'opulente propriété de Dranoutre qu'il quitte pour partir à l'aventure ; et, de l'« une des moindres terres familiales, un certain lieu-dit de Lombardie en Flandre », « le seul nom faisait rire cet homme, qui avait eu l'occasion d'arpenter en tous sens la Lombardie véritable » (OR, p. 660). Or il se trouve que Dranoutre et Lombardie sont de ces terres de la famille de Crayencour que Michel vendra d'un cœur léger pour les perdre ensuite à la roulette : son fils Michel-Joseph, ne pouvant plus être comme ses ancêtres « seigneur de Crayencour, Dranoutre, Lombardie, et autres lieux » (EM, p. 999), le reprochera assez amèrement à Michel : « Tu as vendu les terres qui étaient dans la famille depuis des générations : Crayencour, Dranoutre, le Mont-Noir… » (EM, p. 1132). Ce troisième trait commun n'est pas non plus mentionné par Marguerite Yourcenar. Serait-il dangereux de pousser la comparaison trop loin ?

On l'a vu, Marguerite Yourcenar évacue radicalement son demi-frère Michel Joseph de sa généalogie idéale. Elle le fait en pleine complicité avec ce père qui lui consacre un temps inhabituel pour l'époque et – d'après ses dires à elle – la considère comme une égale dès l'âge de treize ans (YO, p. 24). Or telle est bien la question la plus étrange qu'on puisse se poser à propos de Michel : pourquoi n'a-t-il pas cantonné la petite Marguerite dans un pensionnat dès son enfance, comme il l'a fait pour Michel Joseph passant « d'un train d'enfer d'une institution religieuse à une institution laïque, des Jésuites de la rue de Vaugirard au lycée de Douai, et de là à une pension pour fils de famille sur la Riviera » (EM, p. 1131) ? Au contraire de Berthe à l'époque, la mère de Marguerite était morte, ce qui imposait presque l'idée du pensionnat pour l'orpheline. C'est l'évidence même pour l'entourage de la fillette :

> Mes deux bonnes […] ne s'étaient pas privées de m'annoncer qu'à la mort de mon père je verrais du changement : un pensionnat de bonnes sœurs avec une robe de laine noire et un tablier ; beaucoup de prières et peu de friandises ; l'interdiction d'avoir avec moi Monsieur Trier aux pattes torses, et, quand j'aurai [*sic*] désobéi, des coups de règle sur les doigts. (EM, pp. 1292-1293)

Et, ajoutent les domestiques, « ce ne sera pas votre demi-frère qui dépensera des sous pour vous » (EM, p. 1293). Michel Joseph a cependant bien des raisons d'être jaloux et désagréable avec sa demi-sœur : lui, le fils aîné, a été évacué par son père ; elle, la petite fille qui lit au lieu de jouer à la poupée (l'anecdote est racontée deux fois, EM, p. 1134 ; EM, p. 1379), trône dans l'emploi du temps et dans le cœur de son père indigne. La question de cette préférence, tout à fait incompréhensible pour l'époque – et qui est bien le seul élément de la personnalité de Michel dont on pourrait dire qu'il est totalement inventé et typiquement romanesque –, Marguerite Yourcenar se garde bien de se la poser, tout comme elle se garde de faire ce rapprochement qui saute pourtant aux yeux : Noémi, la mère de Michel et grand-mère de Marguerite, « détestée […] entre toutes les femmes » (EM, p. 709), préfère également sa fille cadette à son fils aîné. Le père comme la fille (celle-ci sans nul doute à la suite de celui-là) y cherchent – curieusement – des raisons de mésentente conjugale (EM, p. 1214). Il est piquant de relire le passage qui suit en évoquant Michel au lieu de Noémi :

> Il est rare, à cette date et dans ce milieu social, qu'un fils unique ne soit pas traité en prince héritier. […] Plus tard, les raisons de vilipender le fils rebelle ne manqueront pas à Noémi, mais, cette rébellion, elle l'aura en grande partie suscitée. (EM, pp. 1070-1071)

À nouveau, la romancière, si prompte à moraliser quand il est question de sa grand-mère, ne va pas jusque-là pour l'analyse des relations de Michel et de Michel Joseph. Si elle évoque les difficultés relationnelles des deux hommes, dans *Archives du Nord* (EM, pp. 1130-1133) et dans *Quoi ? L'Éternité* (EM, pp. 1203-1204 et 1379-1380), si elle prête même une fois à son père des doutes sur l'adéquation de l'éducation ou plutôt de la non-éducation qu'il a donnée à son fils (EM, p. 1187), pas une fois elle ne suggère sa responsabilité : il appartient éventuellement au lecteur de la lire entre les lignes. Quant à la préférence de Michel pour sa fille, elle tient de ces miracles dont il ne faut surtout pas chercher l'explication sous peine qu'ils disparaissent… et le meilleur moyen de l'expliquer sans en avoir l'air est encore de disqualifier la paternité de Michel.

Ce brouillage s'étend à la différenciation sexuelle. Écrire, à propos d'une Marguerite de dix ou onze ans, que « Michel semblait avoir momentanément renoncé à ses amies pour se faire de sa fille *un petit compagnon* » (EM, p. 1368, c'est moi qui souligne), c'est peut-être revendiquer une préférence – momentanée, on le dit –, mais c'est du même coup la faire passer par une dénégation de sa féminité, qui serait le prix à payer pour vivre une relation, encore que presque exclusivement intellectuelle, avec son père. Et n'oublions pas non plus – détail biographique qui a des résonances dans l'œuvre – le père écrivant aux éditeurs en signant « Marguerite de Crayencour », et le jeu du passage entre deux écrivains, l'œuvre du père par la fille réécrite et signée. Marguerite Yourcenar, ayant lu le manuscrit de ce qui allait s'appeler *Le Premier Soir*, avoue d'emblée : « Je fus séduite par la justesse de ton de ce récit sans vaine littérature » (EM, p. 932). N'est-ce pas déjà s'attribuer ces mêmes qualités dans la réfection qu'on en a assurée ? Et bien entendu la réciproque est de mise : « Alexis, Michel le lut sur son lit de mort et nota en marge de ce petit récit que rien n'était "plus pur", commentaire qui m'émeut encore aujourd'hui, mais montre à quel point le mot "pur" devenait dans la bouche de Michel autre chose que ce qu'il est pour la plupart des pères » (EM, p. 1285). Par contre, Marguerite Yourcenar n'estimait guère les talents littéraires de sa mère, décrivant Michel sous « l'aspect d'un sportsman pourvu du chic britannique » et dédaigneusement accusée par sa fille d'avoir surtout voulu « romancer sa vie » (EM, p. 746) – ni même ceux de Jeanne von Vietinghoff qui, elle aussi, décrivait Michel sous les traits d'un de ses personnages dans son roman *L'Autre Devoir*, qualifié de « médiocre livre » (EM, p. 408). Pourtant, que fit d'autre son père, dans ce *Premier Soir*, que de « romancer sa vie » et celle de ses proches ? Et que fit ensuite, malgré ses dénégations, Marguerite Yourcenar elle-même ?

Au passage, on suggère que si Michel reconnaît au récit des qualités, ce ne saurait être en tant que père (forcément bienveillant par cette fonction même, ce qui dévaloriserait la louange, une facilité que Marguerite ne peut à l'évidence même envisager) mais plutôt – le jeu de mots s'impose – en tant que pair. Quoi qu'il en soit, c'est en tant que personne et non en tant que père – ou très secondairement – que Michel est célébré dans *Le Labyrinthe du monde*. Mais la disqualification qui en résulte n'est jamais reconnue que par des expressions détournées ou ironiques, comme celle qu'elle lance à un Matthieu Galey préoccupé de ses rapports avec « Michel » : « Il était très bien, c'était à peine un père » (YO, p. 23).

Frère des unes et lointain cousin des autres
Formulation du lien avec l'Univers : Nathanaël[1]

« C'est de la terre entière que nous sommes les légataires universels »
(EM, p. 974), écrit Marguerite Yourcenar dans *Archives du Nord*, vers
1976. D'après le contexte, il s'agit encore ici d'une filiation humaine,
« selon la chair » ou selon l'esprit. Nathanaël, personnage dont la première incarnation date de 1934 (dans la nouvelle « D'après
Rembrandt »), mais dont la personnalité s'est considérablement affinée
dans sa version de 1982 intitulée *Un homme obscur*, offre un bel
exemple de l'utilisation, par Marguerite Yourcenar, de la parenté comme
structuration du lien avec l'Univers. Nathanaël se défait presque sans
effort de chacun des membres de sa famille réelle et, malgré les affinités
et les représentations symboliques qui s'élaborent avec Monsieur Van
Herzog, le jésuite mourant ou Mevrouw Clara, il n'a pas vraiment à cœur
de se reconstituer une famille imaginaire. Il utilise seulement les
éléments et les événements qui passent à sa portée pour reconfigurer,
encore que de manière très peu exhaustive, son univers, son entourage,
familial ou non.

Nathanaël – au contraire d'un Hadrien, d'un Michel ou d'un Zénon –
ne hait pas la famille ; il n'a tout simplement pas grande considération
pour elle. Sa pensée, désintéressée sur ce point comme sur les autres, trahit d'autant mieux les intentions de l'auteure. Ayant opéré la reconstruc-
tion partielle d'une famille imaginaire avec les personnages qu'on vient
de mentionner, et coupé – pas tout à fait volontairement – des balises que
procure l'enracinement dans une famille réelle, Nathanaël se trouve seul
dans l'île frisonne. C'est alors qu'il semble expérimenter la conscience-
inconscience vertigineuse de soi : « Une fois, pour se prouver qu'il pos-
sédait encore une voix et un langage, il prononça tout haut […] son
propre nom. Le son lui fit peur » (OR, p. 1005). Mais Nathanaël, aux
frontières de lui-même, se sait cependant relié au Tout.

---

[1] Pour une étude complémentaire de celle-ci, voir Bérengère DEPREZ, « Un système
symbolique de la parenté dans *Un homme obscur* », in *Nathanaël pour compagnon*, in
Bulletin de la Société internationale d'études yourcenariennes (SIEY), n° 12,
décembre 1993, pp. 23-31.

Il faut, certes, se rappeler que la construction parentale symbolique opérée par Nathanaël n'importe pas davantage que les autres. Peu après son entrée dans la maison Van Herzog, on a une indication de cette passivité lucide qui est la marque de notre héros :

> Nathanaël s'émerveillait que ces gens, dont il ne savait rien un mois plus tôt, tinssent maintenant tant de place dans sa vie, jusqu'au jour où ils en sortiraient comme l'avaient fait la famille et les voisins de Greenwich, comme les camarades de bord, comme les habitants de l'Île Perdue, comme les commis d'Élie et les femmes de la Judenstraat. (OR, pp. 965-966)

C'est évidemment aux approches de sa fin que prend place, si peu que ce soit, l'« examen de conscience » de Nathanaël, qu'il s'accorde ce temps de réflexion qui correspondrait chez Hadrien au moment de la rédaction des mémoires et chez Zénon à la plongée brugeoise dans l'abîme. L'insignifiance de Nathanaël fait de cet examen tout au plus une suite de pensées plus ou moins formulées, mais qui, une fois de plus, en disent long sur les intentions de son auteure.

Déjà, dans l'Île Perdue, Nathanaël avait ébauché un rapprochement avec les êtres vivants des autres règnes. La rencontre avec l'ours amateur de framboises (OR, p. 929) fait éprouver au jeune homme le même plaisir que l'animal à manger les fruits. Cette totémisation (que n'aurait pas désavouée les Indiens rencontrés par Nathanaël à la page suivante) est suivie d'un silence protecteur du jeune homme : « Il ne parla à personne de cette rencontre, comme s'il y avait eu entre l'animal et lui un pacte » (OR, p. 929).

Ce pacte protecteur s'étendra à tous les autres animaux : ceux qui ressemblent aux animaux domestiques et sont donc proches des humains (le renardeau « amical » aux oreilles « dressées comme celles d'un chien » (OR, p. 930) et ceux qui s'en éloignent le plus (les couleuvres, OR, p. 930). Mais la protection de Nathanaël ne peut s'étendre aux arbres, que pourtant il « chér[]it » (OR, p. 930). Ces sentiments d'amour et de protection pour le reste des espèces vivantes l'isole du même coup de ses congénères : « Il n'avait personne à qui confier ces sentiments-là, pas même Foy » (OR, p. 930).

Dans l'île frisonne, toute protection, tout anthropomorphisme ont disparu au profit d'une contemplation distante :

> Nathanaël savait que rien de lui n'importait à ces âmes d'une autre espèce ; elles ne lui rendaient pas amour pour amour ; il eût pu les tuer […], mais non les aider […]. Les lapins dans l'herbe courte des dunes n'étaient pas non plus des amis, mais des visiteurs sur leurs gardes, sortis de leurs terriers comme d'un autre monde. (OR, p. 1000)

Mais si les animaux ne se glissent plus sous les traits humanisants qu'il leur prêtait quelques années plus tôt, Nathanaël continue à ressentir leurs émotions comme siennes : cette fois, il est « partagé entre la joie de l'oiseau happant enfin de quoi subsister et le supplice du poisson englouti vivant » (OR, p. 1000)[2]. Dans ce contexte, c'est encore une image de parenté qui lui viendra pour exprimer ses relations avec les autres espèces vivantes : « Il ne se sentait pas, comme tant de gens, homme par opposition aux bêtes et aux arbres ; plutôt frère des unes et lointain cousin des autres » (OR, p. 1007). Nathanaël ne se sent pas davantage « mâle en présence du doux peuple des femelles » (OR, p. 1007) ; la couleur de la peau, la religion, le rang social et l'instruction sont ramenés au même degré zéro de la distinction (OR, p. 1008). Le jeune Hollandais étend ce sentiment personnel à l'espèce humaine et à d'autres règnes :

> On faussait tout, se disait-il, en pensant si peu à la souplesse et aux res-
> sources de l'être humain, si pareil à la plante qui cherche le soleil ou l'eau et
> se nourrit tant bien que mal des sols où le vent l'a semée. (OR, p. 1008)

Et c'est par la clef de la parenté symbolique que Marguerite Yourcenar clôt la liste des personnes dont Nathanaël s'est senti proche : « En dépit de sa soutane et de la France dont il sortait, le jeune Jésuite lui avait paru un frère » (EM, p. 1008). Cette fraternité humaine est uni-verselle :

> Même les âges, les sexes, et jusqu'aux espèces, lui paraissaient plus proches
> qu'on ne croit les uns des autres : enfant ou vieillard, homme ou femme, ani-
> mal ou bipède qui parle et travaille de ses mains, tous communiaient dans
> l'infortune et la douceur d'exister. (OR, p. 1008)

Mais la belle vision est aussitôt contredite : « Une immense pitié le prenait pour les créatures, chacune séparée de toutes les autres, pour qui vivre et mourir est presque également difficile » (OR, p. 1009). La com-munion ne reparaîtra que dans l'adversité : ainsi, au moment où Nathanaël se traîne vers ce qui sera probablement sa tombe en plein air, il espère que les arbres, « vigoureux jeunes frères », se sont mutuelle-ment protégés de la tempête (OR, p. 1012). Mais « son bon sens lui disait

---

[2]   Remarquons que tous les passages qui viennent d'être cités ont leur version dans *L'Œuvre au Noir*, plus précisément au cours du bain lustral de Zénon sur la plage de Heyst (OR, p. 766), au moment d'ailleurs où il est dans le même environnement que celui où Nathanaël va mourir et envisage en outre de se noyer volontairement (OR, p. 767). Il s'agit des mêmes considérations exprimées à propos des mêmes animaux : l'oiseau qui mange le poisson et les sentiments contradictoires de Zénon, le renard et le lièvre exempts des passions des hommes, etc. Très souvent, Zénon et Nathanaël approchent les mêmes objets, êtres ou concepts, mais le ton de Zénon est plus philo-sophique et celui de Nathanaël plus instinctif : « La principale difficulté d'*Un homme obscur* », écrit Marguerite Yourcenar dans la postface, « était de montrer un individu à peu près inculte formulant silencieusement sa pensée sur le monde qui l'entoure » (OR, p. 1041).

qu'on meurt toujours seul. Et il n'ignorait pas que les bêtes s'enfoncent dans la solitude pour mourir » (OR, p. 1006) ; c'est du reste ce qu'il fera lui-même : « il savait […] qu'il faisait en ce moment ce que font les animaux malades ou blessés : il cherchait un asile où finir seul » (OR, p. 1013). C'est la vue d'une mouette morte « dont les ailes cédaient passivement à l'immense volonté du vent » (OR, p. 1012), qui lui suggère qu'il est temps de se livrer de même à l'Univers. Il est alors dépouillé de tout : sans parents, sans argent, sans pouvoir, sans connaissance, sans amis, sans amour, sans nom et sans voix (puisque plus personne n'est là pour l'entendre), « sans plus de religion que n'en ont l'herbe et l'eau des sources » (comme Foy, OR, p. 943), sans sépulture.

Nathanaël a connu un premier abandon à la mort, dans la neige, avant d'être trouvé par Mevrouw Clara : « Il repéra dans l'un de ces murs un renfoncement qui lui parut abrité et s'y coucha pour dormir. La neige le recouvrit vite d'une mince couverture » (OR, p. 960). Il peut enfin parfaire les conditions de sa fin, qui sont étrangement semblables à celles de cette « répétition générale » qu'était sa « mort » antérieure : « On était bien là. Il se coucha précautionneusement sur l'herbe courte, près d'un bosquet d'arbousiers qui le protégeait d'un reste de vent » (OR, p. 1013). Enfin, « il reposa la tête sur un bourrelet herbu et se cala comme pour dormir » (OR, p. 1014). On attendrait ici une dernière, une petite velléité d'« action ». On songe à l'attention passionnée d'un Hadrien ou d'un Zénon à leur propre mort – et à celle de l'auteure qui les décrit. Comment, en effet, ne pas évoquer les célèbres « Tâchons d'entrer dans la mort les yeux ouverts » (OR, p. 515), et « C'est aussi loin qu'on peut aller dans la fin de Zénon » (OR, p. 853) ? On n'ira pas aussi loin dans celle de Nathanaël, qui par ailleurs doit mourir les yeux fermés, puisqu'il se cale comme pour dormir. Le regard narratif semble se détourner de lui ou, plus exactement, observer un arrêt sur image…

Nathanaël ne s'inscrit pas en faux contre la famille ; il ne s'inscrit pas, voilà tout. C'est précisément cette humilité, cette pauvreté qui le mettent à l'abri. Mille cavaliers ne sauraient dépouiller un homme nu, dit le proverbe. Aussi, dans le long cheminement à demi involontaire de notre (anti-)héros, le dépouillement du lien familial n'est sans doute pas – loin s'en faut – le plus difficile.

C'est par la négation des différences que Nathanaël étend vertigineusement le catalogue des expériences hadrianiques – dont la fine pointe consistait à aller « du nageur à la vague » (OR, p. 291) – ou zénoniennes – exploration mentale de l'eau et du feu, par exemple (OR, p. 688). Non seulement Nathanaël peut partager l'entière condition humaine, mais il éprouve le sentiment de sa coexistence avec l'Univers au point de s'y fondre : physiquement, son « délabrement charnel » est comparé à « celui d'une habitation de terre battue ou d'argile délitée par l'eau » (OR, p. 1008) ; sa « toux clapotante » évoque un « marécage » où il s'enlise (OR p. 1009) ; il emprunte et prête à la fois aux vagues « leur tonnerre frappant lourdement la terre molle, leur bruit de chevaux échappés » (OR p. 1011) ; il envisage sereinement que ses restes ne soient pas enterrés tant ils seront minimes (OR, pp. 1013-1014). Mentalement, il se sent « vivant, respirant, placé tout au centre » (OR, p. 934) ; jusqu'au dernier jour il « particip[e] de toutes ses fibres au bonheur du matin » (OR, p. 1010). C'est principalement cette dimension de conscience fusionnelle avec l'Univers qu'ajoute Marguerite Yourcenar au premier Nathanaël (« D'après Rembrandt », dans *La Mort conduit l'attelage*). Mais des prémisses existent dès 1934, l'année qui suit la publication du recueil : ainsi « La dernière Olympique » évoque la fusion des règnes humain, animal et végétal, « proclam[ant] non pas tant la métamorphose que la profonde identité » (EM, p. 429). En 1957, les mêmes idées se retrouvent dans un contexte non plus antique mais hindou, dans « Sur quelques thèmes érotiques et mystiques de la Gita-Govinda » (EM, pp. 351, 354 et 357 surtout). Les textes ne manquaient donc pas pour attester la vivacité et la précocité de cette préoccupation chez la romancière, mais ce n'est qu'en 1982 qu'avec Nathanaël elle lui dédiera un de ses personnages préférés.

Mille formes
Une maternité littéraire : Lazare[1]

Le petit Lazare d'*Une belle matinée* est, chronologiquement, le dernier personnage de fiction abouti de Marguerite Yourcenar – abouti et non pas créé, puisqu'il figure déjà dans la première version de l'histoire de Nathanaël, publiée en 1934 sous le titre « D'après Rembrandt » dans le recueil *La Mort conduit l'attelage*. Son histoire est aussi, sauf erreur, l'œuvre narrative isolée la plus brève de Marguerite Yourcenar : la nouvelle elle-même ne compte que quelques dizaines de pages.

Lazare, comme Zénon d'ailleurs (OR, p. 570), Hadrien (OR, p. 478) ou Egon (EM, p. 1420), est mis en nourrice : l'allaitement n'est pas une vertu des mères yourcenariennes, sauf pour la caricaturale Jacqueline de *L'Œuvre au Noir* et – caricaturale aussi, à sa manière – la trop parfaite mère du « Lait de la mort ». De vertus maternelles – si ce n'est de vertu tout court –, sa mère Saraï n'en a guère. Elle ne veut pas de cet enfant : dès qu'elle apprend qu'elle est enceinte, elle veut se faire avorter (OR, p. 947). À la naissance de Lazare, elle a « trop peu de lait » pour l'allaiter (OR, p. 950). Si la mère du « Lait de la mort » s'écrie pour son fils : « Le jour où je n'aurai plus de lait, il boira mon âme » (OR, p. 1169), que dire d'une mère qui n'a pas de lait ? Ce n'est pas tout : l'auteure semble écarter Saraï de la maternité de Lazare en évacuant le bébé aussitôt né (OR, p. 950) et en intronisant rapidement « mère nourricière » la gardienne chez qui se rend Nathanaël pour voir son fils.

Voilà qui est étonnant, car, dans la première version de la nouvelle, qui rassemblait alors l'histoire du père et du fils, Saraï avait un rôle éminemment maternel. Il y a bien une vraie scène de tendresse maternelle dans l'œuvre de Marguerite Yourcenar, intime, quotidienne, non pas hiératique comme dans « Le lait de la mort » ; mais c'est dans une œuvre d'où elle a été soigneusement retranchée lors de la réécriture, près de cinquante ans plus tard. Je donne le passage en entier, car il en vaut la peine :

---

[1] Pour une étude complémentaire de celle-ci, voir Bérengère DEPREZ, « L'enfant ressuscité : Lazare », in *Marguerite Yourcenar et l'enfance*, actes du colloque de Roubaix (2003), Tours, Société internationale d'études yourcenariennes (SIEY), 2003, pp. 105-117.

[Lazare] aimait surprendre sa mère. Il s'approchait du fourneau, jetait les bras autour du cou de Saraï, l'embrassait sans bruit. Elle se retournait ; Lazare riait ; Saraï fondait en larmes. Pendant quelques minutes, ils parlaient sans s'écouter l'un l'autre, en gesticulant. La tête de l'enfant était toujours pleine d'histoires fantastiques, de bribes de chansons, de plaisanteries. Assis sur le rebord de la table, il imitait avec une perfection bouffonne la voix traînante d'Eva, le ton doctoral d'Élie et jusqu'aux grognements du chien. Saraï, qui lui prêchait pourtant la soumission à l'égard de ses parents adoptifs, ne pouvait s'empêcher de pouffer. Sa vie, d'ordinaire, était triste. Lazare se laissait glisser dans ses bras ; il s'ensommeillait la tête contre son épaule ; Saraï, qui aurait voulu lui conter ses peines, se souvenait qu'il n'avait pas encore onze ans. Elle le trouvait pâle, maigri. Elle se levait pour lui chercher des friandises, et ne disait pas qu'elle épargnait sur sa nourriture pour acheter les raisins de Corinthe. (MCA, pp. 206-207)

Entre la Saraï de « D'après Rembrandt » et celle d'*Un homme obscur*, il y a un abîme. On en vient à croire le personnage évincé par son auteure, réduit volontairement à sa plus simple expression. Ce faisant, il faut le souligner, Marguerite Yourcenar ne se désintéresse donc pas de la maternité en éliminant cet aspect de ses personnages, comme pourrait le déduire une lecture réductrice. Au contraire, elle porte tant d'intérêt à la fonction maternelle de son acte d'écrire qu'elle désire se l'attribuer superlativement et exclusivement, et ce d'autant plus qu'elle chérit le personnage de Lazare. Marguerite Yourcenar justifie le nouveau traitement du personnage dans sa postface :

Ce portrait de prostituée tracé par une fille connaissant encore mal les femmes était tout au plus un profil perdu : l'élément unique qui distingue chaque créature, et que l'amour décèle d'emblée à des yeux aimants, lui manquait. (OR, p. 1038)

Ce qu'elle ne dit pas, c'est qu'elle a vidé Saraï de tout aspect maternel pour ne plus mettre en lumière que son état de prostituée, infidèle, voleuse, traîtresse : du reste, dans « D'après Rembrandt », Saraï était davantage décrite comme la servante d'un rabbin après la mort de Nathanaël que comme la fameuse « chanteuse de musico » qu'elle sera exclusivement dans *Un homme obscur*. En conséquence de la réduction du personnage[2], il n'existe plus aucune relation entre le fils et la mère dans les nouvelles de 1982. Dans *Un homme obscur*, sitôt né, on vient de

---

[2] S'il y a bien réduction, il ne faudrait pas en conclure que Saraï n'est plus qu'un personnage négatif. Elle inspire un grand amour à Nathanaël, et par ailleurs le statut de prostituée n'est pas forcément péjoratif chez Marguerite Yourcenar qui, par exemple, raconte avec une certaine complaisance comment sa bonne Barbara l'emmenait, enfant, dans des maisons closes (EM, pp. 1342-1343). On verra plus loin que ce détail la rapproche de Lazare. Sur la sympathie de Marguerite Yourcenar pour les prostituées et leur présence dans son œuvre, voir pour la biographie Josyane Savigneau,

le dire, le bébé est mis en nourrice et n'est même déjà plus là quand Nathanaël, qu'on a oublié de prévenir immédiatement de la naissance (ce qui est assez invraisemblable) lui rend visite pour la première fois. Dans *Une belle matinée*, Lazare ne dit pas grand-chose de sa mère morte sur l'échafaud, « dont, du reste, il ne se souvenait pas, étant fort jeune à l'époque » (OR, p. 1025). Exit donc Saraï et place à l'auteure qui, à distance cette fois (et non pas incarnée comme dans *L'Œuvre au Noir* sous les traits de Greete), assume sa maternité littéraire non sans prêter à cet enfant selon son cœur quelques-uns de ses traits.

Mais tout d'abord, remarquons ce personnage incroyable dans l'univers yourcenarien : un enfant heureux. Au départ, tout permet de relier Lazare à d'autres personnages d'une même catégorie : lorsqu'il gratte à la porte d'Herbert Mortimer, Lazare est un chien comme Antinoüs, heureux comme lui d'entrer dans ce rôle ; lorsqu'il est rêveusement évoqué par le vieil acteur, le jeune garçon est appelé « un follet, un ondin » (OR, p. 1020), exactement comme Aleï, le valet de Zénon (OR, p. 648) ; lorsqu'il suit avec admiration l'enseignement d'Herbert, il est un disciple comme le Ling des *Nouvelles orientales*. Au départ, le garçon semble donc muni de toutes les caractéristiques de l'éromène, y compris d'ailleurs l'efféminement, puisque c'est dans un rôle de femme qu'il fait ses débuts comme acteur. Est-il beau ? Son père Nathanaël l'est (OR, p. 939). Mais le récit – il s'agit ici d'*Un homme obscur* –, dans sa rhétorique du détachement, met en doute la paternité de l'étrange marin typographe (OR, p. 951). En tous cas, son fils, Nathanaël à la naissance de celui-ci « le trouv[e] laid » (OR, p. 950). Mais pas Humphrey – cette fois dans *Une belle matinée* –, que le récit destine clairement au rôle d'éraste à la suite de Mortimer : initiateur sexuel là où le vieil acteur s'est contenté d'éveiller l'esprit et la culture (mais son adieu, on l'a vu, est ambigu), Humphrey consacre le rôle d'éromène qui attend un Lazare plein de confiance et d'espoir – prêt à appuyer l'instant d'après, comme Antinoüs dans la barque d'Hadrien (OR, p. 438) sa tête sur les genoux de son nouveau protecteur (OR, p. 1034) – par un emploi d'initié du féminin : « Tu es belle » (OR, p. 1033)[3], lui dit-il en le voyant dans le déguisement de son rôle de Rosalinde. Remarquons toutefois que Lazare

---

Marguerite Yourcenar. L'invention d'une vie, op. cit., pp. 437-438 ; pour l'analyse Carmen Ana Pont, « Variations sur le marché de l'amour : la prostitution dans l'œuvre de Marguerite Yourcenar », in *Marguerite Yourcenar. Écritures de l'Autre*, actes du colloque de Montréal (1996), Montréal, XYZ Éditeur, 1997, pp. 201-209.

[3]   Lazare vient de rêver que, dans le personnage de Cléopâtre, « il était belle » (OR, p. 1029). Humphrey est plus âgé que Lazare : il a dix-huit ans (OR, p. 1025), Lazare en a douze (OR, p. 1013), ce qui, dans « D'après Rembrandt », était exprimé par une belle ellipse platonicienne : Humphrey commence à avoir de la barbe, alors que les joues de Lazare « ne piquent pas » (MCA, p. 234).

prend l'initiative de la relation amoureuse : c'est lui qui a repéré Humphrey dans la bande d'acteurs (OR, p. 1021), c'est lui qui se déclare par l'intermédiaire de son personnage dès la première fois qu'il prouve ses talents d'acteur : « Je m'embrouille parce qu'elle s'embrouille... Elle est un peu gênée, tu comprends, parce qu'elle t'aime, Humphrey » (OR, p. 1023). Un éromène bien hardi qui, dans sa longue vision de l'avenir, envisage même avec sérénité la mort de son futur amant (OR, p. 1030).

L'originalité de Lazare, éromène yourcenarien paradoxal, trouve précisément sa source dans la nature de l'enseignement d'Herbert Mortimer, qui apprend au petit à jouer la comédie et à dire des rôles de théâtre. Lazare n'est donc pas muet, *infans* comme tous les autres éromènes yourcenariens : Mortimer, jouant jusqu'au bout son rôle d'éducateur, lui apprend au contraire à *parler*. Remarquons à quel point, cette fois et pour la première fois, la transmission platonicienne joue à plein, de manière en tous points positive : à n'en pas douter, Lazare, jusqu'ici heureusement instruit par Mortimer, va vivre une belle histoire d'amour avec Humphrey et une carrière extraordinaire l'attend, qui fera de lui celui qui émerge du couple platonicien. La beauté, la bonté, les cadeaux du destin dans les événements et les rencontres : voilà un enfant yourcenarien incroyablement comblé. Qui plus est, aux termes de la généalogie mythologique yourcenarienne, Lazare est le petit dernier de la lignée des Adriansen, « fils d'Adrian », à la fois un des premiers et le dernier personnage de fiction de Marguerite Yourcenar.

Un indice purement formel nous permet d'envisager en Lazare l'objet d'une sollicitude grandissante de l'écrivaine : de *La Mort conduit l'attelage* à *Une belle matinée*, il bénéficie cette fois d'une nouvelle à part entière. Mais ce n'est pas tout. C'est à *Un homme obscur* qu'il faut revenir pour assister à la naissance de Lazare et à la description du nouveau-né : « Un duvet noir que l'enfant tenait de sa mère couvrait son crâne aux sutures à peine refermées » (EM, p. 950). Il est tentant de comparer ces données avec celles fournies par l'écrivaine à propos d'elle-même dans *Souvenirs pieux* : « c'était une robuste petite fille au crâne couvert d'un duvet noir » (EM, p. 722), et, quelques lignes plus loin, « ce petit crâne encore mal suturé » (EM, p. 723)[4]. La similitude des termes étonne. À ma connaissance, c'est aussi la seule autre fois qu'un nouveau-né est réellement décrit dans l'œuvre : Zénon sera rapidement qualifié de

---

4 L'expression ne figure pas dans la première version du texte, « D'après Rembrandt ». Mais dans *Les Songes et les Sorts*, daté de 1938, on trouve ceci : « aussi doux que le duvet sur le crâne mal refermé des nouveau-nés » (EM, p. 1545). L'image, insistante, est donc bien antérieure à *Souvenirs pieux* (1974). Notons enfin que Marguerite Yourcenar, comme Lazare, tient de sa mère ses cheveux « d'un brun si foncé qu'ils paraissaient noirs » (EM, p. 746).

« petite masse brunâtre » et l'enfant d'Aphrodissia, tué à la naissance, de « faible et nu comme un chaton nouveau-né » (OR, p. 1201). Il s'agit, me semble-t-il, à tout le moins d'un signe de la sollicitude de l'écrivaine pour le personnage, si ce n'est même d'un indice que Lazare est créé à l'image de son auteure. Avec Greete, Marguerite Yourcenar jouait sur l'autoportrait ; avec Lazare, elle joue sur la métempsycose et sur la transmission.

Dans la version de 1934, dans une autre scène intime et quotidienne soigneusement éliminée de la version ultérieure, on voit Lazare assis à l'un de ces repas de famille où tous les enfants du monde s'ennuient. Mais ce qui surprend, c'est le dégoût de Lazare – qui est encore, à l'époque (vers 1645), aussi anachronique que celui de Zénon un siècle plus tôt – pour la viande de bœuf :

> Un dimanche de février, les Adriansen, assis autour de la table, finissaient un morceau de bœuf bouilli. Chaque automne, suivant la coutume, on achetait une demi-bête qu'on mettait au saloir ; tous les dimanches, pour le principal repas, on en coupait un morceau, et cette pièce, resservie froide, faisait encore l'appoint les autres jours. Lazare connaissait d'avance l'odeur, le goût, la couleur, et jusqu'au grain de cette viande. Tout le long du dîner, la conversation roulait sur le degré de cuisson auquel ce morceau de bœuf avait atteint [...]. Lazare, crispé d'ennui, se demandait quelle différence de saveur on pouvait trouver à ces tranches plus ou moins noires. Il ne mangeait pas [...]. Lazare se reculait sur sa chaise, l'odeur de graisse lui soulevant le cœur. Il s'absorbait dans la contemplation d'une cuiller, d'un pied de table, du dessin d'une serviette ; des absences lui venaient ; le bruit sec que faisait Élie en reposant son verre lui donnait un sursaut. [...] À Lazare [...], afin de le punir de son entêtement à ne point manger de viande, [sa tante Eva] donnait un peu moins [de dessert]. Alors, il n'y goûtait pas, et, pris d'une crampe de gourmandise et de faim, plein d'admiration pour soi-même, il se raidissait d'orgueil. (MCA, pp. 218-220)

On songe irrésistiblement aux passages de *Quoi ? L'Éternité* qui évoquent la petite Marguerite regardant, au cours de ses longs repas silencieux avec sa grand-mère Noémi (durant les fréquentes absences de Michel), « la nappe damassée » et les portraits d'ancêtres qui couvrent les murs, ainsi qu'à l'obstination de la petite fille à refuser « tout aliment carné » (EM, p. 1329), rejet qui, pour avoir été accepté par son père, n'en devait pas moins sembler une aberration à sa grand-mère. Notons que le refus viscéral de Lazare, en soi déjà le signe éventuel d'une complicité, équivaut en outre à un tabou concernant un totem familial de l'auteure (voir le point de cette étude consacré à la vache) et peut donc faire office d'affiliation à la lignée idéale de Marguerite Yourcenar. Lazare Adriansen est en effet, on l'a vu, un très probable descendant de ce Simon Adriansen dont la romancière déclare, dans *Archives du Nord*, qu'elle aimerait l'avoir pour aïeul (EM, p. 992) : en affiliant Lazare à sa famille élective, elle réalise aussi ce vœu et donne consistance à sa mythologie littéraire non seulement par l'utilisation dans sa fiction d'un patronyme que certains de ses ancêtres réels ont porté, mais encore par l'introduction d'éléments autobiographiques. Au totem de la vache, d'ailleurs convoquée, à la fin du récit, comme un dernier encouragement sur la route (« On apercevait […] des vaches, ce qui fit plaisir à Lazare », OR, p. 1035) s'ajoute le totem du chien, à la rencontre de ces « chiens maigres » que le petit garçon exultant au moment de quitter la maison voudrait « caresser un à un » (OR, p. 1032). Lazare partage encore avec Marguerite Yourcenar le goût des longues lectures, solitaires, à moins que ce ne soient des lectures à haute voix partagées avec un adulte paternel, Mortimer pour Lazare et Michel (grand lecteur de Shakespeare, EM, p. 1231) pour Marguerite :

> Nous lisions chaque soir, quand il ne sortait pas. Racine, Saint-Simon, Chateaubriand, Flaubert passaient par sa voix. L'Anatole France de *Les Dieux ont soif* et le Loti du *Pèlerin d'Angkhor* entrecoupaient Shakespeare. (EM, p. 1350)[5]

On peut aussi voir un parallèle amusant dans l'aisance innocente de Lazare, faisant le petit laquais à douze ans dans le bordel de Mevrouw Loubah, et celle avec laquelle Marguerite à huit ou neuf ans fréquente les maisons closes de Paris ou de Bruxelles avec Barbe, qui y arrondit ses fins de mois (EM, pp. 1342-1343). À propos justement de Mevrouw Loubah, il vaut la peine de s'attarder à la complicité à la fois égalitaire et tendre qui l'unit à Herbert Mortimer. Pour effacée qu'elle apparaisse au regard d'héroïnes yourcenariennes plus importantes comme Sophie, Fernande, Jeanne ou Marcella, la grand-mère de Nathanaël est en fait un des rares personnages féminins à peu près positifs chez Marguerite Yourcenar. Elle est à la fois autonome et capable d'amour, c'est-à-dire ni victime ni bourreau, ce qui est encore plus rare. Peut-être faut-il y voir un effet d'entraînement du statut absolument positif de Lazare, un peu comme si tous les personnages de la nouvelle bénéficiaient d'un état de grâce. Et, de fait, il n'y en a aucun qui soit franchement déplaisant. *Une belle matinée* fait figure de microclimat ensoleillé dans une œuvre tantôt nuageuse, tantôt aride.

*

Enfin, la vision d'acteur de Lazare évoque la vision d'écrivain de Marguerite de Crayencour et ses vastes projets de fresque historique

---

[5] Lors de l'exil en Angleterre, la petite Marguerite trouve notamment dans la bibliothèque de la maison de Putney « tout Shakespeare » : « ces richesses me comblèrent » (EM, p. 1379). Remarquons que les séances de lecture à haute voix étaient déjà le divertissement favori des parents de Marguerite (EM, p. 713).

mêlant des personnages variés. Avec la véritable mise en abyme à la fois de l'écrivain et du personnage yourcenarien que constitue cette allégorie de l'acteur, Marguerite Yourcenar revisitant son personnage en 1982 n'ouvre donc pas seulement ce récit, mais toute son œuvre. Voici Lazare : un enfant « portant en soi l'espérance du monde » – ce sont les termes de l'essai intitulé « Glose de Noël » à propos du Christ (EM, p. 359) –, enjeu d'une maternité réconciliée comme celle de Jeanne von Vietinghoff qui « crut en la jeunesse et en l'avenir du monde, parce qu'elle avait deux fils » (EM, p. 412).

C'est-à-dire que Lazare est, ni plus ni moins, un messie yourcenarien. Il est impossible de ne pas songer, dans *Feux*, à l'autre Lazare, l'enfant de Marie-Madeleine et du Christ : « Ce mort emmailloté de bandelettes, faisant ses premiers pas sur le seuil de sa tombe, était presque notre enfant » (OR, p. 1100). Mais cette fois, la malédiction de la maternité-piège et de l'enfant-otage, maudit en tout et de toutes façons, est conjurée par une maternité symbolique mais libératrice et par un enfant voué non plus à la mort, mais à la vie – riche, par sa vision d'acteur, de toutes les métempsycoses promises par la création artistique.

« La vie porte en soi la mort, comme chacun porte son squelette », écrivait en 1930 la jeune auteure dans « "L'Île des morts" de Böcklin » : « C'est l'aboutissement des naissances, et leur raison d'être : cercle vicieux qui va du vagissement au râle » (EM, p. 518). Dans la première version d'*Anna, soror...*, « D'après Gréco », figurait, déjà en 1934, la version complète de ce cercle vicieux : « Personne ne sait encore si tout ne vit que pour mourir ou ne meurt que pour revivre » (MCA, p. 164). Cinquante ans plus tard, peut-être le choix est-il fait. On pourrait en voir la preuve dans la raison invoquée pour changer le titre du recueil de 1934 : « La mort conduit l'attelage, mais la vie aussi » (OR, p. 1043). *Une belle matinée*, dernière fiction en date de Marguerite Yourcenar, porte la marque d'un « esprit disposé à tout mettre ce jour-là dans une lumière sans ombre », comme Hadrien le jour de la dédicace du temple de Vénus et de Rome (OR, p. 417). Elle porte aussi, plus discrètement, une manière de testament ou la tentative magique d'une survivance, d'une métempsychose : « L'essentiel, dans le récit de 1981, est que le petit Lazare […] vive d'avance, non seulement sa vie, mais toute vie » (OR, p. 1042).

Une sollicitude parentale

L'analyse qu'on vient de lire dans cette partie de l'étude, à propos de sept personnages yourcenariens d'importances diverses, fait émerger un comportement littéraire récurrent chez Marguerite Yourcenar, qu'il soit du propre chef de l'auteure ou qu'il s'exerce – c'est le cas de Greete ou d'Hadrien – par l'entremise de ses personnages : la sollicitude parentale.

Que les personnages d'un écrivain deviennent de la part de celui-ci objets de sollicitude, il n'y a là rien que de très prévisible, s'agissant de figures humaines qui, même si elles sont des simulacres inexistants, entraînent un effet de réel pour lequel elles ont précisément été programmées et développées. Cette sollicitude, qui peut déjà devenir importante chez le lecteur, par des mécanismes d'identification et de projection, serait même logiquement plus attendue de la part de l'écrivain, qui consacre un temps parfois très important à la mise au point de ses créatures de papier.

Chaque écrivain a d'ailleurs ses propres relations avec ses personnages, allant parfois très loin dans les méthodes d'évocation de ces images. Ainsi Gustave Flaubert, cité par Marguerite Yourcenar dans la postface d'*Anna, soror...*, touche – et c'est là une des raisons de l'intérêt qu'il suscite chez notre auteure – à la consubstantialité totale avec son œuvre :

> Aujourd'hui par exemple, homme et femme tout ensemble, amant et maîtresse à la fois, *je me suis promené* à cheval dans une forêt, par un après-midi d'automne, sous des feuilles jaunes, et *j'étais* les chevaux, les feuilles, le vent, les paroles qu'ils se disaient et le soleil rouge qui faisait s'entrefermer leurs paupières noyées d'amour. (OR, p. 913 ; c'est moi qui souligne)

Mais il y a plus dans l'attitude de Marguerite Yourcenar. Beaucoup de ses personnages font l'objet de sa part de soins de type parental. J'entends par là que l'auteure emploie pour parler d'eux ou manifeste à l'intérieur même de ses récits des attitudes typiques d'un parent : essentiellement une attitude nourricière – le mythe, l'histoire, la magie et jusqu'à la substance de l'écrivaine leur servant d'aliment –, une attitude protectrice – allant jusqu'à des interdits de lecture ou d'interprétation vis-à-vis du lecteur – et une attitude qu'on pourrait qualifier d'éducative, dans la mesure où les destinées de ses personnages sont avant tout des apprentissages intellectuels et humains et où les plus importantes de ces destinées ont fait l'objet de réécritures successives. Ajoutons à cela, associé à la création artistique et à la création démiurgique, le principe même de la procréation littéraire yourcenarienne, qui sera débattu dans la troisième partie. Enfin, cette sollicitude est prodiguée en pure perte dans la mesure où elle ne peut être payée en retour par des personnages qu'une coupure ontologique sépare de leur créatrice (voir le point intitulé « L'écrivain démuni ») et, surtout, dans la mesure où le personnage échappe en grande partie à l'écrivain : « Tout romancier authentique sait qu'on ne fait pas ce qu'on veut de ses personnages », écrit-elle en 1975 dans l'essai sur Selma Lagerlöf (EM, p. 127), ce qui n'est pas sans évoquer l'émancipation progressive de l'enfant dans la relation parentale.

Ainsi – pour ne citer qu'eux –, Greete/Marguerite, Hadrien, l'auteure du *Labyrinthe du monde* adoptent vis-à-vis de Zénon, de Marc-Aurèle ou de Fernande une attitude de parent préoccupé, à la fois désarmé et agissant. Toutefois, l'objet de cette sollicitude parentale des personnages yourceniens est rarement, on l'a vu, leur véritable enfant, ce qui est à mon avis un signe que là où s'exerce la sollicitude, c'est l'auteure qui « se délègue » dans ses personnages, devenus, comme le dit le prieur des cordeliers à propos de Dieu, « la pointe la plus avancée à laquelle Il parvienne » (OR, p. 728).

À propos du personnage de Greete, dans *L'Œuvre au Noir*, j'ai montré que Marguerite Yourcenar s'incarnait dans son œuvre sous les traits d'une mère substitutive de Zénon. C'est dans les « Carnets de notes de *L'Œuvre au Noir* », publiés à la suite du roman à partir de 1991 (dans l'édition Folio), qu'on trouve des confirmations sans équivoque de cette attitude :

> En 1971, j'ai refait dans les rues de Bruges les allées et venues de Zénon. Comment, par exemple, il variait son itinéraire […]. À quel point se trouvait l'auberge où il prenait ses repas. À quel angle de rues il a vu passer Idelette prisonnière. (CNON, p. 455)

Par ailleurs, Marguerite Yourcenar déclarera dans *Les Yeux ouverts* qu'elle a cherché à reproduire l'écriture de Zénon (YO 107-108) et a même fait calculer son thème astral en précisant jusqu'à l'heure de sa naissance (YO, p. 191). Ce souci du détail est tout aussi présent avec Hadrien :

> J'ai cherché au Panthéon la place exacte où se posa une tache de soleil un matin du 21 avril ; j'ai refait, le long des corridors du mausolée, la route funèbre si souvent suivie par Chabrias, Céler et Diotime, amis des derniers jours. (OR, p. 540)

Cette date du 21 avril correspond au « huitième jour qui suit les ides d'avril » (OR, p. 416) et à la cérémonie de la dédicace du Panthéon, ce temple « conçu comme un cadran solaire ». Ici, le souci d'exactitude de l'écrivain qui tient à coller à l'histoire se double d'une attention presque douloureuse à mettre ses pas dans les pas de son personnage. Même extrême souci du détail avec Nathanaël dont le lieu de mort, dans l'île frisonne, est repéré avec un tel soin par sa génitrice qu'il en devient une sorte de tombe-matrice :

> le coin de lande presque abrité du vent où je me suis couchée sous les arbousiers, cherchant le lieu où Nathanaël mourrait le plus commodément possible. (OR, p. 1041)

Mais les personnages les plus furtifs dans l'œuvre peuvent aussi faire l'objet de la sollicitude de l'écrivaine. Nous l'avons vu, c'est le cas de Françoise Leroux, nom obscur sur une liste d'ascendants possibles de la romancière, et qui devient par la « sympathie imaginative », une sorte d'*alter ego* de Marguerite Yourcenar :

> Le besoin de simplifier la vie, d'une part, le hasard des circonstances, de l'autre, me rapprochent davantage d'elle que des aïeules en falbalas. [...] Je fais encore des gestes qu'elle fit avant moi. Je pétris le pain ; je balaie le seuil ; après les nuits de grand vent, je ramasse le bois mort. [...] Nous avons l'hiver les mêmes mains gonflées. (EM, p. 1050)

Encore Françoise Leroux pourrait-elle être évoquée de la sorte par la nécessité où se trouve l'auteure de présenter son ascendance, puisque c'est le projet de son livre. Mais il est un autre personnage encore plus obscur, sans lien de parenté avec l'auteure, sans renommée aucune, sans nom même, qui semble n'avoir laissé d'autre trace sur la terre qu'une photographie : c'est la dame américaine emportée par une vague dont le traitement clôture l'essai intitulé « L'Italienne à Alger ». À partir d'une « photographie de la semaine » du magazine *Life*, Marguerite Yourcenar fait naître en une page à peine « une forme, une personne reconnaissable, chérie peut-être, ou détestée » (EM, p. 618), qui s'est « d'un seul coup amalgamée à la mer informe », a « disparu dans le primordial et l'illimité » (EM, p. 618). Et elle conclut son élan de « sympathie imaginative » par ces mots :

> J'ai repensé plusieurs fois à elle. J'y pense encore. À l'heure qu'il est, je suis peut-être la seule personne sur la terre à me souvenir qu'elle a été. (EM, p. 618)

J'ai déjà parlé de toile d'araignée à propos du réseau yourcenarien. La métaphore de l'araignée n'est guère justifiable par le texte chez cette auteure, un texte dont elle est absente, sans aucun doute en raison du statut généralement malfaisant de l'animal. Je risquerai donc cette lecture d'un point de vue tout extérieur. Tout se passe en effet comme si l'auteure-araignée se trouvait à l'origine et au centre d'une immense toile. À l'origine – puisqu'elle tire d'elle-même le fil dont elle la tisse – mais aussi au centre – puisque pas un de ses personnages ne vibre sur la toile sans qu'aussitôt elle entre en résonance avec lui[1]. Cependant, à la différence d'une araignée malfaisante, l'écrivaine ne vide pas ses personnages de leur substance : elle les alimente de la sienne. La toile n'est pas le piège ourdi où des victimes viendraient de l'extérieur finir brutalement leur existence : elle est, au contraire, la matrice dans les « fibrilles » de laquelle ils s'originent, s'orientent, se croisent et se développent, y compris dans la mort. La sollicitude parentale de Marguerite Yourcenar est aussi celle d'une démiurge omniprésente, omnisciente, omnipotente : elle évoque un peu, dans l'Évangile, la parole du Christ selon laquelle le plus petit moineau ne tombe pas au sol sans la volonté du Père (Matthieu 10, 29-31). Ainsi l'écrivaine, par sa sollicitude, retient le personnage le plus insignifiant sur la frange de l'existence, le tire de la « mer informe » du néant, l'accompagne, le fait vivre dans sa mémoire et dans son œuvre.

---

[1] Il y aurait un rapprochement intéressant à faire entre le spiritualisme inquiet de Marguerite Yourcenar et le matérialisme joyeux d'un Diderot, par exemple dans *Le rêve de d'Alembert*, où cette métaphore de l'araignée est précisément utilisée pour envisager une espèce de Dieu – « la seule qui se conçoive » – ou de conscience centrale (Denis Diderot, *Le rêve de d'Alembert*, présentation par Colas Duflo, Paris, GF Flammarion, 246 p., p. 109).

TROISIÈME PARTIE
J'ALIMENTE DE MA SUBSTANCE
ÉCRITURE, MATERNITÉ, DÉMIURGIE

Une triple instance créatrice

À ce point de l'étude, j'ai repéré et systématisé, de manière transversale, les grandes instances parentales et les grands motifs de la parenté dans l'œuvre de Marguerite Yourcenar. C'est ainsi que le poids de la lignée, la maternité substitutive, la parenté élective ou la notion de réseau, par exemple, se sont dégagés comme des constantes dont, à ce stade, je ne pouvais que postuler le caractère structurant ou fondateur.

Dans une deuxième partie, pour affiner cette intuition, j'ai analysé sept personnages majeurs ou mineurs incarnant l'attention que l'auteure porte à la parenté dans son œuvre. Ces sept personnages m'ont permis, d'une part, de valider la description et le fonctionnement des motifs dégagés antérieurement et, d'autre part, de mettre en évidence chez la romancière une attitude qui paraît constitutive de sa conception de l'écriture : la sollicitude parentale.

Il me reste, dans cette troisième partie, à ériger l'essentiel de ces constatations en système. Que représente la parenté dans l'œuvre de Marguerite Yourcenar ? Pourquoi lui donne-t-elle tant d'importance, en dépit même de ses dénégations, énigmes dont on a vu qu'elles étaient solubles ? Quelle est sa conception de son œuvre littéraire et en quoi la parenté en est-elle un des fondements ? Quel est son propre statut par rapport à cet univers littéraire qu'elle a créé ?

Pour tenter de répondre à ces questions, je m'intéresserai tout d'abord à trois instances créatrices universelles, dont j'ai repéré la manifestation dans l'œuvre sans en montrer jusqu'ici la cohérence. Mais avant cela, il faut mettre au point le vocabulaire dont je vais me servir pour cette analyse. Le mot « création », généralement utilisé à propos du geste artistique, est impropre dans la mesure ou « créer » signifie faire à partir de rien, « tirer du néant », et n'est employé à l'origine, en français et dans la culture occidentale, que dans le contexte d'une intervention d'essence divine : la création du monde, la création des animaux, celle de l'être humain, etc.

C'est par analogie avec ce premier sens du mot « créer » que le geste artistique a été qualifié de « création », dans la mesure où l'œuvre est, d'une part, originale – elle porte profondément la marque de la personnalité de l'artiste et apporte quelque chose de nouveau – et, d'autre part, élaborée à partir de prémisses si minces que le commun des mortels n'y voit précisément « rien » : la page blanche avant le livre, la toile vierge avant le tableau, la plaque vierge avant la gravure, le silence avant la musique, etc.

Enfin, une deuxième action fonctionne comme une analogie de la « création » : c'est la « procréation », l'action humaine d'engendrer des enfants. Là encore, le substrat qui préexiste à l'engendrement paraît si mince que l'on conçoit sans peine, surtout pour les primitifs ou même les anciens qui n'en connaissaient pas le mécanisme biologique, que l'action leur ait semblé d'essence divine[1] par laquelle deux êtres bien délimités dans l'espace et le temps, deux personnes en conçoivent une troisième qui à la fois leur ressemble – est « à leur image », pour reprendre une expression de la création biblique – et se trouve parfaitement distincte de ses géniteurs.

Dans l'exposé qui va suivre, j'examinerai donc tout d'abord le statut du geste créateur artistique chez Marguerite Yourcenar[2] en m'appuyant çà et là sur ses références à d'autres artistes, littéraires ou picturaux, dont elle admirait précisément l'œuvre ou la démarche pour des raisons qui ressortissent pleinement à l'objet de cette étude. Ensuite, pénétrant dans l'univers spécifiquement yourcenarien, j'étudierai la manière dont l'écrivaine nourrit en permanence ses personnages de son propre moi, alors qu'elle paraît et affirme souvent, au contraire, avoir soigneusement éliminé sa personne de son œuvre. Je passerai en revue les trois instances créatrices de l'écrivain, du parent et du démiurge. Les traces de ces trois instances créatrices sont souvent concomitantes : tel passage évoque en même temps la maternité et la démiurgie, ou la création artistique et la démiurgie, et ainsi de suite. J'ai donc maintenu des divisions qui pourront parfois paraître quelque peu arbitraires, pour éviter de citer plusieurs fois le même passage, ce qui désorganiserait l'argumentation et lasserait la lecture.

---

[1] Avant même la vision chrétienne, Diotime explique dans le *Banquet* : « L'union de l'homme et de la femme permet l'enfantement, et il y a dans cet acte quelque chose de divin » (*Banquet*, trad. Luc Brisson, *op. cit.*, p. 149).

[2] Parmi les projets de Marguerite Yourcenar recensés par Michèle GOSLAR à la fin de sa biographie, (*Yourcenar. Qu'il eût été fade d'être heureux, op. cit.* p. 371) figurait un essai, « À l'instar de Dieu », aussi intitulé « Le Poète en trois personnes » et portant sur la création artistique.

Tout romancier authentique
Statut yourcenarien de la création artistique

Il est intéressant de lire les essais ou les passages de son œuvre narrative dans lesquels Marguerite Yourcenar évoque d'autres artistes, écrivains, peintres, musiciens, graveurs, poètes, etc. Il est certes banal de dire que ces créateurs l'intéressent d'abord par certains points communs qui les lui rendent chers. À cet égard, on a souvent l'impression qu'en brossant le portrait de Selma Lagerlöf, de Rembrandt ou de Pindare, etc., elle réalise en même temps son autoportrait. En explorant quelques-uns de ces textes, pour la plupart des essais, j'essaierai de montrer en quoi les conceptions qu'elle prête à ces artistes sont en fait avant tout les siennes. Disons tout de suite que je ne ferai que passer en revue quelques caractéristiques intéressantes ou importantes de l'artiste yourcenarien, n'ayant pas la prétention d'épuiser le sujet, surtout dans le cadre de cet exposé sur la parenté.

Pêcheur de mythes

Dans son essai sur Selma Lagerlöf, Marguerite Yourcenar pointe quelques *happy few* – « une dizaine de noms tout au plus, et encore » (EM, p. 109) – parmi les femmes écrivains. Ensuite, elle décerne sa palme à Selma Lagerlöf :

> Parmi ces femmes de grand talent ou de génie, aucune, à mon sens, ne se situe plus haut que Selma Lagerlöf. Elle est en tout cas la seule qui s'élève constamment au niveau de l'épopée et du mythe. (EM, p. 110)

Marguerite Yourcenar ne donne pas d'autre nom de la liste, si ce n'est celui de George Sand, pour l'en exclure : « plutôt pour la personnalité de la femme que pour le génie de l'écrivain » (EM, p. 109). Elle précise que « chacun de nous refera à son gré » le compte de ces grandes romancières, qui « se situent toutes au XIXe ou au XXe siècle ». De toute façon, dans cette « dizaine de noms tout au plus », « les Anglo-Saxonnes, et après elles les Scandinaves, forment la majorité » (EM, p. 110). S'il reste de la place pour une Française, on aura compris qu'il ne peut s'agir que de Marguerite Yourcenar… ce qui est aussitôt corroboré par la deuxième phrase, qui suggère que le génie le plus haut est celui qui se maintient au niveau du mythe[1].

Cette dernière assertion mérite d'être explorée, tant il est clair qu'il s'agit là d'un idéal personnel d'écrivaine, qu'on a déjà vu l'auteure formuler beaucoup plus tôt, à vingt-neuf ans, dans l'essai sur Pindare où elle laissait éclater son admiration pour un poète dont « le milieu de chaque ode est occupé tout entier par un long récit mythologique » (EM, p. 1475), dont « [l]es héros plongent volontiers dans les plus obscures profondeurs des âges » (EM, p. 1483) et qui « entrelace les légendes » (EM, p. 1484). Celle qui, dans *Archives du Nord*, louera chez Rubens la proximité si familière avec le mythe, de l'atelier « peuplé de dieux » aux « ardeurs quasi mythologiques du lit conjugal » (EM, p. 995), brigue plus que tout autre ce statut d'écrivaine constamment au niveau du mythe. La démonstration de cette aptitude chez Selma Lagerlöf, qui occupe presque tout le reste de l'essai, a un côté subliminal en ce sens que l'auteure, tout en se gardant bien de le formuler explicitement, envoie régulièrement de petits signaux plaidant pour une comparaison de Selma Lagerlöf avec elle-même. Par exemple, l'« épopée-fleuve issue des sources mêmes du mythe » (EM,

---

[1] Je ne risquerai pas ici une définition du mythe : ce n'est d'ailleurs pas l'objet de ce travail, même à titre corollaire. Pour donner des repères au lecteur, voici cependant les définitions qui m'ont servi. Celle de Pierre Grimal est, si l'on ose dire, classique : « récit se référant à un ordre du monde antérieur à l'ordre actuel et destiné, non pas à expliquer une particularité locale et limitée [...], mais une loi organique de la nature des choses » (Pierre GRIMAL, *Dictionnaire de la mythologie grecque et romaine, op. cit.*, introduction, p. XIV). Celle de Robert Graves est plus complexe et plus polémique : elle repose sur la notion de spectacle rituel et est étroitement associée à la période matriarcale de l'histoire, grecque en particulier. Le passage à la période patriarcale nécessite l'adaptation des mythes puis leur abandon progressif au profit de la légende historique (y compris à des fins de propagande) et ensuite de l'histoire au sens propre du terme (Robert GRAVES, *Les Mythes grecs, op. cit.*, pp. 18-28). Enfin, Marguerite Yourcenar elle-même définit le mythe « comme l'emploient les ethnologues de notre temps, et comme signifiant les grandes vérités qui nous dépassent et dont nous avons besoin pour vivre » (EM, p. 360). Il est intéressant de constater que ces deux auteurs, pour expliquer les mythes, se réclament ouvertement de l'histoire et de l'ethnologie plutôt que de la psychanalyse, à laquelle ils sont tous deux globalement hostiles (voir note 2). Toutefois, Marguerite Yourcenar fait référence aux « grands rêves archétypaux qu'a si admirablement isolés Jung », il est vrai pour les déclarer travestis par la mode (EM, p. 1607). Sur les vues de Jung, donc, Marguerite Yourcenar et Robert Graves s'opposent. Par ailleurs, on sait que l'écrivaine française n'aimait guère un roman historique de Robert Graves qui, aux antipodes de la vision christo-romantique d'un Sienkiewicz dans *Quo Vadis ?* (1896), inaugure pourtant une veine résolument moderne du roman historique et présente de troublantes similitudes d'approche et de psychologie avec *Mémoires d'Hadrien* : *I, Claudius* (1934).

p. 112) évoque *Remous*, « énorme roman », « ample fresque romanesque » (OR p. 837). Le dualisme païen-chrétien résolu en syncrétisme (EM, p. 117), l'importance de l'animal « d'avant la Faute » (EM, p. 120) et par là même souvent médiateur ou catalyseur du récit, l'absence de jugement sur les personnages (EM, p. 124) sont commun aux deux auteures. Cet aspect subliminal – bien plus important que la démonstration des capacités et qualités mythiques de Selma Lagerlöf – a pour objectif de nous convaincre, plus que les comptes d'apothicaire des premières lignes à propos des grandes romancières, que si une autre femme est capable d'enfanter une œuvre à la hauteur du mythe, c'est Marguerite Yourcenar, qui a perçu cette capacité chez Selma Lagerlöf et l'a comprise en vertu d'une affinité profonde et d'une similarité d'ambition ou de vocation[2].

Cette caractéristique d'être en permanence de plain-pied avec l'essentiel de l'histoire ou du mythe sera aussi revendiquée pour Cavafy, qui se proclame « historien-poète » (EM, p. 137), une appellation que Marguerite Yourcenar revendiquera pour elle-même dans *Le Labyrinthe du monde* (EM, p. 877), à propos de la même attitude littéraire. Elle sera également reconnue à Thomas Mann (EM, p. 181 ; p. 189, etc.) et à Roger Caillois (EM, p. 535). Quant à Borges, il est comparé à Homère dès les premières lignes de l'essai qui lui est consacré (EM, p. 571) ; Hésiode, pour sa part, dans la préface à *La Couronne et la Lyre*, est qualifié de « généalogiste des dieux » (CL, p. 11).

Dans l'essai sur Mishima, l'audace de l'artiste va jusqu'à réactiver les mythes les plus dérangeants. Le jeune Mishima de *Confession d'un masque* évoquant une scène d'anthropophagie reçoit de Marguerite Yourcenar une sorte de brevet d'écrivain : « le souvenir d'un sauvage rite de dévorants flotte encore un peu partout dans l'inconscient humain, repêché seulement par quelques poètes assez audacieux pour le faire » (EM, p. 206). Cette audace fait fi des modes et des époques : « même au centre d'expériences que la technologie moderne a seule rendues possibles, les mythes ressurgissaient du plus vieux fonds humain, et les mots étaient de nouveau nécessaires pour les exprimer » (EM, p. 247).

---

[2] Selon Colette GAUDIN (*Marguerite Yourcenar à la surface du temps, op. cit.*), « Le mythe a pour Yourcenar la dignité d'un élément culturel fondamental, qui traverse les frontières et se transmet de génération en génération comme le témoin que se passent les coureurs de relais » (p. 65). Elle ajoute : « Chez Yourcenar l'usage du mythe – on pourrait presque dire son exploitation littéraire – s'accompagne d'une vision de l'évolution culturelle qui touche à l'anthropologie, à l'histoire et à l'esthétique » (p. 67). De manière générale, son chapitre intitulé « Mythologies » (pp. 65-88) apporte bien des éclairages sur la dimension du mythe dans l'œuvre yourcenarienne.

Un travail de tisserand

Toujours dans l'essai sur Selma Lagerlöf, Marguerite Yourcenar évoque l'œuvre de l'artiste comme la trame, seule visible, d'une tapisserie plus ample :

> En dépit de quelques touches de moralisme presque inévitables étant donné le temps et le lieu, Selma ne juge guère ses personnages ; leurs actes suffisent. Le grand romancier juge peu ; il est trop sensible à la diversité et à la spécificité des êtres pour ne pas voir en eux les fils d'une tapisserie dont nous n'embrassons pas l'ensemble. (EM, p. 124)

Or, l'écrivaine-tisserande a soigneusement caché une métaphore de son geste dans sa propre création : « Dans l'un de ces récits, le vieux colonel Berenkreuz, retiré dans une ferme, passe le temps qui lui reste à tisser une tapisserie gigantesque, aux laines tantôt vives, tantôt sombres, dans le dessin de laquelle il a mis secrètement tout ce qu'il croit savoir de la vie » (EM, p. 129). Une fois encore, il en est ainsi bien sûr de l'écrivaine, qu'il s'agisse de Selma Lagerlöf ou de Marguerite Yourcenar ; il n'est jusqu'au mot de « dessin » qui ne puisse, en résonnant avec son homonyme « dessein », être pris dans le sens de projet et faire écho ainsi, on le verra plus loin, au mot trame lui-même à l'origine du mot tramer. Une nuit, le vieux colonel-tisserand « entend quelqu'un d'invisible traverser, sans la déranger, la trame, s'approcher de son lit, claquer des talons en présentant les armes : "C'est la Mort, mon Colonel." » (EM, p. 129). Même la Mort rend en quelque sorte les honneurs à l'écrivaine Selma Lagerlöf, avec lequel cette fois Marguerite Yourcenar fait explicitement le lien : « La Mort pouvait venir interrompre dans sa tâche la tisserande de Märbacka » (EM, p. 129). L'écrivaine voit là son apothéose. Quant à l'œuvre, elle est immortelle, puisque la Mort même en traverse la « trame » « sans la déranger ».

Dans ce passage également, Marguerite Yourcenar attire subtilement l'attention sur la mise en abyme du geste créateur de l'écrivaine dans son œuvre à elle. Elle a d'ailleurs été plus loin que Selma Lagerlöf dans la démarche, puisque lorsqu'elle s'accouche de Fernande de ses propres mains, pourrait-on dire, dans *Souvenirs pieux*, elle a retissé elle-même – en tant que l'écrivain, même lorsqu'il fait état des « réalités », même lorsqu'il parle de soi, replante toujours le décor à sa manière et n'accrédite jamais qu'une partie du réel – les fils dans lesquels elle se dit à présent prise dès la première heure de son existence de personnage de sa propre fiction :

> Cette fillette vieille d'une heure est en tout cas déjà prise, comme dans un filet, dans les réalités de la souffrance animale et de la peine humaine ; elle

l'est aussi dans les futilités d'un temps, dans les petites et grandes nouvelles du journal [...], dans ce qui est de mode et dans ce qui est de routine (EM, p. 722).[3]

D'emblée – le long passage qui suit cette citation en témoigne –, sur le berceau du bébé se penchent à la fois le mythe et l'histoire, la nature et l'artefact, les animaux médiateurs comme l'éléphant, le chien ou la vache, les bonnes et les mauvaises fées. Pas plus que Zeus roi des dieux, l'auteure auto-engendrée n'échappe pourtant au destin : « Les fils tirés et les dentelles du minuscule couvre-lit sont l'œuvre d'ouvrières qui travaillent à domicile, [...] espèces de Parques qui tissent et brodent, invisibles, les robes de noces et les layettes » (EM, p. 724)[4]. La finalité des robes de noces et des layettes – le mariage et la procréation – ne concernera certes guère l'écrivaine, mais le couvre-lit de son berceau est l'objet qui représente l'enjeu simultané de la naissance de la fille et de la mort de la mère : une sorte de premier coup de gong du destin. La divinité des Parques[5] est aussitôt contrebalancée par l'évocation du sort des femmes toutes terrestres qui leur sont comparées et « s'installent de bon

---

[3] Dans son livre *Yourcenar ou le féminin insoutenable, op. cit.*, Pascale DORÉ a vu dans cette image du filet, étendue au réseau et à la toile d'araignée, un indice du caractère néfaste de la mère, « araignée qui fabrique ce filet pour ses enfants » (p. 188). Je ne souscris pas à cette analyse. Il existe dans l'œuvre, il est vrai, une – une seule, sauf erreur – occurrence explicitement négative de la toile d'araignée : « Comme une araignée élargissant ses toiles, L'univers monstrueux tisse l'éternité » (CA, p. 31). Cette figure est certes liée à la figure de Jeanne, destinataire implicite des « Sept poèmes pour une morte », datés de 1929. Mais elle n'est pas identifiable à la mère (substitutive ou non) qui en serait plutôt victime aux côtés de la fille.

[4] Hadrien lui aussi a vu se pencher une Parque sur son berceau. Lorsque, malade au camp de Béthar, il est obligé de garder le lit, il évoque sa « nourrice espagnole, grande femme sombre qui ressemblait à une Parque » (OR, p. 478). Pour Nathanaël, la Parque est Mevrouw Clara, qui lui fait à deux reprises penser à la Mort, comparaison qu'il repousse aussitôt dans les deux cas. Pourtant, c'est elle qui s'est penchée sur son lit d'hôpital, en quelque sorte berceau de ressuscité, après sa « première mort » dans la neige. La comparaison est bien dans le chef de l'écrivain et non du personnage, puisque, dans la postface, c'est Marguerite Yourcenar qui qualifie Mevrouw Clara de « servante à face de Parque » (OR, p. 1040).

[5] Les Parques sont au nombre de trois et sont filles – nées par parthénogenèse – de la déesse Nécessité, à laquelle même Zeus est soumis. Le fil de la vie, filé sur le fuseau de Clotho, est mesuré par la baguette de Lachésis et coupé par les ciseaux d'Atropos. Leur autre nom de Moires suggère qu'elles sont en fait la Triple déesse-Lune, qui « a trois phases et comporte trois personnes : la déesse-Jeune fille du printemps, [...] la déesse-Nymphe de l'été, [...] la déesse-Vieille Femme de l'automne » (Robert GRAVES, *Les Mythes grecs, op. cit.*, vol. I, pp. 57-58). Bien loin d'être un rapprochement gratuit, le recours aux Parques à propos des dentellières suppose au contraire une référence particulièrement érudite, car la figure des Parques serait historiquement basée « sur la coutume consistant à broder les insignes de la famille et du clan sur les bandelettes servant de langes à un nouveau-né, ce qui lui conférait sa place dans la

matin devant leur coussinet posé sur l'appui de la fenêtre, pour gagner quelques sous à leur travail de dentelle avant les autres et fatigantes besognes de la journée » (EM, p. 724). Enfin, la métaphore de l'écrivain-tisserand, auteur et acteur de son existence comme de son œuvre, reparaît en filigrane – si l'on ose dire – de la dentellière : « Peut-être, après tout, ces femmes jouissent-elles des dessins exquis formés sous leurs doigts ; il est vrai aussi qu'il leur arrive d'y laisser leurs yeux » (EM, p. 724), introduisant, en même temps que la souffrance sacrificielle venant immédiatement après la jouissance, caractéristique banalement féminine chez Marguerite Yourcenar, le thème de l'artiste aveugle mais voyant (qui sera traité dans le point suivant). Que de fées pour un berceau… et seulement des fées, pour une sorte de baptême exclusivement païen et exclusivement féminin[6].

La métaphore du tissage est très ancienne chez Marguerite Yourcenar, puisqu'on la trouve déjà dans l'essai sur Pindare : « Comme un tisserand ses fils, il entrelace les légendes » (EM, p. 1484). Même Hilzonde (dans *L'Œuvre au Noir*), si peu mère et si peu artiste, participe faiblement à l'œuvre tisserande. Là où Greete, on l'a vu, joue le rôle d'une Parque bienveillante et maternelle, recousant et réparant le linge de Zénon qui est à la fois son lange (puisqu'elle lui raconte l'histoire de sa famille) et son linceul (puisqu'elle le prépare à un dernier voyage et à la mort), Hilzonde au contraire, à la seule évocation du père de Zénon, endommage le réseau, la trame, la tapisserie : « Elle arrêtait pour mieux entendre son travail de dentelle, cassant parfois machinalement un fil qu'ensuite elle renouait en silence » (OR, p. 570). Pourtant, platonicienne et artiste à sa manière, elle enfante plus qu'un garçon et une fille : son œuvre véritable, ce sera, à Münster, sa mort. Lorsque Simon revient la chercher et lui propose de l'emmener dans sa maison, geste typiquement patriarcal, le thème de la « trame » reparaît aussitôt dans sa double acception, celle du textile et celle du destin : « Hilzonde arrêta sa den-

---

société » (p. 57). Pierre GRIMAL ne signale rien de tel dans son *Dictionnaire de la mythologie grecque et romaine*, même s'il voit dans les Parques, aux premiers temps de la religion romaine, des « démons de la naissance » (p. 348). Quoi qu'il en soit, notre auteur s'inscrit donc elle-même, dès le berceau, dans la mythologie. Si l'on admet cette signification du mythe, lorsque, dans « Achille ou le Mensonge », « Les servantes […] tissaient à l'aveuglette les fils d'une trame inattendue qui devenait celle des Parques » (OR, p. 1063), il s'agit, avec la complicité de sa mère Thétis, de tricher avec le destin d'Achille en le recomposant sous son déguisement de fille, de renégocier sa place sexuelle dans la société. Mais la broderie d'Achille est dite « inutile ».

6   Une autre occurrence du berceau et de la Parque témoigne encore, dans « "Deux Noirs" de Rembrandt », de la régularité de cette association chez Marguerite Yourcenar : « ces deux ménagères assises près d'un berceau dont l'une projette sur le mur son ombre de Parque » (EM, pp. 567-568). On pense à l'ombre de Barbara dans la tour du Mont-Noir (EM, p. 1344).

telle. Ses mains restaient étendues sur la trame, et ces longs doigts frémissants sur les rinceaux inachevés faisaient penser aux entrelacs de l'avenir » (OR, p. 573). Le temps suspend son vol dans les doigts de la Parque Hilzonde, oscillant entre la vie à Bruges et la mort à Münster.

Enfin, dans « Une femme étincelante et timide », Virginia Woolf est qualifiée de « jeune Parque à peine vieillie » (EM, p. 496). C'est qu'elle aussi est une tisserande :

> Rien n'est complètement perdu tant que d'admirables ouvriers continuent patiemment pour notre joie leur tapisserie pleine de fleurs et d'oiseaux, sans jamais mêler indiscrètement à leur œuvre l'exposé de leurs fatigues, et le secret des sucs souvent douloureux où leurs belles laines ont été trempées. (EM, p. 496)

Outre la tapisserie, qui évoque celle du vieux colonel de Selma Lagerlöf, on trouve dans cette seule évocation d'une autre tisserande, à nouveau apparentée aux Parques, le geste créateur de l'artiste (tissant d'ailleurs dans ce cas une espèce de jardin paradisiaque, un éden), le côté exigeant de son labeur (« ouvrier », « patiemment »), la souffrance sacrificielle qui tient à un « secret », « douloureux », et d'où l'œuvre émane, enfin l'utilité rédemptrice de l'œuvre (« pour notre joie », « rien n'est perdu »). Un travail éminemment féminin devient donc une métaphore par excellence de l'œuvre artistique et littéraire[7].

Le voyant admirable

L'admiration de Marguerite Yourcenar pour Virginia Woolf, dans la citation qu'on vient de lire, est sensible jusque dans l'emploi littéral du terme « admirables », qui reviendra deux pages plus loin à propos des « images nouvelles que la littérature anglaise doit à Virginia Woolf » et d'une autre image, yourcenarienne celle-là, celle de l'œil « se dilatant et se rétractant tour à tour comme un cœur » (EM, p. 498).

Toujours dans l'essai sur Virginia Woolf, le regard des artistes, pour qui « l'intelligence n'est qu'une vitre parfaitement transparente derrière laquelle ils regardent attentivement passer la vie », les conduit souvent « au martyre qu'est le travail de la création ». Comme les dentellières qui ont tissé le couvre-lit de la petite Marguerite, la jeune Parque tisserande est cette fois comparée à sainte Lucie de Syracuse « faisant don aux aveugles de son île natale de ses deux admirables yeux » (EM, p. 498). Mais, cette fois, « le regard est plus important pour elle que l'objet

---

7 Pour l'analyse approfondie du discours yourcenarien sur la peinture et les arts visuels, on lira avec profit, parmi d'autres mais au premier rang, les travaux d'Alexandre Terneuil et de Nigel Saint.

contemplé » (EM, p. 497). Ce troisième emploi du mot « admirable » appelle à son tour le lecteur à l'admiration, mot qui se décompose en « regarder vers ». L'artiste est un voyant vers qui on doit tourner le regard comme vers un exemple à suivre : ainsi Hugo, « voyant unique dans l'histoire de la poésie » (YO, p. 157), ou Dickens aux « pouvoirs quasi visionnaires » (EM, p. 209). Son regard est intérieur comme l'œil de Virginia Woolf : il peut même être aveugle comme Homère ou Borges, à qui Marguerite Yourcenar consacre un de ses derniers textes sous le titre, précisément, de « Borges ou le Voyant » (EM, pp. 571 *sq.*) : « La plupart d'entre nous ne se voient pas […] La plupart d'entre nous ne voient pas davantage autrui, ni l'univers » (EM, p. 572). Mais l'artiste « unique, et pourtant quelconque comme nous le sommes tous », se voit, voit autrui et voit l'univers. À propos des artistes qu'elle admire, Marguerite Yourcenar abuse du substantif « vision » et de l'adjectif « visionnaire » : elle l'applique à Hugo, à Rembrandt, à Dickens, à Mishima, à Dürer, etc.

Ce regard est même un geste créateur, puisqu'il jette une lumière sur ce qui, sans lui, d'une certaine manière, n'existerait pas. Dans *L'Œuvre au Noir*, Zénon endormi sur sa loupe se réveille en voyant son œil démesuré, « sphérique », « extraordinairement mobile » : « Une vie presque effrayante habitait cette chose fragile » (OR, p. 705). Voilà qui n'est pas sans faire penser à l'œil cardiaque et cosmique de Virginia Woolf. Et, en effet, le voyant dépend de son œil « doué d'imparfaite et pourtant prodigieuse puissance » pour « voir l'univers » (OR, p. 705). Le rapprochement avec le créateur ne manque pas : « Comme l'œil de Dieu dans certaines estampes, cet œil humain devenait un symbole ». Mais il se double d'un statut de jauge et de juge : « En un sens, l'œil contrebalançait l'abîme » (OR, p. 705). Mesure de l'univers, l'œil est l'instrument par excellence de l'artiste, celui qui le justifie et auquel il donne à son tour ses lettres de noblesse. Dès 1929, dans « L'improvisation sur Innsbruck », cette importance est affirmée non sans grandiloquence : « Nous n'avons qu'une seule vie. Même si j'obtenais la fortune, même si j'atteignais la gloire, j'éprouverais sûrement le sentiment d'avoir perdu la mienne, si je cessais un seul jour de contempler l'univers » (EM, p. 459). Cinquante ans plus tard, Nathanaël fera écho à ce vœu : « il pensait […] qu'il eût été mal de ne pas s'absorber exclusivement dans la lecture du monde qu'il avait […] sous les yeux » (OR, pp. 1006-1007).

La lucidité d'Hadrien se traduit par l'emploi de la même formule : il s'agit de garder « les yeux ouverts » devant les excès de la dévotion à la mémoire d'Antinoüs (OR, p. 459) et au moment de la mort (OR, p. 515). C'est que, si l'œil doit contrebalancer l'abîme, la vision ne pas sans risques : l'artiste voyant s'adresse parfois à ceux qui ne veulent pas voir. Ainsi Marguerite Yourcenar conclut-elle sa vision des rapports qu'elle eût entretenus avec sa mère, si celle-ci avait survécu : « Je n'écris pas ceci pour déplaire, mais pour regarder en face ce qui est » (EM, p. 745).

L'admiration de Marguerite Yourcenar pour certains peintres ou artistes de ce que l'on appelle précisément les arts « visuels » est certainement à mettre au compte de leur capacité de regard. Ainsi fait-elle dire à Michel-Ange :

> J'ai le don de voir, à travers le vêtement, le rayonnement du corps, et c'est de cette façon, je pense, que les saints voient les âmes. C'est un supplice, quand ils sont laids ; quand ils sont beaux, c'est un autre supplice. (EM, p. 283)

Le danger fait partie du don. La vision n'exalte pas toujours la réalité, au contraire. Lorsqu'elle analyse le croquis fait par Dürer au réveil d'un rêve de cataclysme, Marguerite Yourcenar pointe le « réalisme » de ce rêve : « Dans son croquis onirique, au contraire, le visionnaire est un réaliste, et c'est d'un drame cosmique qu'il est le spectateur » (EM, p. 319). Le peintre a du reste sur le poète l'avantage de se passer d'emblée d'un traducteur : « l'idiome des formes et des couleurs n'a pas souffert des tristes conséquences qui suivirent l'écroulement de la tour de Babel » (EM, p. 469). C'est la même œuvre qui s'offre au regard de tous.

Un créateur d'univers

Dans « Le Cerveau noir de Piranèse », Marguerite Yourcenar prend des leçons d'architecture auprès du graveur italien. À nouveau, elle décrit l'artiste en des termes qui semblent faire référence à son propre idéal d'écrivaine. Avec ses mille planches gravées, Piranèse est le créateur d'un univers, ce qui suscite ce commentaire admiratif : « Ce monde bouclé sur lui-même est mathématiquement infini » (EM, p. 96). C'est aussi un monde de Jugement dernier rendu plus désolé par l'absence de Dieu :

> Aucun Dieu, il est vrai, n'assigne dans les *Carceri* leur place aux damnés le long des étages de l'abîme, mais son omission même n'y rend que plus tragique l'image des ambitions démesurées et du perpétuel échec de l'homme. (EM, p. 101)

Au passage, l'auteure s'offre une résonance discrète avec Victor Hugo, lui aussi hanté par « ces effrayantes Babels que rêvait Piranèse » (EM, p. 105) Du reste, Piranèse n'est « pas ignorant des côtés démoniques de son génie » (EM, p. 102). Si Dieu en est absent, alors le graveur est le seul créateur de ce monde, le seul à « tracer d'un monde uniquement construit par le pouvoir ou le vouloir de l'homme une série d'épures » (EM, p. 102). Toutefois, si l'écrivaine fait parfaitement sentir chez le graveur une vive curiosité d'entomologiste pour le petit peuple qui habite son œuvre, elle nous montre qu'il reste indifférent au sort de ses créatures. Marguerite Yourcenar, au contraire, éprouvera pour ses personnages une compassion envahissante.

Le monde yourcenarien pourrait aussi, du reste, être considéré comme bouclé sur lui-même : « l'*oratio togata*[8] m'autorisait, par-delà ses contemporains et son petit-fils adoptif, à montrer Hadrien s'adressant à un interlocuteur idéal, à cet *homme en soi* qui fut la belle chimère des civilisations jusqu'à notre époque, donc à nous » (EM, p. 294, c'est l'auteure qui souligne). En raccourci, cela donne : l'*oratio togata* m'autorisait à montrer Hadrien s'adressant à moi. La prétention est si vaste que l'auteure s'empresse de la relativiser en qualifiant de « chimère » (mais « belle » tout de même) cet « homme en soi » qu'elle postule en elle-même – l'emploi du masculin laisse rêveur, mais il y aurait mauvaise grâce à reprocher aux femmes d'utiliser le vocabulaire mis au point et dans une certaine mesure imposé par les hommes.

Mieux : parfois, l'œuvre est la réalité, l'œuvre est l'univers. C'est le cas pour Wang-Fô s'évadant de la réalité dans le tableau qu'il vient de peindre ; c'est le cas de Marguerite Yourcenar mêlant les généalogies réelles aux généalogies imaginaires, mettant en quelque sorte sa mère au monde dans un de ses livres, ou rendant visite à un de ses personnages de fiction sous les traits d'une vieille servante. « L'œuvre de Pindare, forêt touffue où se ramifient et verdoient les arbres des races » (EM, p. 1489), est celle à l'aide de laquelle Marguerite Yourcenar conjure la comparaison désabusée d'Homère entre la race des hommes et celle des feuilles qui ouvre *Archives du Nord* : l'œuvre fait vivre ou revivre le passé, elle fait renaître à la réalité, elle redéploie les réseaux généalogiques. De la même veine végétale et existentielle est l'affirmation de l'écrivaine créatrice remodelant le réel à partir de son œuvre : « La vie passée est une feuille sèche, craquelée, sans sève ni chlorophylle […], qui, mise à contre-jour, offre tout au plus le réseau squelettique de ses nervures minces et cassantes. Il faut certains efforts pour lui rendre son aspect charnu et vert de feuille fraîche » (EM, p. 790). Une des raisons de l'intérêt qu'elle porte à Rembrandt est qu'il a créé un univers :

> Rembrandt a eu peut-être plus que tout autre peintre sa vision, son rêve si l'on veut, du monde qu'il portait en lui et du monde où il a vécu. On sent bientôt que chaque tableau, chaque dessin, est un fragment d'un univers rembrandtesque auquel nous appartenons. (EM, p. 566)

---

[8] Il est piquant de remarquer que l'*oratio togata* n'existe pas. C'est ce qu'a démontré Rémy POIGNAULT : « L'*oratio togata* dans *Mémoires d'Hadrien* », in *Marguerite Yourcenar. Écriture, réécriture, traduction*, actes du colloque de Tours, Tours, Société internationale d'études yourcenariennes (SIEY), 2000, pp. 49-63.

Ce statut de l'artiste n'est pas limité à une école ni à un courant de pensée, même si l'on sent des préférences de Marguerite Yourcenar pour tel ou tel, en peinture comme en musique ou en littérature. Ce qu'elle veut saisir, c'est le geste même de l'artiste, quels que soient son lieu ou son temps. C'est à propos de « l'homme de la pierre éclatée et de la pierre polie » qu'au début d'*Archives du Nord* nous est proposée, presque comme une définition du geste artistique, « l'étrange compulsion de l'artiste qui consiste à superposer aux grouillants aspects du monde réel un peuple de figurations nées de son esprit, de son œil et de ses mains » (EM, p. 958). L'artiste yourcenarien est donc par excellence un voyant, un réactiveur de mythes, un tisserand et un créateur d'univers.

Pour centre à l'Univers
Flux et reflux du moi dans l'œuvre

Tout en un point et l'un en tous points

Dans une œuvre à ce point marquée par une logique de réseau, il importe d'établir une circulation fluide et rapide des concepts et même, nous le verrons, des personnages. Chaque entité précisément cernée de l'œuvre, fût-elle dotée d'un état civil et d'une psychologie s'étendant sur des chapitres entiers, est donc pourvue de nombreux points de contact ou même susceptible de déborder en permanence et quasi instantanément de ses limites. Cette fluidité répond à plusieurs objectifs[1] de l'auteure. Le premier – que je discuterai dans ce point – est d'établir la continuité entre tous les points du réseau. La situation spatiale ou temporelle de ces personnages est alors bien déterminée, mais seulement en ce qu'elle permet de communiquer avec les autres situations. Par exemple, au moment de la mise en œuvre de son programme impérial, Hadrien remarque :

> Nous parlons sans cesse des siècles qui précèdent ou qui suivent le nôtre comme s'ils nous étaient totalement étrangers ; j'y touchais pourtant dans mes jeux avec la pierre. Ces murs que j'étaie sont encore chauds du contact de corps disparus ; des mains qui n'existent pas encore caresseront ces fûts de colonnes. Plus j'ai médité sur ma mort, et surtout sur celle d'un autre, plus j'ai essayé d'ajouter à nos vies ces rallonges presque indestructibles. (OR, pp. 384-385)

L'objectif de continuité se manifeste par l'emploi de « rallonges », véritables pseudopodes conceptuels, établissant l'empereur au centre d'une sorte de faisceau de rhizomes, faisant de lui cet homme-carrefour qu'illustre le célèbre dessin d'Henri Agrippa de Nettesheim au début du seizième siècle et, aux dires mêmes de Marguerite Yourcenar, « cet homme seul et d'ailleurs relié à tout » (OR, p. 519). Il pourra dire, à

---

[1] Bien entendu, il n'est pas nécessaire que les effets constatés résultent d'objectifs *conscients*. De plus, l'ordre dans lequel j'en fais état n'est nullement chronologique, encore moins causal.

propos du temps : « J'ai ma chronologie bien à moi […]. Quinze années aux armées ont duré moins qu'un matin d'Athènes » (OR, p. 305) et, à propos du lieu : « Les plans de l'espace se chevauchent aussi : […] je ne suis pas toujours à Tibur quand j'y suis » (OR, pp. 305-306).

Le souci passionné de la coïncidence met au jour des failles dans la solidité de cette continuité. Les personnages, stimulés par l'écrivaine, ne s'y résolvent pas. En témoigne Hadrien cherchant à décomposer la fléchée éléate du temps pour retrouver le *moment même* de la mort d'Antinoüs et le raccrocher à sa propre existence :

> Comme un homme accusé d'un crime, j'examinais l'emploi de mes heures : une dictée, une réponse au Sénat d'Éphèse ; à quel groupe de mots correspondait cette agonie ? (OR, p. 446)

Nathanaël fera de même, lui aussi à propos d'un deuil, et d'ailleurs avec le même sentiment de culpabilité, il est vrai moins déchirant :

> Quant à Saraï, elle avait rendu le souffle sans qu'il eût rien ressenti, pas même un tressaillement, durant les derniers jours écoulés par lui dans la grande maison d'Amsterdam, peut-être même au moment où Madame d'Ailly l'embrassait. (OR, p. 1006)

Mais Nathanaël et Hadrien ne cherchent tous deux à retrouver le *moment même* que pour conjurer le passage du temps et le dernier mot de celui-ci sur toute existence – particulièrement celle d'un être aimé puis perdu – et la leur propre. Quant à Zénon, parti des mêmes prémisses que l'Hadrien des *Mémoires*, il manifeste sa personnalité détachée et spéculative en portant cette méditation au vertige :

> Des gens avaient logé là comme un ver dans son cocon, et y logeraient après lui […] Il levait les yeux. Au plafond, une poutre remployée portait un millésime : 1491. À l'époque où ceci avait été gravé pour fixer une date qui n'importait plus à personne, il n'existait pas encore, ni la femme dont il était sorti. Il retournait ces chiffres, comme par jeu : l'an 1941 après l'Incarnation du Christ. Il tentait d'imaginer cette année sans rapport avec sa propre existence, et dont on ne savait qu'une chose, c'est qu'elle serait. (OR, p. 701)

Il en va de l'espace comme du temps :

> L'annexe du couvent des cordeliers […] cessait d'être une maison, ce lieu géométrique de l'homme […]. Elle n'était tout au plus qu'une hutte dans la forêt, une tente au bord d'une route, un lambeau d'étoffe jeté entre l'infinité et nous. Les tuiles laissaient passer la brume et les incompréhensibles astres. (OR, p. 701)

À tout moment, la situation spatiale ou temporelle des personnages, si précise et fixée soit-elle par le récit, peut ainsi être remise en question. Ce mouvement de flottement apparemment inverse du premier poursuit cependant le même objectif : relier, connecter les points du réseau. Deux méditations de passants pressés, Nathanaël dans les rues d'Amsterdam et Zénon dans celles de Bruges, illustrent cette même dissolution-recomposition de leur identité, de leur lieu et de leur temps, sur le thème apparent de l'illusion et surtout sur celui, plus profond, du « tout en un point ». Pour Nathanaël, le monde autour de lui devient une sorte de lanterne magique avant la lettre :

> Tout se passait comme si, sur une route ne menant nulle part en particulier, on rencontrait successivement des groupes de voyageurs eux aussi ignorants de leur but et croisés seulement l'espace d'un clin d'œil. D'autres, au contraire, vous accompagnaient un petit bout de chemin, pour disparaître sans raison au prochain tournant, volatilisés comme des ombres. On ne comprenait pas pourquoi ces gens s'imposaient à votre esprit, occupaient votre imagination, parfois même vous dévoraient le cœur, avant de s'avouer pour ce qu'ils étaient : des fantômes. De leur côté, ils en pensaient peut-être autant de vous, à supposer qu'ils fussent de nature à penser quelque chose. Tout cela était de l'ordre de la fantasmagorie et du songe. (OR, p. 966)

Pour Zénon, plus lettré, plus habitué à jongler avec le discours, la méditation se fait plus abstraite, même si le défilé dans la lanterne magique n'a pas disparu :

> Zénon […] sentait passer à travers lui […] le flot des milliers d'êtres qui s'étaient déjà tenus sur ce point de la sphère, ou y viendraient jusqu'à […] la fin du monde ; ces fantômes traversaient sans le voir le corps de cet homme qui de leur vivant n'était pas encore, ou lorsqu'ils seraient n'existerait plus. Les quidams rencontrés l'instant plus tôt dans la rue, perçus d'un coup d'œil, puis rejetés aussitôt dans la masse informe de ce qui est passé, grossissaient incessamment cette bande de larves. Le temps, le lieu, la substance perdaient ces attributs qui sont pour nous leurs frontières ; […] le temps et l'éternité n'étaient qu'une même chose, comme une eau noire qui coule dans une immuable nappe d'eau noire. (OR, pp. 685-686)

L'identité elle-même vacille. Ainsi Zénon médite sur les différentes instances de son ami François Rondelet, le vivant et le mort, et le père du jeune homme qu'il revoit en souvenir semble « argumenter à travers le temps avec un Zénon vieilli » (OR, p. 699). Au moment même où Zénon a plaisir à revoir la « bonne figure » de son cousin Henri-Maximilien à Innsbruck, il met en question que ce visage soit vraiment le même, celui de « cet Henri qui est et n'est pas celui que j'ai connu à vingt ans » (OR, p. 644) :

> Je ne m'étonnerais guère plus de revoir ma mère, qui est morte, que de retrouver au détour d'une rue votre visage vieilli dont la bouche sait encore mon nom, mais dont la substance s'est refaite plus d'une fois au cours de vingt années. (OR, p. 644)

Ce tourment du personnage est celui de l'écrivaine[2], qui donne d'ailleurs dans un essai daté de 1986 – soit un an avant sa mort – une de ses raisons d'admirer Rembrandt :

> On comprend que ce grand connaisseur en visages ait passé tant d'années à fixer ses propres traits, ou plutôt le changement qui chaque fois les faisait autres sans cesser d'être siens. [...] C'est ainsi qu'il a prouvé [...] l'incessant changement et l'incessant passage, les séries infinies qui constituent chaque homme, et en même temps ce je ne sais quoi d'indéniable qu'est le *Soi*, presque invisible à l'œil, facile à oublier ou à nier, cette identité qui nous sert à mesurer l'homme qui change. (EM, p. 568, c'est l'auteure qui souligne)

Le soi est donc élément de stabilité, d'identité au même moment qu'il est enjeu de passage et de changement : cette conception aura son importance lorsque je discuterai l'emploi du mot « substance » chez Marguerite Yourcenar. Dans *L'Œuvre au Noir*, Zénon abdique l'idée même de son identité : « Sébastien Théus était un nom de fantaisie, mais ses droits à celui de Zénon n'était pas des plus clairs. *Non habet nomen proprium* : il était de ces hommes qui ne cessent pas jusqu'au bout de s'étonner d'avoir un nom » (OR, p. 683). De son côté, Nathanaël se dilue progressivement – physiquement, mentalement, mystiquement – dans le cosmos yourcenarien d'où il sort. S'il a besoin de voir de temps en temps le visage du vieux Willem, c'est « pour s'assurer qu'il en a[] un lui-même » (OR, p. 1005) ; s'il crie son propre nom dans la solitude, c'est « pour se prouver qu'il poss[ède] encore un nom et un langage ». Mais c'est en vain : « ce nom inutile semblait mort comme le seraient tous les mots de la langue quand personne ne la parlerait plus » (OR, p. 1005). Comme Zénon, il en vient à douter de son origine, de son existence :

> Qui était cette personne qu'il désignait comme étant soi-même ? D'où sortait-elle ? Du gros charpentier jovial [...] et de sa puritaine épouse ? Que non : il avait seulement passé à travers eux. (OR, p. 1007)

Et cette personnalité humaine si peu cernée de se diluer davantage dans une fraternité avec les animaux et un cousinage avec les plantes (OR, p. 1007), à la suite de la jeune Marguerite Yourcenar qui déclarait déjà en 1927 dans les « Suites d'estampes pour Kou-Kou-Haï » : « Tu nous serais étranger si quelque chose, non seulement d'humain, mais de vivant pouvait l'être » (EM 478) et qui tranchera, dans *Archives du Nord*, à propos de lointains personnages dont il n'est pas sûr qu'ils soient ses

---

2 Et c'est aussi, une fois de plus, le souci de Diotime dans le *Banquet* : « En effet, quand on dit de chaque être vivant qu'il vit et reste le même, [...] cet être en vérité n'a jamais en lui les mêmes choses. [...] Il ne cesse [...] de devenir nouveau, par ses cheveux, par sa chair, par ses os, par son sang, c'est-à-dire par tout son corps. Et cela est vrai non seulement de son corps, mais aussi de son âme ». *Banquet*, trad. Luc Brisson, *op. cit.*, p. 153.

ancêtres : « Ils sont mes parents du fait d'avoir existé » (EM, p. 992),
adoptant de ce fait l'humanité entière. De même Lazare, dans son rêve,
vit d'avance « non seulement sa vie, mais toute vie » (OR, p. 1042).
Pourtant, le résultat est le même, le vertige en plus : dans l'œuvre yourcenarienne comme selon la célèbre mantra bouddhique, « Tout est dans
tout »[3].

En effet, si chacune des démarches dont je viens de parler se situe à
l'intérieur d'un seul récit qui pourrait valoir comme univers en soi, la
romancière elle-même, dans les mémoires consacrés à sa famille, où
– on l'a vu – elle revendique le réalisme parfois à l'encontre même de
la fiction (« Je n'écris pas un roman », EM, p. 1166), impose pourtant
le même flottement temporel à son propre personnage, ce qui jette le
même type de doute, cette fois sur l'œuvre entière, puisque sur son
auteure :

> L'enfant, elle, a environ six semaines. Comme la plupart des nouveau-nés
> humains, elle fait l'effet d'un être très vieux et qui va rajeunir. Et, en effet,
> elle est très vieille : soit par le sang et les gènes ancestraux, soit par l'élément
> inanalysé que […] nous dénommons l'âme, elle a traversé les siècles.
> (EM, p. 1179)

Par ailleurs, toujours dans *Le Labyrinthe du monde*, on a vu
Marguerite Yourcenar aller jusqu'à mettre en place – au moyen d'une
scène qui emprunte aux deux citées plus haut quelque chose de la lanterne magique, de la superposition, de la fantasmagorie et du songe – une
jonction pure et simple de la réalité et de la fiction. Cette fois, on sort des
récits isolés pour parcourir la trame de l'œuvre, ce qui correspond bel et
bien à une tentative qui dépasse le chef des personnages pour devenir
celle de l'écrivaine unifiant son œuvre par la connexion des points du
réseau :

> Les lignes qui s'intersectent entre cet homme nu et ce monsieur en complet
> blanc sont plus compliquées que celles d'un fuseau horaire. Zénon se trouve
> sur ce point du monde trois siècles, douze ans et un mois, presque jour pour
> jour, avant Octave, mais je ne le créerai que quelque quarante ans plus tard,
> et l'épisode du bain sur la plage de Heyst ne se présentera à mon esprit qu'en
> 1965. Le seul lien entre ces deux hommes, l'invisible, qui n'est pas encore,
> mais traîne avec lui ses vêtements et ses accessoires du XVIe siècle, et le
> dandy de 1880, qui dans trois ans sera fantôme, est le fait qu'une petite fille
> à laquelle Octave aime à raconter des histoires porte suspendue en soi, infi-
> niment virtuelle, une partie de ce que je serai un jour. Quant à Rémo, il est
> quelque part dans cette scène, fibrille de la conscience de son mélancolique

---

[3] C'est même cette mantra que cite Marguerite Yourcenar lorsqu'elle critique la manie
de parler de soi des écrivains français contemporains (YO, p. 218).

aîné. […] Le temps et les dates ricochent comme le soleil sur les flaques et sur les grains de sable. (EM, p. 880)[4]

Ce même temps qui « invertit [les] rapports » entre mère et fille ou fait du père un « frère aîné » (EM, p. 745) est aussi celui qui rapproche Marguerite Yourcenar et son grand-oncle Octave Pirmez « qui, un certain 23 octobre 1875, va et vient accompagné sans le savoir par une "petite-nièce" qui ne naîtra que vingt ans après sa mort à lui, mais qui, en ce jour où elle a rétrospectivement choisi de le hanter, a environ l'âge qu'avait alors Madame Irénée. Tels sont les jeux de miroirs du temps » (EM, p. 841). Un temps dont l'écrivaine semble avoir réussi à faire son allié là où d'autres seraient pris à la gorge par l'angoisse.

Cette démarche est aussi présente en dehors des grands récits narratifs. Par exemple, pour Michel-Ange, « Il n'y a ni passé, ni futur, mais seulement une série de présents successifs, un chemin, perpétuellement détruit et continué, où nous avançons tous » (EM, p. 283). Quant à lui, le poète Basho « vit […] dans l'éternité de l'instant » : « un poète si à l'aise dans l'instantané ne peut que tenir compte de ces millions d'instants déjà vécus et qui restent présents tant qu'un souvenir ou un effet en subsiste » (EM, p. 600). Ce qui vaut pour le temps vaut pour le lieu qui, une fois de plus et si précis qu'il soit, n'existe pas en raison de la relativité simple du mouvement : « Cet homme en marche sur la terre qui tourne […] est aussi comme nous tous en marche au-dedans de lui-même » (EM, pp. 601-602). C'est-à-dire qu'il est partout et n'est véritablement nulle part.

*

Outre les « Carnets de notes » de *Mémoires d'Hadrien* et de *L'Œuvre au Noir*, et les préfaces ou postfaces qui les accompagnent, un essai fournit d'intéressantes considérations sur « le caractère éminemment mystérieux de nos rapports avec les personnages de notre œuvre » (EM, p. 346) : c'est « Jeux de miroirs et feux follets », dans le recueil *Le Temps, ce grand sculpteur*. L'auteure y relate plusieurs événements qui lui permettent de suggérer que, si un auteur se dote d'une approche rigoureuse et sensible à la fois de la réalité pour produire de la fiction, c'est la réalité elle-même qui va venir au-devant de ses histoires. En témoigne la pierre tombale vue à Namur, trois ans après la publication de *L'Œuvre au Noir*, et qui portait le nom et le prénom d'un de ses personnages – j'y reviendrai –, ou les éléments liés à des personnages qu'elle a commencé à étudier et qui traversent son existence à ce moment précis (le livre ouvert à la bonne page, le chat noir qui s'enfuit, etc.).

---

[4] Ce long passage a déjà été cité à propos de la parenté imaginaire (« Broder sur la toile d'araignée du réel »). Il devait l'être à nouveau ici.

Enfin, la connexion des points du réseau est revendiquée jusque dans le discours sur l'œuvre ou la définition de la méthode, ainsi dans « Carnets de notes de *Mémoires d'Hadrien* » : « Expériences avec le temps : dix-huit jours, dix-huit mois, dix-huit années, dix-huit siècles » (OR, p. 520). Expériences avec l'espace, aussi, puisque les pages sur la mort d'Hadrien près de Rome en plein été sont écrites à Petite Plaisance en plein hiver (YO, p. 248), que la vue aux États-Unis d'un tableau de Canaletto représentant le Panthéon suffit à rendre le moral à l'écrivaine découragée (OR, p. 522), que l'écrivaine envisage d'être à Tibur au moment de sa mort, « comme Hadrien dans l'île d'Achille » : un de ces « lieux où l'on a choisi de vivre, résidences invisibles qu'on s'est construites à l'écart du temps » (OR, p. 540). De même, dans les « Carnets de notes de *L'Œuvre au Noir* », Marguerite Yourcenar affirme laisser sur un banc à Salzbourg son personnage Zénon, « sûr que je lui reviendrais, que j'irais le chercher » (CNON, p. 463) ; au retour, dans cette même ville de Salzbourg, elle voit entrer dans sa vie, dans son œuvre – et dans une église où elle assiste à la messe – le prieur des cordeliers, qui donne un long coup d'envoi à la fin de l'histoire (YO, p. 178).

La capacité d'utiliser des souvenirs propres au nom d'Hadrien ne demande alors plus qu'un peu de mise à distance dans le temps (OR, p. 520), tout comme Zénon peut être aperçu au même endroit que son grand-oncle Pirmez sur la plage de Heyst (EM, p. 880). La fluidité de la circulation et la connexion de tous les points du réseau permettent maintenant – c'est là son deuxième objectif, que je discuterai au point suivant – son envahissement permanent par le moi de l'écrivaine créatrice.

Jouer le « je » : une question infime et capitale

Dans une œuvre qu'on pourrait à présent comparer à un vaste regroupement de circuits imprimés de tailles et de fonctions parfois très différentes, mais articulés suivant un plan général et irrigués par le même influx énergétique, la question d'une identité centrale, celle de l'écrivaine, revêt d'emblée une certaine ambiguïté. En effet, Marguerite Yourcenar a fait de nombreuses déclarations catégoriques à propos du moi, de l'*ego*, etc., notamment dans le « Carnet de notes de *Mémoires d'Hadrien* », dans *Le Labyrinthe du monde* et dans *Les Yeux ouverts*. L'une d'elles vise à dénigrer l'écrivain égotiste :

> Cette obsession française du « culte de la personnalité » (la sienne) chez la personne qui écrit ou qui parle me stupéfie toujours. Oserais-je dire que je la trouve affreusement petite-bourgeoise ? Je, moi, me, mon, ma, mes… (YO, p. 218)

Pour sa part, l'auteure va, dans « Carnet de notes de *Mémoires d'Hadrien* », jusqu'à refuser une dédicace à sa compagne au motif qu'il y a « une espèce d'indécence à mettre une dédicace personnelle en tête d'un ouvrage d'où je tenais justement à m'effacer » (OR, p. 537)[5]. Parallèlement, dès le début du *Labyrinthe du monde*, l'entreprise autobiographique classique est dénoncée par la mise à distance de la première personne du singulier, ce qui donne l'étonnant « L'être que j'appelle moi vint au monde… » (EM, p. 707), qui a suscité des commentaires en sens divers[6]. Dans son discours de réception à l'Académie royale belge de langue et de littérature françaises, l'écrivaine relativise son importance en déclarant : « Il m'arrive de me dire, d'aimer à me dire que, *plutôt que moi,* c'est peut-être tel de mes personnages […] que vous avez, à travers moi, invité[] dans votre compagnie » (DAR, p. 17, c'est l'auteure qui souligne). Enfin, lors de son discours de réception à l'Académie française, Marguerite Yourcenar non seulement fait assaut de modestie en parlant de s'effacer – une fois de plus – devant la « troupe invisible de femmes qui auraient dû, peut-être, recevoir beaucoup plus tôt cet honneur », mais encore se présente suivant une formule non moins célèbre que le « l'être que j'appelle moi » de *Souvenirs pieux* : « Ce moi incertain et flottant, cette entité dont j'ai contesté moi-même l'existence » (DAF, p. 10).

Dans *Le Labyrinthe du monde*, on l'a vu, l'entreprise autobiographique est dénoncée par la perpétuelle mise à distance du moi, transformant la traditionnelle quête concentrique de l'autobiographe en quête excentrique vers de plus lointains espaces et de plus anciennes origines. Mais cette réticence affichée de l'écrivaine à l'égard de « l'être que j'appelle moi » se complète d'une démarche radicalement inverse : une prise de possession, un déploiement du moi et une « occupation » de ses per-

---

[5]   Dans la bibliothèque de « Petite Plaisance », maison de l'écrivain aux États-Unis, un exemplaire de tête de *Mémoires d'Hadrien*, élégamment relié, porte comme dédicace manuscrite « À moi-même »… preuve que les déclarations publiques de Marguerite Yourcenar sur l'*ego* vont de pair – peut-être d'ailleurs sans contradiction – avec une conscience très aiguë de ce même *ego*.

[6]   Voir par exemple Simone PROUST, *L'autobiographie dans* Le Labyrinthe du monde *de Marguerite Yourcenar, op. cit.*, p. 169 ; Jean-Claude BROCHU, « L'autre, soi-même », in *Marguerite Yourcenar. Écritures de l'Autre*, Montréal, XYZ Éditeur, 1997, 348 p., pp. 81-83 ; Valeria SPERTI, « Le pacte autobiographique impossible », in *Marguerite Yourcenar : biographie, autobiographie*, actes du colloque de Valencia (1986), Valencia, Universitat de Valencia, 1988, pp. 177-181. Dans ce dernier article, Valeria Sperti suggère que c'est précisément la difficulté de l'écrivain de conclure un pacte autobiographique classique qui déclenche l'écriture du Labyrinthe du monde. Le prix en est le fait que « Même si *Le Labyrinthe du monde* est un récit rétrospectif et que Yourcenar est une personne réelle, l'histoire de sa vie est cernée en creux, Marguerite est un personnage *in abstentia*, une sorte de lieu de cohésion sémantique autour duquel pivote la narration » (p. 178).

sonnages, au demeurant parfaitement revendiquées, et qui sont une des conditions mêmes de l'écriture démiurgique yourcenarienne. À cet égard, une fois de plus, la phrase-clef de la méthode est « J'alimente de ma substance » (EM, p. 745). De cette manière, non seulement Marguerite Yourcenar fait sienne – dans un sens peut-être non rimbaldien[7] – la phrase de Rimbaud : « Je est un autre » mais – et cette fois la leçon est de Borges, consignée dans l'essai qu'elle lui consacre – « chacun est autre, et finalement tout homme » (EM, p. 589) : un « je » peut donc être tous les autres, et à l'inverse « tout être qui a vécu l'aventure humaine est moi » (OR, p. 537), aboutissant au dangereux – même s'il est bien intentionné – précepte d'Hadrien : « Entre autrui et moi, les différences que j'aperçois sont trop négligeables pour compter dans l'addition finale » (OR, p. 317).

Distinguons cette coïncidence d'identité d'une classique position de porte-parole de l'artiste, qui coexiste chez Marguerite Yourcenar avec la première. Ainsi, elle écrira en 1976 à Wilhelm Gans : « Dans mon expérience au moins, il y a toujours un moment où le poète passe le point, et parle non plus de soi et pour soi, mais des autres et pour les autres » (L, p. 511). Ici, il s'agit d'une passation de relais, d'un témoignage, mais pas d'une fusion d'identité. Dans un poème daté de 1928, « Endymion », le héros abandonné à la nuit constate au contraire :

Je ne distingue plus, dans l'ombre qui m'attire,
Autrui, cet ennemi, de moi, cet étranger (CA, p. 40)

Deux ans plus tard, dans « Essai de généalogie du saint », c'est avec une sincérité déroutante que Marguerite Yourcenar théorise sur l'interchangeabilité du moi :

Presque tous nos rapports avec autrui reposent sur l'hypothèse de la perméabilité des âmes. Si variées que soient les modulations humaines, nous croyons possible de les ramener à quelques modes très simples de sentir et d'exister. Du moins, nous le disons : nous avons besoin de le dire pour nous sentir moins seuls. (EM, p. 1679)

Dans une lettre à Jean Chalon, Marguerite Yourcenar écrit : « Oui, le "je" en littérature est difficile. Mais il devient plus aisé quand on s'est aperçu que le "il" veut parfois dire "je", et que "je" ne signifie pas tou-

---

[7] Dans la lettre du 13 mai 1871 à Georges Izambard et dans celle du 15 mai 1871 à Paul Demeny, éditées par Suzanne BERNARD, *Rimbaud, Œuvres*, Paris, Garnier, 1960, pp. 344-345. Dans la note 7, p. 546, Suzanne Bernard indique que cette phrase de Rimbaud, souvent interprétée comme l'enjeu d'une interchangeabilité du moi, vaut en fait surtout pour expliquer, au contraire, que le poète se découvre soudain *différent* du commun des mortels – ce que semblent bien indiquer les comparaisons rimbaldiennes du clairon et du violon qui accompagnent cette phrase.

jours "soi" » (L, p. 593). Ce va-et-vient « entre autrui et moi » est attesté à bien des reprises dans l'œuvre, accompagné de justifications complémentaires. Il concerne, pour commencer, les multiples « moi » qui dorment en un seul et même être. Ainsi, Zénon qui, d'entrée de jeu, avait déclaré à Henri-Maximilien qu'il allait à la rencontre de lui-même (OR, p. 565), médite bien des années plus tard au couvent des cordeliers la phrase *Unus ego et multi in me* (OR, p. 699), et estimera plus tard, à propos du rêve, que « chacun y est plusieurs et que plusieurs se réduisent en un » (OR, p. 794). Hadrien se perd sur les mêmes frontières floues :

> Je perçois bien dans cette diversité, dans ce désordre, la présence d'une personne, mais sa forme semble presque toujours tracée par la pression des circonstances ; ses traits se brouillent comme une image reflétée sur l'eau. (OR, p. 305)

La connaissance de soi lui échappe : elle est « obscure, intérieure, informulée, secrète comme une complicité » (OR, p. 304), dit-il et, lorsqu'il essaie de prendre du recul, il s'aperçoit alors que sa vie est devenue « la vie d'un autre » (OR, p. 304). « Des personnages divers régnaient en moi tour à tour » (OR, p. 328), reprend Hadrien comme en écho de l'aphorisme latin exprimé par Zénon. Et on a vu Nathanaël aux prises avec le même sentiment d'étrangeté radicale par rapport au soi.

Mais il s'agit aussi de la démarche de l'écrivaine, quoi qu'elle en prête à ses personnages – même lorsque leur pensée paraît autonome. Ainsi, dès la première page de *Souvenirs pieux*, on voit Marguerite Yourcenar elle-même tentée de douter de sa propre identité avec la nouveau-née qu'elle décrit (EM, p. 707). Et en 1978, alors qu'elle prépare *Quoi ? L'Éternité*, elle écrit au critique Jean Roudaut :

> Vous avez vu où se situera le nœud du problème dans *Quoi ? L'Éternité*. Parmi les êtres qui restent à décrire, […] il y a l'enfant qui grandit, à qui je ne peux pas faire la part plus petite qu'aux autres, seulement parce qu'elle est un premier état de moi-même. Mais l'introduction de cette nouvelle et passagère entité est déroutante pour le moi qui parle. […] Ce qu'il importe surtout de montrer est la prise de possession de ce moi enfantin par l'expression, qui d'abord définit la personne, puis dissout celle-ci. (L, p. 596)

Au même moment, l'écrivaine se glisse dans ses personnages. Lorsqu'on entend Nathanaël penser qu'il a « seulement passé à travers » ses parents (OR, p. 1007), il faut entendre au même moment Marguerite Yourcenar, sur la tombe de Suarlée, constater : « j'avais traversé Fernande » (EM, p. 739). Lorsqu'Alexis déclare : « Chacun fait souffrir, quand il naît, et souffre quand il meurt » (OR, p. 71), c'est encore une autre façon pour l'écrivaine de dire à propos de sa mère « j'avais été […] pour elle […] un tourment » (EM, p. 740). Cet envahissement n'exclut pas les souvenirs impossibles : lorsque Marguerite Yourcenar parle du

« crâne aux sutures mal refermées » de Lazare (OR, p. 950), elle renvoie directement à son propre « crâne encore mal suturé », dans *Souvenirs pieux* (EM, p. 723) : ce renvoi impossible dans la vie réelle paraît naturel entre deux personnages. Il est même permis de penser, on l'a vu, que, dans la première version de l'histoire de Lazare, le petit mangeant du bœuf le dimanche à la table d'Élie (MCA, p. 219) n'est autre que la jeune Marguerite se mettant en scène à la table de sa grand-mère Noémi, ce genre de « discours direct autobiographique » étant ensuite soigneusement mis entre guillemets, mis à distance, détourné par un personnage, nuancé. Ainsi lorsqu'Hadrien ironisera sur le végétarisme (OR, pp. 293-294), c'est l'écrivaine qui se taquinera elle-même sur son obstination à « refus[er] tout élément carné » (EM, p. 1329), comme quoi l'envahissement de ses personnages par l'écrivaine n'exclut même pas une certaine autodérision. Mais Zénon, comme sa génitrice, prendra très au sérieux le fait de « digérer des agonies » (OR, p. 703) et s'applique même à manger de la viande de temps en temps « pour se prouver que son refus venait de l'esprit et non d'un caprice du goût » (OR, p. 704). Encore une fois, c'est Marguerite Yourcenar qui nourrit – c'est le mot – Zénon de ses propres expériences. Et que penser d'une scène qui revient dans *Anna, soror...* (OR, p. 881) comme dans *Le Coup de grâce* (OR, p. 128), celle des deux amants de chaque côté de la porte ? Mais nous touchons là à la biographie. Ce qui doit nous intéresser ici n'est du reste pas de traquer dans l'œuvre les expériences réellement vécues par l'auteure, comme autant d'*ipsissima verba* de l'écrivaine[8], de lieux par excellence de la vérité du moi ou du récit. Et ce d'autant moins que, de manière assez déroutante pour quelqu'un qui prétend s'effacer de ses œuvres, Marguerite Yourcenar ne se défend pas le moins du monde, à d'autres moments, de prêter à ses personnages une part au moins de ses souvenirs personnels – ainsi, entre cent, ses émotions de fillette devant

> l'effigie, aperçue çà et là dans des églises de Flandre, du Jésus couché, raidi, tout blanc, quasi nu, tragiquement mort et seul […] Je crois bien que c'est devant l'une de ces images que j'ai ressenti pour la première fois le curieux mélange de la sensualité qui s'ignore, de la pitié, du sens du sacré. Quinze ans plus tard, durant une Semaine Sainte napolitaine, les baisers et les larmes d'Anna sur le Christ mort de l'église de Sainte-Anne-des-Lombards, la chaude nuit d'amour du Jeudi au Vendredi Saint allaient germer des émotions de cette enfant qui ne savait pas ce qu'était la mort, ni ce qu'était l'amour. (EM, p. 1335)

Un écrivain qui affirme alimenter ses personnages de sa substance n'est pas pour autant obligé de n'écrire ses livres qu'à partir des expé-

---

[8] L'exégèse désigne ainsi, dans les Évangiles, les paroles supposées avoir été réellement prononcées par le Christ.

riences qu'il a intégralement vécues. Le « moi » de l'écrivain, comme celui de tout être humain, ne se réduit pas à une succession de faits. « Il y a entre moi et ces actes dont je suis fait un hiatus indéfinissable » (OR, p. 305), explique Hadrien, après avoir reconnu à propos de sa vie : « c'est ce que je n'ai pas été, peut-être, qui la définit avec le plus de justesse » (OR, p. 304) et avant de conclure : « Les trois quarts de ma vie échappent d'ailleurs à cette définition par les actes » (OR, p. 305). Dès les premières lignes de *Souvenirs pieux*, c'est « pour triompher *en partie* du sentiment d'irréalité » (EM, p. 707, c'est moi qui souligne) engendré par le rapprochement entre un bébé à peine né et la femme qui écrit cette naissance, trois quarts de siècle plus tard, que Marguerite Yourcenar accepte de recourir à ce qu'elle appelait pour sa reconstitution d'Hadrien « des fragments de réel » (CNON, p. 470) : « bribes de souvenirs […], informations tirées de bouts de lettres ou de feuillets de calepins […], pièces authentiques dont le jargon administratif et légal élimine tout contenu humain » (EM, p. 708). Si « tout être qui a vécu l'aventure humaine est moi » (OR, p. 537), alors la créativité littéraire puise aussi ailleurs que dans le catalogue du vécu personnel : par exemple, dans les lectures et les réflexions qui amènent à l'auteure « un humus d'images » ou des « épaves d'aventures » (OR, p. 1039).

Zénon est « nourri d'une bouillie de réalité » (CNON, p. 470) ; Hadrien est explicitement façonné – entre autres – à partir des propres souvenirs de Marguerite Yourcenar (OR, p. 520)[9] ; Anna et Miguel sont possédés par leur auteure au sens démoniaque du terme (OR, p 908)[10] ; Françoise Leroux lui emprunte, l'hiver, ses « mains gonflées » (EM, p. 1050) et ses sentiments d'émerveillement devant le coucher du soleil ou de pitié devant l'oiseau tombé du nid. Lorsque Marguerite Yourcenar se penche sur la dame américaine enlevée par une vague, dont seule la photo subsiste dans un magazine, elle marque son pouvoir d'évocation – et la survie de papier que lui doit cet être mort – à l'extrême fin de cette évocation : « À l'heure qu'il est, je suis peut-être la seule personne sur

---

9 Du « Carnet de notes de *Mémoires d'Hadrien* » aux *Mémoires* eux-mêmes, rapprocher, par exemple, « innombrables soirs passés dans les petits cafés qui bordent l'Olympéion » (OR, p. 520) de « J'ai goûté, dans tel bouge d'Égine ou de Phalère, à des nourritures si fraîches qu'elles demeuraient divinement propres, en dépit des doigts sales du garçon de taverne » (OR, p. 292) et « va-et-vient incessant sur les mers grecques » (OR, p. 520) de « La route du retour traversait l'Archipel ; […] j'assistais aux bonds des dauphins dans l'eau bleue ; j'observais […] le long vol régulier des oiseaux migrateurs, qui parfois, pour se reposer, s'abattent amicalement sur le pont du navire ; je goûtais cette odeur de sel et de soleil sur la peau humaine, ce parfum de lentisque et de térébinthe des îles où l'on voudrait vivre, et où l'on sait d'avance qu'on ne s'arrêtera pas » (OR, p. 481).

10 Démoniaque, puisque leur auteur vit « sans cesse à l'intérieur de ces deux corps et de ces deux âmes ». Mais sans toutefois que cette présence soit définie comme néfaste.

terre à me souvenir qu'elle a été » (EM, p. 618) – au lecteur, ensuite, de relever le défi d'un passage de témoin qui semble la raison d'être de cette dernière phrase. Toujours tentée de recourir à des universaux, quelles que soient les différences que l'auteure entrevoie entre elle-même et cette « rombière américaine » (EM, p. 618), elle cherche à se rapprocher d'elle : « une forme, une personne reconnaissable, chérie peut-être, ou détestée », etc. Les personnages de Marguerite Yourcenar – même les plus insignifiants – ne sont donc pas seulement l'objet de sa sollicitude parentale, comme je l'ai montré à la fin de la deuxième partie de cette étude : ils sont aussi – ou le deviennent sitôt qu'elle les prend en charge – une émanation de sa propre personnalité, de sa propre identité. À nouveau, nous sommes non seulement devant une aventure de l'esprit, mais encore devant une démarche démiurgique, sur laquelle j'aurai bientôt l'occasion de revenir.

Ces revendications contradictoires d'effacement et d'envahissement sont encore attestées dans la correspondance lorsque Marguerite Yourcenar se déclare « infiniment touchée » par la comparaison que fait un critique entre elle et saint Augustin, « le seul peut-être des mémorialistes qui, à force de *ferveur* et d'*humilité*, a réussi à nous faire sentir que son moi était notre moi à tous » (L, p. 569, c'est moi qui souligne). Elles sont peut-être insolubles sur le plan théorique, en raison d'une part de l'extériorité du discours critique – impossibilité de mesurer le rapport des influences et des souvenirs dans la mouvante élaboration d'un moi tout aussi mouvant et extérieur à l'analyste – et d'autre part de l'étroite imbrication, chez Marguerite Yourcenar, du texte et du discours sur le texte. Elles ne peuvent davantage être résolues sur le plan biographique, malgré la possibilité de postuler dans l'œuvre, on vient de le voir, les traces d'une présence personnelle de l'auteure – sans compter, par exemple, l'incarnation littéraire indubitable de Marguerite Yourcenar dans *L'Œuvre au Noir* sous les traits de la vieille Greete. Reste, à défaut de les expliquer, à voir comment elles fonctionnent, c'est-à-dire comment elles sont résolues sur le plan pragmatique.

Or Marguerite Yourcenar ne se contente pas de jouer le « je » toute seule avec ses personnages. Elle fait clairement au lecteur, « mon semblable, mon frère » (Baudelaire), une invitation à répondre à l'occupation des personnages en entrant à son tour dans la danse, en jouant lui aussi le « je », c'est-à-dire en devenant lui-même à chaque instant le personnage et même parfois l'écrivain : « Chaque lecteur enthousiaste est l'auteur d'un nouvel ouvrage, aussi bon ou aussi nul qu'il l'est lui-même » (EM, p. 587). Cette invitation – même si elle s'accompagne de réticences ou de suppositions peu flatteuses sur l'intelligence du lecteur – est quasi permanente : le passage du particulier à l'universel, l'abondance des maximes intemporelles, l'enrôlement dans le « nous » et dans le « on », le recours à des interpellations comme « On imagine sans peine », « On se figure aisément », « Je ne vais pas faire languir le lecteur, qui voit déjà où je vais » (EM, p. 1111), etc. On a vu que chez Marguerite Yourcenar, reconnaître une qualité à un écrivain pouvait être une manière de se la reconnaître à elle-même. À propos de Cavafy, elle remarque :

> Le « je » de certaines confidences savamment délimitées, Très loin, par exemple, finit par acquérir chez Cavafy un sens aussi nu, aussi détaché, que le « il » des poèmes impersonnels, et comme une espèce d'admirable extra-territorialité. (EM, p. 148)

Si c'est ici d'un passage du « je » au « il » qu'il est question, le mouvement est le même : je puis être l'autre et tout autre peut être moi. Ce jeu de pronoms est permanent comme un changement de masques. L'effacement du « moi, Yourcenar » derrière le « moi, Hadrien » (par exemple), prépare le « moi, lecteur ». Marguerite Yourcenar affectionne les « confessions » : Michel-Ange dans « Sixtine », Hadrien dans les *Mémoires*, Éric dans *Le Coup de grâce*, Alexis, sans parler des abondants monologues de *Feux* (Phédon, Marie-Madeleine, Clytemnestre, les fragments de la narratrice), de *Denier du rêve* (Clément Roux, Marcella, Massimo) ou du *Labyrinthe du monde*, si bizarrement écrit, fût-ce seulement par intermittences, à la première personne. Mais, même dans les livres qui sont écrits à la troisième personne, la porte du « je » n'est jamais fermée. Les méditations de Zénon ou de Nathanaël en sont un exemple, ou encore le petit Lazare ouvrant tous les possibles du rêve au lecteur en même temps qu'à lui-même[11].

Le « je » si décrié devient ainsi le sésame et la pierre de touche du monde yourcenarien et, du même coup, on comprend que ce mouvement en apparence si contradictoire d'effacement et d'envahissement, qui permet au pronom personnel de remplir pleinement sa fonction relative, interactive, aboutit à (re)positionner en permanence les personnages, l'écrivaine et le lecteur dans les figures d'une sorte de jeu de société. La connexion de tous les points du réseau et leur irradiation par l'énergie personnelle de l'écrivaine tracent une géopolitique ou plutôt une topo-pragmatique de l'écriture. Cette création une première fois accomplie, il

---

[11] Magda CIOPRAGA, dans son livre *Marguerite Yourcenar de la morale à l'écriture*, Iasi, Éditions Fides, 2000, décrit remarquablement cette espèce d'association momentanée de l'auteur, du personnage et du lecteur : « On peut […] penser […] que lorsqu'elle parle d'unité, de communication, Marguerite Yourcenar compte aussi avec son public, que le principe d'équivalence ne s'applique pas seulement à l'auteur et à ses personnages, à leurs évolutions et à leurs expressions, mais qu'il comprend également le destinataire du livre : les moi sont égaux, les histoires se valent, les formes personnelles sont permutables. Une série de correspondances me semble s'établir de la sorte entre ces trois rapports fondateurs d'équivalences : le rapport ontologique (celui des êtres), le mythique (de leurs histoires), et le syntaxique (de leur expression) » (p. 416).

appartient au lecteur, dans le plus pur style de la citation optimiste de Pic de la Mirandole qui figure à l'orée de *L'Œuvre au Noir*, de l'achever en entrant dans l'œuvre par la porte étroite ou par la voie royale du « je ». Mais l'écrivaine qui nous offre cette possibilité n'en tient pas moins – c'est ce qu'on va voir à l'instant – à garder soigneusement les rênes de l'entreprise.

L'écrivain, cœur et conscience de son œuvre

En effet, si la question du « je » dans l'œuvre yourcenarienne demeure sinon contradictoire du moins ambiguë, l'auteure, reliée à son œuvre « par de fins capillaires » (EM, p. 214) – c'est-à-dire des vaisseaux sanguins irriguant la chair –, revendique sur cette œuvre le droit de vie et de mort et surtout le droit d'interprétation. La porte émotionnelle du « je » est laissée ouverte, mais les clefs intellectuelles de l'œuvre sont jalousement détenues et l'œuvre se voit fortifiée, dans un mouvement qui a des côtés naïfs, voire pathétiques[12], d'un rempart de paratextes plus catégoriques les uns que les autres. On comprend mieux le désir de Marguerite Yourcenar de protéger son œuvre, d'en limiter l'accès ou l'analyse, si l'on admet qu'elle défend ses livres comme des enfants et, surtout, que son œuvre est sa raison d'être au point qu'elle peut ainsi compléter la phrase de son discours à l'Académie française :

> Ce moi incertain et flottant, cette entité dont j'ai contesté moi-même l'existence, et que je ne sens *vraiment délimité que* par les quelques ouvrages qu'il m'est arrivé d'écrire. (DAF, p. 10, c'est moi qui souligne)

S'ensuit une série de digues pour affirmer l'autorité de l'écrivaine. Ainsi, en même temps qu'il offre un contenu émotionnel et une charge d'identification très importants, *Le Coup de grâce* voit son analyse politique – dont pourtant l'enjeu ne serait pas moindre – purement et simplement frappée d'interdit dans la préface : « C'est pour sa valeur de document humain (s'il en a), et non politique, que *Le Coup de grâce*

---

[12] Par exemple, les déclarations répétées sur la bêtise et l'aveuglement du lecteur ont un aspect incantatoire, quelque chose comme « pourvu qu'ils ne comprennent pas ». Colette GAUDIN (*Marguerite Yourcenar à la surface du temps, op. cit.*) voit dans l'interdit de lecture yourcenarien une invitation, affirmant qu'il « ne diminue en fait le pouvoir du lecteur que si on prend la préface à la lettre, c'est-à-dire comme un métatexte définitif. Mais l'énergie même de son interdiction invite à une autre lecture » (p. 35). Elle y revient p. 63 : « L'accolade de l'épithète *définitif* à un roman, à sa préface, et à leur co-présence, comme dans l'édition de la Pléiade parue exceptionnellement avant la mort de l'auteur signale, plutôt que l'achèvement d'une œuvre, l'acceptation anticipée du moment imprévisible où la dernière version deviendra par la force des choses la version définitive ». L'acceptation, ou plutôt, me semble-t-il, la conjuration.

a été écrit, et c'est de cette façon qu'il doit être jugé » (OR, p. 83)[13]. Les commentaires sur *Un homme obscur* sont clos par un avertissement à la critique : « Il n'y a rien d'autre à dire sur Nathanaël » (OR, p. 1041). À l'intérieur du récit, l'aveu même d'impuissance de l'auteure entraîne avec lui le lecteur : « C'est *aussi loin* qu'on *peut* aller dans la fin de Zénon » (OR, p. 833, c'est moi qui souligne). Les interrogations psychologiques ou biographiques légitimement soulevées par la question de l'inceste, à propos d'*Anna, soror...*, sont résolues par le mépris : « Commençons par écarter les hypothèses des naïfs qui s'imaginent toujours que toute œuvre naît d'une anecdote personnelle » (OR, p. 909). Souvent, c'est d'ailleurs l'auteure elle-même qui soulève les questions pour mieux claquer la porte au nez du lecteur : « Ceux qui auraient préféré un *Journal d'Hadrien* à des *Mémoires d'Hadrien* oublient que l'homme d'action tient rarement de journal » (OR, p. 534). On pourrait multiplier les exemples, mais ce n'est pas mon propos dans cette étude[14].

Ce n'est donc pas le lecteur – simple invité d'ailleurs souvent jugé naïf ou bête –, c'est bien Marguerite Yourcenar qui est au centre de son œuvre, comme elle se trouve au centre de l'étonnant labyrinthe-matrice-tombe du rêve intitulé « Le vent dans les herbes », cet univers en mouvement insensible qui, à l'instar des catacombes et des rêveurs de *Denier du rêve*, porte dans de nombreuses cavités funéraires à la fois les morts et les vivants, et dont la rêveuse ne naît que pour s'en éloigner et contempler son envol « comme une sorte d'œuf cosmique s'élevant dans les airs » (EM, p. 1580). Ce « Je suis mon œuvre » est suggéré par une conscience à la fois en un point, le centre, et omniprésente, en tous points. À Zénon évoquant « les foules dont chaque homme se donne pour centre à l'univers » (OR, p. 564) et lui-même « placé au cœur des choses » (OR, p. 766) répondent Nathanaël agrippé aux cordages, entre

---

13   Anne-Yvonne Julien transgresse heureusement cet interdit pour son analyse du *Coup de grâce* (Anne-Yvonne JULIEN, *Marguerite Yourcenar ou la signature de l'arbre, op. cit.*, pp. 131-143), qu'elle ne trouve pas sans résonances avec les *Réprouvés* d'Ernst Von Salomon et d'autres écrits de l'entre-deux-guerres, concluant sur la « volonté yourcenarienne de mettre un terme à une période de sporadiques fréquentations d'une droite mondaine et extravertie, favorable à toutes les dérives idéologiques » (p. 143).

14   La question de l'autorité – fondamentale chez Marguerite Yourcenar – fait l'objet de la thèse de doctorat de Francesca COUNIHAN : *L'autorité dans l'œuvre romanesque de Marguerite Yourcenar, op. cit.* Francesca Counihan y met en perspective une autorité yourcenarienne fondée essentiellement sur l'érudition, sur la généralisation du discours et sur le recours à des voix narratives masculines – tant dans le paratexte que dans l'œuvre narrative elle-même –, autorité dont la manifestation répétée tendrait à masquer ou à conjurer le sentiment, chez l'auteur, d'une fragilité particulière due à sa féminité. On l'a vu plus tôt dans cette étude, le choix d'un pseudonyme y est lié.

mer noire et ciel noir, « vivant, respirant, placé tout au centre » (OR, p. 934) et Phédon « couché au centre de l'avenir » (OR, p. 1108). Leo Belmonte, le philosophe maudit[15] d'*Un homme obscur*, va plus loin dans la définition yourcenarienne du démiurge :

> Du moment que le monde (*aut Deus*) est une sphère dont le centre est partout, [...] il suffirait de creuser n'importe où pour amener Dieu, comme au bord de la mer on amène l'eau quand on creuse le sable, (OR, pp. 983-984)

avant de s'identifier à ce monde qui est Dieu : « En ce moment je suis au centre » (OR, p. 984). En 1927, Marguerite Yourcenar écrivait déjà : « Je n'imagine l'infini que concentrique à mon cœur » (EM, p. 476). Plus tôt encore, on trouve sous sa plume de poète de dix-huit ans des expressions et des idées qui montrent clairement cette volonté de s'identifier au monde ou à l'œuvre, ce qui semble rapidement revenir au même. Dans *Le Jardin des Chimères*, Pan s'écrie : « Mon souffle est l'âme de la Terre » (JC, p. 16). Dans *Les Dieux ne sont pas morts*, c'est Aphrodite Ourania qui affirme : « Le rythme de mon cœur est le rythme des choses » (DPM, p. 181). À l'équation Dieu = monde se superpose l'équation Yourcenar = son œuvre. Marguerite Yourcenar est bien de celle-ci l'alpha et l'oméga :

> *L'Œuvre au Noir* commencée (sous un autre titre) à l'époque où j'avais l'âge du jeune Zénon, du jeune Henri-Maximilien au début du livre. Terminée quand j'ai un peu plus de l'âge qu'ont Zénon et Henri-Maximilien quand ils butent sur leur mort. (CNON, pp. 456-457)

Le poème « Les Charités d'Alcippe » inaugure le recueil du même nom, publié pour la première fois en 1956 à Liège aux Éditions La Flûte enchantée par l'écrivain Alexis Curvers, et republié, augmenté de trente et un textes, chez Gallimard en 1984. La plupart des textes de ces recueils datent des années 1919 à 1935. Le texte intitulé « Les Charités d'Alcippe » est pour sa part daté de 1928. Il contient l'exposé d'un mythe de morcellement et de dispersion qui n'est pas sans rappeler celui d'Orphée. Alcippe se voit demander successivement son cœur par les Sirènes, son âme par les dieux et son corps par les morts. Les quatre strophes de conclusion du poème expriment dès lors à la fois l'hésitation quant à l'identité et la certitude de l'omniprésence du héros, aboutissant d'une part au superbe : « Je ne me trouve plus qu'en me cherchant ailleurs » et d'autre part au non moins fort « J'existe à tout jamais dans ce que j'ai donné » (CA, p. 12). Il semble permis d'y voir une préfiguration du statut de la création, précisément ce balancement, typiquement

---

[15] Anne-Yvonne JULIEN (*Marguerite Yourcenar ou la signature de l'arbre, op. cit.*, pp. 206-211) a inventorié, dans sa lecture d'*Un homme obscur*, les traces de Spinoza dans le personnage de Belmonte.

yourcenarien, entre d'une part l'affirmation d'un moi autoritaire et tout-puissant à l'origine et au centre de son œuvre et d'autre part la nécessité de se dissoudre dans les lieux, les époques, les modalités de l'être, les personnages, etc., pour être en tous points de son œuvre, ce qui confère à l'écrivain une puissance non moins intéressante.

Tel est bien le propos d'un autre poème, « L'homme épars », daté de 1930, sonnet dans lequel le récitant est littéralement partout : « dans l'arbre », « avec les plantes », « avec l'eau », etc., culminant dans un jeu dialectique presque jubilatoire : « Mes terreurs de ramier font mes plaisirs d'autour », sans oublier l'expression d'une compassion sans illusion sur son objet : « Je me prends en pitié dans les pauvres qui pleurent » (CA, p. 21).

Le flux et le reflux de l'écrivaine créatrice dans son œuvre prend même parfois la forme d'un désir de retrait ou d'absence. Il est trop tard pour ne pas « encombrer la terre » (EM, p. 1070), alors l'écrivaine l'imagine avant : « Contemplons […] ce monde que nous n'encombrons pas encore » (EM, p. 955), peignons l'espace et le temps avant que l'irréversible soit accompli. Le désir alterné d'entraîner et d'effacer avec soi ou par soi toute trace humaine trouve une expression détournée dans la préface à *La Petite Sirène* :

> Ce passage de l'archéologie à la géologie, de la méditation sur l'homme à la méditation sur la terre, a été et est encore ressenti par moi comme un processus douloureux, bien qu'il mène çà et là à quelques gains inestimables. (Th. I, p. 146, déjà cité)

Dans la colonne desdits gains, il faut sans nul doute inscrire l'élargissement de la perspective qui permet à une écrivaine de dépasser la confession trop intime (*Alexis, Feux, Le Coup de grâce*) ou le seul point de vue d'un monde humanocentré (avec ses impasses technologiques, par exemple) pour élever sa pensée et son œuvre à une dimension véritablement universelle. Ainsi Zénon, qui, historiquement, devrait en être resté à l'humanocentrisme et à « cet Adam Cadmon placé au cœur des choses, en qui s'élucide et se profère ce qui partout ailleurs est infus et imprononcé » (OR, p. 766), étend sa vision aux animaux et même au soleil ou à la mort, acceptant de brouiller ou de perdre ses repères humains (« il se retint de penser », OR, p. 766).

Quant au prix à payer, qui fait, dans la citation ci-dessus, qualifier ce processus de « douloureux » par l'auteure, il est l'aveu implicite que cet élargissement a été rendu nécessaire par le constat amer du caractère néfaste de la présence humaine, ce qui, joint à une destinée toute personnelle, la naissance meurtrière – jamais évoquée comme telle –, aboutit dans toute l'œuvre non seulement à l'expression d'une misanthropie foncière mais encore à une reformulation en pointillé, originale et permanente, de la notion chrétienne de péché originel, qui prend ici l'allure non plus d'une faute induisant une causalité, une fatalité ontologiques, mais de la permanence spontanée et inquiétante, en tout humain, d'une sorte de péché potentiel. Marguerite Yourcenar écrivait en 1960 à sa traductrice italienne :

> Je comprends vos sentiments d'horreur d'appartenir à la race humaine […].
> À la vérité, je les éprouve bien souvent, et je me dis que les hommes et les femmes de notre génération sont peut-être les premiers à les ressentir ainsi, c'est-à-dire avec une sensation d'affreuse plénitude […] Tout nous avertit aujourd'hui de l'*universalité du mal* […]. On en arrive à se dire qu'une erreur initiale, irréparable, a été commise quelque part, c'est-à-dire que la notion de péché originel tend à s'imposer quoi qu'on fasse, ne fût-ce qu'à titre de *symbole*. (L, p. 150, c'est moi qui souligne)

Enfin, la position centrale ambiguë conquise au prix de ce « processus douloureux » se double d'une conscience aiguë et jalouse de son statut de créatrice et des mystères de sa création, ainsi que d'une attitude de protection parentale par rapport à ses livres et à ses personnages.

J'alimente de ma substance
L'écriture comme don maternel de soi

Enfanter ou écrire

L'abondance d'images liées à la procréation, pour évoquer l'écriture, le personnage et le livre, frappe chez une femme écrivain qui semble si peu concernée par la maternité, que ce soit dans sa vie ou dans les thèmes de son œuvre. Nous avons vu qu'il ne fallait pas s'arrêter à ce paradoxe : non seulement la parenté est un thème très largement attesté chez Marguerite Yourcenar, mais encore elle structure cette œuvre en donnant à ses personnages une bonne partie de leurs raisons d'être et d'interagir. Il n'y a donc rien d'étonnant à ce que le discours de l'auteure sur son œuvre témoignent de cet intérêt.

Très souvent, chez Marguerite Yourcenar, les manifestations et les prises de positions personnelles interviennent de façon détournée, soit par le biais de ses personnages, soit par le biais du discours sur d'autres artistes ou écrivains qui ont précisément intéressé la romancière parce qu'ils faisaient écho à sa propre quête – ce qui ne veut pas dire, loin de là, qu'elle ne s'exprime jamais pour son compte au sujet des liens entre l'écriture et la maternité.

Les portraits d'écrivains femmes sont rares chez Marguerite Yourcenar. Le plus connu est celui de Selma Lagerlöf, que j'ai déjà abordé dans un point précédent en constatant qu'à plusieurs reprises, c'est tout autant d'elle-même que de l'écrivaine suédoise que parle la romancière. C'est également le cas lorsqu'il est question de la création au féminin. L'auteure énonce tout d'abord une sorte d'impossibilité qui ne se résout que dans une alternative :

> Un grand roman présuppose un libre regard porté sur la vie que la coutume sociale, jusqu'ici, n'a guère permis aux femmes ; il suppose aussi, dans les meilleurs cas, un luxe de puissance créatrice que les femmes semblent avoir rarement eue, ou du moins pu manifester, et qui ne s'est donné jusqu'à présent libre cours que dans la maternité physiologique. (EM, p. 107)

Remarquons bien les importants sous-entendus contenus dans cette phrase. La maternité est mise sur le même pied que la création littéraire, puisqu'elle procède du même « luxe de puissance créatrice » ; la création littéraire est une sorte de maternité, puisque l'expression « maternité physiologique » suppose clairement qu'il en existe une autre, non physiologique, c'est-à-dire intellectuelle ou spirituelle ; enfin, création et maternité sont une « puissance » dont celles qui en sont pourvues peuvent user sans contrainte, si l'on admet que le mot « luxe » a ici à peu près le même sens que le mot « surabondance » – et non pas « privilège », ce qui aboutirait à un contresens. La « puissance créatrice » est ainsi très manifestement – il faut le remarquer – liée au féminin et, qui plus est, dans ce cas-ci, il s'agit de puissance créatrice artistique. À certaines femmes, il serait donc donné d'enfanter de grandes œuvres littéraires. Sans renoncer pour autant à être une femme – à moins de réduire un être humain féminin à la seule dimension de la procréation « biologique », ce qui n'était certes pas le propos de l'écrivaine et qui, pour une fois, pourrait la mettre d'accord avec les féministes –, Marguerite Yourcenar se range ainsi clairement du même côté que Selma Lagerlöf, qui, elle non plus, n'a pas eu d'enfants : enfanter ou écrire, il faudrait choisir. Ce faisant, elle établit fermement – dans un contexte moderne et à propos d'une femme, il faut le souligner – l'équation platonicienne réservée aux hommes – et qui sera revendiquée pour Cavafy : « la perpétuelle équation œuvre-mémoire-immortalité » (EM, p. 157) – : œuvre (artistique, politique, etc.) = enfant = perpétuation. C'est donc naturellement qu'elle parlera de la « lente gestation » (OR, p. 126) de *L'Anneau des Löwenskold*, une des dernières œuvres de Selma Lagerlöf.

On trouve dans les « Carnets de notes de *L'Œuvre au Noir* » quelques assertions transparentes sur l'écriture comme don de soi, et comme don de soi parental ou même maternel. Ainsi, dire de Zénon qu'il est « imaginaire, mais nourri d'une bouillie de réalité » (CNON, p. 470) peut surprendre à propos d'un personnage voulu adulte dès le départ du livre, délaissé par sa mère, lui-même guère pétri d'amour filial, sans enfant et relativement inaccessible aux émotions. Le doux Nathanaël ou le petit Lazare se seraient sans doute plus facilement prêtés à cette image de maternage d'un nourrisson. Et, de fait, l'attitude concerne tous les personnages :

> Chaque écrivain ne porte en soi qu'un certain nombre d'êtres. […] J'ai mieux aimé approfondir, développer, nourrir ces êtres avec qui j'avais déjà l'habitude de vivre, apprendre à les mieux connaître à mesure que je connais mieux la vie, perfectionner un monde déjà mien. « Je n'ai jamais compris qu'on se rassasiât d'un être », fais-je dire à Hadrien parlant de ses amours. Je n'ai jamais cru non plus que je pusse me rassasier d'un personnage que j'avais créé. Je n'ai pas fini de les regarder vivre. Ils me réserveront des surprises jusqu'à la fin de mes jours. (CNON, p. 451)

Outre un nouvel emploi du terme « nourrir », ce qui frappe est le ton parental du passage, qui conviendrait certes à des enfants que l'on regarde grandir et dont on respecte la personnalité au point qu'on peut être surprise par eux (au contraire du prétendu contrôle absolu parfois prêté aux écrivains), à des enfants que l'on aime – la comparaison avec les amours d'Hadrien en témoigne –, sans excès d'attendrissement toutefois, au contraire de Dickens, qui « pèche souvent […] par sentimentalité envers ses propres créatures » (CNON, p. 452).

Certes, jusque-là, la démarche pourrait encore paraître quelque peu cérébrale. Mais la formulation ne peut pas ne pas retenir l'attention. L'auteure aurait pu écrire, pour dire à peu près la même chose, par exemple : « Chaque écrivain ne produit qu'un certain nombre de personnages », ou « n'imagine qu'un certain nombre de types humains ». Or les termes qu'elle utilise évoquent irrésistiblement le nombre limité d'ovules – fixé dès la quinzième semaine du développement du fœtus – qu'une femme porte en elle et qui représentent tous ses espoirs de maternité. Un indice supplémentaire penchant en faveur de la comparaison est fourni par l'emploi du neutre « soi » au lieu de « lui », qui, référant à Marguerite Yourcenar et démasculinisant le mot « écrivain », se prête à englober l'auteur femme dans cette assertion générale. Ainsi cette phrase dont la généralité pourrait paraître désincarnée et sexuellement neutre, voire – si l'on se réfère au mot « écrivain » – docilement conforme au modèle dominant masculin, est au contraire de celles où Marguerite Yourcenar manifeste le plus sa féminité et – qui plus est – la connotation maternelle qu'elle attache à l'acte d'écrire.

L'évocation maternelle du personnage s'étend, logiquement, au nom que la romancière lui donne, pour un bien étrange baptême :

> Répétitions (mantras). […] Il m'est souvent arrivé de me répéter silencieusement ou à mi-voix à moi-même : « Zénon, Zénon, Zénon, Zénon, Zénon, Zénon… » Vingt fois, cent fois, davantage. Et sentir qu'à force de dire ce nom un peu plus de réalité se coagulait. (CNON, p. 457)

Le verbe utilisé ici, « coaguler », ne s'entend pas seulement à propos du sang, ce qui suffirait à le mettre aux avant-postes de la magie chamanique yourcenarienne. Il renvoie aussi directement aux expériences alchimiques de Zénon, de sorte qu'il est permis de voir, dans le long passage où le philosophe médite sur l'œuvre au noir, une métaphore plus ou moins transparente de la création littéraire selon Marguerite Yourcenar :

> *Solve et coagula…* […] Don Blas de Vela lui avait souvent solennellement affirmé que l'opération aurait lieu d'elle-même, qu'on le voulût ou non, quand les conditions s'en trouveraient remplies. […] Il avait choisi de dissoudre et de coaguler la matière dans le sens d'une expérimentation faite avec le corps des choses. Maintenant, […] l'opérateur brûlé par les acides de

la recherche était à la fois sujet et objet, alambic fragile et, au fond du réceptacle, précipité noir. L'expérience qu'on avait cru pouvoir confiner à l'officine s'était étendue à tout. (OR, pp. 702-703)

L'écrivaine rejointe et dépassée par sa recherche est – avec une certaine jubilation – prise à son piège d'apprentie-sorcière : désormais, la
voilà sujet et objet de sa quête, auteure et personnage de son œuvre,
œuvre de son œuvre – qui s'est étendue du livre à la vie –, expérimenta-
trice « avec le corps des choses ». La romancière tient du reste à donner
à sa démarche un côté véritablement charnel : « Se désincarner pour se
réincarner en autrui. Et utiliser pour le faire ses os, sa chair et son sang,
et les milliers d'images enregistrées par une matière grise » (CNON,
p. 467). Le résultat ressemble fort à une progéniture, envers laquelle on
professe un amour à la fois immense, désintéressé et égocentrique :
« Tant qu'un être inventé ne nous importe pas autant que nous-mêmes, il
n'est rien » (CNON, p. 466). De plus, l'« être inventé » tire son existence
même de l'amour que lui porte son inventeur, comme un enfant voulu
par ses parents : sans quoi il ne naît pas, « il n'est rien ». Cette proximité
selon la chair, qui rappelle la consubstantialité que j'évoquais à propos
de Flaubert, se donne prudemment des garde-fous :

> Ajoutons tout de suite pour les imbéciles qui liraient cette note que, s'il m'est
> arrivé souvent de regarder mes personnages faire l'amour […], il ne m'est
> jamais arrivé de m'imaginer m'unissant à eux. (CNON, pp. 464-465)

En effet, même si la prévention semble d'abord destinée au lecteur (et
de manière particulièrement méprisante), il est significatif qu'elle
prenne la forme d'un aphorisme qui rappelle – pour qui, sinon pour l'auteure elle-même ? – l'interdit de l'inceste avec une progéniture, et pour
la plus éloquente des raisons : « On ne couche pas avec *une partie de soi-
même* » (CNON, p. 465, c'est moi qui souligne ; la crudité du ton est
peut-être un signe de trouble).

Dans un entretien avec Claude Servan-Schreiber, on observe, outre
un nouvel emploi explicite de la métaphore de l'enfantement, le même
balancement entre la forte simplicité du vécu et la difficulté ou la pudeur
éprouvée à l'exprimer :

> La relation entre l'écrivain et ses personnages est difficile à décrire. C'est un
> peu la même chose qu'entre des parents et des enfants. Vous savez que ces
> enfants sont un peu vous. Vous pouvez faire d'eux ce que vous voulez mais
> dans certaines limites. À partir d'un certain moment, il n'y a plus rien à faire
> pour les changer, pour les modeler. Ils sont libres. Donc ils existent par eux-
> mêmes. […] Je crois que c'est un sentiment que tout le monde peut com-
> prendre. (PV, pp. 285-286)

Même lorsqu'elle avoue sans complexe accoucher de ses personnages, même lorsqu'elle explique quelle curieuse « éducation »[1] elle leur dispense, même lorsqu'elle reconnaît qu'ils lui échapperont toujours, Marguerite Yourcenar tente de baliser soigneusement la distance qui la sépare de ses créatures, non sans contradictions, comme nous le verrons plus loin à propos de l'emploi du mot « substance ».

L'œuvre-matrice, le personnage-fœtus

Le « placenta vital où s'élaborent les livres » (EM, p. 221), dont Marguerite Yourcenar parle à propos de Mishima – encore une expression d'autant plus parlante à propos de la maternité qu'elle s'applique ici à un homme –, serait-il l'œuvre elle-même alimentée par l'écrivaine ? L'image du placenta comme milieu nourricier, irrigué par le sang de la mère/auteure, image qui elle-même réfère étroitement à la matrice, milieu clos et protecteur, univers en soi, se retrouve en effet çà et là, fût-elle déguisée. C'est l'œuf cosmique des *Songes et des sorts*, monde baignant dans une lumière diffuse et en insensible mouvement (EM, p. 1578) ; la plage de Heyst et son eau baptismale, au sein de laquelle Zénon est « nu et seul », « placé au cœur des choses » (OR, p. 766) ; la nuit immense dont se saoule Nathanaël agrippé aux cordages du voilier, lui aussi « placé tout au centre » (OR, p. 934) ; le moment même, véritablement salutaire, qu'est le salut chanté en l'église de Sainte-Marie-Mineure, dans *Denier du rêve* (OR, pp. 184-186), et qui célèbre la « Bonne Mère » (OR, p. 184) dont l'influence bénéfique d'«antique[] bonne[] déesse[] », véhiculée par les « ondes sonores » des orgues, s'étend à tous ; l'eau bleue dans laquelle la rêveuse « respire sans suffoquer » (EM, p. 1559), dans *Les Songes et les Sorts*. Ce filet protecteur[2] est tendu par une écrivaine qui se prodigue à ses personnages au point d'être consubstantielle à eux. À la fin du rêve intitulé « L'île des dragons », la rêveuse flotte encore dans une eau où tout s'enfonce, sauf elle et un enfant qu'elle porte et sécrète comme une huître ferait d'une perle :

---

[1] Une éducation à l'évidence bien plus maternelle que paternelle, alors que le seul modèle dont elle disposait en la matière paraisse avoir été celui de son père Michel. C'est une autre raison pour moi de refuser l'idée – parfois émise par la critique – d'une docile conformation de Marguerite Yourcenar à un quelconque modèle masculin ou paternel dominant.

[2] Comme je l'ai remarqué lors de l'analyse de l'artiste comme tisserand, Pascale DORÉ (*Yourcenar ou le féminin insoutenable, op. cit.*) voit plutôt une toile d'araignée mortifère dans la plupart des influences de la mère yourcenarienne qu'elle a analysées, ainsi Marguerite « mise en croix » dès le début de *Souvenirs pieux* (pp. 187-188), Martha « emprisonnée » par Hilzonde dans une « entre-deux-morts » (p. 189) ou

> Je flotte, repliée sur moi-même, refermée sur cette petite chair tiède comme
> les mille plis d'un coquillage, tandis que les cheveux du nouveau-né
> poussent avec une rapidité miraculeuse, s'allongent démesurément,
> s'enroulent autour de mes bras, de mes jambes, de mon torse nu, et ondoyent
> çà et là comme des racines d'algues. (EM, p. 1564)

Cette vision d'un bébé-univers en expansion, cumulant des traits animaux et végétaux et dont le développement se fait sur le mode de la
ramification et du réseau, me paraît ni plus ni moins qu'une métaphore
de l'œuvre yourcenarienne générant ses personnages – en y englobant,
on le voit dans le récit du rêve, leur propre auteure. À l'instar de
Rembrandt – hanté par l'autoportrait – au sujet duquel est employée à
nouveau l'expression plutôt maternelle de « porter en soi » :

> Rembrandt a eu peut-être plus que tout autre peintre sa vision, son rêve si
> l'on veut, du monde qu'il portait en lui et du monde ou il a vécu. On sent
> bientôt que chaque tableau, chaque dessin, est un fragment d'un univers rem-
> brandtesque auquel nous appartenons, mais secrètement et le plus souvent
> inconsciemment, comme aux nerfs, aux artères, aux globules blancs et
> rouges qui circulent dans la nuit du corps. (EM, p. 566)

Et c'est une tirade de Zénon, lorsqu'il se pose en Socrate cosmique
accoucheur de destins, qui nous permet d'établir un nouveau parallèle
entre l'œuvre et la matrice :

> L'avenir est gros de plus d'occurrences qu'il n'en peut mettre au monde. Et
> il n'est point impossible d'en entendre bouger quelques-unes au fond de la
> matrice du temps. Mais l'événement seul décide laquelle de ces larves est
> viable et arrive à terme. Je n'ai jamais vendu au marché des catastrophes et
> des bonheurs accouchés d'avance. (OR, p. 668)

Le scrupule du philosophe – quoiqu'on décèle un certain sarcasme
dans le passage – est sans aucun doute aussi celui de l'écrivaine, même
si, elle le reconnaît elle-même, certains de ses personnages sont nés
prématurément du « placenta vital où s'élaborent les livres », débouchant
sur des livres imparfaits qu'elle a soigneusement retravaillés. La sévère
autocritique exercée par Marguerite Yourcenar sur ses œuvres de
jeunesse est peut-être une fois encore due à un désir de garder les rênes
et de prévenir les critiques en les faisant elle-même. Sur le plan strictement littéraire, elle est sans doute en partie justifiée. Mais elle exprime
plus que tout un regret de n'avoir pas toujours su choisir le bon moment
pour « accoucher » d'un livre. D'où le statut particulier de *Mémoires*

Michel que « Noémi ne réussit qu'en partie à fixer […] dans la toile » (p. 191), etc.
Je pense pour ma part que l'auteur réintroduit le féminin bénéfique dans son œuvre
au moyen d'images de type maternel, mais que ces images renvoient plutôt à la maternité de l'écrivain qu'à la maternité de ses personnages féminins.

d'Hadrien qui, en partie de sa propre volonté, en partie pour des raisons extérieures (la guerre et l'exil aux États-Unis entraînant la perte du manuscrit), est sorti de presse dans son premier et dernier état : parfait. « Il est des livres qu'on ne doit pas oser avant d'avoir dépassé quarante ans », note-t-elle avec une ombre d'autosatisfaction dans les « Carnets de notes de *Mémoires d'Hadrien* » (OR, p. 521). Par ailleurs, certaines des œuvres de jeunesse n'ont guère été retravaillées, ainsi *Alexis* et *Anna, soror...*, ce qui semble indiquer que la maturation n'est nécessaire qu'à certains types de livres.

Ainsi deux expressions d'une même énergie cosmique se proposent : la « force qui crée les mondes », principe vital de l'abondante fertilité de Mathilde, dans *Souvenirs pieux*, est exactement la même que le « luxe de puissance créatrice » de l'écrivaine Selma Lagerlöf.

Mais la maternité réelle est un piège. Avoir une mère est un piège : qu'on pense à Électre – ou à Marguerite : « la révolte eût […] prévalu vers 1920 chez une fille de dix-sept ans » (EM, p. 745). Avoir un enfant est un piège : Idelette enceinte est prise à la « trappe » de la « chair » (OR, p. 777). « Un enfant, c'est un otage. La vie nous a » (OR, p. 1071), écrivait déjà Marguerite Yourcenar en 1936 dans *Feux*. Même les substituts de la maternité sont dangereux, mortels. Dans un article de 1930, « La Symphonie héroïque », Marguerite Yourcenar a déjà parfaitement intégré l'équation œuvre = enfant dans le sens mortel de l'attentat ou du parricide, celui de « mettre au monde l'avenir », comme dira Marcella dans *Denier du rêve* :

> Les princesses des tragiques se débattent sous un incube, et enfantent leur exploit ou leur crime dans les hurlements presque physiques de la douleur : terrible est, chez Électre, cette pénible parturition d'un meurtre […] Elles y aspirent, exactement comme une femme aspire à la délivrance : si elles ne s'en délivrent, il faut donc qu'elles en meurent. (EM, p. 1662)

Dans le même article, Marguerite Yourcenar y revient avec les héroïnes de Shakespeare à la « maternité toute [*sic*] abstraite » : « Si évidente est pour Shakespeare cette relation de l'héroïsme chez la femme et du sentiment maternel, que Lady Macbeth, incitant Macbeth à tuer Duncan, a la sensation d'allaiter son crime » (EM, p. 1663). Loin de la maternité banale mais réelle – ou héroïque mais abstraite, l'écriture, elle, est une maternité qui se donne « libre cours », hors de la « maternité physiologique ».

Le personnage-enfant, espèce de fœtus cosmique, est quant à lui cet « homme microcosme, formé de la même substance et régi par les mêmes lois que le cosmos, soumis comme la matière elle-même à une série de transmutations partielles ou totales, relié à tout par une sorte de riche capillarité » (EM, p. 169), homme microcosme repéré chez Thomas Mann en vertu, encore une fois, d'une affinité de vues et de pratique littéraire (humanisme, érudition, goût de la saga familiale, vertige de l'esprit, etc.). C'est l'absorption par le personnage de la substance cosmique de l'écrivaine qui lui donne vie et justifie en retour le statut et le moi de l'écrivaine, qui n'est « délimité que par les quelques ouvrages qu'il [lui] est arrivé d'écrire » (DAF, p. 10). Comme dans la plupart des couples dichotomiques, le créateur n'existe en tant que tel que parce qu'il y a des créatures, tout comme le statut de parent n'existe qu'en vertu de l'existence d'un enfant ou qu'un écrivain ne peut se dire tel que parce qu'il a écrit des livres. Comment s'étonner dès lors des réflexes de protection de Marguerite Yourcenar, alors qu'elle se confond le plus ouvertement du monde avec son œuvre, et, qui plus est, en passant par la pierre de touche de « ce moi incertain et flottant » ?

La « substance », énergie-matière maternelle et cosmique

Le mot de « substance », rarement employé à la légère chez la romancière, applique à la matière mais aussi à l'esprit la possibilité d'une communication, d'une transmission, voire d'une transmutation entre les points du réseau qu'elle a mis en place dans son œuvre. À commencer par l'auteure elle-même, qui se décrit à l'âge de six semaines comme « pour le moment rien qu'être, essence et substance indissolublement mêlées en une union qui va durer sous cette forme environ trois quarts de siècle, peut-être même plus » (EM, p. 1179).

Pourtant, l'emploi du mot « substance » – parfois répété plus qu'à satiété – n'est pas très présent dans les premières œuvres. Il y est même plutôt rare, voire inexistant. Quatre de ses occurrences retiennent pourtant l'attention. Dans *Denier du rêve*, l'émerveillement devant « la roche et [...] l'eau plus vieilles et plus jeunes que Rome » (OR, p. 272) de la fontaine de Trevi provoque une évocation lyrique de l'élément-eau chez Massimo. On trouve déjà la relativité du temps et l'éveil cosmique à ce qui dure en changeant sans vraiment changer : les rochers sculptés par l'homme, puis sculptés par le temps et devenus véritables rochers, l'eau canalisée mais bouillonnante, présence de la nature au cœur de la Ville par excellence. Mais la vision avorte : pour Clément Roux, d'abord émerveillé lui aussi, puis bouleversé par un début de crise cardiaque, « l'eau et la roche si merveilleuses de tout à l'heure ne sont plus que des substances insensibles qui ne peuvent pas lui venir en aide » (OR, p. 275). La dégradation de l'élément, de merveilleux devenu sommaire, se marque dans l'association d'« insensible » à « substance ». Remarquons aussi, dans un poème daté de 1932, « Ode aux bourreaux », une très belle occurrence qui concerne directement notre sujet et assimile, dans le plus pur style platonicien, l'œuvre à l'« enfant de notre substance » (CA, p. 53). J'aurai l'occasion d'y revenir. Dans *Feux*, Marie-Madeleine devant le Christ est

« envahie par ce doux tremblement des femmes amoureuses qui croient sentir se répandre dans tout leur corps la substance de leur cœur » (OR, p. 1102) ; mais le cœur s'épanche en vain : « J'étais de nouveau plus vide qu'une veuve » (OR, p. 1102). Enfin, quatrième occurrence précoce du mot de substance dans *Nouvelles orientales* (première version de 1938) : « Une fureur l'avait prise contre tout ce qui vit, en même temps que le désir d'en augmenter sa substance, d'anéantir les créatures tout en s'assouvissant » (OR, p. 1209), ce qui fait d'elle l'exact contraire de la mère modèle du « Lait de la mort », qui maintient une créature en vie au prix de son propre anéantissement exprimé par l'allaitement – ces deux attitudes caricaturales et néfastes poussant à l'extrême le double mouvement yourcenarien à l'égard de ses personnages.

Cavafy « nourri [...] de l'inépuisable substance du passé » (EM, p. 130), se révèle un émule de Pindare puisant à pleines mains dans le réservoir des mythes : c'est un premier emploi du mot « substance » – comme ce sera presque toujours le cas dans la suite de l'œuvre – dans le sens de quelque chose qui peut passer d'un point à un autre, d'un être à un autre, et enfin d'un écrivain à son personnage. Avec *Mémoires d'Hadrien*, le sens se précise. Le passage où Hadrien caractérise le marbre de « belle substance qui une fois taillée demeure fidèle à la mesure humaine » ne se rapporte pas seulement à un échange entre la matière minérale et le règne humain ; il y a également passage du plus grand au plus petit, de l'ensemble au détail, du tout à la partie : « le plan du temple tout entier reste contenu dans chaque fragment de tambour brisé » (OR, p. 385). Enfin, la substance traverse le temps : bien entendu, c'est aussi à notre époque et à nous-mêmes que s'adresse l'évocation, en quelques mots, du marbre avant l'intervention humaine et de la ruine après l'intervention du temps. Rien d'étonnant donc à ce qu'Hadrien déclare plus loin : « Mon âme, si j'en possède une, est faite de la même substance que les spectres » (OR, p. 510). L'éventualité d'un échange d'âmes entre deux êtres n'exclut pas l'appréhension d'une relative inexistence du vivant et d'une sorte de reniement du moi moribond par rapport à tel autre déjà mort, la même pulsion morbide associant ici l'édifice ou la statue à la ruine et là, l'âme à la ruine du corps.

*

Dans *L'Œuvre au Noir*, le terme de substance devient fondamental. Il faut donc savoir à quoi il y correspond. Sans prétendre épuiser la définition de ce terme, disons que dans les catégories établies par Aristote (IVᵉ siècle avant J.-C.) la substance désigne ce qui existe en soi et ne se modifie pas, par rapport à ce qui se modifie (attribut ou relation). À sa suite, c'est surtout à Thomas d'Aquin (XIIIᵉ siècle) qu'on doit l'emploi de ce mot dans le latin philosophique et théologique. En tant que clerc qui « grandit pour l'Église » (OR, p. 574), auprès du chanoine Campanus comme à l'Université de Louvain qu'il fréquente peut-être jusqu'à la fin du baccalauréat (alors quatre ans), Zénon est évidemment formé au thomisme, lui-même en partie fondé sur l'aristotélisme, et qui s'est d'ailleurs, au XVIᵉ siècle, progressivement imposé comme doctrine théologico-philosophique de référence dans les écoles et les universités – ainsi les accusateurs de Zénon invoqueront Aristote en même temps que la Bible pour reprocher à Zénon de soutenir que la Terre tourne autour du Soleil (OR, p. 788). Mais il s'en dégage dès son adolescence, « loin des préceptes et des syllogismes » (OR, p. 576) – Aristote est également considéré comme le père de la logique formelle et le premier théoricien du syllogisme – : « Platon d'une part, Aristote de l'autre étaient traités en simples marchands dont on vérifie les poids » (OR, p. 577). Cela ne l'empêchera pas de se servir de sa connaissance des théories d'Aristote pour faire passer dans ses livres certaines de ses idées en les maquillant « d'un pesant attirail d'attributs et de substances » (OR, p. 640) ou, bien plus tard, pour se défendre lors de son procès, à la grande fierté du chanoine Campanus qui « se souvenait d'avoir enseigné jadis à son élève ces subtilités scolastiques » (OR, p. 799).

Dans *L'Œuvre au Noir*, le mot « substance » est donc employé à la fois dans l'acception du latin philosophique et théologique ayant cours au XVIᵉ siècle puis, par un glissement de plus en plus sensible, dans un sens plus spécifiquement yourcenarien, c'est-à-dire une énergie/matière cosmique qui ne change pas – ou guère – dans un monde où tout change, et qui passe incessamment d'un point à l'autre du réseau serré de l'œuvre. Ainsi l'or est le commun dénominateur, la « jaune substance » à l'aune de laquelle se mesurent toutes les réalités du monde (OR, p. 622). L'immortalité de l'âme est envisagée sous l'angle d'un passage et d'une perte secondaires, mais non d'une transformation comme celle du corps après la mort : « seraient-ce le mouvement et la forme de l'âme, eux aussi, mais non sa substance, qui s'abolissent dans la mort ? » (OR, p. 647) ; mais la créature qui l'abrite, elle, « redoute le retour à la substance informe » (OR, p. 649), enjeu de la dissolution du moi et objet des méditations du philosophe-médecin. Il s'y joint bien sûr un point de vue alchimique[3], ce qui fausse parfois quelque peu l'acception yourcenarienne, la substance donnant çà et là prise à la modification. Ainsi la plante assimile des métaux « dont elle avait formé sa substance et dont elle opérait la transmutation » (OR, p. 584) ; Zénon est fier d'appartenir

---

[3] Je n'entrerai pas dans la question alchimique, me contentant de souligner son importance dans l'œuvre et dans la culture de Marguerite Yourcenar (« dix ans de lectures alchimiques », CNON, p. 461). Pour la dimension alchimique de *L'Œuvre au Noir*, on lira par exemple Catherine GOLIETH, « Écriture et alchimie dans *L'Œuvre au Noir* », *Bulletin de la Société internationale d'études yourcenariennes (SIEY)*, n° 19, décembre 1998, pp. 99-117.

à la race des hommes qui « transforme la substance des choses » (OR, p. 586) ; du visage de son cousin Henri-Maximilien, « la substance s'est refaite plus d'une fois au cours de vingt années » (OR, p. 644) ; « un homme qui absorbe chaque jour une certaine nourriture finit par en être modifié dans sa substance » (OR, p. 683). Toujours influencé par la culture alchimique de Zénon, le passage qui suit est une belle synthèse des deux acceptions du mot « substance » – l'immuabilité immobile aristo-télicienne et l'immuabilité mobile yourcenarienne :

> Le temps, le lieu, la substance perdaient ces attributs qui sont pour nous leurs frontières ; la forme n'était plus que l'écorce déchiquetée de la substance ; la substance s'égouttait dans un vide qui n'était pas son contraire ; le temps et l'éternité n'étaient qu'une même chose, comme une eau noire qui coule dans une immuable nappe d'eau noire. (OR, p. 686)

Le passage témoigne que Zénon, « qui avait naguère consacré un opuscule à la substance et aux propriétés du temps » (OR, p. 676) – thème qui reflète bien sûr aussi les préoccupations de sa créatrice... – n'a pas abandonné ce sujet de méditation. Le médecin va jusqu'à pous-ser cette synthèse vers son contraire. Après le vide qui n'est pas le contraire du « quelque chose », il envisage le contraire du mouvement :

> Parfois, il lui semblait entrevoir sous le flux une substance immobile, qui serait aux idées ce que les idées sont aux mots. Mais rien ne prouvait que ce substratum fût la dernière couche, ni que cette fixité ne cachât point un mou-vement trop rapide pour l'intellect humain. (OR, p. 687)

On le voit, Zénon approche le concept aristotélicien du moteur immo-bile, en doutant aussitôt de son immobilité. Dieu, s'il était réellement cette « substance immuable » nommée quelques pages plus loin (OR, p. 729) par Zénon dans ses entretiens avec le prieur des cordeliers, pour-rait n'être de toute façon qu'« indifférence ». Le prieur, quoique proba-blement moins formé intellectuellement que Zénon puisqu'il n'est pas un clerc mais un civil retiré du siècle, entend parfaitement ce langage : « Chaque peine et chaque mal est infini dans sa substance, mon ami, et ils sont aussi infinis en nombre » (OR, pp. 724-725).

C'est encore en thomiste que Zénon appréhende le rêve, mais en y ajoutant des caractéristiques et des préoccupations yourcenariennes :

> Il énumérait les qualités de la substance vue en rêve : la légèreté, l'impalpabilité, l'incohérence, la *liberté* totale à l'égard du temps, la *mobilité* […], le sentiment quasi platonicien de la *réminiscence*, le sens presque insupportable d'une *néces-sité*. […] Toutefois, la vie elle-même […] acquérait elle aussi l'étrange instabilité et la bizarre ordonnance des songes. (OR, p. 794, c'est moi qui souligne)

Enfin, Zénon envisage la procréation sous la double acception d'Aristote et de Marguerite Yourcenar :

> Se pouvait-il que ce jet de semence traversant la nuit, eût abouti à cette créa-
> ture, prolongeant et peut-être multipliant sa substance, grâce à cet être qui
> était et n'était pas lui ? (OR, p. 796)

La substance immuable immobile devient le principe vital qui se met
en mouvement entre deux « êtres » dont l'un prolonge l'autre. À partir
de *L'Œuvre au Noir*, le mot de « substance » ne sera quasi plus employé
que dans la définition donnée plus haut. Ainsi, dans *Archives du Nord*,
les corps peints par Rubens, créateur d'un « puissant magma organique »
et entraîné « dans un monde où ne compte plus que la substance pure »,

> ne sont plus que des solides qui tournent comme, d'après les théories
> encore condamnées de Galilée, la terre tourne ; les fesses des Trois Grâces
> sont des sphères ; les anges rebondis flottent comme des cumulus dans un
> ciel d'été ; Phaéton et Icare choient comme des pierres. Les chevaux et les
> amazones [...] sont des bolides arrêtés dans leur trajectoire. Tout n'est que
> volumes qui bougent et matière qui bout. (EM, p. 998)

« Matière qui bout » : c'est une image de substance par excellence, cette
substance dont la ruche yourcenarienne fait son miel, nourriture semblable
qui circule d'une abeille à l'autre mais produit des individus spécialisés.

Mais c'est bien entendu dans *Souvenirs pieux* que le mot « substance », appliqué à la procréation, prend le relief que nous lui avons vu
à propos du personnage de Fernande et que les phrases quasi juxtaposées
« je m'étais quelques mois nourrie de sa substance » (EM, p. 739) et
« j'alimente de ma substance » (EM, p. 745) établissent le plus clairement du monde le rapport que Marguerite Yourcenar entretient avec ses
personnages, fussent-ils des personnes ayant réellement existé, fussent-
ils sa propre mère devenue l'objet de sa sollicitude parentale.

Même Hadrien, avec qui Marguerite Yourcenar a pourtant rappelé à
quelques reprises la nécessité ou l'intention de cultiver une certaine distance, n'échappe pas à la procréation symbolique liée à la substance
transmise d'un point à l'autre du réseau. Parmi les pages non retenues de
Mémoires d'Hadrien figure un curieux épisode : celui au cours duquel
Hadrien jeune officier évoque, à l'occasion d'un jeu de divination,
l'homme qu'il sera plus tard :

> Mes relations avec ce vieillard étaient celles d'un père avec son fils ; il
> dépendait de moi qu'il fût ou ne fût pas. J'avais à l'engendrer de mes œuvres,
> à le nourrir de mon sang comme les sorciers, à l'aide d'un noir liquide,
> appellent et animent les ombres. Une force immense m'habita [*sic*] dont il
> serait le fruit et la fin.[4]

---

[4] Fragment non publié du manuscrit de *Mémoires d'Hadrien*, conservé à la Houghton
Library (Havard University, Boston). Cité par Michèle GOSLAR, *Yourcenar. Qu'il eût
été fade d'être heureux, op. cit.*, p. 185.

Il subsiste un écho de cette phrase dans les « Carnets de notes » : « Le sorcier qui se taillade le pouce au moment d'évoquer les ombres sait qu'elles n'obéiront à son appel que parce qu'elles lapent son propre sang » (OR, p. 536). Par ailleurs, la relation « d'un père avec son fils » mise en évidence dans le passage, dont la rédaction date probablement d'entre 1948 et 1950, évoque de manière troublante celle de Marguerite Yourcenar avec Fernande telle qu'elle la décrira en 1974 : « Le passage du temps invertit d'ailleurs nos rapports. J[e] me penche vers elle comme vers une fille que j'essayerais de mon mieux de comprendre sans y réussir tout à fait » (EM, p. 745). Enfin, le vieillard-fils est le produit d'« une force immense », substance personnalisée en Hadrien, puisqu'elle l'habite lui et ne se contente pas de le traverser et que, du reste, « le fruit et la fin » de cette force est lui-même : *Hic Hadrianus*, pourrait-on dire par allusion à la fameuse phrase de Zénon : « Un autre m'attend ailleurs. Je vais à lui […]. *Hic Zeno* […] Moi-même » (OR, p. 565). Quelles que soient les raisons pour lesquelles cette page a finalement été écartée de *Mémoires d'Hadrien*, une de ses composantes se révèle donc importante au point d'être partiellement récupérée dans les « Carnets de notes » (publiés dès 1952) et reformulée dans un tout autre contexte fictionnel – mais avec une évidente parenté d'intention – à vingt-cinq ans de distance.

Dans *Les Yeux ouverts*, Marguerite Yourcenar revient largement sur sa méthode de procréation littéraire, ce qui est l'occasion d'expliciter davantage encore – non sans contradiction, comme on va le voir – le sens qu'elle donne au mot « substance ». Dans le passage qui suit, c'est tout le flux et le reflux du moi qui est mis en balance, avec un malaise manifeste dans certains choix de termes :

> Ne jamais y mettre du sien, ou alors inconsciemment, en nourrissant les êtres de sa substance, comme on les nourrirait de sa chair, ce qui n'est pas du tout la même chose que de les nourrir de sa propre petite personnalité, de ces tics qui nous font nous. (YO, p. 72)

En effet, dire que c'est « inconsciemment » qu'elle nourrit les êtres de sa substance, alors qu'elle a ouvertement revendiqué la méthode six ans plus tôt dans *Souvenirs pieux*, n'est qu'une pirouette pour se tirer du mauvais pas méthodologique du moi. Pour répondre à Matthieu Galey qu'il ne s'agit pas du moi, elle imagine un moi « substance », un moi « chair », un moi « petite personnalité », etc., ce qui ressemble fort à un débat thomiste sur la substance et sur les attributs du moi ! Mais si nous poussons ce raisonnement jusqu'au bout, il mène purement et simplement à l'impasse : si ce qui compte est bien la substance et non les attributs du moi (ceux-là mêmes pourtant « qui nous font nous » !), alors quel sens donner au pronom personnel et à l'adjectif possessif dans « j'alimente de ma substance » ? Il y aurait au contraire d'une part la substance, immuable, passant d'un être à l'autre, d'un point à l'autre du réseau, et d'autre part de simples attributs « qui nous font nous ». Toute l'autorité yourcenarienne serait nulle et non avenue, sa méthode inexistante : l'œuvre, quasi involontaire (« inconsciemment »), tout au plus parcourue par une sorte de vitalisme, d'animisme littéraire. Mais il ne s'agit ici, pour éviter un débat insoutenable, que de clouer le bec au journaliste – et au lecteur. Qui ne se souvient de l'auteure écrivant : « Grossièreté de ceux qui vous disent : "Hadrien, c'est vous" » (OR, p. 536) ? Avant qu'elle reconnaisse quelques lignes plus loin : « Tout être qui a vécu l'aventure humaine est moi » (OR, p. 537). Un syllogisme très aristotélicien résoudrait en trois temps ce que Marguerite Yourcenar s'obstine ici à ne jamais formuler, et qui n'embarrassait pas Flaubert, au prix du paradoxe : « La Bovary, c'est moi ». Cet emploi généraliste du mot « substance » est d'ailleurs contredit lorsqu'elle s'attaque, une fois de plus, à l'égotisme, celui du lecteur cette fois :

> Certains lecteurs se cherchent dans ce qu'ils lisent et ne voient rien d'autre qu'eux-mêmes ; tout ce qu'ils touchent se change […] en leur propre substance. (YO, p. 232)

Car ce qu'elle attend bel et bien du moi, c'est qu'il lui serve de pierre de touche, qu'il soit « cette identité qui nous sert à mesurer l'homme qui change » (EM, p. 568). D'accord en cela avec Hadrien sur l'imperfection des moyens dont elle dispose pour appréhender le monde : « Équipement de valeur inégale ; outils plus ou moins émoussés ; mais je n'en ai pas d'autres : c'est avec eux que je me façonne tant bien que mal une idée de ma destinée d'homme » (OR, p. 304).

Mais revenons à l'emploi du mot « substance » dans *Les Yeux ouverts*. Quelques dizaines de pages plus loin, nouvelle pirouette à propos du même sujet et en tournant autour du même mot. À Matthieu Galey qui lui suggère : « C'est vous qui vous êtes introduite dans le personnage », elle répond du ton catégorique et agacé qu'elle utilise volontiers pour s'adresser au journaliste :

> Mille fois non. Je ne suis pas plus Michel que je ne suis Zénon ou Hadrien. J'ai essayé de le reconstituer – comme tout romancier – à partir de ma substance, mais *c'est une substance indifférenciée*. (YO, p. 224, c'est moi qui souligne)

Dans la phrase qui suit, elle donne pourtant un sens différencié au mot « substance », celui qui correspond tout à fait, cette fois, à la procréation symbolique revendiquée dans *Souvenirs pieux* :

> On *nourrit de sa substance* le personnage qu'on crée : c'est un peu un phénomène de gestation. Il faut bien, pour lui donner ou lui rendre la vie, le fortifier d'un apport humain, mais il ne s'ensuit pas qu'il soit nous ou que nous soyons lui. Les entités restent différentes. (YO, p. 224 ; c'est moi qui souligne)

« Nourrir », « gestation », « fortifier », « donner la vie » : si ce raisonnement avait encore besoin d'une confirmation, une telle accumulation de termes maternels nous la donnerait. Cette description convient à un rapport de mère à enfant, à l'action par laquelle une personne donne vie à une autre, à son image et différente à la fois. Tellement qu'en vérité Marguerite Yourcenar s'en défend aussitôt :

> J'aime Zénon comme un frère, mais *Zénon n'est pas moi*. Je me sens très proche de Michel, *mais* ne puis juger combien il y a de Michel en moi ; probablement pas mal, mais en tout cas mêlé à d'innombrables éléments qui ne sont pas lui. (YO, pp. 224-225 ; c'est moi qui souligne)

Curieusement, à la question qui porte plutôt sur ce qu'il y aurait d'elle en Michel, elle répond qu'elle ne peut juger combien il y a de Michel en elle, comme s'il était l'écrivain et elle le personnage devenu romanesque. Ce lapsus est évidemment dicté par le fait que romancé ou non et fût-ce « à peine » (YO, p. 23) ou « si peu » (EM, p. 1381), Michel de Crayencour est son père. Une fois de plus, les dénégations et les lapsus de Marguerite Yourcenar nous en apprennent autant si pas davantage que ses affirmations. En témoigne la nouvelle somptueuse contradiction des deux citations qui suivent. Dans les « Carnets de notes de *Mémoires d'Hadrien* », l'écrivaine affirme :

> La vie de mon père m'est plus inconnue que celle d'Hadrien. Ma propre existence, si j'avais à l'écrire, serait reconstituée par moi du dehors, péniblement, comme celle d'un autre ; j'aurais à m'adresser à des lettres, aux souvenirs d'autrui, pour fixer ces flottantes mémoires. (OR, p. 527)

Il est presque amusant de comparer cette tirade – qui semble asseoir par avance la méthode pseudo-autobiographique du *Labyrinthe du monde* – avec cette réplique à Matthieu Galey :

> Vous avouerais-je que je n'ai jamais eu le sentiment d'écrire « de la fiction » ? J'ai toujours attendu que ce que j'écrivais fût assez incorporé[5] à moi pour n'être pas différent de ce que seraient mes propres souvenirs. (YO, pp. 326-327)

Dans l'essai intitulé « Jeux de miroirs et feux follets », nous avons vu l'auteure découvrir une pierre tombale portant le nom et le prénom d'un des personnages de *L'Œuvre au Noir*, Lancelot de Berlaimont. Créature où elle met peu de soi, se contentant de façonner une identité de façade – un nom, un lien de filiation avec le prieur, un grade à l'armée, une situation temporelle –, Lancelot de Berlaimont n'est qu'un comparse, à propos

---

[5] Puisque Marguerite Yourcenar faisait elle-même son pain, elle devait savoir ce que signifie, par exemple, « incorporer » de la farine à un autre ingrédient… « Je ne me pique pas d'être plus conséquent qu'un autre », déclare Hadrien à propos d'une de ses propres contradictions (OR, p. 465).

duquel elle applique la méthode sans trop de magie sympathique : « le cours de mon récit me permit de rencontrer auprès du duc ce jeune Berlaimont si privé de la spiritualité paternelle », persifle-t-elle (EM, p. 336). Ce qui semble alors frapper l'écrivaine devant la pierre tombale est une espèce de rappel à l'ordre de la réalité à propos de l'enjeu permanent, dans son œuvre, de sa démarche d'apprentie-sorcière : « Ce que j'avais cru un masque modelé par mes mains se remplissait soudain d'une substance vivante » (EM, p. 337), écrit-elle. Autrement dit : la fiction est affaire aussi sérieuse que la réalité, et cette coïncidence est là pour me rappeler que je ne dois jamais exercer mes pouvoirs à la légère. Loin d'être la clef de voûte de la reconstitution historique, loin d'être une sorte de triomphant brevet de talent littéraire ou d'exactitude scientifique, la confrontation avec la « réalité de la fiction » de Lancelot de Berlaimont provoque au contraire un vertige existentiel qui touche à la magie dangereuse de l'écrivain, à la face cachée de ses pouvoirs. Toutefois, il arrive que ces pouvoirs soient affirmés sans plus de surprise, ainsi dans les « Carnets de notes de *L'Œuvre au Noir* », à propos d'Hadrien et de Zénon :

> Deux êtres profondément différents l'un de l'autre : l'un reconstruit sur des fragments de réel, l'autre imaginaire, mais nourri d'une bouillie de réalité. Les deux lignes de force, l'une partie du réel et remontant vers l'imaginaire, l'autre partie de l'imaginaire et s'enfonçant dans le réel, s'entrecroisent. Le point central est précisément le sentiment de l'ÊTRE. (OR, p. 470, déjà cité en partie ; les capitales sont de l'auteure)

La dernière phrase concerne sans aucun doute l'écrivaine, sans quoi le terme de « sentiment » serait inadéquat et devrait être remplacé, par exemple, par celui de « concept ». Enfin, l'écrivaine s'affirme bien comme « point central » de ces « lignes de force »…

En conclusion, la substance est pour Marguerite Yourcenar une énergie/matière personnelle que l'écrivaine diffuse dans son œuvre en nourrissant ses personnages de son propre moi selon des processus maternels. À l'inverse, elle fortifie ce moi de l'existence de ses créatures littéraires, comme si celles-ci lui conféraient un « supplément de substance ». Toutefois, empreinte des catégories aristotéliciennes, la romancière n'échappe pas aux contradictions, considérant le moi tantôt comme la substance immuable et quasi divine, tantôt au contraire comme de simples attributs de cette substance, des scories de la véritable personnalité. Il faut ici prendre distance avec le discours de l'écrivaine pour se fonder surtout sur son œuvre narrative. La substance yourcenarienne y devient l'énergie cosmique et magique à l'origine d'une famille olympienne de personnages, vis-à-vis desquels s'exerce en permanence la sollicitude parentale de l'auteure, pourvue de pouvoirs créateurs dont elle est très consciente.

Un luxe de puissance créatrice
L'écriture comme démiurgie

Au commencement était la page

L'écriture yourcenarienne procède d'une « vision créatrice » (EM, p. 1613) d'ordre onirique et cosmique, durant laquelle l'écriture elle-même, au sens technique du terme, semble momentanément frappée d'une sorte d'interdit :

> L'écrivain qui prépare une œuvre littéraire en se la racontant à soi-même ou en essayant de laisser son récit se dérouler pour ainsi dire devant lui, *sans rédaction et sans prise de notes d'aucune sorte*, bénéficie d'une sorte de vision provoquée analogue à celle du rêve. (EM, p. 1613 ; c'est moi qui souligne)

La création littéraire comporterait donc une phase sans écriture : action pure à partir de rien, histoire qu'on se raconte, mais sans mots, vision volontaire (« provoquée ») d'un univers en expansion (le récit se « déroule »), tous les ingrédients de la création semblent réunis, y compris la jouissance pour soi seul de l'acte créateur : « Ces visions de l'œuvre [...] apportent souvent à l'auteure un émerveillement et une joie égaux à ceux que dispensent les plus beaux rêves » (EM, p. 1613). Mais la création littéraire yourcenarienne doit avoir lieu plusieurs fois pour s'imprimer définitivement dans la mémoire de l'écrivaine :

> Il est préférable d'attendre une nouvelle occasion de recueillement pour faire en quelque sorte passer une seconde fois, puis une troisième, ce film sous ses yeux, jusqu'au jour où cette série d'images en quelque sorte apprise par cœur sera retenue et rappelée à volonté par la mémoire volontaire. (EM, p. 1613)

C'est au terme de ces répétitions que l'écriture proprement dite rendra cette vision visible, manifeste, c'est-à-dire fournira un support à l'écrivaine pour diffuser la vision. Notons que si « un prompt et presque total oubli » (EM, p. 1613) menace cette vision, l'écrivaine ne doute pas de sa propre création :

> Pendant l'audition d'une série d'œuvres de Bach, j'ai entièrement composé en esprit, avec environ six ou sept ans d'avance sur la composition réelle, la

conversation entre Zénon et le chanoine quelques heures avant la mort de Zénon. Une fois sortie de cette soirée, la musique finie, j'ai complètement oublié ce dialogue. Mais je savais que je le retrouverais un jour. (CNON, p. 462)

De sorte que c'est presque paisiblement que Marguerite Yourcenar constate vers la fin des années 1960, bien des années avant la sortie d'*Un homme obscur*, qu'elle a oublié ce qu'elle se proposait d'écrire pour remanier son personnage de 1934 : « Même expérience pour la nouvelle version de "Nathanaël" composée silencieusement durant une nuit (non : quelques heures de nuit) d'insomnie en attendant un train dans une petite gare de jonction. Mais pas notée et pour le moment perdue » (CNON, p. 462). Cette expérience est en effet également racontée en 1982 dans la postface d'*Un homme obscur* (OR, pp. 1038-1040), où elle est datée de 1957, tout comme dans la version donnée par *Les Yeux ouverts* (YO, p. 233) :

Je vis passer sous mes paupières, subitement sortis de rien, rapides toutefois et pressés comme les images d'un film, les épisodes de la vie de Nathanaël à qui, depuis vingt ans, je ne pensais même plus. (OR, p. 1039)

L'expression « sortis de rien » évoque bien la création pure et simple, alors qu'on sait à quel point les nombreuses lectures, recherches et visites de Marguerite Yourcenar participaient à l'élaboration de ses livres. S'agit-il d'une simple « façon de parler » ou d'un lapsus révélateur de l'expérience démiurgique ? Et les visions perdues n'occasionnent, une fois encore, aucun regret : « je me dis [...] que si quelque chose en elles importait vraiment, elles reparaîtraient » (OR, p. 1040). Une fois retrouvées, elles en engendreront d'autres :

Aux images que j'avais vues défiler, vingt-deux ans plus tôt, sont vite venues s'en ajouter d'autres, nées de celles-là. Pour tout livre arrivé au point où il n'y a plus qu'à l'écrire, se produit toujours ce moment de prolifération. (OR, p. 1040)

La première description des visions indique qu'elles sont sorties de rien, mais la conclusion de ce passage sur la création littéraire est beaucoup plus nuancée :

Toute œuvre littéraire est ainsi faite d'un mélange de vision, de souvenir et d'acte, de notions et d'information reçue au cours de la vie par la parole ou par les livres, et des raclures de notre existence à nous. (OR, p. 1041)

Remarquons que les caractéristiques personnelles viennent en fin de liste, avec le très dépréciatif « raclures ». Tout se passe comme si Marguerite Yourcenar assumait tout d'abord pleinement sa vocation de démiurge, puis cherchait à la relativiser pour éviter de paraître insensée ou trop orgueilleuse, et porte naturellement l'effort sur le haïssable moi qui lui est pourtant si précieux. Nous retrouvons le balancement évoqué plus haut à propos du moi ; il reparaîtra lors de l'analyse du statut ultime de l'écrivaine vis-à-vis de son œuvre.

Chez Marguerite Yourcenar, la création littéraire semble ainsi procéder d'une sorte de *Big Bang* dont on pourrait situer le départ à la rédaction de *Remous*, qui jouerait alors le rôle d'une espèce de magma cosmique, de « soupe originelle » à partir de laquelle s'élaboreront très progressivement, au prix de nombreuses réécritures et de quelques « déluges », les œuvres de la maturité et de la vieillesse de la romancière. Il y a donc volonté de création au sens premier général du mot dont je parlais dans l'introduction de cette partie – le sens judéo-chrétien –, mais également ordonnancement du chaos au sens démiurgique – une idée plutôt grecque de la cosmogonie. Dans l'extrait qui nous occupe ici, nous retrouvons le « déroulement » de la spirale du récit, la « prolifération » des images et des scènes ; ailleurs, il est question de l'augmentation du volume : « le livre, au lieu de se terminer en dix pages, en a eu deux cents de plus », dit-elle à Matthieu Galey à propos de *L'Œuvre au Noir* suite à la vision du prieur des cordeliers (YO, p. 178). Cette amplification a lieu à partir des visions successives liées aux personnages de Zénon et de Nathanaël. Seul des trois récits originels de *La Mort conduit l'attelage*, *Anna, soror...* n'est guère modifié ni amplifié. Nous allons voir pourquoi.

L'écrivain tout-puissant

Du « puissant délire créateur » reconnu à Balzac (EM, p. 208) au « luxe de puissance créatrice » accordé à Selma Lagerlöf (EM, p. 109), l'écrivain yourcenarien, c'est indubitable, manie des pouvoirs. Parce qu'il touche aux mythes, au passé, parce qu'il voit ce que d'autres ne voient pas, ose dire ce que d'autres taisent, parce qu'il peut faire corps avec son œuvre et susciter quelque chose à partir de rien, l'écrivain yourcenarien se trouve dépositaire d'une puissance certaine. Nous avons vu quelle position centrale Marguerite Yourcenar occupait par rapport à son œuvre et, par l'entremise de personnages créés à son image, à l'intérieur même de celle-ci.

Particulièrement interpellante à cet égard est la lecture du statut de l'écrivain tel qu'il me paraît porté, dans *Maléfice* – une œuvre de jeunesse –, par la métaphore de la sorcière. Comme l'artiste en général et l'écrivain en particulier, la sorcière s'abstrait du monde, et en même temps, investie d'un « luxe de puissance créatrice », communique plus profondément avec ces principes créateurs, ce « monde spirituel, qui est l'arrière-plan et la *matrice* de l'autre » (M, p. 83, c'est moi qui souligne). Pour Algénare isolée, voire consacrée par cette découverte, « il en était du pouvoir qu'on lui attribuait, et que désormais elle s'attribuait à elle-même, comme de ce cercle des anciens enchanteurs, qui tout à la fois les isole et les défend » (M, p. 87) ; mais, en même temps, la jeune femme se sent « reliée, à travers l'espace, par des liens d'autant plus forts qu'ils étaient invisibles, à la communauté de tous ceux qu'à la fois on persécute, l'on amadoue, et l'on révère » (M, p. 87). Algénare, on l'a vu, au même instant s'extrait du cercle des femmes et refuse toute allégeance à un homme, c'est-à-dire devient vestale de son culte, se voue totalement à cette « force » qui l'habite (p. 84), comme l'écrivaine « entrée en religion » (EM, p. 736). Bien plus, elle se transforme : « Une personnalité toute faite, infiniment plus riche que la sienne, lui était substituée, à laquelle, jusqu'à sa mort, elle tâcherait de se conformer » (M, p. 87). Ce qui peut encore faire songer à l'écrivain découvrant son pouvoir, c'est « l'exaltation intime, organique » s'emparant d'Algénare comme « de ceux qui viennent de découvrir l'amour *ou de celui qui pressent la gloire* » (M, p. 87, c'est moi qui souligne). Enfin, ce pouvoir est aussi et surtout celui d'un langage, et d'un langage codé dont, dans *Quoi ? L'Éternité*, l'écrivaine vieillie se souvient avec une émotion et un vertige encore palpables dans le chef d'une fillette de quelques années :

> Je voudrais consigner ici [le souvenir] d'un miracle banal, progressif, dont on ne se rend compte qu'après qu'il a eu lieu : la découverte de la lecture. Le jour où les quelque vingt-six signes de l'alphabet ont cessé d'être des traits incompréhensibles, pas même beaux, alignés sur fond blanc, arbitrairement groupés, et dont chacun désormais constitue une porte d'entrée, donne sur d'autres siècles, d'autres pays, des multitudes d'êtres plus nombreux que nous n'en rencontrerons jamais dans la vie. (EM, pp. 1345-1346)

Ainsi pour Algénare le monde devient un livre ouvert :

> Elle s'était transformée, ou plutôt […] elle s'était trouvée. Non seulement son cœur, mais l'aspect du monde avait changé pour elle : un balai oublié dans un cour, une aiguille à son corsage, le bêlement d'une chèvre à travers le mur d'une étable lui rappelaient non plus les actes usuels, faciles, de la vie ordinaire, mais des scènes d'envoûtement et de sabbat, et, quand elle rejeta la tête en arrière pour mieux aspirer l'air nocturne, les étoiles dessinaient pour elle, en grands jambages tremblés, les lettres géantes de l'alphabet des sorcières. (M, p. 88)

On retrouve cette disposition magique à se transformer, mêlée à la question de l'identité, dans le discours sur *Anna, soror...*, autre œuvre de jeunesse, qui n'a pourtant pas été remaniée, si ce n'est légèrement. Aux dires de son auteure, par le choix comme par le traitement du thème, *Anna, soror...* cumule toutes les caractéristiques du récit yourcenarien, mais surtout donne lieu à la formulation du « suprême privilège du romancier », « goûté pour la première fois » par l'auteure de vingt-deux ans : « celui de se perdre tout entier dans ses personnages, ou de se laisser posséder par eux » (OR, p. 908)[1]. On retrouve le flux et le reflux du moi ainsi que la superposition des personnages entre eux et avec leur auteure, « [s]e glissant d'Anna en Miguel et de Miguel en Anna, avec cette indifférence au sexe qui est [...] celle de tous les créateurs en présence de leurs créatures » (OR, p. 908). Il n'est jusqu'au vocabulaire qui n'indique la nature démiurgique de la découverte que fait la jeune romancière. Rien d'étonnant dès lors que, dès les premières lignes de la postface, Marguerite Yourcenar nous avertisse, légèrement sur la défensive : « *Anna, soror...* est une œuvre de jeunesse, *mais* de celles qui restent pour leur auteur essentielles et chères jusqu'au bout » (OR, p. 903 ; c'est moi qui souligne). Là aussi, le terme « chères » est significativement émotif.

*

L'entreprise démiurgique est précoce. Lorsque Marguerite Yourcenar réécrit *Le Premier Soir*, c'est dans la peau et l'esprit de son propre père qu'elle se glisse. Lorsque, plus tard, elle écrit : « Je me suis parfois demandé quels éléments de réalité vécue contenait ce *Premier Soir* », elle fait suivre cette interrogation d'une de ces phrases-miroirs dont elle a le secret : « Il semble que M. de C*** ait usé du privilège du romancier authentique, qui est d'inventer en s'appuyant seulement çà et là sur son expérience à lui » (EM, p. 933). Pour Michel de Crayencour comme – et même surtout – pour Marguerite, c'est paradoxalement la liberté, voire l'audace, et non le respect pointilleux des faits, qui fondent l'authenticité, en littérature comme dans la vie, dans la réalité comme dans la fiction. Le « romancier authentique » est libre d'« inventer », c'est-à-dire de créer, comme il est libre de s'appuyer sur son expérience, c'est-à-dire d'alimenter son œuvre de lui-même[2]. C'est peut-être même lorsqu'il invente qu'il alimente le plus son œuvre de lui-même.

---

[1] « Michel et Jeanne [...] sont dans mes moelles », écrivait Marguerite Yourcenar en 1985 (cité par Josyane SAVIGNEAU, *Marguerite Yourcenar. L'invention d'une vie, op. cit.*, p. 443), faisant jouer à plein la consubstantialité de l'auteur, de ses personnages, de son ascendant réel idéalisé, Michel, et – si l'on ose dire – de son ascendant idéal réalisé, Jeanne.

[2] Pour Magda CIOPRAGA, *Marguerite Yourcenar de la morale à l'écriture, op. cit.*, « Un romancier n'est pas plus un poète arrivé au cœur des choses qu'un penseur négligeant l'évolution causale, sensuelle et mal satisfaite, en faveur de la synthèse des idées, finalités toujours redistribuées à travers l'histoire. Le jeu des pronoms personnels ne trompe pas. Celui de la réalité et de la fiction non plus [...] : d'avoir assumé et quitté successivement, toute son existence durant, plusieurs je ou il, ne rend pas, après coup, sa propre voix moins nette » (p. 331).

Mais le « suprême privilège » va plus loin encore. Je n'en donnerai que deux exemples. Dans le dernier chapitre de *Quoi ? L'Éternité*, caractéristiquement appelé « Les sentiers enchevêtrés », Marguerite Yourcenar s'autorise une sorte de clin d'œil. L'œuvre du tchèque Comenius, *Le Labyrinthe du monde et le Paradis du cœur*, a été donnée à lire par Jeanne à Michel et traduite en français par ce dernier. Egon envisage un moment d'en composer la musique « mais il ne se sent pas prêt pour l'écrire. Peut-être se passera-t-il toute la vie avant qu'il ne soit prêt pour l'écrire » (EM, p. 1290). Quelques pages plus loin, l'auteure glisse : « Quant au *Labyrinthe du monde*, ce n'était plus qu'un long projet pour après-demain » (EM, p. 1405). Au-delà du projet d'Egon, le projet de l'auteure, qui n'est alors qu'une fillette de dix ans, se profile. Il n'est pas banal de faire annoncer par un de ses personnages qu'on va reprendre le projet qui unit le mieux ses trois protagonistes les plus importants : Jeanne, Egon et Michel, lui-même le père de l'écrivaine. En un sens, *Le Labyrinthe du monde*, du reste inachevé, n'en finit pas de commencer et de finir, univers aux limites incertaines (dans l'espace et dans le temps), mais dans lequel l'auteure-créatrice est à la fois toute-puissante et agie par sa création, en tant qu'auteure et en tant que son propre personnage.

Mon deuxième exemple est tiré de *L'Œuvre au Noir*. Malgré tout son attachement à Zénon, Marguerite Yourcenar n'est qu'une écrivaine du XXe siècle ; très loin de son auteure, à l'intérieur de ce livre qu'elle a elle-même écrit, Zénon l'ignore, bien entendu ; Marguerite Yourcenar n'existe pas pour lui. Au contraire, à l'extérieur du livre, c'est lui qui n'existe pas, il n'est qu'un personnage ; un monde de sens, une coupure ontologique sépare Zénon de Marguerite. La frustration qui résulte de cette coupure est soulagée par diverses tentatives d'évocation intense – qui vont jusqu'au désir de contact physique, comme on l'a vu dans les « Carnets de notes de *L'Œuvre au Noir* » (CNON, p. 464) –, et surtout par la tentation de l'auteure de rendre visite à son personnage en plein XVIe siècle, sous les traits d'un autre de ses personnages, Greete, dans l'« intimité d'un secret bien gardé » (OR, p. 683). Cette discrète incarnation trahit pourtant le geste démiurgique de la création littéraire yourcenarienne et, dans le même instant – le choix du personnage de Greete en fait foi –, le caractère éminemment maternel de ce geste créateur.

Si l'on suit ce raisonnement, c'est d'ailleurs à ce comble de la puissance de l'écrivain qu'on mesure le plus évidemment sa faiblesse. Il y a, me semble-t-il, des raisons de risquer ici une analogie entre la tentative yourcenarienne et l'incarnation du Dieu chrétien. Le pur esprit d'un créateur, trop loin de ses créatures et nostalgique d'elles, s'engage dans le paradoxe inouï de l'incarnation. Franchissant un pas vertigineux, il se dépouille au même moment de sa toute-puissance et de son omniscience pour se faire la plus humble d'entre elles : une vieille servante inculte, mais généreuse.

L'écrivain démuni

Cette vocation démiurgique n'est pourtant pas assumée « jusqu'au bout ». L'autorité yourcenarienne, affirmée sans complexe à certains moments, établissant de manière transparente la présence dans l'œuvre et le pouvoir qu'on s'y attribue (« j'alimente de ma substance »), semble hésiter voire vaciller à d'autres moments. On y revient alors – avec des évidences en trompe-l'œil – au vitalisme littéraire évoqué plus haut : « Le phénomène est sans doute bien simple : tout a déjà été vécu et revécu des milliers de fois par les disparus que nous portons dans nos fibres, tout comme nous portons en elles les milliers d'êtres qui seront un jour » (OR, p. 908). On s'y pose des questions laissées volontairement sans réponse : « La seule question qui se pose sans cesse est pourquoi, de ces innombrables particules flottant en chacun de nous, certaines plutôt que d'autres remontent à la surface » (OR, p. 908). On y ruse à nouveau avec le moi : « Plus libre en ce temps-là d'émotions et de soucis personnels, peut-être étais-je même plus apte qu'aujourd'hui à me dissoudre tout entière dans ces personnages que j'inventais ou croyais inventer » (OR, p. 908) – ces trois derniers mots allant même jusqu'à remettre en question la création littéraire ! Les seules raisons que je puis postuler pour expliquer cette hésitation sont d'ordre psychologique, voire affectif, et il m'est difficile de les mettre absolument en évidence. Modestie ou peur du ridicule, sentiment d'aller trop loin, retenue par pudeur ou par souci de ne pas livrer toutes ses recettes... toutes ces hypothèses demanderaient une vérification que je ne peux faire – et peut-être des outils qui ne sont pas les miens – dans le cadre de cet exposé sur la parenté. Quoi qu'il en soit, même si le caractère démiurgique de la création yourcenarienne est sans équivoque, l'écrivaine vit avec ses personnages un rapport qui est tout autant de faiblesse que de force. Un rapport qui évoque une fois de plus la sollicitude parentale s'exerçant vis-à-vis d'une progéniture qui s'émancipe, ou même une certaine humilité de Dieu qu'on trouve, nous l'avons vu, dans le discours du prieur des cordeliers :

> Pendant combien de nuits ai-je repoussé l'idée que Dieu n'est au-dessus de nous qu'un tyran ou qu'un monarque incapable... [...] Puis, une lueur m'est venue [...]. Si nous nous trompions en postulant Sa toute-puissance ? [...] Peut-être n'est-il dans nos mains qu'une petite flamme qu'il dépend de nous d'alimenter et de ne pas laisser éteindre ; peut-être sommes-nous la pointe la plus avancée à laquelle Il parvienne... (OR, pp. 727-728)

Cette « faiblesse de Dieu » (OR, p. 728), même si elle est formulée timidement (« peut-être ») n'en témoigne pas moins d'une certaine audace chez un catholique sous la Contre-Réforme : l'audace étant ici de se démarquer de l'idéologie commune au XVIe siècle et fort sensible dans le roman selon laquelle, Dieu étant tout-puissant (« tyran », « monarque ») et le Roi son représentant sur terre, c'est à fortiori un pouvoir absolu qui règle les rapports de Dieu et des gens ordinaires. Le prieur sait d'ailleurs ce qu'il risque, au point de mettre en garde Zénon contre ceux qui « ne seraient pas fâchés d'accuser le prieur des cordeliers de rébellion ou d'hérésie » (OR, p. 713).

Mais si la faiblesse de Dieu est, pour le prieur du moins, une hypothèse, la faiblesse de l'écrivain, elle, est une certitude. Elle prend un goût d'excuse dans cette remarque sur Mishima, qui s'applique évidemment aussi à Marguerite Yourcenar décrivant – par exemple – l'agonie de Zénon ou l'accouchement de Fernande :

> Chez certains écrivains jugés « cruels » le fait même de décrire implique un acte de compassion, qui n'a pas besoin d'être exhalé ensuite en interjections. Flaubert a décrit avec une froideur clinique la mort d'Emma Bovary ; nous savons qu'il l'a plainte, et même, en s'identifiant à elle, aimée. (EM, p. 223)

Toujours dans *Mishima ou la Vision du vide*, l'incise suivante insiste sur la contingence de l'écriture : « C'est ce que l'auteur a choisi d'écrire, *ou a été forcé d'écrire*, qui finalement importe » (EM, p. 198, c'est moi qui souligne).

La faiblesse de l'écrivain va jusqu'à énumérer un certain nombre d'impuissances. À propos du droit de vie et de mort, par exemple, sur « un personnage qu'on a ainsi construit, et qu'on ne peut plus détruire, à supposer qu'on veuille le faire » (CNON, p. 457). L'écrivain ne tient pas toujours les rênes, c'est même une des conditions de son authenticité : « Tout romancier authentique sait qu'on ne fait pas ce qu'on veut de ses personnages » (EM, p. 127), remarque confirmée par cet aveu à Matthieu Galey à propos de la fin de l'existence de Zénon : « Je n'ai pas choisi pour lui, il fallait le laisser choisir, jusqu'au bout » (YO, p. 177). Reste alors à rendre les armes sur divers fronts. La vie secrète des personnages échappe en partie à leur génitrice, ainsi la Valentine d'*Anna, soror...* : « Les motivations de ses personnages doivent parfois rester incertaines pour l'auteur lui-même : leur liberté est à ce prix » (OR, p. 907). C'est « vainement » qu'on essaie de changer le mois de la mort d'Henri-Maximilien (CNON, p. 459). Jean-Louis de Berlaimont, prieur des cordeliers, « aura peut-être publié *à mon insu* », imagine-t-elle, « quelque recueil de sermons » (DAR, p. 17, c'est moi qui souligne). De même, à propos d'Hadrien, l'écrivaine ne craint pas de semer le doute dans sa propre création : « Il m'est même arrivé de sentir que l'empereur men-

tait. Il fallait alors le laisser mentir, comme nous tous » (OR, p. 536).
Dans une lettre à Léonie Siret, Marguerite Yourcenar admet : « Je crois
[...] que nos principaux personnages ne se révèlent à nous que lentement, de façon avare, comme s'il nous fallait gagner peu à peu leur
confiance, impénétrables et pourtant tout proches comme le sont après
tout même les êtres les plus aimés dans la vie »[3]. Enfin ce n'est pas
seulement le refus de parler de ce qu'on ne connaît pas, c'est aussi une
pudeur affective et un sentiment d'impuissance – y compris intellectuelle, semble-t-il (PV, p. 225) – qui retiennent Marguerite Yourcenar sur
le seuil de certaines morts : celle de Zénon, celle d'Hadrien, celle de
Nathanaël, accompagnés non pas jusqu'au bout, mais seulement jusqu'où il est possible de le faire : « C'est aussi loin qu'on peut aller dans
la fin de Zénon » (OR, p. 833).

Vu sous cet angle, la définition la plus complète du personnage yourcenarien se trouve peut-être dans la préface de *Rendre à César* :

> *Unum ego et multi in me* : la fonction du créateur littéraire [...] semble être
> de tirer de la glaise indifférenciée dont nous sommes tous faits des person-
> nages reliés à lui, certes, par des sympathies ou des antipathies assez vives
> pour qu'il tienne à leur donner forme, placés, dirait-on, à l'intérieur du même
> champ magnétique hors duquel ses pouvoirs n'agiraient plus, mais gardant
> en présence de leur auteur ou de leurs modèles un écart qui témoigne de leur
> liberté propre, ayant acquis ce caractère unique et imprévisible qui distingue
> et sacre pour ainsi dire tout vivant. (Th. I, p. 13)

Tout y est : la consubstantialité de l'auteur et du personnage, l'identité et l'altérité, le pouvoir relatif de l'écrivain, créateur et manipulateur
de pouvoirs – mais des pouvoirs limités à un « champ magnétique » –,
l'émancipation de la créature, son assimilation à un être vivant et le côté
sacré de cette élaboration. Il ne nous manque plus, à ce stade, que de proposer une définition de Marguerite Yourcenar écrivaine.

---

[3] « Lettres à Mademoiselle S. », in *La Nouvelle Revue Française*, n° 327, Paris,
Gallimard, 1er avril 1980, p. 185.

Conclusion
Ni étrangère, ni supérieure à tout
Marguerite Yourcenar,
déesse-mère de son univers littéraire

La déesse omniprésente

Au terme de cette analyse, me voici en demeure d'évaluer en dernier ressort le statut de Marguerite Yourcenar par rapport à son œuvre.

Pour cette étude consacrée à la parenté, j'ai supposé que la présence quantitative et la qualité particulière des instances parentales dans cette œuvre étaient le signe d'une relation de ce type entre l'auteure et sa création, et j'ai pu mettre en évidence, à propos de sept personnages d'importances diverses, ce que j'ai appelé la sollicitude parentale de Marguerite Yourcenar.

J'ai envisagé trois instances créatrices desquelles participe Marguerite Yourcenar dans l'élaboration de son œuvre : la création artistique, plusieurs fois revendiquée comme une progéniture intellectuelle, dans la tradition platonicienne ; la procréation et particulièrement la maternité, dont la présence et les métaphores abondent dans l'œuvre ; la démiurgie, à l'œuvre elle aussi tant dans la fiction que dans les mémoires, avec le rôle particulier et parfois contradictoire qu'elle implique. Toutefois, ces trois instances ne pourraient-elles au fond n'en être qu'une seule ?

Le statut qui me paraît le mieux réunir ces trois visages de la création est celui de la déesse-mère. Mais avant de postuler qu'il est bien celui de la romancière, il faut savoir ce qu'il contient. Commençons donc par nous entendre sur le terme. J'aurai recours une fois de plus à l'ouvrage de Robert Graves sur les mythes grecs :

> Toute l'Europe néolithique, à en juger par les mythes et les légendes qui ont survécu, possédait des conceptions religieuses remarquablement cohérentes fondées sur le culte de la déesse-Mère aux noms divers que l'on connaissait

aussi en Syrie et en Lybie. L'Europe ancienne n'avait pas de dieux. La Grande Déesse était considérée comme immortelle, immuable et toute-puissante ; et le concept de filiation par le père n'avait pas pénétré dans la pensée religieuse. (p. 20)

En Grèce, la notion se spécialise en une sorte de démultiplication :

Les trois phases de la lune – nouvelle, pleine et vieille – rappelaient les trois âges du matriarcat : celui de la jeune fille, de la nymphe (la femme nubile) et de la vieille femme. Ainsi, […] la déesse s'identifia aux transformations, selon les saisons, de la vie végétale et animale ; et donc aussi avec la Terre-Mère qui, au début de l'année dans le monde végétal, ne donne que des feuilles et des bourgeons, puis des fleurs et des fruits, et enfin cesse de pro-duire. Elle fut d'ailleurs conçue plus tard sous forme d'une autre triade : la jeune fille de la sphère de l'air supérieur, la nymphe de la sphère de la terre ou de la mer, la vieille femme du monde souterrain, personnifiées respecti-vement par Séléné, Aphrodite et Hécate. […] Ses adorateurs avaient conscience qu'il n'y avait pas trois déesses, mais une seule, et à la période classique le sanctuaire de Stymphale en Arcadie était l'un des rares où elles portaient toutes le même nom : Héra. (p. 21)

Lorsqu'on met ces deux commentaires en regard du texte yourcena-rien, deux passages se détachent particulièrement du reste de l'œuvre comme autant d'évocations de la déesse-mère. Tous deux datent de ces années d'avant-guerre où la pensée de Marguerite Yourcenar s'est formée dans une espèce de bouillonnement de culture largement étayé par la lecture et l'apprentissage des classiques grecs et latins. Le premier de ces deux textes, « La dernière olympique », est un fragment daté de 1934, revu en 1970 et publié avec d'autres fragments de la même époque sous le titre « Grèce et Sicile » dans le recueil *En pèlerin et en étranger*. Le second est un fragment d'un récit de rêve tiré des *Songes et des Sorts* : « Les cierges dans la cathédrale », daté, comme le reste des récits de rêves, de 1938. Les deux textes sont donc contemporains[1].

Je m'intéresserai d'abord à l'essai de 1934. Il prend la forme d'une série d'impressions assez lyriques du site d'Olympie, comme si la visi-

---

[1] Dans « Le catalogue des idoles », en 1930, on trouve trois visions partielles de la déesse-mère : Aphrodite, participant de l'eau, « amante universelle [qui] devrait s'unir à Géa, la Terre ? » (EM, p. 523) ; Perséphone, « dame de l'autre côté des choses », qui « sait les racines des plantes, la nappe d'eau qui sous terre alimente les sources, le sommeil fatigué des morts », et Diane d'Éphèse, dévorant les êtres qui sortent d'elle : « À quoi bon, ô mère éternelle, cet engendrement d'éphémères ? » (EM, p. 525). Remarquons aussi, dans « La Symphonie héroïque », datée de 1930 égale-ment, cette appréciation qui recoupe en partie les théories de Robert Graves : « La femme est l'alliée des forces primitives. L'image couchée de l'amante est mêlée, pour l'homme, au symbolisme de la terre où l'on s'étend, du sommeil qui désarme, de l'épuisement qui suit l'amour » (EM, p. 1661). C'est comme si l'on pouvait suivre pas

teuse y avait médité du « soleil du matin » (EM, p. 429) à la tombée de la nuit et y avait rédigé sur-le-champ un journal de voyage ensuite amélioré. Le mot « ici » revient une bonne demi-douzaine de fois, comme pour authentifier le lieu de l'impression. Outre des considérations mythologiques et le recours constant à un syncrétisme païen de la nature et de la culture, on remarque dans ce texte une volonté assez inattendue à cet endroit d'englober le christianisme dans l'antiquité grecque : « Nous sommes ici à l'un des rares points de contact entre la Grèce et la Galilée où un jeune dieu tire ses comparaisons des oiseaux et des fleurs des champs » (EM, p. 430). Il y a bien englobement puisque c'est le Christ qui devient un jeune dieu. Le texte, qui a commencé par nous présenter le site de loin, focalise ensuite brièvement le regard narratif sur le temple et le culte de Zeus. Mais c'est pour en venir au personnage principal de ce texte, Héra, sous sa forme archaïque de déesse-mère :

> Avant l'introduction du culte de Zeus, d'autres statues trônaient ici, des statues de femmes : Héra aux yeux bovins, éternelle comme l'herbe, paisible comme les bêtes des champs. Le Zeus plus tardif n'est qu'un doublet barbu de cette grande femelle sainte. Comme dans « La Géante », l'un des poèmes où Baudelaire atteint la Grèce des mythes, parce qu'il ne l'a pas cherchée, nous sommes ici sur les genoux d'une femme divine. (EM, p. 429)

L'effort de l'écrivaine sera de ressaisir cet « avant », comme s'il s'agissait d'un éden troublé par l'introduction du culte de Zeus et qu'à force de méditation elle revoie se dérouler sous ses yeux un âge disparu. Le syncrétisme à l'œuvre associe Héra à la vache. « Héra aux yeux bovins » ou « Héra aux yeux de génisse » – on l'a remarqué plus haut en envisageant la vache comme un totem maternel[2] – est l'appellation homérique classique de la déesse : jusque-là, rien que de très conforme. Mais le texte associe aussi Héra à l'herbe et aux bêtes des champs, c'est-à-dire associe la vache à l'herbe qu'elle mange, diminuant l'agressivité de la bête mangeuse d'herbe par l'épithète « paisible » et l'éphémérité de l'herbe mangée par l'épithète « éternelle ». Marguerite Yourcenar attribue donc à Héra d'autres épithètes qui confèrent à la déesse une dimension cosmique. Si la vallée était « douce comme une

---

à pas la formation chez Marguerite Yourcenar des images d'une mythologie personnelle. Colette GAUDIN (*Marguerite Yourcenar à la surface du temps, op. cit.*) a repéré dans « La dernière olympique » « une des rares évocations d'un féminin originaire, d'une déesse mère et terre » (p. 73). Selon moi, ces évocations ne sont justement pas rares, au contraire.

2   Dans *Les Songes et les Sorts*, remarquons-le à nouveau, les vaches, « grosses bêtes maternelles », regardent la rêveuse de leurs « grands yeux vagues pleins de calme et d'Asie » (EM, p. 1596). Pourquoi d'Asie ? Parce que c'est d'Asie que vient le culte de la déesse-mère (EM, p. 1445). À la même époque (1932), Marguerite Yourcenar écrit dans *Pindare* : « Les esprits grecs […], pour haïr l'Asie, savaient trop qu'elle était la mère » (EM, p. 1461).

paume humaine », à Héra, à présent, approfondissant le syncrétisme cosmique, d'acquérir des traits végétaux, minéraux, animaux :

> Les pins ombreux sont sa chevelure, où des oliviers mêlent des fils gris ; les cours d'eau sont ses veines ; le tourbillon des victoires n'est qu'un vol de colombes dont les siècles éparpillent le duvet blanc. [...] Tout ici proclame non pas tant la métamorphose que la profonde identité. [...] Les genoux de la Terre sont doux aux fruits, aux cœurs tombés. Il faut venir ici pour voir se fondre défaite et triomphe en un tout qui nous dépasse, mais qui sans nous serait incomplet. (EM, p. 429)

L'assimilation de la déesse-mère à la Terre est conforme à la mythologie : « La terre, génitrice universelle, est la seule mère commune des dieux et des hommes », clamait la jeune écrivaine dans son essai sur Pindare (EM, p. 1477). La revendication de la nécessité de l'être humain dans ce « tout qui nous dépasse » disparaîtra, dans *Archives du Nord*, au profit de la contemplation, au contraire, d'un « monde que nous n'encombrons pas encore » (EM, p. 955), au ciel duquel brillent des étoiles « n'ayant pas encore reçu les noms de dieux ou de monstres qui ne les concernent pas » (EM, p. 957). Voilà une trace supplémentaire du passage yourcenarien de l'histoire à la géologie. Mais, en 1934, la mythologie et son imagerie théo-anthropomorphique l'emportent encore très clairement :

> La Terre procrée, nourrit, endort sur ses genoux son fils Achille [...], son fils Pélops, son fils Alexandre [...]. La nuit flotte, tissée d'or comme une étoffe divine. L'obscurité est ici plus maternelle, plus fraternelle qu'amoureuse : la Grande Mère se change en Bonne Vierge : Déméter redevient Perséphone ; Latone redevient Artémis. Les genoux terrestres se recouvrent lentement d'un velours étoilé. Le lait d'Héra coule dans la Voie lactée, jailli d'une morsure au sein bleu. (EM, p. 430)

Remarquons cette dernière image de (pro)création maternelle. Quatre ans plus tard, la vision d'Olympie trouve une prolongation en même temps qu'un saisissant contrepoint dans un récit de rêve intitulé « Les cierges dans la cathédrale ». L'environnement a changé du tout au tout : nous sommes cette fois dans un lieu chrétien et qui, quoique vaste, donne l'impression du confinement. La rêveuse s'est introduite dans une cathédrale par « un étroit pertuis » dont les marches « débouchent dans la nef au moyen d'une espèce de trappe sculptée comme une tombe » (EM, p. 1570), ce qui donne au trajet de la rêveuse l'allure d'une résurrection ou d'une expérience proche de la mort. Dans cette nef, « le transept de droite est éclairé avec profusion par des millions de cierges » (EM, pp. 1570-1571). C'est là que la rêveuse rencontre un personnage dont je reproduis ici l'entière description :

> Une grande jeune femme immobile est debout dans une espèce d'abside, au milieu de cette chambre ardente de cierges. Elle est très belle, et pleine de

majesté calme. Ses pieds, ses mains sont nus, son visage brun clair est nu sous ses cheveux châtain foncé. Sa robe large et bouillonnante a la nuance noir-bleu d'une mer agitée par le vent : l'étoffe lourde tombe de ses flancs à ses genoux, de ses genoux à ses pieds en profondes vagues pétrifiées qui s'étalent noir sur noir, ténèbres sur ténèbres, et se fondent dans l'épaisseur de l'ombre. Ses mains sorties de ses sombres manches semblent planer dans l'air, venues de nulle part, apparues seulement pour bénir. J'ignore si c'est une femme vivante, ou seulement une statue : une balafre partie de la tempe gauche descend jusqu'au coin de sa lèvre sérieuse, mais c'est peut-être une simple fêlure, pareille à celles qui fendent le crâne vide des poupées de porcelaine. Elle ne respire pas, mais sa poitrine voilée et ses paumes nues ont l'ineffable douceur qui n'appartient qu'à la chair. Elle est adossée à ce qui me semble une draperie traversée de grands plis verticaux, mais en regardant mieux je vois qu'il s'agit d'une robe au tuyautage profond comme les cannelures des colonnes, et que la grande femme debout est adossée contre les jambes d'une grande femme assise, dont les genoux gigantesques dépassent la voûte de l'église et se perdent de toutes parts dans la nuit.

Je me tiens toute droite devant cette déesse ; je l'invoque, les bras levés dans un geste de prière, comme les siens le sont dans un geste de bénédiction. Quelque chose au fond de moi me conseille de lui donner le nom de mère, ou plutôt de *mères*, au pluriel, comme si ce visage parfait se reflétait éternellement dans un jeu de miroirs, ou plutôt comme si elle n'était que le dernier chaînon d'une série infinie de déesses étagées les unes derrière les autres, de plus en plus indistinctes et formidables. Mais je sais aussi qu'elle est douce, douce comme le miel de la dernière récolte. Je sais qu'elle ne diffère de moi qu'en majesté et en puissance, qu'un sang pareil au mien repose dans ses grandes veines froides, qu'elle n'est ni étrangère, ni supérieure à tout, mais qu'elle est à la fois, et bien étrangement, à la superficie frémissante des choses, et dans la plus secrète fibre de leur cœur. (EM, pp. 1571-1572, c'est l'auteure qui souligne)

Cette vision en contrepoint mérite une analyse détaillée. Chaque fois qu'une caractéristique donnée par la narratrice pourrait nous incliner à ne voir dans le personnage qu'une icône froide, dure ou trop majestueuse, un correctif ou une précision viennent adoucir ou réchauffer cette impression, comme si l'intention de l'auteure était de nous faire pencher en faveur de sa vision. « Formidable » mais « douce », à la surface et au cœur des choses, unique et multiple, immobile mais vivante, femme, déesse ou statue...

Le syncrétisme pagano-chrétien de l'image est flagrant[3]. D'une part, il est impossible de ne pas penser à la statue colossale d'Athéna

---

3   Marguerite Yourcenar semble faire allusion à ce rêve lorsqu'elle déclare dans le « Dossier » que « les grandes figures primordiales qui nous hantent changent d'aspect de génération en génération comme les Vénus et les Marie des autels » (EM, p. 1607).

Parthénos, due à Phidias (Ve siècle avant J.-C.) et qui se dressait dans le naos du Parthénon d'Athènes. La description qu'en donnent Pline ou Pausanias, par exemple, est celle d'une grande femme debout dont le péplos (« une draperie traversée de plis verticaux », « une robe au tuyautage profond comme les cannelures des colonnes ») tombe jusqu'aux pieds et qui tient dans la main droite une Victoire, c'est-à-dire une femme plus petite[4]. D'autre part, la « déesse », dans cette cathédrale éclairée de cierges, est aussi de toute évidence une madone. Ainsi décrite, elle évoque la Vierge de Lourdes qu'on représente le plus souvent se tenant debout dans une grotte éclairée, vêtue d'une robe blanche tombant jusqu'aux pieds et d'une large ceinture bleue. N'oublions pas que c'est habillée de la sorte que la petite Marguerite passa au moins une partie de son enfance : « la petite fille à cheveux noirs, à robe blanche et à ceinture bleue (ma mère m'avait pour sept ans vouée à la Sainte Vierge) » (EM, p. 1332). Enfin, l'idole[5] a le visage « brun clair », comme sans doute la « Notre-Dame en cœur de chêne » qui se trouvait au Mont-Noir dans une « alcôve sur le grand palier du premier étage » (EM, p. 1330)[6].

L'apparition n'est pas une de ces statues de pierre dont Michel-Ange, dans « Sixtine », se désolait qu'il n'y eût pas « de fissure par où puisse s'introduire en elles le plaisir, la mort, ou le germe de l'enfant » (EM, p. 282) : la statue est vivante et porte une « balafre », une « fêlure ». Toutefois, cette balafre qu'elle porte sur la tempe fait de la déesse l'avatar féminin d'un Zeus donnant naissance par son crâne à Athéna et récupère ainsi le mythe de la procréation cérébrale masculine attesté dans la

---

4   La statue elle-même n'existe plus depuis l'Antiquité, mais la lecture de Pline et de Pausanias ainsi que la vulgarisation scientifique de l'époque, qui privilégiait les reconstitutions sous forme de dessins et de gravures, ont dû imprimer cette image dans l'esprit de Marguerite Yourcenar dès son plus jeune âge. Dans la bibliothèque de l'écrivain figurent du reste la *Description de la Grèce* de Pausanias, éditée par Didot en 1845, et la *Correspondance* de Pline éditée en 1912. Les millésimes de ces éditions rendent plausible une lecture précoce, peut-être sur les traces du père, Michel.

5   Dans *Quoi ? L'Éternité*, la prière de l'*Ave Maria* (EM, pp. 1330-1331) sert de point de départ à une sorte de mantra syncrétique ou œcuménique mettant en présence la Kwannon des bouddhistes et la Schechinah des juifs aussi bien qu'Aphrodite ou Marie. La même idée se fait jour dans les dialogues de Zénon et du prieur des cordeliers, associant cette fois en outre le règne animal – la « Colombe très pure », la « biche immaculée » – à l'idole féminine (OR, pp. 719-720). Remarquer que la biche est dite « immaculée » et que la Vierge de Lourdes est communément « l'Immaculée Conception ». Enfin, si l'idole devient une image forte, la bondieuserie est évacuée, ainsi « une grotte de Lourdes éclairée à l'électricité, cadeau d'une riche et pieuse cousine », que l'auteur déclare « heureusement sortie de [s]a mémoire » (EM, p. 1369).

6   La thèse selon laquelle *Les Songes et les Sorts* sont des préfigurations de la pseudo-autobiographie, dont ils exposeraient en quelque sorte le catalogue d'images fondatrices, a été défendue par Carmen Ana PONT, *Yeux ouverts, yeux fermés. La poétique du rêve dans l'œuvre de Marguerite Yourcenar*, Amsterdam-Atlanta, Rodopi, 1994.

mythologie grecque[7]. Tout se passe comme si Marguerite Yourcenar prenait dans ce rêve la mesure de la vocation de créatrice qui est la sienne, et que cette vision était pour elle l'équivalent de l'échelle de Jacob[8] : sens du devoir, confiance, sentiment d'appartenance à la filiation, conscience de son inscription dans l'espace et dans le temps, projection eschatologique vers la limite sans cesse repoussée de l'univers. Athéna-Yourcenar, sortie du crâne de la déesse-mère à la « lèvre sérieuse », enfantera à son tour par la tête – par l'imagination, par la mémoire, par la création intellectuelle – ses personnages (y compris, répétons-le, sa propre mère), s'inscrivant dans la « série infinie » des déesses, devenant elle-même une déesse-mère.

Car il ne fait aucun doute que la déesse si multiple est mère, non seulement de la rêveuse, mais de l'univers entier. De la rêveuse d'abord : outre l'affirmation explicite relative à la voix intérieure qui enjoint à la rêveuse d'appeler sa vision « mère », elles sont du même sang – on pourrait dire que c'est précisément la voix du sang qui parle – et seules la majesté et la puissance les séparent. Par ailleurs, l'apparition se tient dans une attitude de bénédiction, ce qui inspire à la rêveuse du respect et une intention d'offrande, l'ensemble correspondant à la mise en scène (quelque peu solennelle) d'une relation filiale. En outre, c'est plutôt de « mères, au pluriel » (EM, p. 1572) qu'il est question, l'apparition s'appuyant sur « une série infinie de déesses ». Cette multiplicité ne permet pas de trancher entre trois possibilités : la déesse ainsi magnifiée, superlativisée, serait elle-même la déesse-mère – c'est bien ainsi qu'elle est appelée – ; ou elle serait la descendante de la déesse-mère, cette dernière située à l'autre bout de la chaîne, mais trop « indistincte » et « formi-

---

[7] Selon Robert GRAVES, ce mythe n'était lui-même qu'une récupération du culte de Métis, dont Athéna est, dans une version archaïque, la fille... par parthénogenèse (*Les Mythes grecs, op. cit.*, p. 29). Marguerite Yourcenar rétablirait ainsi un mythe primitif. Voilà qui aurait peut-être fait plaisir à Jung, dont la romancière pensait qu'il avait « admirablement » isolé les « grands rêves archétypaux » (EM, p. 1607). Malheureusement, Robert Graves ne cite pas de source pour cette hypothèse, qui paraît relever d'une interprétation très spéculative. Pierre Grimal n'évoque aucun mythe antérieur à propos de Métis dans son *Dictionnaire de la mythologie grecque et romaine*.

[8] Le parallèle avec le récit de la *Genèse* (chapitre 28) est troublant à plus d'un titre. Il s'agit dans les deux cas d'un rêve. Jacob a la vision d'une échelle dressée entre la terre et le ciel, sur laquelle s'étagent des anges, tout comme la rêveuse voit dans la cathédrale « une série infinie de déesses » étagées du sol au ciel (« dépass[a]nt la voûte »). En présence de cette vision, les deux rêveurs ont l'inspiration d'un geste d'offrande dicté par le même sentiment d'émotion et de respect religieux. Dans le rêve, Dieu promet à Jacob que sa postérité sera nombreuse. Cette promesse n'est pas faite à Marguerite Yourcenar, à moins qu'il s'agisse d'une postérité littéraire, ce dont je suppose ici qu'elle se fait à elle-même la promesse. Par ailleurs, dans un autre récit de rêve (« Les visions dans la cathédrale »), Marguerite Yourcenar parle d'un « arbre de Jessé » (EM, p. 1546), une autre vision de filiation.

dable » pour être contemplée face à face ; ou encore c'est cet emboîtement même qui fournirait, dans le chef de l'apparition, un indice ultime du statut de déesse-mère. Quoi qu'il en soit, la grande jeune femme immobile est de la déesse-mère la manifestation la plus compréhensible pour la rêveuse, même s'il y a quelque contradiction à la déclarer à la fois « mère » et « dernier chaînon » de la série des déesses. Enfin, la déesse-mère qui la bénit lui inspire, en même temps que le titre de « mère », un geste d'offrande que la rêveuse n'aura pas l'occasion d'accomplir, ne retrouvant plus l'accès de l'église lorsqu'elle tente d'y revenir avec le cierge qu'elle a acheté. Elle n'a plus d'autre choix, après l'apparition, que d'assister à l'assomption de la déesse, enlevée dans sa cathédrale-temple de marbre blanc – autre image pagano-chrétienne – qui « semble décoller légèrement de son piédestal de rocher, et plane dans l'air comme un grand oiseau blanc » (EM, p. 1572).

Mais l'image emboîtée à l'infini de la déesse-mère de la cathédrale, « dont les genoux gigantesques dépassent la voûte de l'église et se perdent de toutes parts dans la nuit », déborde aussi du rêve dans l'œuvre entière. La déesse, il faut le remarquer, est nocturne : cette nuit qui est matrice et tombe à la fois, « en profondes vagues pétrifiées qui s'étalent *noir sur noir, ténèbres sur ténèbres*, et se fondent dans l'épaisseur de l'ombre » (c'est moi qui souligne), est aussi le début et la fin de tout : elle est infinie. Elle est encore bénéfique. C'est la même nuit que la promeneuse méditative de « La dernière olympique » retient comme un pan du manteau d'Artémis (EM, p. 430). C'est la même encore, dans Un homme obscur, dont se saoule Nathanaël agrippé aux cordages, lui qui préfère « les ciels tout noirs mêlés à l'océan tout noir » : « Cette nuit immense lui rappelait celle qui emplissait les combles de la hutte, et qui lui avait semblé immense elle aussi » (OR, p. 934). Fœtus de la nuit, il s'y sent « vivant, respirant, placé tout au centre » (OR, p. 934). Il la retrouvera dans l'île frisonne, « illimitée, toute-puissante : la nuit sur la mer prolongeait de tous côtés la nuit sur l'île » (OR, p. 1004). Nu, « sorti de la maison, dans le noir » (OR, p. 1004), il s'y baigne, « chose parmi les choses », et « ce contact de sa peau avec l'obscurité l'émouvait comme autrefois l'amour » (OR, p. 1005). Jeanne s'abandonne elle aussi à la nuit comme un enfant à une mère aimante :

> Depuis l'enfance elle a pris l'habitude de sortir dans l'obscurité totale sur son balcon, ou, quand l'occasion s'en présente, par la porte de sa chambre de plain-pied avec le jardin, toute nue, pour mieux goûter ce noir sans forme, ces senteurs nocturnes imprégnant la peau, et sur tout son être la douceur ou la force du vent. (EM, p. 1244)[9]

---

9 Tout comme la scène des deux amants de chaque côté de la porte (voir le point intitulé « Jouer le "je" : une question infime et capitale »), cette scène vécue et revécue par des personnages particulièrement aimés a très probablement une source autobio-

La déesse reste impressionnante, ainsi pour Nathanaël : « À d'autres moments, le vide nocturne était terrible » (OR, p. 1005). Lorsque l'homme obscur envisagera sa mort, c'est pourtant cette « obscurité totale » qui lui semblera « la solution la plus désirable » (OR, p. 1009). Et si c'est au lever du soleil qu'il se love dans le creux de terrain qui deviendra sa tombe, c'est toujours, d'une certaine manière, dans le sein de la déesse-mère – originaire d'Asie – qu'il aspire à reposer par une fusion complète : « Le ciel tout entier était devenu rose, non seulement à l'orient […], mais de toutes parts […] : *tout semblait orient* » (OR, p. 1013, c'est moi qui souligne). Ainsi, dans *Anna, soror...*, le dernier soir de l'innocence d'Anna et de Miguel, avec Valentine qui mourra bientôt, la triade bienheureuse est nimbée de la présence de la déesse de nuit : « sur le noir dense des montagnes et de la plaine se bombait la noirceur limpide du ciel ». Et Valentine semble exprimer cette présence lorsqu'elle dit : « Ce soir, la terre se souvient... » (OR, p. 862).

Dans *L'Œuvre au Noir*, on retrouvera quelque chose de la vision du rêve des *Songes et des Sorts*, jusque dans les termes et le rythme, au fil d'une image qui vient à Zénon *in articulo mortis* : « La nuit aussi bougeait : les ténèbres s'écartaient pour faire place à d'autres, abîme sur abîme, *épaisseur sombre sur épaisseur sombre* » (OR, p. 832, c'est moi qui souligne ; voir plus haut, dans le songe, le « noir sur noir, ténèbres sur ténèbres »)[10]. En pleine Inquisition, la déesse-mère de la cathédrale se glisse jusque sous les traits de la « haute déesse » du très catholique prieur des cordeliers (OR, p. 719), rehaussée encore des caractéristiques animales d'un syncrétisme qui, s'il n'est pas sans évoquer François d'Assise, paraît peu orthodoxe : « Si les bêtes des bois ont quelque sens des sacrés mystères […] elles imaginent sans doute auprès du Cerf divin une biche immaculée » (OR, pp. 719-720), remarque rêveusement Zénon sans trop choquer le prieur. Les « sacrés mystères », quant à eux, renvoient plutôt au monde grec qu'aux sacrements chrétiens ; nous revoilà sur les genoux d'Héra. Mais la déesse-mère infinie va jusqu'à faire spé-

---

graphique, mais cette fois on en retrouve la trace dans l'œuvre elle-même : dans *Quoi ? L'Éternité*, Marguerite, âgée d'une dizaine d'années, sortie en pleine nuit sur le balcon de sa chambre à Ostende, s'abandonne puis s'arrache au « monde terrible et accueillant de la nuit » (EM, p. 1371), tandis qu'éclate la première guerre mondiale. Cette scène, on la retrouve encore dans *Le Coup de grâce*, lorsque Sophie s'expose aux bombardements nocturnes en sortant sur le balcon de sa chambre et que cette nuit de guerre rappelle à Éric « les fenêtres barricadées à la hâte, les soirs d'orage, dans les hôtels de stations de montagne au temps de [s]a petite enfance » (OR, p. 119).

10 Une image semblable à celle déjà évoquée plus tôt par Zénon lorsqu'il s'abîme « comme un chrétien dans une méditation sur Dieu » dans sa vision de la matière-temps cosmique : « le temps et l'éternité n'étaient qu'une même chose, comme une *eau noire* qui coule dans une immuable nappe d'*eau noire* » (OR, p. 686, c'est moi qui souligne). Une « vision dans la cathédrale » ?

culer Zénon : « Tant qu'à donner à l'Ineffable l'apparence humaine, je ne vois pas pourquoi nous ne lui prêterions pas certains traits femelles, sans quoi nous réduisons de moitié la nature des choses » (OR, p. 720). Cette contamination du discours du croyant mais aussi de celui de l'athée est l'indice d'un envahissement par la déesse-mère, qui féminise et anima-lise Dieu comme aux beaux débuts de la mythologie. La déesse-mère aurait-elle à voir avec cette substance essentielle qui passe incessamment d'un point à l'autre du réseau ?

Toujours infinie, jamais limitée ni par les dogmes de l'une ou l'autre religion ni par les frontières des règnes, c'est encore la déesse-mère de la cathédrale qui se présentera avec une calme autorité à l'austère et ortho-doxe Thérapion, dans « Notre-Dame des hirondelles ». Là même où le moine veut exorciser la Grèce de ses divinités païennes, la déesse-mère en personne exercera sur Thérapion sa... thérapie syncrétique. Elle est encore vêtue de nuit, comme la déesse de la cathédrale : « son manteau et son écharpe étaient noirs » (OR, p. 1194). Comme Héra dans « La der-nière olympique », elle a l'âge ou plutôt les âges d'une triple déesse selon le canon mythique archaïque grec : « Bien qu'elle fût très jeune, elle avait la gravité, la lenteur, la dignité d'une très vieille femme » (OR, p. 1194), et par ailleurs elle se dit mère (OR, p. 1195). Malgré cette majesté, elle n'est pas inquiétante : tout comme la déesse multiple du rêve a la douceur du miel, « sa suavité était pareille à celle de la grappe mûrie et de la fleur embaumée » (OR, p. 1194). Et la cosmogonie qu'elle assène au moine éberlué est ni plus ni moins qu'un mythe gréco-judéo-chrétien de la création :

> Ne sais-tu pas qu'au temps de la création Dieu oublia de donner des ailes à certains anges, qui tombèrent sur la terre et s'établirent dans les bois, où ils formèrent la race des nymphes et des Pans ? Et d'autres s'installèrent sur une montagne, où ils devinrent des dieux olympiens. (OR, p. 1195)

Dès les années 1930, la mère Dida, dans *Denier du rêve*, cumule quelques traits de la déesse-mère. Bovins, comme Héra : « elle avait geint et mugi sur ses absents et sur ses morts, puis les avait oubliés comme une bête oublie ses compagnons d'étable disparus et la portée qu'on lui a prise » (OR, p. 255) – le totem de la vache reparaît, même et surtout si l'animal n'est pas nommé. Elle passe par les trois âges de la déesse : « jeune, la mère Dida avait ressemblé aux fleurs » OR, p. 250) ; « puis, [...] elle avait été belle fille, avec sous sa chemise des seins ronds comme des pommes d'amour [...] Il était venu des enfants » (OR, p. 252). Enfin, « vieille, elle ressemblait aux troncs d'arbre » (OR, p. 250). Qui plus est, ce passage s'exprime par des métaphores végétales qui assurent la correspondance des trois âges de la déesse avec les cycles de la fertilité de la terre. Enfin, Dida est explicitement comparée à la déesse-mère : « Pour des générations de créatures végétales, elle avait été la Bonne Mère et l'impitoyable Parque » (OR, p. 255).

Parque, en effet, la nuit est mortifère autant que génitrice : on peut donc assimiler par endroits – lorsque le texte l'autorise – la Mère à la Mort. C'est dans la poésie, premier genre littéraire pratiqué par Marguerite Yourcenar, qu'il faut logiquement chercher les premières traces de la déesse-mère : nous y touchons à des textes écrits, s'il faut en croire l'auteure, dès avant la seizième année, et très imprégnés de mythologie. Or, en effet, dans la première œuvre publiée, *Le Jardin des Chimères*, en 1921, le vieux Dédale se remet à la nuit pour mourir (JC, p. 61) ; même Icare allant vers le Soleil entrevoit sa mort « sur un ciel de plus en plus noir » (JC, p. 102) et reconnaît ainsi sa filiation :

La mort est l'unique Mère
Qui de ses bras glacés accueille son enfant,
Et dans son manteau noir le berce et le défend (JC, p. 104)

Remarquons la majuscule à « Mère » et le manteau dit « noir ». Dans *Les Dieux ne sont pas morts*, c'est une poète de moins de vingt ans – peut-être même moins de seize[11] – qui décrit la Terre « émergea[nt] lentement Du gouffre maternel des ténèbres premières » (« Astarté Syrica », DPM, p. 59). Dans le même recueil, la description d'Aphrodite Ourania, dans le long poème qui porte ce nom, met en place une hypostase déjà très fouillée de la déesse-mère yourcenarienne. Déesse de l'amour, déesse du ciel au sens cosmogonique antique de « voûte céleste », c'est-à-dire un ciel immuable, nuit et jour à la fois, Aphrodite Ourania est successivement la déesse antique (non sans ramasser en elle d'autres divinités, Pallas ou Nikè, par exemple) ; puis Marie, en quelque sorte la déesse chrétienne ; enfin la déesse des athées, si l'on ose dire : la Science. Elle reste maternelle : Aphrodite « berçai[t] les héros dans [s]es bras radieux » (DPM, p. 182) ; Marie lui fait écho : « Je tenais dans mes bras l'humanité meurtrie Comme un enfant divin qu'allaitait mon amour » (DPM, p. 185). Enfin la déesse peut conclure :

Et quand s'effaceront les limites des choses,
Quand tout retrouvera la divine Unité,
Au-delà de la vie et des métamorphoses,
Je les réunirai dans mon éternité (DPM, p. 187)

Toujours dans les textes poétiques dont la plupart, rappelons-le, datent de la jeunesse de Marguerite Yourcenar, soit entre 1919 (« Idoles », CA,

---

11 Outre les dates éditoriales et les millésimes figurant au bas des poèmes du recueil *Les Charités d'Alcippe*, Marguerite Yourcenar elle-même prétend que les poèmes de *Les Dieux ne sont pas morts* – publiés en 1922 – sont antérieurs à ceux du *Jardin des Chimères* – publié en 1921 –, ces derniers ayant été écrits « à seize ans » (YO, pp. 52-53).

pp. 42-43) et 1930 environ, un long poème daté de 1928 attire plus particulièrement l'attention. Son titre, « Endymion », réfère dans la mythologie grecque à un jeune berger aimé de Séléné, la Lune, et plongé dans un
sommeil sans fin qui lui procure une éternelle jeunesse[12]. Mais – à mon
avis tout à fait délibérément et non pas par erreur – Marguerite Yourcenar
fait d'Endymion non plus tellement l'amant de la Lune (qui n'est mentionnée que très rarement et très vaguement dans le poème) que le fils de
la Nuit. Le poème entier est un hymne lyrique à la nuit, une nuit qui dès
les premiers vers est dite l'origine maternelle de tout :

> Mère éthiopienne aux mamelles d'étoiles,
> Matrice où l'univers éclôt avec lenteur,
> Nuit dont la noire chair a de luisantes moelles (CA, p. 22)

Dans cette « Nuit où le nouveau-né croit retrouver l'asile Du gouffre
maternel qui longtemps l'abrita » (CA, p. 23), Endymion, fœtus de la
déesse nocturne, « Blotti comme un enfant sur le cœur des ténèbres »,
savoure dans « le sein primordial » « la liquide paix où [s]on corps se
balance » (CA, p. 24). On croirait Nathanaël, cinquante ans plus tard
(1982), dans l'île frisonne. Dans « Sept poèmes pour une morte », c'est
l'auteure qui, sans plus recourir au truchement d'un héros mythologique,
fait – indirectement, il est vrai – le rapport entre la figure maternelle de
Jeanne et – cette fois – la Mort :

> ... La mort nous attend pour nous bercer en elle ;
> Comme une enfant blottie entre vos bras fermés,
> J'entends battre le cœur de la vie éternelle (CA, p. 32)

Remarquons que si le vocabulaire du bercement et de l'enfance autorise le glissement Mère/Mort, il est aussitôt question de vie éternelle. Il
convient donc de se garder d'associer trop rapidement les deux termes
comme une facile conséquence de ce que nous croyons savoir de la vie
de l'auteure.

On le voit, les occurrences conjointes de la nuit, de la divinité et de
la maternité sont nombreuses et explicites. La symbolique divine et
maternelle attachée à la nuit, si elle n'est bien évidemment pas proprement yourcenarienne, se révèle toutefois très tôt fondamentale pour cette
auteure. Marguerite Yourcenar, en puisant dans les mythologies grecque,

---

[12] Endymion signifie « celui qui séduit naturellement » (sur Endymion, voir Robert
GRAVES, *Les Mythes grecs, op. cit.*, pp. 426 et 226-228 ; Pierre GRIMAL, *Dictionnaire
de la mythologie grecque et romaine, op. cit.*, p. 137). Dans *Mémoires d'Hadrien*,
Antinoüs est qualifié d'« espèce d'Endymion du plein jour » (OR, p. 408). Comme le
remarque justement Rémy POIGNAULT dans sa thèse (*L'Antiquité dans l'œuvre de
Marguerite Yourcenar, op. cit.*, pp. 656-657), Hadrien fait à Antinoüs, comme Zeus à
Endymion, le « don » d'un sommeil éternel en figeant son image par la statuaire et la
divinisation.

chrétienne, bouddhique, etc., et en les remodelant, en vient bel et bien à établir une mythologie personnelle, d'essence parentale, qui parcourt et sous-tend toute son œuvre. Dans cette mythologie, la mère est loin d'être oubliée : dès les premiers balbutiements de l'écrivaine, elle est omniprésente ; elle finit par se confondre avec l'écrivaine comme les déesses-mères du rêve dans la cathédrale ; elle acquiert dans l'œuvre le statut parental ultime.

Dans *Mémoires d'Hadrien*, par exemple, la déesse-mère est plus que jamais présente : c'est Rome, qu'Hadrien place idéologiquement et politiquement dans la continuation d'Athènes. « Une sorte de cordon ombilical me rattachait à la Ville » (OR, p. 323), écrit Hadrien qui vit en effet avec Rome une relation à la fois dévote et filiale, avec toutefois la réticence grandissante de l'adulte qui s'affranchit. La première fois que Rome est évoquée sous les traits de la déesse-mère, c'est dans un passage où Hadrien semble découvrir la féminité comme dépaysement et radicale étrangeté. Il ne nous étonnera donc guère que ce soit non pas en Grèce mais chez les barbares – qu'Hadrien fréquente « poussé par [s]on goût du dépaysement » – qu'ait lieu cette découverte. Une métaphore du corps féminin (« grand pays », « triangle », « bouches », « terre », « abondance un peu lourde ») se dessine progressivement par polarisation avec des éléments voulus masculins (« pur », « sec », « sol », « élégance nette », « mâle », « collines », « péninsules ») :

> Ce grand pays situé entre les bouches du Danube et celles du Borysthènes, triangle dont j'ai parcouru au moins deux côtés, compte parmi les régions les plus surprenantes du monde, du moins pour nous, hommes nés sur les rivages de la Mer Intérieure, habitués aux paysages purs et secs du sud, aux collines et aux péninsules. […] Notre sol grec ou latin […] a l'élégance nette d'un corps mâle : la terre scythe avait l'abondance un peu lourde d'un corps de femme étendue. (OR, p. 321)

Le jeune tribun découvre une divinité cosmique qu'il assimile aussitôt à Rome : « Il m'est arrivé là-bas d'adorer la déesse Terre, comme ici nous adorons la déesse Rome, et je ne parle pas tant de Cérès que d'une divinité plus antique, antérieure même à l'invention des moissons » (OR, p. 321). Il se souviendra de cette adoration lorsqu'avec une ombre de respect il verra défiler au Puits-d'Abraham, parmi les juifs réduits en esclavage, des « matrones […] solennelles et sombres comme la Grande Mère des cultes d'Orient » (OR, p. 479).

Dans *Mémoires d'Hadrien*, tout comme la « série infinie » des déesses du rêve intitulé « Les cierges dans la cathédrale » (dans *Les Songes et les Sorts*), Rome se superpose sans cesse à elle-même. Immense, puissante, elle est devenue un prodigieux avatar potentiel de toute ville, de tout village : « chaque village défendu par une palissade de pieux me rappelait la hutte de roseaux, le tas de fumier où nos jumeaux romains dormaient gorgés de lait de louve : ces métropoles futures reproduiraient Rome » (OR, p. 371). De même, « Rome se perpétuerait dans la moindre petite ville [...]. Elle ne périrait qu'avec la dernière cité des hommes » (OR, p. 372). Mais la ville, « grosse d'un avenir qui est déjà en partie passé », n'a pas atteint ses limites pour autant : « d'autres Romes viendront, dont j'imagine mal le visage, mais que j'aurai contribué à former » (OR, p. 371). Cette expansion par la maternité – « grosse » – dépasse l'ordre du temps et celui de l'espace ; elle est aussi conceptuelle : « la cité est devenue l'État. J'aurais voulu que l'État s'élargît encore, devînt ordre du monde, ordre des choses » (OR, p. 371). Gigantesque matrice de l'univers, « lieu où se font et se défont continuellement les affaires du monde » (OR, p. 314), Rome est établie sur un mythe fondateur maternel par excellence, celui des jumeaux Romulus et Rémus recueillis et nourris par une louve. Elle finira par être explicitement comparée par Hadrien à la déesse-mère qu'il avait découverte à l'embouchure du Danube : « Rome, que j'osai le premier qualifier d'éternelle, s'assimilerait de plus en plus aux déesses-mères des cultes d'Asie : progénitrice des jeunes hommes et des moissons, serrant contre son sein des lions et des ruches d'abeilles » (OR, p. 371). Cette identification revient plus loin lorsqu'Hadrien, dans l'élan de l'apothéose de Plotine, dédicace le temple de Vénus et de Rome. La déesse-mère réapparaît :

> Roma, Amor : la divinité de la Ville Éternelle s'identifiait pour la première fois avec la mère de l'Amour, inspiratrice de toute joie. C'était une des idées de ma vie. La puissance romaine prenait ainsi ce caractère cosmique et sacré, cette forme pacifique et tutélaire que j'ambitionnais de lui donner. (OR, p. 415)

Plotine, « cette femme [...] que la nomenclature officielle me donnait pour mère », lui est discrètement comparée : « Il m'arrivait parfois d'assimiler l'impératrice morte à cette Vénus sage, conseillère divine » (OR, p. 415). Hadrien peut alors accepter le titre de Père de la Patrie, qui le hisse en quelque sorte aux côtés de la Mère de la Matrie...

Cosmique et sacrée elle aussi, l'entreprise du Panthéon témoigne encore de l'adoration de la déesse-mère. Plus qu'un temple à tous les dieux, c'est un temple à « toutes les déités [...] mystérieusement fondues en un Tout, émanations infiniment variées, manifestations égales d'*une même force* » (OR, p. 415, c'est moi qui souligne). Pour la construction du temple, Hadrien remonte « aux temps primitifs et fabuleux de Rome, aux temples ronds de l'Étrurie antique » (OR, p. 416). Ce motif architectural est « la forme du globe terrestre et de la sphère stellaire, du globe où se renferment les semences du feu éternel, de la sphère creuse qui contient tout » (OR, p. 416), ce qui fait du Panthéon, situé au centre de

Rome, le centre du centre de l'univers, sa matrice mise en abyme d'un extrême à l'autre, depuis l'immense sphère stellaire contenant le feu éternel jusqu'à la petite sphère familiale de « ces huttes ancestrales où la fumée des plus anciens foyers humains s'échappait par un orifice situé au faîte » (OR, p. 416)[13]. De même que l'assimilation de la divinité de Rome avec la mère de l'Amour est, écrit Hadrien, « une des idées de ma vie » (OR, p. 415), le Panthéon « était ma pensée » (OR, p. 415) : la dédicace des deux temples a lieu le même jour et devient « une de ces heures où tout converge » (OR, p. 417). La pensée religieuse d'Hadrien, fondée sur la puissance à la fois politique et symbolique d'une Rome explicitement assimilée à la déesse-mère, me paraît un bel exemple de l'omniprésence du féminin dans l'œuvre yourcenarienne, à propos d'un personnage voulu à première vue particulièrement viril et chez une auteure dont on a dit souvent et un peu trop vite qu'elle écrivait comme un homme ou que son univers était essentiellement masculin[14]. Je m'empresse de dire que cette inféodation à la déesse-mère chez Hadrien (en retard de quelques siècles) pourrait paraître aussi anachronique que le proto-féminisme de Zénon (en avance, cette fois) évoqué plus haut. Mais il ne s'agit pas ici de juger des personnages à la lumière tout externe de l'histoire des idées.

À la surface et au cœur des choses

Si le motif de la déesse-mère semble bien attesté dans l'œuvre de Marguerite Yourcenar, il importe de distinguer sa simple présence de son assimilation à l'auteure. Je reviendrai donc un instant à la définition

---

13 C'est-à-dire qu'Hadrien fonde le temple par excellence sur le foyer, remontant ainsi à la plus ancienne et à la plus vénérable déesse des Romains, Vesta, la Hestia grecque. Selon Robert GRAVES, « L'âtre dans la caverne ou dans la hutte était le plus ancien centre dans la société et le premier mystère était celui de la mère. Ainsi la première victime du sacrifice public grec était toujours offerte à Hestia de l'Âtre. La statue aniconique blanche de la déesse, son symbole le plus répandu peut-être, qui figure à Delphes sous la forme de l'Omphalos ou "nombril", représentait probablement à l'origine le petit tas de cendres blanches, bien serré, qui recouvrait le charbon de bois allumé, ce qui est le meilleur moyen de garder le feu sans fumée » (*Les Mythes grecs, op. cit.*, p. 20). Pour Pierre GRIMAL, « de même que le foyer domestique est le centre religieux de la demeure, de même Hestia est le centre religieux de la demeure divine » (*Dictionnaire de la mythologie grecque et romaine, op. cit.*, p. 210).

14 Par exemple, Pascale DORÉ, *Yourcenar ou le féminin insoutenable, op. cit.*, p. 212 : « L'idéalisation fait de la femme un double du masculin dans le miroir, toute altérité envolée », ou « C'est généralement caché sous le regard masculin, à qui est déléguée la voix narrative, que l'écriture met en scène le féminin ». Mieke TAAT avait déjà mis en garde, en 1986, et notamment à partir de cette part féminine d'Hadrien adorant Rome, contre les « "ombres portées" d'un masculinisme ou d'un féminisme trop pressés de conclure » (« La mer mêlée au soleil », in *Il confronto letterario, op. cit.*, p. 62).

qu'en propose Robert Graves et qui nous a servi à pointer les occurrences de la déesse-mère dans l'œuvre, afin d'examiner en quoi elle s'appliquerait cette fois à la romancière.

On a vu que la déesse-mère était considérée comme « immortelle, immuable et toute-puissante » ; ce statut était essentiellement dû au fait que l'enfantement était considéré comme un pouvoir exclusivement féminin, puisqu'on ne supposait pas alors la participation de l'homme à la filiation. On a vu aussi qu'elle avait trois âges : la jeune vierge, la mère, la vieille stérile, ces âges correspondant aux cycles et aux productions de la terre. Bien entendu, nulle part dans les récits ni dans les entretiens Marguerite Yourcenar n'affirme explicitement être la déesse-mère de son œuvre. Mais les caractéristiques énumérées ci-dessus sont bien présentes.

Marguerite Yourcenar est-elle la substance immuable de son œuvre ou seulement le lieu de passage de cette substance ? Dans ses prises de position à propos de la nature, du bouddhisme, de ses personnages, etc., elle exprime fréquemment cette idée d'être reliée à tout. S'unir en pensée chaque matin avec la souffrance du monde, sentir qu'on porte dans ses fibres à la fois les disparus et les êtres à venir, etc., pourrait en effet revenir à se proposer comme le simple véhicule d'une force qui vous dépasse. Comme être humain conscient, telle semble bien être la pensée de l'auteure, et elle s'exprime volontiers dans les entretiens. Mais en tant que créatrice de personnages, son statut est beaucoup plus autoritaire au sens premier du terme. Ses personnages, elle les « porte en elle » comme des êtres : elle est leur génitrice. Elle est leur *seule* génitrice : à la différence d'un Octave Pirmez, par exemple, qui déclare son esprit « un être femelle qui ne conçoit que dans les instants où il est fécondé par les sensations » (cité par l'auteure, EM, p. 849), Marguerite Yourcenar tiendrait plutôt du côté de la parthénogenèse[15]. On ne trouve pas chez elle de grandes déclarations sur l'inspiration et l'acte d'écrire, s'il est fréquemment décrit, ne fait pas l'objet d'une anamnèse, d'un retour aux sources, d'une enquête sur un grand commencement quelconque ; il semble avoir toujours été naturel ; l'exercice permanent de l'écriture n'est jamais mis en question, sauf une seule fois dans les « Carnets de notes de *Mémoires d'Hadrien* », et cette exception confirme la règle : « Enfoncement dans le désespoir d'un écrivain qui n'écrit pas » (OR, p. 522)[16].

---

[15] C'est le terme qu'emploie Josyane SAVIGNEAU, *Marguerite Yourcenar. L'invention d'une vie, op. cit.*, p. 261.

[16] Les biographes de Marguerite Yourcenar ont montré à quel point ne pas écrire équivalait au silence et à la mort pour l'exilée des années quarante. Voir en particulier le chapitre « Mourir le moins possible » et l'analyse de *La Petite Sirène*, Michèle

De la même façon, ses personnages sont comme s'ils avaient toujours existé pour elle : elle insiste souvent sur le caractère extrêmement précoce de leur apparition dans son paysage intellectuel et dans ses projets d'écrivaine. Ces personnages, elle les « alimente de [s]a substance » (EM, p. 745) : elle a donc vis-à-vis d'eux un statut éminemment maternel et le reconnaît plus d'une fois (« C'est un peu un phénomène de gestation », YO, p. 224). Elle les suit du regard en permanence : elle fait preuve à leur égard d'une sollicitude parentale qui s'exprime par des soins allant jusqu'à les « nourri[r] d'une bouillie de réalité » (CNON, p. 470). Enfin, ses fréquentes dénégations – notamment à propos de l'emploi du mot « substance » – de l'envahissement du moi qu'elle pratique par ailleurs le plus ouvertement du monde dans ses récits attirent l'attention sur l'enjeu véritable de cette dénégation : à la fois l'orgueil secret et la gêne publique à l'idée de se prendre trop visiblement pour Dieu le Père – ou plutôt pour la déesse-mère.

Les trois âges de l'auteur sont également discernables. Remarquons que, conformément à l'hypostase de la déesse-mère, les trois femmes qui la composent coexistent en une sorte de triade, voire de trinité ; il n'est donc pas question ici de découper la carrière de l'écrivaine en trois moments correspondant à la nubilité, à la fécondité puis à la stérilité, mais d'observer cette coexistence dans son statut d'auteure. Le fréquent recours aux métaphores liées aux productions de la nature et de la terre illustre assez bien cette coexistence. Que Marguerite Yourcenar se soit elle-même assimilée à la terre féconde ou même en jachère n'est pas douteux : un des commentaires qui la frappent et l'enchantent le plus à propos du *Coup de grâce* est celui d'Edmond Jaloux, qui lui conseille : « Reposez-vous, la terre se repose en hiver » (YO, p. 132). Et si Marguerite Yourcenar, comme elle l'avouera à la fin de sa vie, a mis beaucoup d'elle-même en Sophie, alors c'est elle aussi qu'elle voit « solide comme la terre, sur laquelle on peut bâtir ou se coucher » (OR, p. 127). Elle compare l'Y de son nom à « un arbre, aux bras ouverts » (YO, p. 55), son prénom lui plaît parce qu'il est un « nom de fleur » (YO, p. 55). Comme la terre-mère, qui nourrit les « dieux verts puissamment enracinés dans l'humus dont ils tirent leur force » (EM, p. 830), elle alimente ses personnages de sa substance[17], allant jusqu'à leur donner la

---

GOSLAR, *Yourcenar. Qu'il eût été fade d'être heureux*, op. cit., pp. 155-160. À propos de l'exercice naturel et sans question de l'écriture, il est frappant qu'à une question aussi directe que « Pour vous, qu'est-ce que c'est, l'écriture ? », Marguerite Yourcenar, vers la fin de sa vie, répondait du tac au tac, et de manière très lapidaire : « Rien. C'est mettre du noir sur du blanc » (PV, p. 370).

[17] Cette formule n'est répétée dans cette étude qu'inévitablement, dans la mesure où elle est à mon avis le sésame de la création yourcenarienne.

vie successivement sous forme végétale puis animale, comme dans le troublant rêve intitulé « L'enfant bleu » (EM, pp. 1568-1569) – dont le nouveau-né est pourvu de « racines d'un bleu presque noir » comme la « robe large et bouillonnante » de certaine déesse-mère, qui « a la nuance noir-bleu d'une mer agitée par le vent » (EM, p. 1571).

Enfin, le troisième âge est revendiqué comme coexistence avec l'enfance et l'âge adulte (YO, p. 24) et les rapports d'âge entre l'auteure et ses personnages ou même avec ses géniteurs devenus ses personnages sont tranquillement brouillés à plusieurs reprises. Ce n'est donc pas seulement comme personne, mais aussi comme écrivaine que Marguerite Yourcenar affirme dans *Les Yeux ouverts* : « Je ne me sens aucun âge » (YO, p. 24), précisant dans une lettre du 2 janvier 1975 (elle a alors 71 ans) :

> Je n'ai jamais cru que l'âge était un critère. Je ne me sentais pas particulièrement « jeune », il y a cinquante ans […] et je ne me sens pas « vieille » aujourd'hui. Mon âge change […] d'heure en heure : dans les moments de fatigue, j'ai un siècle, dix siècles ; […] dans les moments d'agrément, […] j'ai souvent l'impression d'[…]avoir quatre [ans]. (L, p. 454)

On l'a constaté, dès le début des années 1930, Marguerite Yourcenar prend explicitement sa place, fût-ce par le biais d'un récit de rêve, dans une dynastie de déesses qu'elle appelle « mères », dynastie à laquelle elle s'affilie par un rituel de reconnaissance et d'offrande. Cette dynastie idéale ou symbolique est doublée par l'ascendance maternelle réelle – du moins celle qu'elle nous restitue dans *Le Labyrinthe du monde* – à laquelle elle s'affilie cette fois par le truchement du totem maternel qu'est la vache, « symbole animal de la terre féconde » (EM, p. 724), emblème déclaré de toute la dynastie maternelle, allant de la petite fille apaisée par le lait, « âme maternelle des vaches », jusqu'à la nuit des temps des aïeules de Mathilde caressant la Belle Vaque au retour de la messe, en passant par la petite Fernande sanctifiée par l'histoire de sainte Rolende, appréciant de celle-ci, à la suite de l'oncle Octave, « les éléments païens, sacrés eux aussi, plus immémoriaux encore que la pieuse vierge de Gerpinnes » (EM, p. 891), au premier rang desquels la « fécondité » qui résulterait du fait que la procession de la Sainte-Rolende foule les champs. Toute cette ascendance maternelle est marquée par la symbolique de la terre, de la végétation, des cycles de vie, quand ce serait pour déclarer « surabondante » (EM, p. 807) la fertilité de Mathilde, quand ce serait pour perdre çà et là le contact avec sa grand-mère maternelle couchée en terre à Suarlée, « dans la pose de l'embryon prêt à naître » (EM, p. 741), de la graine prête à germer.

Marguerite Yourcenar, en donnant vie par l'écriture à toute cette filiation féminine, enracinée dans une fécondité tellurique, renverse le statut qu'elle se donnait dans *Souvenirs pieux* de dernier « rejeton » de Mathilde, méditant sur des cadavres-embryons, pour assumer la remise au monde de ces derniers dans une confusion organisé entre la fiction et la réalité. Ce faisant, « à la superficie frémissante des choses, et dans la plus secrète fibre de leur cœur », (EM, p. 1572), comme la déesse-mère du rêve, c'est-à-dire dans le souci du moindre détail mais aussi au prix déclaré de sa propre substance, l'écrivaine crée, développe et maintient, non sans contradictions du reste, une cosmogonie, un Olympe de personnages apparentés.

Le retour du féminin

Un certain nombre d'études ont supposé, parfois pour le critiquer, que Marguerite Yourcenar prenait un point de vue masculin sur le monde[18], quand elles n'ont pas purement et simplement disserté du fait qu'elle avait évacué le féminin de son œuvre. Quoique portant rarement sur l'œuvre entière et donc forcément partielles, ces études sont convaincantes sur bien des points, même si çà et là le désir de conclure fait parfois négliger l'un ou l'autre aspect qui ne s'adapte pas parfaitement à la grille d'analyse ou à la proposition de départ. Une des difficultés de l'œuvre yourcenarienne pour l'analyse est qu'elle est immense et multiforme, et qu'il semble donc assez aisé d'y trouver tout et ce qui semble son contraire : le flux et le reflux du moi en est un exemple, déroutant pour qui chercherait à trancher, éventuellement pour les besoins d'une démonstration critique. Qui plus est, devant l'abondance du paratexte yourcenarien, il est tentant d'invoquer la caution de l'écrivaine elle-même à propos de l'analyse de ses propres écrits ou, au contraire, de la prendre au piège de ses apparentes contradictions. Je me garderai donc de réfuter sur un point ce qui pourrait sans nul doute m'être retourné à propos d'un autre. J'essaierai plutôt de prendre distance et d'avoir une vue générale de l'œuvre en y discernant essentiellement deux moments.

Plus j'avance dans la lecture de Marguerite Yourcenar, plus je suis en effet persuadée qu'à la suite de ses biographes il faut distinguer un « avant » et un « après » 1939, non seulement pour ce qui est de la vie privée de l'écrivaine, mais aussi pour l'étude de son œuvre. En effet, l'épuisement de ses ressources financières, la rencontre avec Grace Frick, la déclaration de guerre, le départ pour les États-Unis sont quatre événements qui vont bouleverser la destinée de Marguerite de Crayencour, mais aussi – ce qui nous occupe davantage ici – le contenu

---

18 Voir par exemple Pascale Doré, *Yourcenar ou le féminin insoutenable, op. cit.*, p. 212 (cité plus haut) ; Michèle Sarde, *Vous, Marguerite Yourcenar. La passion et ses masques, op. cit.*, p. 57 ; Francesca Counihan, *L'autorité dans l'œuvre romanesque de Marguerite Yourcenar, op. cit.*, particulièrement pp. 98-102 ; etc.

et la conception mêmes de son œuvre et de son statut d'écrivaine. De sorte que même si, avant 1939, les grands thèmes sont déjà fixés, même si les brouillons ont déjà été écrits – et même dans certains cas publiés –, même si certaines œuvres de jeunesse ne seront en aucun cas reniées, on pourrait postuler que la maturité réelle et la méthode yourcenariennes – et avec elles le paradigme de la symbolique de la parenté qui fait l'objet de cette étude – ne viendront qu'à partir de la publication des *Mémoires d'Hadrien*. Le départ aux États-Unis est certes le renoncement à une certaine Europe, mais c'est aussi et surtout le déploiement d'un nouvel univers :

> Si j'étais restée en Europe, ou même retournée en Grèce en 40, je me serais attachée de plus en plus aux aspects formels de la littérature, parce que le milieu où je vivais était extrêmement littéraire, et je serais demeurée plus liée au passé, parce que les sites, eux aussi, étaient tous liés à la légende antique. Venue ici, et mise en présence d'une réalité tout à fait différente, massive et amorphe, en quelque sorte, le changement me fut, je crois, très utile. Je ne parle pas en ce moment d'une réalité psychologique, passionnelle et personnelle, mais de la réalité, du poids lourd de la réalité brute. [...] J'ai dit, dans la préface à *La Petite Sirène*, que cette courte pièce marque le moment où la géologie, pour moi, a pris le pas sur l'histoire. Et cela rejoint quelque chose de très profond. (YO, p. 137)

L'écrivaine ira même jusqu'à dire à propos de ce changement qu'« on peut presque parler là d'une conversion » (PV, p. 194). C'est surtout à partir de ce moment de son œuvre que Marguerite Yourcenar, loin d'évacuer le féminin – ce qu'il semble plus difficile de nier dans certaines premières œuvres –, va très progressivement le réintégrer et plutôt évacuer le masculin dans sa conception de l'écriture comme cosmogonie et de l'œuvre comme univers, comme tout englobant : par exemple, le Bacchus-Dieu de *Qui n'a pas son Minotaure ?* est encore à l'évidence viril, mais les évocations ultérieures de la divinité (on l'a vu pour *Mémoires d'Hadrien*) attestent soit une remise en question de la masculinité soit une féminisation. On pourrait bien sûr objecter que l'équation platonicienne œuvre = enfant sur laquelle repose en partie cette conception de la littérature, même si elle est présentée par une femme, Diotime, dans le *Banquet*, est à usage typiquement masculin puisqu'elle se présente d'abord comme une sorte de compensation – et même de surcompensation dans la mesure où est clairement affirmée la supériorité de l'enfantement intellectuel – à l'incapacité de mettre un enfant au monde. Il est clair que cette réflexion est celle d'Hadrien ou de Zénon, par exemple. Mais c'est aussi – Marguerite Yourcenar le sous-entend à propos de Selma Lagerlöf – la situation d'une femme qui n'a pas choisi la maternité ou, peut-être, qui a choisi la non-maternité. L'équation œuvre = enfant peut aussi, nous l'avons vu, se décliner de façon beaucoup plus sinistre, toujours chez des femmes yourcenariennes. C'est le cas d'Électre (Th. II, p. 36) et de Marcella (OR, p. 233) comparant leur projet d'assassinat à un accouchement. Et il n'en demeure pas moins que l'œuvre porte les traces nombreuses d'une sollicitude parentale et même d'un vécu maternel, comme je l'ai démontré par exemple avec l'analyse de l'expression « J'alimente de ma substance », l'incarnation de Marguerite Yourcenar sous les traits de Greete dans *L'Œuvre au Noir* ou la sollicitude maternelle vis-à-vis de Lazare, dont Marguerite Yourcenar n'évince la mère que pour occuper tout le rôle maternel. Compensation, voire – si l'on y tient – fantasme d'enfantement, l'œuvre n'en est pas moins réelle et son assimilation à l'enfant une équation relativement précoce chez Marguerite Yourcenar, comme en témoigne un poème daté par l'auteure de 1932 :

Excuse de notre existence,
Belle enfant de notre substance,
L'œuvre, que nous nous préférons (CA, p. 53)

Mais il est également possible que nous assistions à une expérimentation symbolique de la parenté tout entière. C'est ce que semblent indiquer quelques commentaires dont celui déjà cité sur *Anna, soror...* : « cette indifférence au sexe qui est [...] celle de tous les créateurs en présence de leurs créatures » (OR, p. 908). Loin de se conformer au seul modèle du père, comme cela a été écrit à plusieurs reprises[19], Marguerite Yourcenar chercherait plutôt à englober dans son geste d'écrivaine la maternité ET la paternité, pour se camper en démiurge – bisexué(e) ou, plus justement, asexué(e) par définition – et se placer « au-dessus de la mêlée » de l'opposition des sexes, comme on le suggérait récemment à un colloque[20]. Peut-être est-ce là une des raisons pour lesquelles elle n'a guère donné dans le féminisme, gardant toute sa vie une position ambi-

---

[19] Notamment, à propos du *Premier Soir*, par Michèle SARDE, *Vous, Marguerite Yourcenar. La passion et ses masques, op. cit.*, p. 57.

[20] Carminella BIONDI, dans une intervention orale au colloque de la Société internationale d'études yourcenariennes à Thessalonique, en novembre 2000, supposait que Marguerite Yourcenar préférait dépasser dialectiquement l'opposition entre les sexes pour envisager une humanité en quelque sorte plus proche de la perfection. Il y a là sans aucun doute une piste à suivre. *Au-dessus de la mêlée*, livre de Romain Rolland fort apprécié par le père, Michel, compta dans la formation du jugement de Marguerite Yourcenar, qui le lut, dit-elle, dès 1916 (à treize ans) : « Il y a peu de choses dont je lui sache plus gré que de me l'avoir fait lire. [...] Une voix s'élevait ; la voix d'un homme seul. Il y a ainsi des livres, presque toujours à l'écart de la littérature de l'époque, qui viennent vous frapper au moment venu, et, en partie, vous déterminent » (EM, p. 1388). Je vois dans cet intérêt une première manifestation de la formation d'un esprit cherchant d'abord la lucidité et la nuance avant de s'engager en paroles ou en actes, et par là même donnant très logiquement prise au soupçon d'indifférence, ce qui vaut pour la politique comme pour la cause des femmes.

guë sur la question[21]. De cette préoccupation constante de se tenir en-dehors ou au-dessus de ce débat, témoigne par exemple sa réponse lapidaire à Jean-Claude Texier, dans un entretien accordé en 1971. À la question plutôt neutre : « Certains critiques ont qualifié votre œuvre de masculine, qu'en pensez-vous ? », elle répond en élargissant, une fois de plus, la perspective : « L'image que nous nous faisons de la femme comme de la littérature féminine est souvent très factice. Je m'intéresse à l'être humain » (PV, p. 128).

La démarche du démiurge asexué n'est pas isolée, Marguerite Yourcenar se réclamant à cette occasion d'une lignée d'auteurs, de Shakespeare à Flaubert et de Murasaki Shikibu à Selma Lagerlöf. « Un homme qui lit, ou qui pense, ou qui calcule, appartient à l'espèce et non au sexe ; dans ses meilleurs moments il échappe même à l'humain » (OR, p. 334), fait dire Marguerite Yourcenar à Hadrien. Au contraire de ses amantes, qui « semblaient se faire gloire de ne penser qu'en femmes »[22]. Misogynie du personnage – relative, puisqu'il ne parle ici que de ses amantes et parlera sur un tout autre ton de Plotine (OR, p. 350) ? Misogynie de l'auteure ? Ne peut-on louer Plotine sans réserve que parce qu'elle n'a pas d'amant ni d'enfant ? Ou, au contraire, n'y aurait-il que Jeanne à cumuler toutes les qualités humaines – y compris la procréation ET l'écriture, ce *hapax*, ce miracle yourcenarien – en une seule et même femme, tout en restant une femme aimante et aimée ? Ces questions qui traversent la critique yourcenarienne, à supposer que nous ayons affaire à l'œuvre d'un(e) démiurge asexué(e), ne trouveraient peut-être pas de solution : elles cesseraient de se poser… Mais, même si le statut rêvé par la romancière était en définitive celui d'un démiurge indifférent au sexe, il reste que la mise en œuvre de toute sa création lit-téraire atteste dans le chef de l'écrivaine des attitudes qui, elles, sont indubitablement féminines et maternelles.

---

[21] Sur l'attitude de Marguerite Yourcenar envers le féminisme, voir par exemple les lettres à André Brincourt du 27 février 1971 (L, p. 377) ; à Jeanne Carayon du 12 novembre 1977 (L, p. 578) ; et surtout à Odette Schwarz du 31 décembre 1977 (L, pp. 581-583). Un chapitre dans *Les Yeux ouverts* concerne également cette ques-tion (pp. 283-291). Voir aussi, du côté des biographes, Michèle GOSLAR, *Yourcenar. Qu'il eût été fade d'être heureux, op. cit.*, pp. 281 *sq*. De nombreux entretiens abordent également le féminisme : avec Jean Montalberti (PV, pp. 198-199), avec Bernard Pivot (PV, p. 268), avec Nicole Lauroy (PV, p. 310), Denise Bombardier (PV, pp. 338-340), etc.

[22] Lorsqu'elle parlera en tant qu'écrivain, Marguerite Yourcenar écrira pourtant péremp-toirement : « Une femme analysant la notion de temps ou d'infini n'a aucune raison de le faire autrement qu'un homme » (L, p. 436). Et elle reprendra cette même phrase d'Hadrien au compte des femmes dans un entretien tardif avec Jean-Pierre Corteggiani (PV, p. 424).

Marguerite Yourcenar ne méconnaissait certes pas la responsabilité qui s'attache au fait de mettre au monde ou d'adopter des enfants. Abruptement interrogée à ce sujet par trois journalistes de *L'Express*, en 1969 (« Vous avez pu vivre en dehors du monde [...]. Mais si vous aviez des enfants ? »), elle déclare qu'elle s'est précisément posé la question de l'adoption et poursuit, en ce qui concerne ses choix de vie et particulièrement ses refus, fussent-ils partiels, de son siècle : « Je crois que j'aurais fait à peu près la même chose », avant de conclure :

> Il faut, bien entendu, subsister, enfants ou pas ; mais il s'agit surtout de se demander à quel point on peut engager les enfants dans l'attitude qui est la nôtre. Faut-il les faire entrer dans le courant du siècle, leur faire admettre ce que nous n'acceptons pas ? [...] Ou bien encore faut-il avoir le courage de risquer pour eux ce qu'on risque plus ou moins pour soi ? C'est une question grave. (PV, pp. 70-71)

Une question qui, peut-être, trahit celle qui la pose d'en être restée à cette spéculation. Aussi, dix ans plus tard, lorsque Bernard Pivot lui pose la question : « Est-ce que laisser des livres sur cette terre ce n'est pas aussi beau qu'y laisser des enfants ? », on a l'impression que Marguerite Yourcenar saisit la balle au bond, trop contente de trouver dans l'interrogation un encouragement ou une confirmation de son intuition platonicienne : « Mais je crois qu'en ce moment c'est *beaucoup mieux* de laisser des livres que de laisser des enfants. Des enfants, nous n'en avons déjà *que trop* » (PV, p. 271 ; c'est moi qui souligne). Et si le journaliste proteste faiblement sur la pléthore de livres, l'écrivaine aussitôt file la métaphore végétale que nous avons si souvent rencontrée dans son œuvre : « Je crois aussi qu'il y a trop de livres. De même qu'il y a trop d'êtres humains, il y a trop de livres. Et il m'arrive de penser aussi aux feuilles des arbres qui ont été sacrifiés pour écrire tous ces livres. Alors là j'éprouve quelque remords » (PV, p. 271). « Alors là » seulement, ne peut-on que constater. Quel plus évident aveu de la seule maternité qu'on se reconnaisse ?

Si donc on trouve les traces dans l'œuvre de ce qu'on a pu appeler un idéal du moi masculin, ce n'est certes pas une fois pour toutes mais plutôt vers le début de l'œuvre, peut-être – mais la biographie ou la psychanalyse ont éventuellement des éclairages à nous donner sur ce sujet – pour répondre à un modèle éducatif dominant prescrit par le père ou encore pour se protéger en tant que femme du statut affectif absolu de ce dernier – nous avons vu dans un chapitre précédent qu'une des façons de s'en protéger était de commencer par lui dénier une partie de son statut de père. Si, en termes de strict rapports de forces, le paradigme masculin est encore visiblement le plus fort chez Alexis, dont même les précautions oratoires trahissent la peur foncière des femmes[23], ou dans *Le Coup de grâce*[24], par exemple, dans *Mémoires d'Hadrien*, déjà, l'influence de Plotine, le respect relatif des parte-naires féminines, la présence continuelle d'une sorte d'Éternel féminin dans la déesse-mère – amalgamée à Rome et à l'Amour – colorent de plus en plus perceptiblement l'horizon conceptuel de l'œuvre. Voire... car des œuvres très précoces et importantes pour leur auteure attestent déjà cet « éternel féminin ».

Ainsi, dans *Anna, soror...*, écrit en 1925, le rayonnement féminin de Valentine l'emporte absolument sur le *mancipium* du *pater familias* qu'est don Alvare, dans le sens où c'est son message païen, dialectique, platonicien qui transcende une œuvre où le masculin, lui, ne paraît fonc-tionner que dans le cadre de la contingence[25]. Il faut d'ailleurs remar-quer, dès les premières lignes de la nouvelle, que c'est un personnage féminin et maternel qui est si longuement décrit et que le narrateur prend en compte non seulement sa naissance, son éducation, les péripéties de son existence, mais encore sa sensibilité et son intériorité propres, au lieu qu'elles soient décrites par l'auteure extérieurement, à travers le regard d'un pseudo-narrateur masculin – fût-ce par défaut. Cette féminisation s'accentue encore lorsque la naissance de Valentine est placée sous l'au-torité morale de Vittoria Colonna :

> Sa mère, à peine relevée de couches, la porta elle-même, à Rome, au cloître Sainte-Anne. Une femme pâle, à la bouche marquée d'un pli triste, prit l'enfant dans ses bras et lui donna sa bénédiction. C'était Vittoria Colonna, veuve de Ferrante d'Avalos qui vainquit à Pavie, la mystique amie de Michel-Ange. D'avoir ainsi été accueillie par cette Muse austère, Valentine acquit jeune une singulière gravité, et le calme de ceux qui n'aspirent pas même au bonheur. (OR, p. 854)

Trois instances exclusivement féminines président donc à cette nais-sance : la référence explicite à une Muse renvoie directement à cette enfance nourrie « au milieu des manuscrits antiques » (OR, p. 853) ; la

---

23   Mais que penser de cette peur ? N'est-elle pas aussi une façon de rendre les armes ?

24   Encore que – même remarque que pour Alexis à la note précédente – le roman se ter-mine par un aveu de défaite d'Éric : « Elle n'avait voulu que se venger, et me léguer des remords. Elle avait calculé juste : j'en ai quelquefois. On est toujours pris au piège avec ces femmes » (OR, p. 157).

25   Voir Michel Dupuis, « "Un cœur de chair". Une lecture d'*Anna, soror...* de Marguerite Yourcenar », in *Romanische Forschungen*, vol. 98, n° 3-4, 1986, p. 385 : « Si Anna et Miguel en arrivent à nouer un lien pervers entre eux, c'est au prix d'une transgression qui est bien plus que sexuelle. Au départ, l'un et l'autre appartiennent à des mondes différents. La mère et la fille, à des degrés divers, vivent ou tentent de vivre une religion qui réconcilie réellement les choses, et qui constitue [...] une vraie sagesse. Le père et le fils, quant à eux, sont cloîtrés dans un monde infernal, passant du désir fou à la terreur ».

référence implicite à une fée ou à une parque fait flotter sur l'enfant le poids d'un destin triste et grave ; enfin, il me semble permis de voir dans ce passage une transposition féminine de la présentation de Jésus au Temple (Luc 2, 22-39), Vittoria Colonna au seuil de la mort attendant Valentine au seuil de la vie pour lui donner sa bénédiction, tout comme Siméon et Anne attendent le Christ dans le récit évangélique ; il n'est jusqu'au cloître Sainte-Anne dont le nom ne renvoie à la prophétesse Anne, veuve âgée – comme Victoria Colonna – qui prophétise avec Siméon à propos de Jésus nouveau-né.

C'est de la seule Valentine que Miguel et Anna reçoivent une éducation intellectuellement, spirituellement et affectivement accomplie. Et stupéfiante : les opinions et la pratique religieuses de Valentine, en cette « époque où le Saint-Office [l'Inquisition] […] épiait le moindre tressaillement des consciences », paraissent étonnamment tièdes, puisqu'elle « évit[e] soigneusement tout entretien tournant sur des matières de foi », que « son assiduité aux offices » n'est que « convenable » et que sa propre fille « ne p[e]ut se souvenir de l'avoir entendue prier » (OR, p. 854). Si Valentine fréquente longuement les couvents, c'est « un *Phédon* ou un *Banquet* sur les genoux » (OR, pp. 854-855) ; mais elle n'est pas décrite en train de lire ces auteurs païens, elle « médite[] longuement devant la baie merveilleuse » (OR, p. 855) : c'est-à-dire qu'elle intègre les éléments chrétiens et païens du décor pour en détourner ensuite le regard et les dépasser dialectiquement par une pensée dont il n'est rien dit, mais dont on peut supposer qu'elle est autonome et libre. Si « ses enfants vénéraient en elle une Madone » (OR, p. 855), cela témoigne d'un amour distant – comme la Jeanne du *Labyrinthe du monde* que Marguerite apprend à vénérer de loin – mais suggère pourtant que les enfants de Valentine sont comme elle nés sous une instance fortement féminine, à la fois païenne et chrétienne – cette instance que la rêveuse des *Songes et des Sorts* rencontre dans la cathédrale... Dès leur plus jeune âge, c'est Valentine elle-même qui leur apprend à lire dans Cicéron et dans Sénèque, en expliquant « un argument ou une maxime » (OR, p. 855), ce qui suggère que la mère, dont on vient de voir qu'elle connaissait sans doute le grec, connaît encore le latin, et cela fait d'elle un des personnages féminins les plus cultivés chez Marguerite Yourcenar. Plus encore, elle parle à ses enfants en toscan et ils lui répondent en espagnol (OR, p. 855), ce qui implique pour chacun la connaissance des deux langues mais, surtout, transcende la communication langagière, établissant la primauté d'une entente au-delà des mots déjà suggérée par le silence des enfants, « n'ayant pas besoin de mots pour jouir d'être ensemble » (OR, p. 855) et celui de la mère qui « parlait peu, avertie par le juste instinct de ceux qui se sentent aimés sans se sentir compris » (OR, p. 855).

Une telle éducation intellectuelle et morale se double ni plus ni moins d'une éducation sexuelle, placée d'emblée sous les auspices de l'antiquité, voire du paganisme : l'exposition aux enfants des intailles grecques « ornées de figures nues ». Si « Valentine elle-même semblait diaphane comme ses gemmes » (OR, p. 855), la chambre confinée, dont les murs portent sa devise *Ut crystallum*, devient elle-même un prisme : la mère semble vouloir leur inculquer à la fois la beauté et la transparence. On pourrait même suggérer qu'elle donne ainsi à voir aux deux enfants la préfiguration sereine de leur amour interdit, assortie d'ailleurs de la sentence : « Tout ce qui est beau s'éclaire de Dieu » – qui rapproche encore Valentine de Jeanne.

Dans *L'Œuvre au Noir*, c'est certes par la pensée plus que par les sens que Zénon appréhendera le féminin : la nuit, la divinité, la connaissance, la religion, la philosophie, la mort, dans un mouvement qui, on l'a vu, a des résonances féministes anachroniques là même où on pourrait le supposer totalement indifférent – voire hostile – aux femmes, et, de façon peut-être anachronique également, où il dépasse l'humanocentrisme renaissant pour atteindre l'universel... à la façon de Marguerite Yourcenar. Dans *Une belle matinée*, le syncrétisme sexuel de *Mémoires d'Hadrien* fait place à la synthèse : Lazare, porteur d'une Nouvelle Alliance yourcenarienne, réconcilie les parents, les sexes, la vie et la mort dans une exceptionnelle vision d'avenir optimiste. Enfin, dans *Le Labyrinthe du monde*, l'image rayonnante de Jeanne, surimprimée sur des femmes moins heureuses ou plus médiocres, mais presque toujours très humaines, donne au féminin une sorte de dernier mot.

Une évolution intéressante à cet égard est celle d'Éric et de Zénon. Je ne toucherai qu'à un seul point, presque un lieu commun : celui des larmes. Dans *Le Coup de grâce*, Éric ne pleure pas, cela semble aller de soi. On le retrouvera dans *Quoi ? L'Éternité*, précis, dur, autoritaire (EM, p. 1411). Mais, au moment où il se sépare d'Egon : « Conrad et Éric mirent pied à terre et l'embrassèrent. À leur propre surprise à tous trois, leurs larmes coulaient ou du moins leur emplissaient les yeux, comme celles des héros d'Homère » (EM, p. 1413). Dans « D'après Dürer », en 1934, Zénon n'est encore qu'un clerc catégorique, tranchant sur tout sans appel et parfaitement impassible. Dans *L'Œuvre au Noir*, la compassion de l'auteure non seulement nuance tous ses propos et toutes ses pensées, mais encore introduit des comportements nouveaux : des hésitations, des revirements, des doutes, des contradictions. Et des faiblesses, comme la joie puérile qui l'envahit à retrouver Greete, lorsqu'il revient à Bruges – Greete dont « une visite [...] l'émut presque jusqu'aux larmes » (OR, p. 778). Ces nuances ne sont pas seulement le fait d'une plus grande maturité de l'auteure, comparable, par exemple, à celle d'un Flaubert réécrivant magistralement la fameuse scène du châle tombé dans

L'éducation sentimentale après l'avoir jetée sur le papier à seize ans dans *Mémoires d'un fou*. Ce Zénon nouveau est le fruit d'une compassion qui – si elle n'est évidemment pas propre aux femmes – ne craint plus de s'exprimer en jouant sur tout le registre du féminin, même à propos de personnages masculins[26]. Il en résulte un Zénon qui baisse de temps à autre la garde : « une ou deux fois dans sa vie, avait jailli scandaleusement et malgré soi la source des larmes » (OR, p. 690). Ce sera le cas dans la prison de Bruges, où, peu de jours après son arrestation, « l'horreur, la pitié, l'angoisse, et une colère qui devenait de la haine lui firent à sa honte verser un flot de larmes » (OR, p. 794).

Dans *Le Labyrinthe du monde*, l'image dominante du père est constamment retouchée dans le sens d'une justification qui sent l'apologie, et les portraits masculins – même celui de Rémo – ne donnent lieu qu'à des rapprochements cérébraux – à part peut-être une certaine sympathie pour Octave Pirmez –, là où les portraits de femmes sont presque toujours le lieu d'une complicité.

Cette complicité est parfois revendiquée le plus ouvertement du monde : on l'a vu dans les rapprochements rêvés avec Françoise Leroux, mais aussi avec Jeanne, pour qui l'on se recueille religieusement au moment de commencer à l'évoquer, en revendiquant, à défaut du « même groupe sanguin » – expression dont le caractère synthétique trahit la nostalgie d'affiliation biologique – la « même race d'âme » (EM, p. 1238) ; avec Mathilde, intronisée dans la filiation par le totem de la vache ; avec Barbe la sensuelle, avec Marie la mystique, etc.

Elle est parfois si ténue, cette complicité, qu'il faut y regarder à deux fois. On l'a constaté à propos de Fernande et d'objets aussi insignifiants qu'un porte-monnaie ou une mèche de cheveux, attestant une transmis-

---

[26] Quant à Hadrien, « sanglotant sur le pont d'une barque » (OR, p. 440), on lui reprochera de « pleurer comme une femme » (OR, p. 449). Même si cette expression est tirée de l'*Histoire Auguste* (*Vita Hadriani*, XIV, 5), son remploi par Marguerite Yourcenar est significatif. Colette GAUDIN (*Marguerite Yourcenar à la surface du temps, op. cit.*) aborde sobrement la question de l'écriture « féminine » telle qu'elle se pose chez Marguerite Yourcenar : « Conformément à la vérité de l'histoire, Yourcenar ne confie jamais ses principaux récits à des voix féminines parce que, traditionnellement, la vie des femmes est trop limitée et trop secrète. Si, pour une femme, écrire implique qu'elle dénonce cette marginalité historique et la restitue au centre de sa fiction, alors Yourcenar est en dehors de cette écriture. Mais il y a d'autres moyens de reconnaître une marque d'identité sexuelle dans son œuvre. La question complexe de sa propre voix, telle qu'elle est posée dans ses préfaces et ses fragments autobiographiques, invite à poursuivre un jeu d'inversions qui révèle une subjectivité traversée par l'altérité. Les voix masculines qu'elle fait entendre par l'intermédiaire de la sienne sont elles aussi traversées par l'altérité. Ses héros masculins ne renient jamais leur part de féminité. Leurs conquêtes sont fragiles, et leur quête de la lucidité fait écho à celle de l'auteur » (p. 138).

sion culturelle et biologique. Mais revenons une dernière fois, dans
Souvenirs pieux, sur la plage de Heyst où, « dans la lumière étale de
midi » (EM, p. 879), Octave, qui pense à son frère disparu, passe à
travers Zénon. Tout se joue, semble-t-il, entre l'écrivaine et ses « rapports avec ces trois hommes » (EM, p. 880) : Zénon, Octave, Rémo. Et
pourtant,

> Le *seul* lien entre ces deux hommes, l'invisible, qui n'est pas encore, mais
> traîne avec lui ses vêtements et ses accessoires du XVIᵉ siècle, et le dandy de
> 1880, qui dans trois ans sera fantôme, est le fait qu'une petite fille à laquel-
> le Octave aime à raconter des histoires *porte suspendue en soi, infiniment
> virtuelle, une partie de ce que je serai un jour.* (EM, p. 880, c'est moi qui
> souligne)

Non seulement Fernande porte en elle l'écrivaine qui, à sa manière
maternelle, « ne porte en soi qu'un certain nombre d'êtres » (CNON,
p. 451), mais elle est « le seul lien » entre l'oncle Octave et Zénon. Une
des rarissimes exceptions à la règle yourcenarienne de la primauté génétique du masculin, mentionnée ici comme en passant, concerne
Fernande, la propre mère de l'auteure qui lui donnera en retour une existence « infiniment virtuelle »...

*

C'est aussi dans le discours de l'écrivaine – y compris dans les
essais – et dans ce qui filtre de ses rapports avec ses personnages qu'on
voit se dessiner à partir des années 1950 un paradigme féminin tout
différent de celui de la jeune adulte parfois trop pressée de publier, de
conceptualiser, de trancher, ou tout simplement transposant dans sa
fiction une partie au moins des éléments de sa propre destinée, dont on
sait que certains n'étaient guère favorables à l'épanouissement d'une
personnalité féminine. Toujours est-il qu'à l'heure de la maturité, l'idéal
du moi de l'écrivaine est bien plus celui d'une déesse-mère compatis-
sante que celui d'un dieu impassible : même à propos de deux personnages masculins, virils, volontairement à distance des femmes, il suffit
de comparer à ce sujet *Le Coup de grâce* et *L'Œuvre au Noir*, par
exemple, pour se rendre compte de la vibration qui court dans le roman
de 1968, là où la confession de 1939 est arbitrairement figée dans un type
masculin bardé de préjugés et blindé contre ses propres contradictions –
si apparentes que les rende finalement l'analyse.

La misogynie de Marguerite Yourcenar paraît certes, au choix, surprenante ou écœurante – entre mille, « Il en est des traductions comme
des femmes : la fidélité, sans autres vertus, ne suffit pas à les rendre supportables » (CL, p. 36) – : une misogynie qu'elle semble reconnaître et
même revendiquer, notamment dans une lettre de 1968 à Helen Howe
Allen où elle écrit que la lecture d'un livre lui « révèle à [elle]-même [s]a

foncière misogynie » (L, p. 276). Une misogynie qui n'évite pas les clichés les plus plats du machisme invoquant la monarchie domestique : « Reine est le chef-d'œuvre d'une société où la femme n'a pas besoin de voter et de manifester dans les rues pour régner » (EM, p. 1020)[27]. Une misogynie aux accents masochistes, à laquelle on peut sans aucun doute trouver des raisons biographiques[28]. Quelques années plus tôt pourtant, en 1964, dans une lettre à Henri Hell, suite à une critique parue sur *Le Coup de grâce* faisant état de sa « misogynie », Marguerite Yourcenar répondait : « Misogynie ? [...] Le mot misanthropie me semblerait plus juste »[29]. Et en 1981, sans se laisser démonter par un Pierre Desgraupes presque agressif, elle assimile la misogynie au racisme et la suppose due à « un éternel fonds de malveillance » (PV, p. 291), une formule dont l'insolence tranquille s'adresse évidemment aussi au journaliste.

Qui plus est, le machisme ordinaire dont font preuve certains de ses interlocuteurs provoque irrésistiblement chez Marguerite Yourcenar une réponse d'une ironie parfois mordante qui donne à penser sur son prétendu antiféminisme. Ainsi, à Paul Guth qui ne craint pas de lui demander où elle puise une sagesse « si éloignée de la nature des femmes » [*sic*], elle réplique sans hésiter : « La sagesse [...] n'est peut-être pas particulièrement rare chez les femmes : elle a rarement l'occasion de s'exprimer » (PV, p. 47).

Peut-être deux conditions de départ – abondamment attestées par le texte – ont-elles entraîné la formation de l'esprit yourcenarien : la mort de la mère, absente même pas sacralisée comme telle (puisque son père et son entourage ne lui en parlent quasi jamais[30]), et l'éducation donnée par le père impliquent une sorte de virilisation, le père étant le seul modèle disponible – et même envahissant. C'est alors qu'entre en scène Jeanne, que Marguerite refuse de situer autrement que sur le plan du

---

[27] « La faiblesse des femmes, comme celle des esclaves, tient à leur condition légale ; leur force prend sa revanche dans les petites choses où la puissance qu'elles exercent est presque illimitée. J'ai rarement vu d'intérieur de maison où les femmes ne régnaient pas », fait-elle dire à Hadrien de son côté (OR, p. 376). Le cliché a la vie dure : il reparaîtra dans *Les Yeux ouverts* à propos des femmes méditerranéennes, égratignant au passage les féministes qui réécrivent l'histoire, « extrapolent » (YO, p. 287).

[28] Voir à ce sujet la très fine analyse de Michèle SARDE : *Vous, Marguerite Yourcenar. La passion et ses masques, op. cit.*, pp. 180-183.

[29] Cité par Josyane SAVIGNEAU, *Marguerite Yourcenar. L'invention d'une vie, op. cit.*, p. 144.

[30] Fernande est « fort rarement mentionnée » (EM, p. 1337). Voir aussi dans *Les Yeux ouverts* : « On ne m'a jamais montré un portrait de ma mère dans mon enfance. Je n'en ai jamais vu avant d'avoir peut-être trente-cinq ans » (YO, p. 14). Il semble que ce soit plutôt à la mort de Michel, en 1929, lorsqu'elle avait vingt-six ans et non pas trente-cinq (EM, p. 746).

cœur, du corps et de l'esprit tout ensemble, Jeanne-Diotime qui n'a pas voulu choisir entre l'écriture et la maternité et qui, même à distance et moins de sa propre initiative que parce que l'adolescente le veut ardemment, va l'aider à se dégager, à accepter puis à vivre sa nature de femme au prix d'un passage par l'androgyne (Platon), à passer d'une vision négative du poids de la lignée, de la naissance meurtrière, de la condition féminine à une transformation du destin collectif en destinée personnelle : l'écriture sera l'enfantement, intellectuel mais immortel – dans le double sens d'une entreprise par nature inaccessible à la mort et survivant à la mort de son auteur –, qui seul peut conjurer l'enfantement physique mais mortel (toujours Platon). Et comment ne pas voir que pour une jeune fille ayant causé la mort de sa mère par sa naissance, il est préférable d'avoir pour fille son œuvre ? C'est moins dangereux et tellement plus prestigieux... Plus encore, on peut imaginer que pour Marguerite Yourcenar, c'était surtout possible. Dans la lettre citée plus haut, on pourrait sourire à penser que l'écrivaine se range parmi « des créatures qui [...] enfantent dans les déjections et le sang, [...] qui portent comme les douces vaches un aliment primordial dans leurs glandes mammaires » (L, p. 276)[31]. Et pourtant, à la fin de cette lecture de l'œuvre, comment appeler d'un autre nom que maternel le comportement littéraire de la romancière[32] ? En lisant les entretiens et en remarquant l'insistance avec laquelle Marguerite Yourcenar met sur le même plan les travaux intellectuels, la cuisine, la contemplation de la nature, la spiritualité, la couture, le jardinage, l'action et même l'activisme écologique, antiraciste, social, la carrière littéraire, etc., on ne peut s'empêcher de penser que là où d'autres prêchent la liberté et l'égalité pour les femmes, la dame de Monts-Déserts a tranquillement vécu et assumé l'une et l'autre comme s'il n'avait pas pu en être autrement. C'est bien ce qu'elle affirme dans une phrase de la fin d'*Archives du Nord*, passée jusqu'ici curieusement inaperçue, alors qu'elle envisage sa vie à partir de

---

[31] Il faut ajouter que la citation mentionne aussi l'assimilation des femmes à la terre, le côté naturel de leurs tâches ménagères, leur rapport au temps et la condamnation de celles qui sont « factices » au point d'oublier cette nature profonde, une nature profonde que Marguerite Yourcenar, on l'a vu, revendiquait pour elle-même le plus clairement du monde. Bien entendu, le discours de Marguerite Yourcenar sur les femmes prête justement à discussion.

[32] « Sans tomber dans le féminisme », comme dirait Marguerite Yourcenar, on ne peut s'empêcher d'évoquer l'ironie de Benoîte GROULT, qui déclarait dans *Ainsi soit-elle* (Paris, Le Livre de Poche, 1975) : « A-t-on jamais songé à l'injustice, au monstrueux déséquilibre que représenteraient dix siècles de littérature uniquement féminine d'où émergeraient de loin en loin un Louis Labbé, un M. de Staël [...] ou un Georges Sand, obligé de se rebaptiser Georgette pour être pris au sérieux ? C'est quand on inverse les situations que l'on s'aperçoit de la réalité féminine » (p. 32). Il est si courant qu'un homme revendique la « paternité » d'une idée, d'une action ou d'une œuvre qu'on pourrait ne pas songer à justifier cette appellation...

l'enfant du Mont-Noir : « Elle ne sera guère entravée, comme tant de femmes le sont encore de nos jours, par sa condition de femme, peut-être parce que *l'idée ne lui est pas venue* qu'elle dût en être entravée » (EM, p. 1181, c'est moi qui souligne). Ne soyons pas dupes.

Le danger de la procréation – avec, comme il en est souvent du danger, ce qu'il a dû impliquer de tentant – étant tenu à distance, la passion quasi suicidaire pour un homosexuel ayant consacré son refus d'être épouse et mère[33], la guerre s'étant chargée de la faire rompre avec un milieu d'artistes souvent mondains, parfois superficiels[34], la rencontre du Nouveau Monde ayant accentué son esprit d'ouverture – non seulement à la culture, mais aussi à la nature –, Marguerite Yourcenar est prête pour la création d'un univers qui est sa nouvelle et seule famille et au sein duquel elle acquiert le statut de déesse-mère : omniprésente, indispensable, toute-puissante et démunie – un statut attesté par l'évolution de la présence du mot « substance », par exemple. Au cœur de cet univers, elle répare la naissance meurtrière en donnant à sa mère l'immortalité que promettent les poètes ; elle comble tous les manques affectifs par des rapports de vénération (Jeanne), de séduction (Hadrien), par des rapports maternels (Zénon, Lazare), par des rapports amicaux (le prieur, Octave Pirmez), par des rapports filiaux revisités (Fernande, Michel). La magie supplée la mémoire (Jeanne). La réalité de la fiction rejoint, le cas échéant, la réalité de la réalité (Lancelot de Berlaimont). Ou elle l'emporte sur elle (Greete).

Au départ de ce lent ébranlement d'une destinée d'écrivaine, il faut postuler une mise à distance de la filiation – ascendante et descendante – rendant la parenté d'autant plus cruciale dans cette œuvre qu'elle ne sera acceptée, dans le chef de l'auteure, qu'au sein de son système littéraire – mais alors avec quelles manifestations, quelle intensité ! Encore une fois, je n'ai pas pour objectif de « psychologiser » l'œuvre ni surtout la vie de Marguerite Yourcenar. Peut-être – pour avancer

---

[33] C'est dans *Feux*, récit transposé de sa passion malheureuse pour l'écrivain André Fraigneau, que Marguerite Yourcenar écrit par exemple : « Un enfant, c'est un otage. La vie nous a » (OR, p. 1071). Mais attention : Jeanne, elle, a réussi à se faire aimer d'un bisexuel préférant les hommes, Egon, et elle a eu de lui deux fils qu'ils ont élevés ensemble. Loin de chercher dans l'échec une confirmation détournée, Marguerite de Crayencour a peut-être tout simplement cherché, elle aussi, à réussir, d'autant plus qu'André Fraigneau était lui aussi un bisexuel, qui préférait les hommes mais avait occasionnellement des liaisons féminines : la passion que lui a vouée notre auteure ne peut donc être hâtivement et banalement assimilée à un fantasme qui ne l'impliquait pas existentiellement. Mais ce sont des hypothèses qui échappent à cette analyse. Pour paraphraser Marguerite Yourcenar, je n'écris pas une biographie...

[34] Et dont certains du moins succombaient à des sirènes idéologiques dont elle-même s'éloignera. Ainsi Edmond Jaloux, qu'elle juge sévèrement dans un des derniers entretiens qu'elle ait accordés (PV, p. 364).

malgré tout une hypothèse – cette entreprise de reformulation, de déculpabilisation par rapport à la naissance meurtrière, a-t-elle été initiée par l'attitude de son père Michel vis-à-vis de la procréation, qui – en l'absence ou à l'abri d'autres modèles dominants ou prescripteurs concernant cette question – la laissait libre d'éviter elle-même ce choix qu'elle ne pouvait voir que dangereux. C'est une preuve d'un anticonformisme réel à propos de comportements figés par l'époque ; un anticonformisme peut-être dicté par le désir, pour le père comme pour la fille, d'éviter d'envisager toute responsabilité dans la mort de la mère : Marguerite pointe plus d'une fois chez Michel la réticence à procréer, ce qui tend à dégager l'époux (et l'enfant) de la mort en couches de sa femme, comme on l'a exposé plus haut dans cette étude. Ce travail de déculpabilisation n'a probablement jamais été terminé, comme en atteste la permanence d'un discours catégorique sur la surpopulation et une attitude dévalorisante par rapport à l'enfant, à la grossesse et à la naissance. Par ailleurs, la construction d'une œuvre positive sur le gouffre ainsi tour à tour comblé ou nié est, bien entendu, elle aussi inachevée. Comme le fait dire l'auteure à Hadrien, « on ne fait guère mieux en matière d'immortalité » (OR, p. 509). Marguerite Yourcenar écrivait à Lucienne Serrano en 1977 :

> Sappho ne réalise pas son suicide ; sa chute reste une plongée d'acrobate recueillie dans un filet diapré. Le factice, jusqu'au bout, détermine sa vie. J'ai d'ailleurs réfléchi souvent à cette *quasi* immunité de l'artiste, qui fait passer (du moins jusqu'à un certain point) son désastre dans son œuvre. (L, p. 537, c'est l'auteure qui souligne)

Un concours de circonstances casse la vie de Marguerite Yourcenar en deux : de Crayencour à Yourcenar[35]. Il infléchit aussi la direction de son œuvre, de l'archéologie à la géologie, de l'idéal viril à l'idéal humain, du dieu à la déesse-mère. Mais des acquis « culturels », imprimés par l'éducation, subsisteront jusqu'à la contradiction : par exemple la primauté du masculin sur le féminin dans la conception, serinée à longueur du *Labyrinthe du monde*, malgré l'évidence coexistante de la

---

[35] Le choix du pseudonyme est plus ancien que le départ aux États-Unis, mais il ne figure sur son passeport (après son vrai nom) qu'à partir de 1937 (Michèle SARDE, *Vous, Marguerite Yourcenar. La passion et ses masques, op. cit.*, p. 14). Le choix définitif du pseudonyme comme nom réel sera fait aux États-Unis en 1947, à l'occasion de l'adoption de la nationalité américaine et pour des raisons pratiques et psychologiques (Michèle GOSLAR, *Yourcenar. Qu'il eût été fade d'être heureux, op. cit.*, pp. 161-162). Toutefois, il est utilisé, même dans la correspondance privée ou d'affaires, à partir de 1929, l'année de la mort de Michel et de la parution d'*Alexis*. En attestent les lettres de 1928 à 1939 à Joseph Massabuau, le juriste mentionné dans *Archives du Nord* (EM, p. 1137) – lettres retrouvées en automne 2001, acquises par la Communauté française de Belgique et conservées au Centre international de documentation Marguerite Yourcenar (CIDMY, Bruxelles).

transmission féminine, plus diffuse, plus discrète – on vient de le voir avec Fernande –, mais cosmique – on se souvient de l'évocation verti-gineuse des antécédents anonymes dans *Archives du Nord* : « L'angle à la pointe duquel nous nous trouvons bée derrière nous à l'infini » (EM, p. 973) –, là où la transmission masculine est bien visible mais superficielle et linéaire. Plus universel que Michel Charles « portant dans ses couilles sa lignée » (EM, p. 1017), il y a l'écrivaine-démiurge, la déesse-mère yourcenarienne qui, on vient de le redire, « ne porte en soi qu'un certain nombre d'êtres » (CNON, p. 451) : la famille olympienne – engendrée de sa tête – qui structure, par une filia-tion revisitée, son univers littéraire. Pour risquer une image, on pour-rait dire que dans l'œuvre yourcenarienne le féminin est partout, il affleure perpétuellement, il sourd dans toute l'œuvre, comme un chœur qui gronde, là où une première audition ne laisse percevoir que les coups de trompette ou de cymbales du masculin. Ainsi, dans un récit dominé par le masculin comme *Le Coup de grâce*, ce n'est qu'en deuxième ou en troisième lecture qu'on remarque le lyrisme d'Éric lui-même lorsqu'il décrit Sophie :

> Un large visage un peu informe qui était la terre même au printemps, un pays, des campagnes douces traversées de ruisseaux de larmes ; des joues couleur de soleil et de neige, une bouche dont le rose bouleversant faisait presque trembler, et des cheveux blonds comme ce bon pain dont nous n'avions plus. (OR, p. 109)

L'assimilation de la femme à la terre et au pain prélude au retour du féminin, comme si les ingrédients se trouvaient déjà rassemblés, avant la mise en œuvre de la recette yourcenarienne. Certes, la haine ou la peur de la femme qui s'expriment par Éric – ce dur qui ne pleure pas même lorsqu'il évoque des « ruisseaux de larmes » – vont jusqu'à tenter de nier la féminité de Sophie ; le meurtre de la femme va jusqu'aux enfants qu'elle « aurait pu mettre au monde, et qui auraient hérité de son courage et de ses yeux » (OR, p. 157). Et nous savons – elle-même le laisse clairement entendre dans un de ses derniers entretiens (« Sophie est très proche de ce que j'étais à vingt ans », PV, p. 381) – qu'en 1939 c'est elle-même que l'auteure sacrifie en Sophie, adoptant par un sursaut de créativité désespéré le point de vue du bourreau[36]. Si cette approche ne diminue pas l'horreur personnelle de sa destinée de femme à

---

[36] On peut d'ailleurs rapprocher la tentative de se glisser dans la personnalité de Jeanne de la tentative du *Coup de grâce*, qui était de prendre le point de vue du bien-aimé si mal-aimant. Dans les deux cas, Marguerite prend les devants sur son propre destin en affectant d'en tenir elle-même les fils, fût-ce par personnage interposé. Elle explique aussi et presque justifie, et par là même dépasse, le fait banal et triste de n'avoir pas été aimée autant et comme elle l'eût voulu. « Fit-elle pas mieux que de se plaindre » ?

l'époque, elle aboutit tout de même – ce qui intéresse davantage l'analyste – à faire d'Éric le premier instrument d'une prise de pouvoir littéraire qui ne se démentira plus.

Ainsi, après le rejet du féminin comme paradigme au début de son œuvre, la parenté élective, la filiation imaginaire, la création littéraire vont permettre, à peu près à partir de *Mémoires d'Hadrien*, le retour du féminin et son intégration dans un paradigme humain et même cosmique ou universel, au sein duquel il occupe une position dominante, originelle, et dont l'aboutissement, sous le statut parental ultime de la mère, est la mise au monde rayonnante de Lazare et la célébration intime de Jeanne/Marguerite[37]. On peut au choix l'interpréter comme un nouveau rejet du féminin – dans la mesure où il n'est pas la seule composante du paradigme – ou comme un projet littéraire original – dans la mesure où il se déploie à contre-courant de la littérature féministe, en combinant l'absence politique et l'omniprésence cosmique du féminin. Un projet littéraire original ? Un projet de vie, aussi. « Tant de choses restent à faire », écrivait Marguerite Yourcenar en 1975, « parmi lesquelles les plus essentielles ne sont pas nécessairement des livres » (EM, p. 341).

---

[37] Dans *Quoi ? L'Éternité*, Marguerite Yourcenar a sans doute prêté à Jeanne et à Egon des événements de sa propre vie avec Jerry Wilson (Josyane SAVIGNEAU, *Marguerite Yourcenar. L'invention d'une vie, op.cit.*, p. 443).

Bibliographie

Œuvres de Marguerite Yourcenar

Ce choix bibliographique chronologique reprend les œuvres principales, à l'exclusion des articles et des prépublications. Il ne mentionne que les rééditions modifiant sensiblement la composition ou la structure de l'édition précédente. Il est basé sur la bibliographie établie par Michèle Goslar pour sa biographie de Marguerite Yourcenar : *Yourcenar. Qu'il eût été fade d'être heureux*, Bruxelles, Racine, 1998, reproduite et adaptée avec son amicale autorisation.

1921

• *Le Jardin des Chimères* [poème dialogué rédigé en 1919], Paris, Librairie académique Perrin, 1921, 122 p. Épuisé.

1922

• *Les Dieux ne sont pas morts* [poèmes rédigés entre 1917 et 1922], Paris, Sansot, 1922, 219 p. Épuisé.

1929

• *Alexis ou le Traité du vain combat* [récit rédigé d'août 1927 à septembre 1928], Paris, Au Sans Pareil, 1929, 183 p.

– Repris dans *Œuvres romanesques*, Paris, Gallimard, Bibliothèque de la Pléiade, 1982 et 1991, pp. 3-76.

• *Le Premier Soir* [récit conçu comme le premier chapitre d'un roman qui ne fut jamais achevé, rédigé par Michel de Crayencour vers 1904 qui le donna à sa fille afin qu'elle le retravaille et le publie sous son nom. Révision datée de 1927 ou 1928], in *La Revue de France*, 9ᵉ année, t. 6, n° 23, 1ᵉʳ décembre 1929, pp. 435-449.

– Repris dans *Conte bleu. Le Premier Soir. Maléfice*, Paris, Gallimard, 1993, pp. 23-52.

1931

• *La Nouvelle Eurydice* [roman rédigé en 1930], Paris, Grasset, 1931, 241 p. Épuisé.

– Réédité en supplément dans la deuxième édition des *Œuvres romanesques, op. cit.*, 1991, pp. 1249-1325.

1932

• *Pindare* [essai biographique rédigé entre 1926 et 1929], Paris, Grasset, 1932, 293 p. Épuisé.

– Repris dans *Essais et Mémoires*, Paris, Gallimard, Bibliothèque de la Pléiade, 1991, pp. 1437-1521.

• *Le Dialogue du marécage* [drame en un acte rédigé vers 1930], in *Revue de France*, 12e année, n° 4, 15 février 1932, pp. 637-665.

– Repris, sous le titre *Le Dialogue dans le Marécage* dans *Théâtre I*, Paris, Gallimard, 1971, pp. 173-201.

1933

• *Maléfice* [récit rédigé en 1927], in *Mercure de France*, 1er janvier 1933, pp. 113-132.

– Repris dans *Conte bleu. Le Premier Soir. Maléfice, op. cit.*, pp. 53-88.

1934

• *La Mort conduit l'attelage* [récits rédigés entre 1921 et 1924 et révisés en 1932-1933], Paris, Grasset, 1934, 239 p. Épuisé.

– Paris, Plon, 1959, 237 p. Nouvelle version complètement réécrite et augmentée d'un tiers, avec préface, considérée comme définitive. Épuisé. [Réécriture datée de 1958-1959].

• *Denier du rêve* [roman rédigé entre 1932 et 1933], Paris, Grasset, 1934, 240 p. Épuisé.

– Repris dans *Œuvres romanesques, op. cit.*, 1982 et 1991, pp. 159-284.

1936

• *Feux* [récits entrecoupés d'aphorismes et d'aveux personnels, rédigés en 1935], Paris, Grasset, 1936, 221 p., avec un court avertissement

– Repris dans *Œuvres romanesques, op. cit.*, 1982, pp. 1045-1139 et 1991, pp. 1073-1167.

1938

• *Nouvelles orientales* [contes et nouvelles rédigés entre 1928 et 1937], Paris, Gallimard, 1938, 192 p.

– Paris, Gallimard, 1963, 176 p. Édition révisée. Suppression de la nouvelle « Les Emmurés du Kremlin », modification de l'ordre de présentation des textes et du titre de deux nouvelles : « Le Chef rouge » devient « La Veuve Aphrodissia » et « Les Tulipes de Cornélius Berg » devient « La Tristesse de Cornélius Berg ». Révision stylistique très considérable pour plusieurs nouvelles. Thèmes et composition inchangés, sauf pour « Kâli décapitée », assez considérablement modifiée. Ajout d'un post-scriptum.

– Paris, Gallimard, coll. « L'imaginaire », 1978, 149 p. Réédition de la version de 1963 avec ajout d'une nouvelle : « La Fin de Marko Kraliévitch ».

– Repris dans *Œuvres romanesques, op. cit.*, 1982, pp. 1141-1220 et 1991, pp. 1169-1248.

• *Les Songes et les Sorts* [essai sur les rêves, suivi de quelques rêves, rédigé entre 1936 et 1938], Paris, Grasset, 1938, 223 p. Épuisé.

– Repris dans *Essais et Mémoires, op. cit.*, pp. 1525-1645. Nouvelle édition augmentée d'une note de l'éditeur, d'une préface formée de citations sur le rêve, extraites des *Mémoires d'Hadrien* et de *L'Œuvre au Noir* choisies par l'écrivain, et d'un « Dossier » constitué de citations, de notes, de récits de rêves (faits entre 1961 et 1979) et de documents divers.

1939

• *Le Coup de grâce* [roman rédigé d'avril à août 1938], Paris, Gallimard, 1939, 171 p.

– Repris dans *Œuvres romanesques, op. cit.*, 1982 et 1991, pp. 77-157.

• *Ariane et l'aventurier* [divertissement en trois actes, rédigé en 1932], in *Cahiers du Sud*, t. 19, n° 219, août-septembre 1939, pp. 80-106.

– [Cette petite pièce a été conçue comme un des éléments d'un triptyque dans lequel trois auteurs donnaient chacun le point de vue d'un des personnages principaux de la légende de Thésée et du Minotaure. Les deux autres textes ont été publiés dans le même volume. Il s'agit de « Thésée » de Gaston Baissette (pp. 61-79) et de « Le Point de vue du Minotaure » d'André Fraigneau (pp. 107-118). Le tout est accompagné d'une courte introduction d'André Fraigneau, d'un texte cabalistique du moyen âge : « Le Labyrinthe de Salomon » et d'une étude de Gaston Baissette intitulée « Sur le retour aux Mythes » (pp. 121-131).]

– Repris, profondément remanié et développé, sous le titre *Qui n'a pas son Minotaure ?* dans *Le Mystère d'Alceste* suivi de *Qui n'a pas son Minotaure ?*, Paris, Plon, 1963, pp. 153-277. La pièce, « divertissement sacré » en dix scènes, est précédée d'une préface. [Les révisions sont datées de 1944 et de 1956 ou 1957.]

– Repris dans *Théâtre II*, Paris, Gallimard, 1971, pp. 163-231. Seule la préface a subi des modifications. [Les révisions sont datées de 1970.]

1947

• *Électre ou la Chute des masques* [drame rédigé en 1943], in *Le Milieu du Siècle*, 1, 1947, pp. 21-66.

– Repris dans *Théâtre II, op. cit.*, pp. 23-79.

• *Le Mystère d'Alceste* [drame rédigé en 1942], in *Cahiers du Sud*, n° 284, 1947, pp. 576-601.

– Repris dans *Théâtre II, op cit.*, pp. 105-161.

1951

• *Mémoires d'Hadrien* [roman rédigé entre décembre 1948 et décembre 1950], Paris, Plon, 1951, 323 p.

– Paris, Plon, 1958, 361 p. Édition augmentée des « Carnets de notes de *Mémoires d'Hadrien* ».

– Repris dans *Œuvres romanesques, op. cit.*, 1982 et 1991, pp. 285-555.

1956

• *Les Charités d'Alcippe* [poèmes rédigés entre 1928 et 1955], Liège, La Flûte enchantée, 1956, 37 p. Épuisé.

– Paris, Gallimard, 1984, 85 p. Édition revue et augmentée.

1958

• *Présentation critique de Constantin Cavafy 1863-1933*, suivie d'une traduction intégrale de ses poèmes par Marguerite Yourcenar et Constantin Dimaras [préface et traduction terminées en 1939, édition mise au point en 1958], Paris, Gallimard, 1958, 292 p.

– Paris, Gallimard, 1978, 273 p. Réédition augmentée d'une « Note sur les poèmes inédits de Constantin Cavafy ». La préface a été légèrement retouchée par rapport à la première édition.

1962

• *Sous bénéfice d'inventaire* [recueil d'essais], Paris, Gallimard, 1962, 277 p.

– Paris, Gallimard, 1978, 232 p. Édition augmentée d'un essai sur Selma Lagerlöf.

– Repris dans *Essais et mémoires, op. cit.*, pp. 3-194.

1964

• *Fleuve profond, sombre rivière. Les « Negro Spirituals »*. Commentaires et traductions, Paris, Gallimard, 1964, 252 p.

– [Les premières traductions ont été entreprises entre 1942 et 1945 en guise de délassement ou d'exercices, elles ont été complétées et terminées en 1961 à la suite d'un séjour de Marguerite Yourcenar dans les États du Sud. La préface, dont une première esquisse est parue en 1952, a également été terminée en 1961.]

– Réédition : Paris, Gallimard, 1974, 283 p.

1968

• *L'Œuvre au Noir* [roman rédigé entre 1956 et 1965], Paris, Gallimard, 1968, 343 p. « La conversation à Innsbruck », prévue comme le centre de l'ouvrage, fut composée dès 1956. Les années suivantes, de façon intermittente jusqu'en 1962, continuellement ensuite jusqu'en 1965, seront consacrées à ce travail et aux lectures qu'il exige. La première partie du roman (« La vie errante ») a été rédigée et mise au point entre septembre 1962 et février 1964. Marguerite Yourcenar entreprend à Salzbourg, en mai 1964, la deuxième partie du livre (« La vie immobile »). Il sera achevé en août 1965 mais ne paraîtra que deux ans et demi plus tard à la suite d'un litige entre Marguerite Yourcenar et les éditions Plon.

– Paris, Gallimard, Bibliothèque de la Pléiade, 1991, pp. 557-877. Réédition augmentée des « Carnets de notes de *L'Œuvre au Noir* »

1969

• Présentation critique d'Hortense Flexner suivie d'un choix de poèmes, Paris, Gallimard, 1969, 119 p.

1971

• « Réception de Madame Marguerite Yourcenar. Discours de M. Carlo Bronne et de Mme Marguerite Yourcenar », in *Bulletin de l'Académie royale de langue et de littérature françaises*, t. XLIX, n° 1, 1971, pp. 8-31. Épuisé.

– *Discours de réception de Marguerite Yourcenar à l'Académie royale belge de langue et de littérature françaises*, précédé du discours de bienvenue de Carlo Bronne, Paris, Gallimard, 1971, 67 p. Épuisé.

• *Théâtre I*, Paris, Gallimard, 1971, 201 p. Comprend : *Rendre à César* [Pièce rédigée en 1961], *La Petite Sirène* [pièce rédigée en 1942] et *Le Dialogue dans le marécage* [rédigé en 1929-30].

– *La Petite Sirène*, libre transcription d'un conte d'Andersen, a été rédigée en 1942 à la demande d'un ami américain, Everett Austin Junior, qui dirigeait l'époque une petite compagnie d'amateurs et souhaitait monter quatre « divertissements » sur le thème des Éléments.

• *Théâtre II*, Paris, Gallimard, 1971, 231 p. Comprend : *Électre ou la Chute des masques* [pièce rédigée en 1943], *Le Mystère d'Alceste* [de 1942] et *Qui n'a pas son Minotaure ?* [dont la première version date de 1932].

1973

• *Souvenirs pieux* [mémoires sur la famille maternelle, rédigés entre 1969 et 1973 et premier volume de la trilogie intitulée *Le Labyrinthe du monde*], Monaco, Alphée, 1973, 335 p.

– Paris, Gallimard, 1974, 309 p.

– Repris dans *Essais et Mémoires, op. cit.*, pp. 705-949.

1977

• *Le Labyrinthe du monde II. Archives du Nord* [mémoires sur la famille paternelle, rédigés entre 1974 et 1976], Paris, Gallimard, 1977, 383 p.

– Repris dans *Essais et Mémoires, op. cit.*, pp. 951-1184.

1979

• *La Couronne et la Lyre* [poèmes traduits du grec], Paris, Gallimard, 1979, 482 p.

– Les premières traductions de poèmes grecs antiques ont été effectuées entre 1942 et 1945 en guise de délassement ou d'exercices. Entre 1965 et 1969 Marguerite Yourcenar se remet à ses traductions de poètes grecs. La dernière mise au point du recueil interviendra entre 1977 et 1979.

1980

• *Mishima ou la Vision du vide* [essai], Paris, Gallimard, 1980, 129 p.

– Repris dans *Essais et Mémoires, op. cit.*, pp. 195-272.

1981

• « L'Académie française a reçu Mme Marguerite Yourcenar. Le discours du récipiendaire », in *Le Monde*, 23 janvier 1981, pp. 17, 18 et 20.

– *Discours prononcés dans la séance publique tenue par l'Académie française pour la réception de Madame Marguerite Yourcenar le jeudi 22 janvier 1981*, Paris, Institut de France, Académie française, Typographie de Firmin Didot et Cie, 1981, 39 p.

– *Discours de réception de Madame Marguerite Yourcenar à l'Académie française et réponse de Monsieur Jean d'Ormesson*, Paris, Gallimard, 1981, 87 p.

– Repris, avec quelques retouches, sous le titre, dans *En pèlerin et en étranger, op. cit.*, pp. 179-205.

• *Anna, soror...* [nouvelle, mise au point de la version finale, datée de 1978], Paris, Gallimard, 1981, 159 p.

– Repris dans *Comme l'eau qui coule*, Paris, Gallimard, 1982, pp. 7-75 et 241-253, pour la « Postface de l'auteur », et dans *Œuvres romanesques, op. cit.*, 1982, pp. 851-913 et 1991, pp. 879-941.

• *Comme l'eau qui coule.* Comprend : *Anna, soror...*, *Un homme obscur* [nouvelle rédigée entre 1978 et 1981], *Une belle matinée* [nouvelle rédigée en 1981], Paris, Gallimard, 1982, 266 p. Ces trois textes ne seront plus réédités ensemble.

– *Un homme obscur – Une belle matinée*, Paris, Gallimard, 1985, 234 p.

– Repris dans *Œuvres romanesques, op. cit.*, 1982, pp. 915-1043 et 1991, pp. 943-1071.

• *Œuvres romanesques*, Paris, Gallimard, Bibliothèque de la Pléiade, 1982, 1255 p. Avec un « Avant-propos de l'auteur », une « Chronologie » et une bibliographie établie par Yvon Bernier.

– Paris, Gallimard, 1991, 1363 p. Édition augmentée des « Carnets de notes de *L'Œuvre au Noir* » et de *La Nouvelle Eurydice* en supplément. La « Chronologie » a été complétée jusqu'en janvier 1988.

1983

• *Le Temps, ce grand sculpteur* [essais rédigés entre 1929 et 1981, la préparation du recueil date de 1982], Paris, Gallimard, 1983, 246 p.

– Repris dans *Essais et Mémoires, op. cit.*, pp. 273-423.

1984

• *Blues et gospels* [traductions réalisées vers 1982], textes traduits et présentés par Marguerite Yourcenar. Images réunies par Jerry Wilson. Paris, Gallimard, 1984, 175 p.

1987 et suivantes : œuvres publiées à titre posthume

• *La Voix des choses.* Textes recueillis par Marguerite Yourcenar. Photographies de Jerry Wilson, Paris, Gallimard, 1987, 102 p.

1988

• *Le Labyrinthe du monde III. Quoi ? L'Éternité* [mémoires commencés en 1982 et laissés inachevés par le décès de l'écrivain], Paris, Gallimard, 1988, 344 p.

– Repris dans *Essais et Mémoires, op. cit.*, pp. 1185-1433.

1989

• *En pèlerin et en étranger* [essais rédigés entre 1928 et 1987], Paris, Gallimard, 1989, 265 p.

– Repris dans *Essais et Mémoires, op. cit.*, pp. 425-593.

1991

• *Le Tour de la prison* [recueil sur les voyages commencé en 1983 et inachevé], Paris, Gallimard, 1991, 187 p.

– Repris dans *Essais et Mémoires, op. cit.*, pp. 595-701.

• *Essais et Mémoires*, Paris, Gallimard, Bibliothèque de la Pléiade, 1991, 1 693 p. [Avec un avant-propos de l'éditeur.]

1993

• *Conte bleu. Le Premier Soir. Maléfice* [contes et nouvelles rédigés entre 1926 et 1933], Paris, Gallimard, 1993, 88 p. [Avec une préface de Josyane Savigneau.]

1995

• *Lettres à ses amis et à quelques autres* [choix de correspondances], édition établie, présentée et annotée par Michèle Sarde et Joseph Brami avec la collaboration d'Elyane Dezon-Jones, Paris, Gallimard, 1995, 715 p.

1999

• *Sources II* [choix de réflexions et de notes], texte établi par Elyane Dezon-Jones et présenté par Michèle Sarde, Paris, Gallimard, 1999, 358 p.

Biographies

SAVIGNEAU Josyane, *Marguerite Yourcenar. L'invention d'une vie*, Paris, 1990, Gallimard, 542 p.

SARDE Michèle, *Vous, Marguerite Yourcenar. La passion et ses masques*, Paris, Laffont, 1995, 422 p.

GOSLAR Michèle, *Yourcenar. Qu'il eût été fade d'être heureux*, Bruxelles, Racine, 1998, 404 p.

Principaux livres d'entretiens

Les Yeux ouverts, entretiens avec Matthieu Galey, Paris, Le Centurion, 1980, 542 p.

Entretiens radiophoniques avec Marguerite Yourcenar, entretiens avec Patrick de Rosbo, Paris, Mercure de France, 1972, 172 p.

Portrait d'une voix, vingt-trois entretiens accordés par Marguerite Yourcenar 1952-1987, réunis, présentés et annotés par Maurice Delcroix, Paris, Gallimard, 2002, 480 p. (Les cahiers de la NRF)

Études yourcenariennes

Il s'agit uniquement des études utilisées dans ce travail, classées par ordre alphabétique puis par ordre chronologique de parution. Certaines sont des communications à des colloques, communications dont l'année de publication est parfois bien postérieure à la date de leur présentation. C'est pour respecter l'antériorité de la critique que nous avons indiqué, le cas échéant, l'année du colloque entre parenthèses après la mention de celui-ci.

ALLAMAND Carole, « La lettre de l'inversion », in *Marguerite Yourcenar, Écritures de l'exil*, actes du colloque de Canterbury (1997), Louvain-la-Neuve, Bruylant-Academia, 1998, pp. 43-51.

BROCHU Jean-Claude, « L'autre, soi-même », in *Marguerite Yourcenar. Écritures de l'Autre*, actes du colloque de Montréal (1996), Montréal, XYZ Éditeur, 1997, 348 p., pp. 81-83.

CIOPRAGA Magda, *Marguerite Yourcenar de la morale à l'écriture*, Iasi, Éditions Fides, 2000, 478 p.

COUNIHAN Francesca, *L'Autorité dans l'œuvre romanesque de Marguerite Yourcenar*, Villeneuve d'Ascq, Presses universitaires du Septentrion, 2001, 630 p.

CORNUDET Sabine, « Genèse d'un personnage yourcenarien », in *Bulletin de la Société internationale d'études yourcenariennes (SIEY)*, n° 17, décembre 1996, pp. 85-105.

CRAYENCOUR (de) Georges, « Lettre ouverte aux lecteurs du *Bulletin de la Société d'études yourcenariennes. Archives du Nord* : le brouillard se lève », in *Bulletin de la Société internationale d'études yourcenariennes (SIEY)*, n° 8, juin 1991, pp. 23-38.

DELCROIX Maurice et PIOZZA DONATI Marie-Jeanne, « Histoire et roman : la théologie du prieur », in *Le sacré dans l'œuvre de Marguerite Yourcenar*, actes du colloque de Bruxelles (1992), Tours, Société internationale d'études yourcenariennes (SIEY), 1993, pp. 219-243.

DELCROIX Maurice, « Corps et décor : la Méditerranée profonde », in *Marguerite Yourcenar et la Méditerranée*, Clermont-Ferrand, Association des publications de la Faculté des lettres et sciences humaines de l'Université de Clermont-Ferrand, 1995, pp. 31-40.

DELCROIX Maurice, « Aux sources de labyrinthe », in *Marguerite Yourcenar, retour aux sources*, actes du colloque de Cluj-Napoca (1993), Bucarest, 1998, Libra, p. 35.

DEPREZ Bérengère, « Un système symbolique de la parenté dans *Un homme obscur* », in *Nathanaël pour compagnon, Bulletin de la Société internationale d'études yourcenariennes (SIEY)*, n° 12, décembre 1993, pp. 23-31.

DEPREZ Bérengère, « *À peine un père*. Expressions de l'amour parental dans l'œuvre romanesque de Marguerite Yourcenar », in *Marguerite Yourcenar. Écritures de l'Autre*, actes du colloque de Montréal (1996), Montréal, XYZ Éditeur, 1997, pp. 279-288.

DEPREZ Bérengère, « La visite à Suarlée. Méditation sur la naissance et rapport à la mère dans *Souvenirs pieux* », in *Marguerite Yourcenar, retour aux sources*, actes du colloque de Cluj-Napoca (1993), Bucarest, 1998, Libra, pp. 175-184.

DEPREZ Bérengère, « Portrait de l'auteur en vieille servante. Marguerite Yourcenar se met en scène dans *L'Œuvre au Noir* », in *Bulletin de la Société internationale d'études yourcenariennes (SIEY)*, n° 20, décembre 1999, pp. 125-136.

DEPREZ Bérengère, « L'enfant ressuscité : Lazare », in *Marguerite Yourcenar et l'enfance*, actes du colloque de Roubaix (2003), Tours, Société internationale d'études yourcenariennes (SIEY), 2003, pp. 105-117.

DORÉ Pascale, *Yourcenar ou le féminin insoutenable*, Genève, Droz, 1999, 336 p. (Histoire des idées et critique littéraire, vol. n°379).

DUPUIS Michel, « "Un cœur de chair". Une lecture d'*Anna, soror...* de Marguerite Yourcenar », *Romanische Forschungen*, vol. 98, n° 3-4, 1986.

GAUDIN Colette, *Marguerite Yourcenar à la surface du temps*, Amsterdam, Rodopi, 1994, 144 p. (Collection monographique Rodopi en littérature française contemporaine, XXI)

GOLIETH Catherine, « Écriture et alchimie dans *L'Œuvre au Noir* », *Bulletin de la Société internationale d'études yourcenariennes (SIEY)*, n° 19, décembre 1998, pp. 99-117.

HOWARD Joan E., *From violence to vision. Sacrifice in the works of Marguerite Yourcenar*, Carbondale and Edwardsville, 1992, Southern Illinois University Press, 324 p.

JULIEN Anne-Yvonne, *Marguerite Yourcenar ou la signature de l'arbre*, Paris, Presses universitaires de France/Écriture, 2002, 288 p.

LEDESMA Manuela, « L'Autre et le Même : Jeanne de Vietinghoff », in *Marguerite Yourcenar. Écritures de l'Autre*, actes du colloque de Montréal (1996), Montréal, XYZ Éditeur, 1997, pp. 153-161.

MAINDRON André, « " Rubens, fleuve d'oubli " dans *Archives du Nord* », in *Marguerite Yourcenar et l'Art – L'Art de Marguerite Yourcenar*, Tours, Société internationale d'études yourcenariennes, 1990, pp. 159-166.

MARCQ Édith, « Une preuve textuelle de l'apparition du moi yourcenarien : l'étude onomastique de *L'Œuvre au Noir* », in *Nord'* n° 31, 1998, pp. 43-57.

PACALY Josette, « *Les Songes et les Sorts*, préface et "dossier" », in *Marguerite Yourcenar aux frontières du texte*, actes du colloque de Paris (1994), Paris, Roman 20-50, 1995, pp. 31-42.

PIOZZA DONATI Marie-Jeanne et DELCROIX Maurice, « Histoire et roman : la théologie du prieur », in *Le sacré dans l'œuvre de Marguerite Yourcenar*, actes du colloque de Bruxelles (1992), Tours, Société internationale d'études yourcenariennes (SIEY), 1993, pp. 219-243.

POIGNAULT Rémy, *L'Antiquité dans l'œuvre de Marguerite Yourcenar. Littérature, mythe et histoire*, Bruxelles, Revue d'études latines, 1995, 2 vol. (Latomus, vol. 228).

POIGNAULT Rémy, « L'*oratio togata* dans Mémoires d'Hadrien », in *Marguerite Yourcenar. Écriture, réécriture, traduction*, actes du colloque de Tours, Tours, Société internationale d'études yourcenariennes (SIEY), 2000, pp. 49-63.

PONT Carmen Ana, *Yeux ouverts, yeux fermés, la poétique du rêve dans l'œuvre de Marguerite Yourcenar*, Amsterdam-Atlanta, Rodopi, 1994.

PONT Carmen Ana, « Variations sur le marché de l'amour : la prostitution dans l'œuvre de Marguerite Yourcenar », in *Marguerite Yourcenar. Écritures de l'Autre*, actes du colloque de Montréal (1996), Montréal, XYZ Éditeur, 1997, pp. 201-209.

PONT Carmen Ana, « Les pièges de l'écriture dans les rêves de Marguerite Yourcenar », in *Lectures transversales de Marguerite Yourcenar*, actes du colloque de Mendoza (1994), Tours, Société internationale d'études yourcenariennes (SIEY), 1998, pp. 43-53.

PROUST Simone, *L'autobiographie dans* Le Labyrinthe du monde *de Marguerite Yourcenar*, Paris, L'Harmattan, 1997, 368 p.

RASSON Luc, « Un humanisme inadéquat. À propos du *Coup de grâce* », in *Bulletin de la Société internationale d'études yourcenariennes (SIEY)*, n° 5, novembre 1989, pp. 47-60.

SARNECKI Judith, « Le visage maternel de la mort dans *L'Œuvre au Noir* », in *Les visages de la mort dans l'œuvre de Marguerite Yourcenar*, actes du colloque de Morris (1988), Morris, University of Minnesota, 1993, pp. 161-167.

SARNECKI Judith, « Écriture et maternité : métaphores maternelles dans *Le Labyrinthe du monde* de Marguerite Yourcenar », in *Bulletin de la Société internationale d'études yourcenariennes (SIEY)*, n° 13, juin 1994, pp. 109-120.

SPERTI Valeria, « Le pacte autobiographique impossible », in *Marguerite Yourcenar : biographie, autobiographie*, actes du colloque de Valencia (1986), Valencia, Universitat de Valencia, 1988, pp. 177-181.

TAAT Mieke, « La mer mêlée au soleil », in *Il Confronto letterario*, Pavia, supplément au n° 5, 1986, pp. 59-67.

TAAT Mieke, « Lire et dé-lire : Marguerite Yourcenar », in *Marguerite Yourcenar. Une écriture de la mémoire*, Sud, hors série 1990 pp. 165-176.

« Un entretien inédit de Marguerite Yourcenar », in *Bulletin de la Société internationale d'études yourcenariennes (SIEY)*, n° 19, décembre 1998, pp. 17-48. Repris en partie dans *Portrait d'une voix, vingt-trois entretiens accordés par Marguerite Yourcenar 1952-1987, op. cit.*, pp. 89-120.

Autres sources

GRAVES Robert, *Les Mythes grecs*, Paris, Fayard/Pluriel, 1967, 2 vol.

GRIMAL Pierre, *Dictionnaire de la mythologie grecque et romaine*, Paris, Presses universitaires de France, 2002, 574 p.

PETIT Paul, *Histoire générale de l'Empire romain, 1. Le Haut-Empire*, Paris, Seuil, 1974 (Points/Histoire, n°35).

PLATON, *Banquet*, Paris, 1998, GF Flammarion, traduction et présentation de Luc Brisson, 262 p.

QUIGNARD Pascal, *Le sexe et l'effroi*, Paris, Gallimard, 1994 (Folio).

Liste des abréviations

Œuvres de Marguerite Yourcenar

Alexis ou le Traité du vain combat	A
Anna, soror…	AS
Archives du Nord	AN
Blues et Gospels	BG
Carnets de notes de *L'Œuvre au Noir*	CNON
Charités d'Alcippe (Les), édition Gallimard 1984	CA
Comme l'eau qui coule	CEC
Conte bleu	CB
Coup de grâce (Le)	CG
Couronne et la Lyre (La)	CL
Denier du rêve	DR
Dialogue dans le marécage (Le)	DM
Dieux ne sont pas morts (Les)	DPM
Discours de réception à l'Académie française	DAF
Discours de réception de Marguerite Yourcenar à l'Académie royale belge de langue et de littérature françaises	DAR
Électre ou la Chute des masques	E
En pèlerin et en étranger	PE
Essais et Mémoires	EM
Feux	F
Fleuve profond, sombre rivière	FP
Jardin des Chimères (Le)	JC
Labyrinthe du monde (Le)	LM
Lettres à ses amis et quelques autres	L
Maléfice	M
Mémoires d'Hadrien	MH
Mishima ou la Vision du vide	MVV
Mort conduit l'attelage (La)	MCA
Mystère d'Alceste (Le)	MA
Nouvelle Eurydice (La)	NE
Nouvelles orientales	NO

Œuvre au Noir (L')	ON
Œuvres romanesques	OR
Petite Sirène (La)	PS
Pindare	P
Premier soir (Le)	S
Présentation critique d'Hortense Flexner	PCF
Présentation critique de Constantin Cavafy	PCC
Qui n'a pas son Minotaure ?	QM
Quoi ? L'Éternité	QE
Rendre à César	RC
Songes et les Sorts (Les)	SS
Sources II	S II
Sous bénéfice d'inventaire	SBI
Souvenirs pieux	SP
Temps, ce grand sculpteur (Le)	TGS
Théâtre I	Th. I
Théâtre II	Th. II
Tour de la prison (Le)	TP
Un homme obscur	HO
Une belle matinée	BM
Voix des choses (La)	VC

Principaux livres d'entretiens

Les Yeux ouverts
Entretiens avec Matthieu Galey	YO

Entretiens radiophoniques avec Marguerite Yourcenar
Entretiens avec Patrick de Rosbo	ER

Portrait d'une voix
Vingt-trois entretiens présentés par Maurice Delcroix	PV

Dans la collection

N° 1 – Jacques BERTRAND et Lise GAUVIN (dir.), *Littératures mineures en langue majeure. Québec / Wallonie-Bruxelles*, 2003, ISBN 90-5201-209-1, série « Théorie »

N° 2 – Marc QUAGHEBEUR et Laurent ROSSION (dir.), *Entre aventures, syllogismes et confessions. Belgique, Roumanie, Suisse*, 2003, ISBN 90-5201-192-3, série « Europe »

N° 3 – Bérengère DEPREZ, *Marguerite Yourcenar. Écriture, maternité, démiurgie*, 2003, ISBN 90-5201-220-2, série « Europe »